主　　　编　萧心力

主要撰稿人（按姓氏笔画为序）

王春明　边彦军　吕慧萍　李长根

陈哲一　张素华　易飞先　唐洲雁

曹志为　蒋建农

[纪念版]

毛泽东与共和国重大历史事件

萧心力 主编

人民出版社

责任编辑:鲁 静 刘 伟
责任校对:吕 飞

图书在版编目(CIP)数据

毛泽东与共和国重大历史事件:纪念版/萧心力 主编. —北京:人民出版社,
　2019.9(2025.9 重印)
ISBN 978－7－01－021301－9

Ⅰ.①毛…　Ⅱ.①萧…　Ⅲ.①毛泽东(1893—1976)-生平事迹
　②历史事件-中国-现代　Ⅳ.①A752②K270.5

中国版本图书馆 CIP 数据核字(2019)第 206959 号

毛泽东与共和国重大历史事件
MAOZEDONG YU GONGHEGUO ZHONGDA LISHI SHIJIAN
(纪念版)

萧心力　主编

人民出版社 出版发行
(100706　北京市东城区隆福寺街 99 号)

北京汇林印务有限公司印刷　新华书店经销

2019 年 9 月第 1 版　2025 年 9 月北京第 2 次印刷
开本:710 毫米×1000 毫米 1/16　印张:28.75
字数:371 千字

ISBN 978－7－01－021301－9　定价:70.00 元

邮购地址 100706　北京市东城区隆福寺街 99 号
人民东方图书销售中心　电话 (010)65250042　65289539

目　　录

毛泽东与抗美援朝

　　1950年6月，朝鲜战争爆发。美国政府打着联合国的旗号，公开宣布武装干涉朝鲜，同时派兵侵占我国领土台湾。对这一突发的国际事件，毛泽东和中共中央十分关注，并预见到美国参战后朝鲜战局发展的严重性，及时采取了对策。在美国不顾我国政府的抗议声明和警告，公然越过"三八线"的严峻形势下，应朝鲜民主主义人民共和国金日成首相的请求，毛泽东和中共中央毅然决定派遣中国人民志愿军赴朝，同朝鲜人民军共同打击侵略者。

"请即按此执行"

　　1950年6月25日，朝鲜内战爆发。

　　就在朝鲜内战爆发当天，美国在苏联驻联合国代表缺席的情况下，操纵联合国安理会通过了美国关于朝鲜局势的提案。这个提案指控朝鲜民主主义人民共和国的军队进攻南朝鲜，要求立即停止敌对行动，将朝鲜民主主义人民共和国的武装力量撤回到三八线以北。

　　1950年6月27日，美国总统杜鲁门发表声明："我已命令美国的空海部队给予朝鲜部队以掩护及支持……我已命令第七舰队阻止对台湾的任何攻击……台湾未来地位的决定，必须等待太平洋安全的恢复，对日本的和平解决，或联合国的审议。我并已指示加强美国在菲律宾的部队……。我同样也已指示加速以军事援助给在印度支那的法国及其联邦成员国的部队，并派遣军事使团，以便与这些部队建立密切的工作关系。"

杜鲁门此举，给风雨飘摇中的台湾蒋介石政权注入了一支强心剂。

不管新中国愿意不愿意，美国已经把朝鲜战争与建国不到一年的新中国连在了一起。

新中国立即做出反应。毛泽东在中央人民政府委员会第八次会议上讲话，严斥美国对朝鲜和我国领土台湾的侵略，指出：各国的事情应该由各国人民来管，而不应由美国来管，全中国人民的同情都将站在被侵略方面，并号召：全国和全世界的人民团结起来，进行充分的准备，打败美帝国主义的任何挑衅。

同日，周恩来外长发表声明："杜鲁门27日的声明和美国海军的行动，乃是对于中国领土的武装侵略，对于联合国宪章的彻底破坏……美国政府指使朝鲜李承晚傀儡军队对朝鲜民主主义人民共和国的进攻，乃是美国的一个预定步骤，其目的是为美国侵略台湾、朝鲜、越南和菲律宾制造借口，也正是美帝国主义干涉亚洲的进一步行动。"

周恩来同时宣布：中国人民必将收复台湾和一切属于中国的领土。

毛泽东和他的战友们不得不将目光从纷繁的国内事务转向朝鲜半岛，关注着那里战局的发展。

朝鲜战争爆发前，驻日本的麦克阿瑟总部和驻南朝鲜的美军顾问团的情报一致认为，南朝鲜军队是强大的，北方根本不是对手。开战后，战况却与美国的估计大相径庭，朝鲜人民军长驱直入，有如秋风扫落叶，南朝鲜军队一败涂地。只打了一个多月，七月底八月初，人民军便将南朝鲜军队和美军压缩在釜山一隅。于是满怀胜利信心的金日成发布命令：要使八月成为完全解放朝鲜国土的月份。

然而，在北京的中南海，一直关注着这场战争的毛泽东，却十分谨慎，他对身边的工作人员说，越是在这时候，越是要预防不测。现在需要休整一下，调整军队部署后再说。

为了"预防不测"，毛泽东指示中央军委调整战略部署，加强东北边防。

7月7日，根据毛泽东的提议，中央军委在中南海怀仁堂召开了讨论保卫国防的第一次会议。会议的主题是讨论组建东北边防军问题。会议做出决议：限7月底将4个军3个炮兵师全部调往安东、辑安、本溪等地集结；组成以粟裕为东北边防军司令员兼政治委员、萧华为副政治委员的指挥机构；进行后勤、兵员补充准备及政治动员工作。毛泽东当天夜里批准：请即按此执行，原件存我处。后因粟裕有病不能到职，7月中旬由第13兵团司令员邓华率所辖第38、39、40、42军在东北布防。东北边防军总兵力约26万人。

随着朝鲜局势的变化，中国领导人的忧虑也在加深。8月4日，即朝鲜人民军进攻受阻，美韩釜山防御战线已经稳定下来的时候，中共召开政治局会议。毛泽东在会上指出，如美帝得胜，就会得意，就会威胁我。对朝不能不帮，必须帮，时机当然还要选择，我们不能不有所准备。周恩来也说，如果美帝将北朝鲜压下去，则对和平不利，其气焰就会高涨起来。要争取胜利，一定要加上中国的因素，中国的因素加上去后，可能引起国际上的变化。我们不能不有此远大设想。8月5日，毛泽东即给东北军区司令员兼政委高岗发电，指示："边防军各部现已集中，8月内可能没有作战任务，但应准备于9月上旬能作战"。"各部于本月内完成一切准备工作，待命出动作战"。8月18日又电告高岗："边防军完成训练及其他准备工作的时间可延长至9月底，请你加紧督促，务在9月30日以前完成一切准备。"

"这些判断有道理，很重要"

在最高统帅部大规模调整战略部署的同时，位于中南海居仁堂的中国人民解放军总参谋部作战部的参谋们也在夜以继日、全神贯注地分析各方面的情况。

1950年8月，朝鲜战局处于急剧变化的状态。一方面朝鲜人民军主力正向洛东江三角洲发动强大攻势，力争在美军主力到达和展开之前，将李承晚伪军和已在朝鲜登陆的美军全部消灭或赶下海去；一方面美伪军的主力第八集团军，集中在洛东江三角洲，在强大海空军的掩护下，破坏了洛东江上所有桥梁，抢修坚固的环形工事，坚守以釜山为核心的狭小地区——又称"扩大了的釜山滩头阵地地区"，平均每8平方公里就有1个师防守，毫无撤退的迹象。与此同时，美军集结在日本的六个师又组成了第10军团，由麦克阿瑟的参谋长阿尔蒙德少将任军团长，显然这是一个新的机动兵团。在美国还有3个师正在加紧训练，准备增调朝鲜，美英等国的海军也正在向亚洲集结。最值得注意的是美军参谋长联席会议主席连续派海军作战部长谢尔曼海军上将，陆军参谋长柯林斯陆军上将，美国总统也派特别代表哈里曼及马修·李奇微陆军上将等人，多次到东京与联合国军总司令麦克阿瑟商谈进一步扩大朝鲜战争的计划。

这时，许多外国通讯社和评论家连续发出消息和文章，对朝鲜战局提出了不同的看法。

为了对战局有一个准确的判断，总参作战室和有关部门的同志采取了对抗作业和大辩论的方法，反复研究朝鲜战局的有关情况，并得出一个一致的意见：敌人在仁川登陆的可能性很大，而且认为这是美国想扭转朝鲜战局的一着很厉害的棋。综合起来，主要根据有六条：

（一）美伪军13个师集结在洛东江三角洲一个狭小的滩头阵地上，凭借强固的工事，密集的兵力、火力和海空军的绝对优势，坚决死守，既不撤退，也不反击，显系诱兵之计。

（二）集结在日本的两个美军师，既不增援洛东江，又不在日本沿海布置防守，而是突击训练，并组成了第10军团，说明这是采取新的战略行动开辟新战场的征候。

（三）美英在地中海、太平洋的大批舰船，最近正在向日本——朝鲜海峡集结，这也是一个登陆和扩大战争的迹象。

（四）朝鲜是一个狭长的半岛，三面环海，可登陆之处甚多，如仁川、南浦、群山、兴南等地都是，在这些地方之中，以仁川登陆对敌最为有利，它可以割断进攻洛东江的人民军的南北战略联系，切断人民军的后方补给线，又可配合由洛东江向北反攻之敌，形成夹击和包围人民军的战略态势。

（五）美军第8集团军和麦克阿瑟等高级指挥员，在二次大战中多在太平洋作战，有丰富的登陆作战经验，加上在朝鲜战场上，美国海空军占有绝对的优势，因此组织登陆作战不仅可以发挥敌人的优势，而且进退胜败都有恃而无恐。

（六）朝鲜人民军主力打到洛东江是个很大的胜利，但也潜伏着严重的危机，这就是部队连续作战疲劳不堪，兵力分散，补给线延长，后方空虚，又在洛东江三角洲碰上了啃不动的硬骨头。从各方面情况看来，人民军的八月攻势实际上已逐渐由主动转为被动地位。敌人则相反，兵力集中，工事坚固，补给方便，可守可攻，战略上已逐步转为主动地位。

除了这六个情况外，还必须充分估计到一个根本问题，即：美国是帝国主义阵营的头头，有强大的海陆空军力量和工业基础，又有原子弹，现在既发动了战争，又打着联合国的旗号，用联合国军总司令的名义指挥着 16 个国家的军队同朝鲜人民军作战，决不会甘心战争初期的失败，为了巩固其霸主地位和既得利益，必然要尽量发挥其优势，和人民军进行更严重的较量，不到它的力量实在支持不下去，它是不会轻易撒手的。

8 月 23 日夜晚，总参作战室主任雷英夫来到西花厅总理办公室，把大家研究的结果向周恩来作了汇报。周恩来很重视参谋们的意见，认为这是朝鲜战局带关键性的问题，值得重视。他马上拿起电话向毛泽东作了简要的汇报。毛泽东也是非常重视这一情况，要周恩来立刻带雷英夫到他那里去，当面谈一谈。于是，雷英夫带着朝鲜战争情况标图和有关资料，随周恩来一道来到菊香书屋。

在菊香书屋，雷英夫先讲了朝鲜战场双方的作战态势，接着讲了有关的情况资料和他们对这些情报资料研究的初步结论，即前面说的六条根据。然而，雷英夫下了判断：现在看来，敌人在仁川登陆的可能性很大，如果仁川登陆成功，便会切断人民军的战略补给线，洛东江和伊川的敌人就会在战略上形成南北夹击和包围人民军主力的态势。因此，我们觉得朝鲜战局表面上很好，实际上很危险。毛泽东边听边点头，并指出人民军想速战速决，一鼓而下，把李承晚伪军赶下海，很快结束战争是不可能的了。战争肯定是持久的，复杂的，艰苦的。但目前就打第三次世界大战也不可能。因为美国还未准备好。考虑到美军在仁川登陆确实是个值得密切注意的大战略问题，毛泽东立即决定采取三项措施：（1）检查督促东北边防军各项战备工作的情况，严令在 9 月底以前完成一切作战准备工作，保证随时可以出动作战。（2）将敌人可能在仁川登陆和朝鲜人民军应该有应付最坏情况的准备，如部队主动后撤或在仁川加强布防等，通知朝鲜和苏联方面，供他们参考。（3）总参和外交部要随时密切注视朝鲜战场情况的变化。

这三项措施，由周恩来亲自布置落实。

一切都像总参作战部所预料的那样精确无误。9 月 15 日拂晓时，麦克阿瑟亲自指挥美海陆军 7 万余兵力，在 200 多艘舰艇和 500 多架飞机的掩护下，开始在仁川登陆，16 日下午占领了仁川。

"看来不出兵是不行了"

　　美军在仁川登陆成功，朝鲜局势急转直下，出兵朝鲜问题也作为应急方案摆在中国领导人的面前。

　　1950 年 9 月 17 日，即美军在仁川登陆的第三天，毛泽东已预感到形势将会发生大的逆转。他致信高岗，要求东北方面做好出兵准备。信中说，看来不出兵是不行了，必须抓紧准备。

　　9 月 20 日，在毛泽东的赞同下，周恩来以个人名义向金日成建议：采取自力更生、持久作战的方针，在战役战斗中，集中兵力与火力的绝对优势，围歼被分割的少数敌人，逐步将敌人削弱下去，以利长期作战。

　　然而，朝鲜形势在日趋恶化中。

　　9 月 28 日，美军完全切断了深入南部作战的朝鲜人民军的后路。

　　9 月 27 日斯大林派往朝鲜的私人军事代表马特维耶夫给斯大林发了一份绝密电报。汇报了朝鲜的严重局势："人民军损失惨重"，"装备弹药严重供应不足，燃料缺乏，运输差不多已完全瘫痪。兵员与弹药补充的组织工作很差。部队指挥系统从上到下一团糟"。正是在这种情况下，金日成和朴宪永于 9 月 29 日联名给斯大林写信，恳求斯大林给予"特别援助"，即"直接得到苏联的军事援助"。金日成还要求斯大林，如果由于某种原因做不到这一点，那么请帮助我们建立一支由中国和其他民主国家组成的国际志愿部队。

　　在接到金日成的求援电报后，斯大林一方面给什特科夫和马特维耶夫回电，要他们立即去见金日成，转告他的意见：准备在三八线以北与敌人做长期斗争；迅速组建预备队，并在南方开展游击战；苏联将提供必要的物质援助。至于金日成要求派军队援助的问题，斯大林推到了中国身上：关于"给予武装援助的问题，我们认为更可以接受的援助形式是组织人民志愿部队。关于这个问题，我们必须首先同中国同志商量"。另一方面，斯大林又给毛泽东发来电报："中国最终将被卷入战争，同时，由于中国有互助同盟条约，苏联也将卷入战争。我们对此应该惧怕吗？我的观点是，我们不必惧怕，因为我们联起手来将比美国和英国更强大。""如果战争是不可避免的，那么让它现在就来吧，而不要等数年之后，那时日本军国主义就将恢复起来并成为美国的一个盟国。"斯大林的这番慷慨陈词，显然不仅仅是询问中国的意见，而是鼓励和要求中国卷入这场战争。金日成在向斯大林寻求帮助的同时，也直接派人来北京求援。

东邻请求出兵援助的呼声，搅乱了北京的宁静。

毛泽东、周恩来认为：在出兵援朝问题上，对外应该先向敌人发出警告，争取让它知难而退。如果敌人打到三八线时提出和谈，就不应该放过这样一个机会；对内则请各大区的负责人再议一议，掌握好最后决定出兵的时机，早了不利于充分暴露敌人，晚了又对我军事不利。

1950 年 9 月 30 日，周恩来在全国政协庆祝建国一周年大会上发表演说，向世界舆论传递信息。他说："中国人民热爱和平，但是为了保卫和平，也从不害怕反抗侵略战争。中国人民决不能容忍外国的侵略，也不能听任帝国主义者对自己的邻人肆行侵略而置之不理。谁要企图把中国近五万万人口排除在联合国之外，谁要是抹煞和破坏这四分之一人类的利益而妄想独断地解决与中国有直接关系的任何东方问题，那么，谁就一定要碰得头破血流。"

周恩来的演说震动了全世界。"不能听任帝国主义者对自己的邻人肆行侵略而置之不理"这句话表明了中国政府和中国人民的坚定立场。那就是中国主张朝鲜问题的和平解决，但美国军队如果越过三八线，扩大侵略战争，中国不能坐视不顾。

但是，被胜利冲昏头脑的美国总统杜鲁门却认为新中国只是在进行"恫吓"。10月1日，朝鲜外相朴宪永携带金日成给毛泽东的亲笔信飞到北京，当面向毛泽东和周恩来恳请中国出兵朝鲜。同一天，李承晚军队越过三八线。第二天，麦克阿瑟向美第八集团军下达命令，指挥其越过三八线，占领平壤。正是在这种万分危急的情况下，毛泽东于国庆之夜主持召开了政治局紧急会议，向中央领导人通报朝鲜的形势。会后，他以中央军委的名义起草了给高岗、邓华的电报：

高岗、邓华同志：

（一）请高岗同志接电后立即动身来京开会；

（二）请邓华同志令边防军提前结束准备工作，随时待命出动；

（三）请邓华同志将准备情况及是否可以出动即行电告。

军　委

十月二日二时

10月2日午后，高岗匆匆飞抵北京。

下午3时左右，毛泽东、朱德、刘少奇、周恩来、高岗及代总参谋长聂荣臻等在颐年堂开会。

会议快要结束时，毛泽东提议将会议的决定以他的名义电告斯大林。另外对美国人也要先礼后兵，向他们打个招呼。这件事由周恩来去办。

会后，毛泽东立即起草了一封电报，通知斯大林，中国决定出兵朝鲜。电文如下：

（一）我们决定用志愿军名义派一部分军队至朝鲜境内和美国及其

走狗李承晚的军队作战，援助朝鲜同志。我们认为这样做是必要的。因为整个朝鲜被美国人占去了，朝鲜革命力量受到根本的失败，则美国侵略者将更为猖獗，于整个东方都是不利的。

（二）我们认为既然决定出动中国军队到朝鲜和美国人作战，第一，就要能解决问题，即要准备在朝鲜境内歼灭和驱逐美国及其他国家的侵略军；第二，既然中国军队在朝鲜境内和美国军队打起来（我们用的是志愿军名义），就要准备美国宣布和中国进入战争状态，就要准备美国至少可能使用其空军轰炸中国许多大城市及工业基地，使用海军攻击沿海地带。

（三）这两个问题中，首先的问题是中国的军队能否在朝鲜境内歼灭美国军队，有效地解决朝鲜问题。只要我军能在朝鲜境内歼灭美国军队，主要的是歼灭其第八军（美国的一个有战斗力的老军），则第二个问题（美国向中国宣战）的严重性虽然依然存在，但是，那时的形势就变为于革命阵线和中国都是有利的了。这就是说，朝鲜问题即以战胜美军的结果而在事实上结束了（在形式上可能还未结束，美国可能在一个相当长的时期内不承认朝鲜的胜利），那么，即使美国已和中国公开作战，这个战争也就可能规模不会很大，时间不会很长了。我们认为最不利的情况是中国军队在朝鲜境内不能大量歼灭美国军队，两军相持成为僵局，而美国又已和中国公开进入战争状态，使中国现在已经开始的经济建设计划归于破坏，并引起民族资产阶级及其他一部分人民对我们不满（他们很怕战争）。

（四）在目前的情况下，我们决定将预先调至东北的 12 个师于 10 月 15 日开始出动，位于北朝鲜的适当地区（不一定到三八线），一面和敢于进攻三八线以北的敌人作战，第一个时期只打防御战，歼灭小股敌人，弄清各方面情况。一面等候苏联武器到达，并将我军装备起来，然后配合朝鲜同志举行反攻，歼灭美国侵略军。

（五）根据我们所知的材料，美国一个军（两个步兵师及一个机械化师）包括坦克炮及高射炮在内，共有七公分至二十四公分口径的各种炮1500门，而我们的一个军（三个师）只有这样的炮36门。敌有制空权，而我们开始训练的一批空军要至 1951 年 2 月才有 300 多架飞机可用于作战。而既已决定和美国人作战，就应准备当着美国统帅部在一个战役作战的战场上集中它的一个军和我军作战的时候，我军能够有四倍于敌人的兵力（即用我们的 4 个军对付敌人的 1 个军）和一倍半至两倍于敌人的火力（即用 2200 门至 3000 门七公分口径以上的各种炮对付敌人同样口径的 1500 门炮），而有把握地干净地彻底地歼灭敌人的 1 个军。

（六）除上述 12 个师外，我们还正在从长江以南及陕甘区域调动 24 个师位于陇海、津浦、北宁诸线，作为援助朝鲜的第二批及第三批兵力，预计在明年的春季及夏季，按照当时的情况逐步使用上去。

这封电报，把中国方面决定出兵朝鲜的战略考虑，对战争前景的预计，中国军队的装备水平以及出兵朝鲜后的作战部署，一一向斯大林做了明确的说明。这是毛泽东第一次明确表示派兵入朝参战。但不知什么原因，这封电报当时并没有发出。

虽然毛泽东下定决心，不惜和美国一战，但仍未放弃最后的努力，以期在最后的时刻挽救岌岌可危的和平。他指示周恩来，立刻紧急约见印度驻华大使潘尼迦，通过印度向美国发出明确的信号。

3 日凌晨 1 时，周恩来紧急召见印度驻华大使潘尼迦，请印度政府转达中国对美国的警告："如果美军越过三八线，中国决不能不管！"印度政府当即将周恩来的谈话转告英国方面。英国当晚便通知美国政府。杜鲁门认为潘尼迦有"亲共"的嫌疑，他的话不可信。国务卿艾奇逊声称：周恩来是想用政治讹诈来阻止美军的进攻，我们不必在乎他们说些什么。他随后授权驻印度大使格罗斯与中国方面联系，说明美国无意进攻中国，并愿为美机误炸给中国造成的损失进行赔偿，但美国决不会放弃它的战争目标。美军参谋长联席会议同时授命麦克阿瑟指挥美军全力向北挺进，即使中国军队介入也要完成统一朝鲜的使命。

"我们不能见死不救"

1950 年 10 月 4 日，中共中央在颐年堂召开政治局扩大会议，讨论出兵朝鲜问题。到会的除了政治局委员，各大区"领导人"以及有关方面负责人也陆续到会。会上出现了激烈的争论。参加会议的大多数同志认为我国目前困难重重，出兵问题应慎重从事。聂荣臻后来回忆这次会议时写道："总之，不到万不得已的时候，最好不打这一仗。"

10 月 5 日下午，政治局扩大会议继续进行，持反对出兵意见者仍想在最后时刻说服毛泽东。但是此刻，毛泽东决心已下。

他请彭德怀发言。

彭德怀指出，出兵援朝是必要的。朝鲜是我们的近邻，唇齿相依，唇亡齿寒。如果我们不出兵，让美帝席卷朝鲜半岛后蹲在鸭绿江边，蹲在台湾，它随时都可以找到进攻你的借口，老虎是要吃人的，什么时候吃，决定于它的胃口，这不以我们的意愿为转移。我看最多无非是让他们进来，我们再回到山沟里去，就当我们晚胜利几年。最后，彭德怀斩钉截铁地说，"我拥护主席的决策，出兵援朝！"

毛泽东仍在耐心做与会者的工作，我们不能见死不救，尽管有些同志对出兵有些意见，讲的都有一定道理。但是别人处在国家危亡时刻，作为邻国和社会主义伙伴，我们站在旁边看，不论怎么说，心里也是难过的。

会议一直持续到很晚，最后会议同意了毛泽东的主张，决定出兵援朝。

10月8日，毛泽东正式发布命令，组建中国人民志愿军，命令如下：

彭、高、贺、邓、洪、解及中国人民志愿军各级领导同志们：

（一）为了援助朝鲜人民解放战争，反对美帝国主义及其走狗们的进攻，借以保卫朝鲜人民、中国人民及东方各国人民的利益，着将东北边防军改组为中国人民志愿军，迅即向朝鲜境内出动，协同朝鲜同志向侵略者作战并争取光荣的胜利。

（二）中国人民志愿军辖十三兵团及所属之三十八军、三十九军、四十军、四十二军，及边防炮兵司令部与所属之炮兵一师、二师、八师。上述各部须立即准备完毕，待令出动。

（三）任命彭德怀同志为中国人民志愿军司令员兼政治委员。

（四）中国人民志愿军以东北行政区为总后方基地，所有一切后方工作供应事宜，以及有关援助朝鲜同志的事务，统由东北军区司令员兼政治委员高岗同志调度指挥，并负责保证之。

（五）我中国人民志愿军入朝鲜境内，必须对朝鲜人民、朝鲜人民军、朝鲜民主政府、朝鲜劳动党（即共产党）、其他民主党派及朝鲜人民的领袖金日成同志表示友爱和尊重，严格遵守军事纪律和政治纪律，这是保证完成军事任务的一个极重要的政治基础。

（六）必须深刻地估计到各种可能遇到和必然会遇到的困难情况，并准备用高度的热情、勇气、细心和刻苦耐劳的精神去克服这些困难。目前总的国际形势和国内形势于我们有利，于侵略者不利，只要同志们坚决勇敢，善于团结当地人民，善于和侵略者作战，最后胜利就是我们的。

中国人民革命军事委员会主席　毛泽东

一九五〇年十月八日于北京

同日，毛泽东致电金日成，通知他中国已决定派志愿军入朝作战。

电文如下：

倪志亮同志转金日成同志：

（一）根据目前形势我们决定派遣志愿军到朝鲜境内帮助你们反对侵略者；（二）彭德怀同志为中国人民志愿军的司令员兼政治委员；（三）中国人民志愿军的后方勤务工作及其他在满洲境内有关援助朝鲜的工作，由东北军区司令员兼政治委员高岗同志负责；（四）请你即派朴一禹同志到沈阳与彭德怀高岗二同志会商与中国人民志愿军进入朝鲜境内作战有关的诸项问题。（彭高二同志本日由北京去沈阳）

毛泽东
十月八日

"参战利益极大，不参战损害极大"

就在毛泽东正式发布命令的同一天，周恩来带翻译师哲和一名机要员，飞赴莫斯科，同斯大林会谈苏联派空军支援中国人民志愿军入朝作战和购买苏联武器装备问题。同时，也是为了听听斯大林对战争的意见。

周恩来于10日到达莫斯科。第二天，飞赴黑海海滨，同正在这里休假的斯大林举行会谈。在会谈中，周恩来介绍了中共中央政治局会议讨论朝鲜局势和是否要出兵援朝的情况，说明中国的实际困难，提出只要苏联同意出动空军给予空中掩护，中国就可以出兵朝鲜；同时要求苏联援助中国参加抗美援朝所需的军事装备，并向中国提供各种类型的武器与弹药，首先是陆军轻武器的制造蓝图供中国仿造。斯大林表示：可以完全满足中国抗美援朝所需的飞机、大炮、坦克等军事装备，但空军尚未准备好，须待两个月或两个半月才能出动空军支援志愿军的作战，而且苏联空军不能进入敌后，以免飞机被击落而造成国际影响。同时斯大林又解释了苏联不能出兵的理由，说是苏联虽设想过帮助朝鲜，但早已声明苏军从朝鲜全部撤出，所以不能出现在战场，更不能同美国直接对抗，否则就是国际问题了。

会谈后，斯大林、周恩来联名致电毛泽东，说明了会谈情况。在电报中，周恩来请中央根据这种情况对出兵问题再作考虑。

关于援朝作战，中苏双方早已商定：中国出动地面部队，苏联出动空军进行掩护和支援。但是，斯大林却来了个一百八十度的大转弯。毛泽东读着来电，首先想到的是，如果没有空中掩护，中国几十万志愿军战士要承受多大的牺牲啊！

与此同时，毛泽东又收到了彭德怀从安东发来的电报。电报中说，他准备赴朝与金日成会谈，商讨入朝作战问题。

时不我待，毛泽东紧急发出两封电报。一封发往东北："彭高，邓洪韩解：十月九日命令暂不实行，十三兵团各部仍就原地进行训练，不要出动。（二）请高岗彭德怀二同志明日或后日来京一谈。"一封发往华东："饶陈：（一）十月九日命令暂不执行，东北各部队仍就原地进行整训，暂不出动。（二）宋时轮兵团亦仍在原地整训。（三）干部中及民主人士中亦不要进行新的解释。"

10 月 13 日下午，彭德怀和高岗抵达北京。下午，毛泽东在颐年堂召开中央政治局紧急会议，对出兵和不出兵的利害关系再次展开讨论。

会议讨论异常激烈。毛泽东说服与会者，虽然苏联空军在战争开始阶段不能进入朝鲜，但斯大林已答应对中国领土进行空中保护，并向中国提供军事装备。会议最后决定，即使暂时没有苏联空军的支援，在美军大举北进的情况下，不论有多大的困难，也必须立即出兵援朝。

多少年后，聂荣臻回忆说：对于打不打的问题，毛泽东同志也是左思右想，想了很久。毛泽东同志对这件事确实是思之再三，煞费心血，最后才下了决心。中央作出最后决定后，彭德怀为防止部队对出兵援朝产生怀疑和松懈情绪，立刻在中南海给与他同机飞回北京，正在军委作战部待命的成普打电话，让他给志愿军参谋长解方发出急电，要求志愿军各部仍要继续作好出国准备。

会议结束后，毛泽东即打电报给尚在苏联的周恩来，告诉政治局会议的决定：

（一）与政治局同志商量结果，一致认为我军还是出动到朝鲜为有利。在第一时期可以专打伪军，我军对付伪军是有把握的，可以在元山、平壤线以北大块山区打开朝鲜的根据地，可以振奋朝鲜人民。在第一时期，只要能歼灭几个伪军的师团，朝鲜局势即可起一个对我们有利的变化。

（二）我们采取上述积极政策，对中国，对朝鲜，对东方，对世界都极为有利；而我们不出兵，让敌人压至鸭绿江边，国内国际反动气焰增高，则对各方都不利，首先是对东北更不利，整个东北边防军将被吸住，南满电力将被控制。

总之，我们认为应当参战，必须参战，参战利益极大，不参战损害极大。

这将意味着，在整个帝国主义阵营将战火烧到鸭绿江边的时候，中国单独挑起了保卫亚洲和平，保卫世界和平的重担。

这将意味着，中国的优秀儿女，以大大落后于敌人的装备，在根本没有空中掩护的极其恶劣的条件下，同武装到牙齿的敌人作战。

难怪斯大林读罢毛泽东的来电，禁不住潸然泪下。

第二天，毛泽东又致电周恩来，通报了具体的作战部署和方案，并指出："我军决于十月十九日开动"。

"不论有天大的困难，志愿军渡江援朝不能再变"

1950 年 10 月 15 日，平壤告急，金日成派朴宪永到沈阳会见彭德怀，要求中国尽快出兵。彭德怀告诉他，中国已做出最后决定，预定 10 月 18 日或 19 日部队分批渡江。同日，毛泽东致电高岗和彭德怀，要求志愿军出动日期提前。电报说"我军先头军最好能于 17 日出动"，第二个军可于 18 日出动，其余可在尔后陆续出动，10 天内渡江完毕。彭、高接电后即于 16 日上午赶到安东，召集了师以上干部会议，宣布中央决定，并提出渡江后的战术要求。

毛泽东虽然再次决定出兵，但是对于苏联援助中国军事装备是否能采用租借办法和两个半月内苏联空军是否能够出动，心里没底，但这两件事又至关重要。如果要用现钱购买苏联的武器，则因中国一时难以支付而延误交货日期；如果苏联空军两个半月内不能出动，则会影响志愿军的整个战略部署。因此，毛泽东在 13 日电文中还指示周恩来"留在莫斯科几天"，就此与苏联领导人商议。毛泽东表示，只要能用租借办法，则我军可以放心进入朝鲜，进行一场长期战争并能保证国内大多数人的团结；"只要苏联能于两个月或两个半月内出动志愿军空军帮助我们在朝鲜作战"，并保护中国的几个大城市，"则我们也不怕整个空袭"。周恩来当夜紧急约见莫洛托夫，要他立即向斯大林转告毛泽东来电内容。10 月 14 日，苏联政府承诺对援助中国的军事装备将采取信用贷款的方式，以及将出动 16 个团的喷气式飞机掩护中国志愿军入朝参战。周恩来又致电在疗养地的斯大林，进一步提出苏联除战斗机外，可否出动轰炸机配合中国军队作战；除出动空军入朝作战可否加派空军驻扎在中国近海各大城市；以及除提供武器装备外，可否在汽车、重要工兵器材方面也给予信用贷款订货的条件等等。这时，斯大林改变了主意，他给在莫斯科的莫洛托夫打电话说，苏联空军只能到鸭绿江边，不能配合志愿军入朝作战。周恩来无可奈何，只得于 16 日离开莫斯科回国。

苏联决定不派空军入朝作战，也就意味着中国军队在朝鲜战场根本无法得到有力的空中支援。这不能不使中国重新考虑出兵问题。于是，毛泽东于 17 日下午 5 时再次急电彭德怀和高岗"来京一谈"。

10 月 18 日下午，毛泽东又一次主持召开中央会议，研究出兵朝鲜问题。会上，刚回北京的周恩来介绍了几天来同斯大林、莫洛托夫等会谈的情况，彭德怀介绍了志愿军出国前的准备情况。毛泽东最终决断说，现在敌人已围攻平壤，再过几天敌人就进到鸭绿江了。我们不论有天大的困难，志愿军渡江援朝不能再变，时间也不能再推迟，仍按原计划渡江。会后，毛泽东于晚 9 时给邓华等志愿军领导发去特急绝密电报，命令部队按预定计划，自 10 月 19 日晚从安东和辑安两地渡过鸭绿江，入朝作战。

新中国成立后与世界头号强国的第一次军事较量就这样拉开了序幕。

三八线的回声

1950 年 10 月 19 日晚 8 时，中国人民志愿军主力在彭德怀指挥下，肩负着中国共产党和中国人民的重托，高举着抗美援朝保家卫国的旗帜，雄赳赳气昂昂从安东、长甸、河口、辑安跨过了鸭绿江，奔赴抗美援朝的战场。

开始，毛泽东和彭德怀曾考虑，让志愿军 4 个军分两个梯队渡江，先过去两个军、6 个师、加上两个炮兵师。后来毛泽东和彭德怀考虑，为了防止敌人在我渡江时利用空军狂轰滥炸，封锁鸭绿江，造成我后梯队渡江的困难，遂改为志愿军 4 个军、12 个师、3 个炮兵师计 26 万人一起渡江。当时敌人在朝鲜共有 15 个师 42 万人，第一线就有 13 万余人。如果首次渡江的部队少了，就不可能形成优势，取得初战的胜利。加上敌空军占绝对优势，封锁鸭绿江会给我后续部队过江造成严重困难，容易丧失战机。所以，毛泽东、彭德怀关于 4 个军一起渡江的决定，为初战胜利奠定了重要基础，是一个英明的决定。

彭德怀渡江后，立即会晤金日成，向他转达毛泽东的部署，大意是 26 万人已过江，准备先行进行改装和训练，尔后再发动进攻，眼下暂不发动进攻。

就在彭德怀和金日成会谈的当天，毛泽东、周恩来从情报材料中发现敌人还未料到我军已过江，麦克阿瑟仍在严令美伪军不顾一切向鸭绿江边挺进。于是马上改变了先修工事，进行防卫，然后再发动攻势的计划，立即电告彭德怀说，现在是争取战机问题，是在几天之内完成战役部署，以便几天后开始作战问题，而不是先有一个时期部署防御，然后再谈进攻问题。与此同时，彭德怀根据前方的情况，特别是金日成所介绍的情况，也不约而同地建议中央军委改变原定决心，以运动战的方式歼灭敌人。

10 月 24 日，敌人仍未发现我军过江，麦克阿瑟再次下达了要"联合国军"迅速前进到中朝边境线，占领朝鲜全境的命令。

10 月 25 日 7 时，我军 40 军第 118 师、119 师分别与伪 1 师、伪 6 师的先头部队遭遇，并在两水洞地区歼敌伪 6 师 1 个营和 1 个炮兵中队，当夜又攻占了温井，正式揭开了抗美援朝战争的序幕。至此我方即下定决心，利用战略上出敌不意和我军士气高涨，灵活机动的战略战术，向敌发起猛烈的进攻，力求在运动中歼敌一部，打退敌人的进攻，站稳脚跟。经过 10 天激战，西线之敌被迫全线撤退。至 11 月 5 日敌第八集团军主力全部撤至清川江以南地区，志愿军旗开得胜，共歼敌

15000 余人，收复了楚山、熙川、云山等城市，粉碎了"联合国军"感恩节以前占领全朝鲜的美梦。我军在朝鲜站住了脚跟。

第一次战役，敌人虽被打退到清川江以南，感恩节占领全朝鲜的美梦被粉碎，但由于双方是初次交战，我军歼灭敌人的数量还不够多，加上战役后我们采取了故意示弱、诱敌深入的方针，边战边退，一退 30 公里，麦克阿瑟以为我志愿军是个微不足道的边防巡逻部队，充其量不过五六万人，巡逻地区距离鸭绿江不会超过 5 至 20 公里，武器装备落后，根本不是美军的对手。认为我军边打边退是"怯战败走"的证明。

美国参谋长联席会议认为我军入朝参战有三种可能：

第一，为了边境的安全，控制接近边境的缓冲地带；

第二，从战略上钳制美国的军事力量，打一场有规模的持久战；

第三，彻底驱逐"联合国军"出朝鲜半岛。

这三种可能中，他们以为第一种可能最大。因此，美伪军从 11 月 7 日又发起试探性进攻，一越过清川江，就又忘乎所以。麦克阿瑟在 11 月 24 日，由东京飞到朝鲜，发表了一道要在圣诞节（12 月 25 日）以前"结束战争的总攻势"的号令。

针对敌人的企图和布势，以及麦克阿瑟等对我军估计不足，认为我军不敢和美军较量的错误判断，我军集中了 9 个军 30 余万人的兵力，采取先诱敌深入，将敌之主力诱至云山、熙川、博川、龟城一线预定战场后，即发动突然猛烈的反击，力争在运动中歼灭敌人，彻底粉碎敌人的进攻，将战线推进到平壤——元山一线及其以南地区。

第二次战役，从 11 月 7 日开始诱敌，到 11 月 25 日大举反击，12 月 6 日解放平壤，12 月 24 日东线敌第十军被迫从海上撤退。此役，我共歼灭敌人 36000 多人，收复了三八线以北的地区，解放了三八线以南的瓮津半岛，为和平解决朝鲜问题创造了极其有利的条件。

二次战役后，美国一方面集中其全部主力，利用三八线的既设阵地进行防御，企图固守待援再行北犯，他们说这是一条"万无一失的防线"。另一方面，印度等13个亚非国家向联合国提出了一个方案，建议以三八线为界，中国方面宣布不越过三八线。接着联合国大会通过了一个"朝鲜停战三人委员会"，目的是想用所谓停火阻止中朝人民军队前进，使美军得到喘息的机会，然后卷土重来，再大举北犯。这时，彭德怀根据朝鲜战场上敌我力量对比，特别是我军经过连续作战十分疲劳，部队减员很大，后方补给线延长，运输车辆损伤很多的情况，认为部队急需休整补充，不宜马上再战，因此，建议暂不越过三八线作战，以便充分准备来年开春再战。中共中央、毛泽东对各方情况进行了周密研究，并和朝鲜金日成、苏联斯大林等有关方面商量之后，一致认为，目前美英各国正要求我军停止于三八线以北，以利其整军再战。因此，我军必须越过三八线，如到三八线以北即停止，将给我政治上以很大的不利。因此，决定中朝军队马上发动新年攻势（即第三次战役），目的是要进一步教训敌人，粉碎敌人利用三八线停战休整然后卷土重来的阴谋。

根据毛泽东和中央军委的指示，彭德怀马上坚决布置了第三次战役。于是1950年12月31日晚17时，志愿军6个军和朝鲜人民军3个军团向三八线以南敌人横宽200余公里的防线，发起了猛烈的"新年攻势"即第三次战役。1951年1月4日，我军解放了拥有100余万人口的朝鲜第一大城市汉城，接着，我军又跨过汉江，全线推进至仁川、水原、乌山里、利川、骊州、原州、江陵一线，逼近了三七线，这次连续7昼夜的战役，我军前进81—110公里，歼敌19000余人，狠狠地教训了美国侵略者。

在三次战役的基础上，后来又相继发动了第四、五次战役。每次战役，毛泽东都是运筹帷幄，亲自指导。在抗美援朝期间，毛泽东起草签发了数以百计的电报。这些电报现在已成了人们研究毛泽东军事思想的一个重要宝库。

毛泽东认为，要取得抗美援朝战争的胜利，军事保证固然重要，但也离不开政治保证，离不开坚强有力的政治思想工作。1951年1月19日，毛泽东在审阅彭德怀在中朝军队高级干部联席会议上的报告稿时专门加写了一段话，指出，中国同志必须将朝鲜的事情看作自己的事情一样，教育指挥员战斗员爱护朝鲜的一山一水一草一木，不拿朝鲜人民的一针一线，如同我们在国内的看法和做法一样，这是胜利的政治基础。只要我们能够这样做，最后胜利就一定做得到。正是有了这样的政治基础，志愿军全体官兵创造出了无数可歌可泣的奇迹。

经过五次战役之后，到了1951年6月，朝鲜战场上形成了双方的战略对峙状态，无论敌人怎么发动进攻，战线都稳定在三八线附近。尽管美国纠集了16个国家联合行动，但除了美国之外，其余国家出兵只是象征性的，而且多是应付差事，并没有什么积极行动，也无战斗力，在战斗中一触即溃。但中朝两军却越战越强，是美军第二次世界大战以来从未遇到过的对手。

美国深恐中朝军队越过三八线向前推进，那时会弄得美国更加难堪，甚至一败涂地，后果不堪设想。于是急急忙忙建议双方停战议和，以便把中朝军队阻止在三八线一带。这样，既可保住面子，也可维持四分五裂的阵营，以免丢脸和遭受更大的损失，因为在侵朝战争中蒙受损失最大的是美国。

于是，美国两次向苏联表示，希望苏联能从中斡旋，说明美国愿意立即停火，然后谈判议和。斯大林也向我方建议，考虑美国人的提议，说明美国人对侵朝战争的前景是焦急和忧虑的。

1951年6月23日，苏联驻联合国代表马立克，提出和平解决朝鲜问题，立即进行停战谈判的主张。我方立即响应，而这也正是美国人所希望的。于是7月10日交战双方开始正式谈判。美国人虽然坐下来谈判了，但在谈判桌上又缺乏诚意，多次提出非常无理的要求，一会儿要把军事分界线划到三八线以北的高城、群南雁里一线，妄图在谈判桌上得到战场上没有得到的 13000 多平方公里的土地；一会儿又要把几万名朝中被俘人员扣留下来，充当炮灰；一会儿又要中朝方面赔偿它的"空海军优势代价"等等，妄图重演帝国主义国家同对方签订不平等条约的美梦。

敌人的目的很明确，是利用和谈来进一步推行其侵略计划。对此，毛泽东保持着清醒的头脑，就在谈判正式开始前的一天，他在审阅总政治部关于纪念建军二十四周年指示稿加写的一段话中明确指出，我前方部队，必须鼓励士气，继续英勇作战，千万不可有丝毫的松懈，不要作此次可以和下来的打算，而应作此次和不下来，还须继续给敌人以大量的消耗和歼灭，然后才能和下来的打算。只有我们作了此种打算，才于争取最后胜利有益处。否则是没有益处的。

由于有了这样的精神准备，并采取了"针锋相对，寸土必争"的对策，"以其人之道还治其人之身"，也就是以谈对谈，以打对打，谈谈打打，打打谈谈，互相配合，互相促进，以革命的两手对付反革命的两手，使敌人明白，我们是企望和平的，战争也不怕，两样都可以干。

经过整整两年战场上和谈判桌上的反复较量，美帝国主义由于连续失败，内外交困，实在没有办法了，才于 1953 年 7 月 27 日被迫签订了停战协定。这一停战协定宣布了美帝国主义侵朝战争的失败，宣布了中朝两国人民军事上外交上的重大胜利。美国侵朝军队总司令克拉克在签订停战协定后哀叹："我是美国历史上第一个在没有胜利的停战协定上签字的统帅。"

毛泽东与镇反运动

　　五十年代初在我国开展的镇压反革命运动，是党中央和毛泽东发动、领导广大人民同旧社会反动残余势力进行的一场轰轰烈烈的斗争，是新生的人民共和国为了巩固自己的政权而采取的一项行之有效的强力措施。作为党和国家的领袖，毛泽东密切注视着这场运动，为中共中央起草和批阅了一系列关于镇压反革命的问题的文件和指示，为党制定了指导镇压反革命运动的一套正确方针和政策，保证了这场运动的健康和胜利进行。

"对镇压反革命分子，请注意
打得稳，打得准，打得狠"

　　1949 年，我国人民经过一百多年的浴血奋斗。终于在共产党的领导下取得了胜利，建立了人民共和国。然而，当时的帝国主义、封建主义和官僚资本主义在中国的统治虽被推翻了，但他们仍然极端仇视新中国；大陆内残存的众多的特务、土匪、恶霸地主、反动党团骨干分子和反动会道门分子，不甘心于自己的失败，更不甘心遭受覆灭的下场。这些反动势力纠合起来，内外策应，千方百计颠覆我新生政权。

　　1950 年初，我国北方农村较大的区域，如河北、山东、苏北、皖北等地，发生了严重的春荒。反革命分子趁机捣乱，他们一方面散布谣言，破坏春耕和土改，离间政府同人民的关系；另一方面劫粮、焚粮，挑动不明真相的群众抢粮，制造恐慌和动乱。在南方和西北地区，大批股匪、潜伏特务企图破坏、阻止人民解放事业的彻底胜利，频繁地发起武装暴乱，搞所谓的大陆游击，策应美蒋的军事行动。如美蒋飞机"二六"轰炸事件，炸毁了上海电力公司，严重破坏上海重要的水电动力设备，炸死市民500余人，炸伤千余人。针对日益严重的敌情，为了巩固人民的胜利成果，1950年3月18日，中共中央发出了《关于镇压反革命活动的指示》，指出："最近各新解放区的股匪有许多地区业已肃清，另有许多地区的股匪则正在清剿中。但在多股匪业已肃清的地区，又发生多起反革命的武装暴动，杀害我干部多人，抢劫各地区仓库的物资，并在各地工厂、铁路、仓库进行多次的破坏。这证明在这些地区反革命分子的活动仍然是十分猖獗的，对于这些反革命活动，各地必须给以严厉的及时镇压，决不能过分宽容，让其猖獗。"指示还从政策上作了五点规定。自此，一场空前的、长达三年多的镇压反革命运动，迅即在全国各地拉开了序幕。

中共中央的"三一八"指示发布后，西南、西北、华东、中南及华南这些敌情严重的地区都采取了一系列的措施，杀、关、管了一批特务、土匪，同时加强灾区的救济工作，粉碎了敌人的破坏阴谋，很快将敌气焰镇压了下去，一时社会秩序相对稳定。

但是，在初期的镇压反革命活动中，许多地区在执行政策的过程中，发生了过于宽大的偏差，主要表现在：

第一，是对反革命分子的重罪轻判，该杀的不杀，该捕的不捕。如西北在处理武占奎反革命一案时，武犯虽反革命达20余年，曾杀害我高级干部6人，欺压人民，无恶不作，群众恨之入骨，法院却以"该犯年已六十，行将就木，并以犯罪事实均在解放以前，而处徒刑10年"。

在察哈尔省的宣化及河北的唐山两地区，有些地方对罪大恶极，甚至曾杀害我干部百余人，曾杀害我县长及干部多人的反动头子，曾杀死群众多人的匪特，都不判死刑；或下级法院判了死刑，上级法院又改了有期徒刑。

其次，是对反革命的案办得慢，久押不问。如唐山专区丰润等 9 个县共押反革命犯 106 人，其中有 103 名均押一二年未结；石家庄特务王均扣押 3 年始结；山东对案件有押一年未审的。甚至个别地区对捕获的匪特"四捉四放""八擒八纵"；有的反革命分子竟然把公安局叫"公安店"，把人民法院叫"司法旅馆"。

再次，是对反革命犯管得松，这表现在许多监狱里犯人可以互称同学，很自然地就允许犯人管犯人，犯人审犯人，许多监狱都有犯人自治会的组织。

广大群众对许多地方在镇压反革命运动中，发生的"宽大无边"的偏向十分不满。

1950 年 6 月 25 日朝鲜战争爆发后，美国第七舰队进入台湾海峡，蒋介石梦想依仗美帝势力反攻大陆。留在大陆的国民党特务分子及其社会基础土匪、恶霸、地主等错误地认为中国形势将发生重大变化，"蒋介石要反攻了，第三次世界大战不可避免"。于是这些人在各地又猖狂地活动起来。一向比较平静的东北，从 7 月 12 日至 8 月 11 日一个月里，铁路上就发生了大小政治事件 154 件；华东皖北地区 6 月份仍有土匪 2000 余人，8 月份猛增至 6000 余人，其烧杀抢劫的程度比以往更为严重；各地地主富农趁机反攻夺地的问题也令人怵目惊心，如河北省交河县，仅在该年下半年 7 个区 79 个村中，发生反攻夺地事件就有 93 起。就全国来说，从 7 月至 11 月，发生地主反攻夺地及各种破坏事件有 1017 件。对于我们党、政府和军队的高级领导人，敌人更是磨刀霍霍。台湾国民党的保密局曾向大陆各大城市派遣行动组织和所谓"精干勇敢行动人员"搞暗杀。例如，潜伏特务就曾企图刺杀彭德怀、贺龙等人。号称"行动能手"，"百发百中、无刺不成"的特务刘全德潜入上海，以陈毅、潘汉年为暗杀目标。台湾派出的北京行动组专门行刺毛泽东、朱德等领导人。他们还企图制造更加惊人的政治事件，准备在1950年国庆节用迫击炮轰击天安门检阅台，但这个重大阴谋在实施的前几天被我公安机关破获了。

在这种情况下，某些地方仍然对反革命分子执行过于宽大的政策，显然是十分错误的，"纠偏"已势在必行。1950年7月18日，毛泽东起草了中央转发公安部政治保卫局关于敌特暗害阴谋报告的批语，要求各地加强保卫工作，彻底粉碎国民党匪特的暗害阴谋，有效地保卫一切党的领导同志、工作干部及党外民主人士。7月23日，政务院、最高人民法院发出了《关于镇压反革命活动的指示》，规定对手持武器、聚众叛乱者，对以反革命为目的的现行活动组织者及罪恶重大者、对怙恶不悛的匪特分子和惯匪，都要处以死刑或长期徒刑。随后，济南、福建、南京、苏南等地，也都相继大张旗鼓地展开了反特宣传。在群众的揭发控诉下，公审并处决了一大批罪行重大的反革命分子。

1950年10月，中国人民志愿军赴朝进行抗美援朝作战，更加需要国内保持安定的政治局面和良好的社会环境。这时，以往的"纠偏"已不足以打击反革命分子的嚣张气焰，一些反革命分子钻政策上的空子，以各种形式拒绝和逃避管制，甚至又与反动组织沟通，进行破坏活动。很多反革命分子与反动会道门相勾结，或以反动会道门作掩护，进行各种反革命活动。福建全省1950年间发生反动会道门暴乱事件19起，暴乱未遂事件6起，参加的会徒有7600多人，在暴乱中被杀害和砍伤的党政干部、解放军战士及群众有150多人。这些反动会道门的能量很大，仅山东省就有176种，办道人员1711人，道众约69万人。客观形势表明，对反革命分子的斗争力度尚需加大，打击的范围也要扩大。10 月上旬，彭真、罗瑞卿等五人起草了《关于镇压反革命活动的指示》。并于 10 月 10 日凌晨 1 时送毛泽东处，毛泽东连夜审改，于晨 8 时修改付印，当天就向全国发了这个文件（即"双十指示"）。指示指出：在镇压反革命问题上，要继续克服"严重的右的偏向"，"必须坚决地肃清一切危害人民的土匪、特务、恶霸及其他反革命分子"。10 月 16 日，公安部召开第二次全国公安工作会议，刘少奇代表党中央到会讲话，他强调：革命胜利后继续进行反革命的分子，一律要办，要分别轻重，不要冤枉好人。

"双十指示"下达后，各地大规模地开展了镇压反革命运动。如广西，至 1951 年 1 月下旬，杀了匪首和惯匪及其他首要反动分子 3000 余人，从此"匪焰大降，民气大伸"。

但是在镇压反革命运动出现高潮后，也产生了一些"左"的偏向，有些人劲头十足，不注意策略，开始出现了草率捕人杀人的现象，造成极不好的影响。时任中共湖南省委书记、湖南军区司令员的黄克诚觉察了这一问题后，会同中共中央中南局第三书记邓子恢于 1950 年 12 月 7 日给中央写了一份综合报告。这份报告引起了毛泽东的重视。12 月 19 日，他在阅读了这份报告后当即批示：十二月七日的综合报告收到，很好，你们的方针是正确的。对镇压反革命分子，请注意打得稳，打得准，打得狠，使社会各界没有话说。

这就是在镇压反革命运动中，毛泽东及时提出的"稳、准、狠"方针，这是关于镇压反革命分子的全套策略问题，对于保证镇压反革命运动的健康发展和取得胜利，都起了很好的作用。

1951 年 1 月 17 日，毛泽东在转发湘西四十七军关于镇压反革命情况的报告的批语中又对"稳、准、狠"的方针作了进一步的阐述：所谓打得稳，就是要注意策略。打得准，就是不要杀错。打得狠，就是要坚决地杀掉一切应杀的反动分子（不应杀者，当然不杀）。

"最重要者为严格地审查逮捕和判处死刑名单"

为了使镇压反革命运动能深入进行，1951年2月20日，中央人民政府委员会第十一次会议批准公布了《中华人民共和国惩治反革命条例》。

《中华人民共和国惩治反革命条例》的公布，是新中国立法工作中的一件大事，使镇压反革命的斗争走上了新的阶段。条例所具体规定的处理反革命案件的原则和方法，为镇压反革命的斗争提供了法律的依据和量刑的标准，进一步推动了镇压反革命运动的发展。

这个条例是根据党的镇压与宽大相结合，即"首恶者必办，胁从者不问，立功者受奖"的政策而制定的。对于各种反革命的首要分子，对于解放后怙恶不悛、继续进行反革命活动的特务间谍，必须采取从重处理的原则。

条例颁布以后，各地人民政府纷纷按照惩治反革命条例的规定，依法镇压了一大批罪大恶极、血债累累的反革命首恶分子。

1951年3月，北京市首先处决了一大批罪大恶极的反革命分子。在处决之前，15日召集了各界人民代表会议和政协委员会的扩大会议，讨论了惩处反革命罪犯问题。24日又召开了有5000多人参加的市、区各界人民代表扩大联席会议，会上展出了反革命分子活动的大量罪证，并由受害者进行血泪控诉，会议实况由电台向全国广播。

5月23日，南京市贯彻镇压和宽大相结合的政策，枪毙一批武装特务，对另一批特务分别判刑和释放。

5月31日，北京释放19名悔罪立功罪犯。

上海、天津、武汉、广州等大城市和全国各地都先后按照北京的做法，清理了一批反革命案件。

到 1951 年的夏天，镇压反革命的群众运动形成了全国性的高潮，全国 90% 以上的人都投入了这场斗争。

轰轰烈烈的镇压反革命运动，使得新生的人民政权得到了空前的巩固。当然，开展这样一场大的群众运动，也不可避免地出现一些问题和偏差，但是由于党中央和毛泽东发现得早，使这些问题和偏差能够及时得到纠正。

随着镇压反革命运动高涨起来，有些地方开始出现错捕错杀的苗头。1951 年 3 月 23 日，湖南省委书记黄克诚致电邓子恢并报毛泽东，就湖南镇反中的问题提出意见。电报说：湖南全省执行中央十月镇反指示以来，镇压了一大批反革命分子，大多数人民是拥护的。这个坚决行动，打落了敌人的气焰，鼓舞了群众的斗志，清醒了干部头脑，收获极大。但目前已个别发生逮捕范围扩大，处理方式简单的情况。今后，主要将是对付暗藏的反革命，且现已开始牵涉内部，与隐藏的反革命斗争，更需要精细，采取目前猛烈办法，一定发生混乱。

黄克诚反映的情况引起了毛泽东的注意，他敏锐地意识地这一问题的严重性。作为执政党不能不考虑对反革命分子打击到什么范围，什么程度才能得到人民拥护，稳定政局并有利于国家的统一，这一政策界限必须掌握。3 月 30 日，毛泽东即向各地转发了黄克诚的报告，并批语：

"我认为黄克诚同志三月二十三日的意见是正确的。镇压反革命无论如何都应当是准确的、精细的、有计划的、有步骤的，并且完全应由上面控制。捕人要仿照天津专区发拘捕证，照证捕人的办法，不能乱捕。凡各地有如黄克诚所说'逮捕范围扩大、处理方式简单'的情况者，就立即加以收缩，进行检讨并作出结论。畏缩不前，尚未开展者，则应当打动其开展。请你们严密注意这两种情况，好好掌握，不要出乱子。"

就在毛泽东对黄克诚的报告作出批语的第二天，中共北京市委在给毛泽东并中央、华北局的报告中也反映了类似的情况。

4月2日，报告送到了毛泽东的手中。毛泽东阅后，即将北京市的报告批转给"各中央局，并转分局，省委，大中市委，区党委，地委"。毛泽东在批语中指出：

镇压反革命必须严格限制在匪首、惯匪、恶霸、特务、反动会道门头子等项范围之内，不能将小偷、吸毒犯、普通地主、普通国民党党团员、普通国民党军官也包括在内。判死刑者，必须是罪重者，重罪轻判是错误的，轻罪重判也是错误的。最主要的是捕人杀人名单的批准权必须控制在地委市委一级手里。镇压反革命的运动现在可以说已经在全国范围内发动了，各级党委的注意力，主要应放在精细审查名单和广泛进行宣传这两点上，抓住了这两点，就不会犯错误。

根据中央谨慎收缩的方针，从1951年6月起，各地一般停止捕人杀人，组织力量集中清理积案和清查"中层""内层"，对少数必须捕杀的反革命分子加以严格控制，捕人批准权一律收回到地委专署一级，杀人批准权一律收回到省委一级，从而有效地纠正和防止开始出现的草率从事的偏向，保证了运动健康、深入的开展。到10月下旬，全国绝大多数地区已完成了对反革命分子杀、关、管的计划。23日，毛泽东在全国政协一届三次会议上作了《三大运动的伟大胜利》的开幕词，标志着全国规模的镇反运动的基本结束。其后，镇反运动进入扫尾阶段，至1953年秋，历时三年的全国镇反运动宣告结束。

镇反运动是新中国成立后一次成功的政治运动。毛泽东对这场运动倾注了大量的精力，光出自他手的指示和批语即达上百件之多。应当说，镇反运动能够健康深入地开展是同毛泽东的重视和及时指导分不开的。经过运动，广大人民群众的政治热情空前高涨，从而大大推动了抗美援朝运动的开展，到处是参军，增产节约，捐献飞机大炮的热潮。在镇反的高潮中，各级政府及公安部门在广大群众的支持与配合下，成功地进行了禁毒运动，与此同时，从 1950 年至 1952 年，公安部门破获了刑事案件 20.4 万余件，全国治安情况大为好转，1950 年刑事案件发生率占总人口的万分之九，1951 年大幅度下降为万分之五点九，1951 年为万分之四点二，1953 年为万分之五。当时国内许多地方"路不拾遗，夜不闭户"，这在中国历史上都是不多见的。可以说镇反运动取得了很大的成功。

毛泽东与和平解放西藏

和平解放西藏是中国革命史上的重大事件，是毛泽东解决西藏问题作出的重大决策。

"进军西藏宜早不宜迟"

藏族人民是中华民族大家庭中的重要成员。西藏是中国领土，位于祖国西南边疆，战略地位十分重要。作为伟大的战略家，毛泽东时刻关注着西藏事态的发展，思考着解决西藏问题的步骤与对策。

毛泽东最早提出西藏问题是在 1949 年 2 月。当时苏联特使米高扬来到西柏坡，听取中共中央对时局的看法。在同米高扬的谈话中，毛泽东就谈到了他对解决西藏问题的看法：其实，西藏问题也并不难解决，只是不能太快，不能过于鲁莽，因为：（1）交通困难，大军不便行动，给养供应麻烦也较多；（2）民族问题，尤其是受宗教控制的地区，解决它更需要时间，须要稳步前进，不应操之过急。显然，这仅仅是一种思路，此时的毛泽东并没有把解决西藏问题提上议事日程。

1949 年下半年，随着人民解放战争向西南、西北地区推进，进军西藏，已是大势所趋。毛泽东和中共中央审时度势，及时提出了进军西藏、经营西藏的战略决策。

1949 年 8 月 6 日，毛泽东致电彭德怀，详细阐述了除用战斗方式外，尚须兼取政治方式解决西北地区的方针。就在这封电报中，毛泽东特别指出："班禅现到兰州，你们攻兰州时请十分注意保护并尊重班禅及甘青境内的西藏人，以为解决西藏问题的准备。"同年 9 月 2 日，西藏地方当局在帝国主义的挑唆、策划下，制造了驱逐国民政府驻拉萨办事处及汉人的"驱汉事件"，搞所谓"西藏独立"。中共中央授权新华社发表了《决不允许外国侵略者吞并中国领土——西藏》的社论，指出：西藏是中国的领土，绝不容许任何外国侵略；西藏人民是中国人民的一个不可分离的组成部分，绝不容许任何外国分割。这是中国人民、中国共产党和中国人民解放军的坚定不移的方针。任何侵略者如果不认识这一点，如果敢于在中国领土上挑衅，如果敢于妄想分割和侵略西藏和台湾，他就一定要在伟大的中国人民解放军的铁拳之前碰得头破血流。

"驱汉事件"促使党中央和毛泽东把解决西藏问题提到具体议事日程。1949 年 10 月 13 日，毛泽东致电彭德怀，具体提出经营云、贵、川、康及西藏的任务，由进军西南的第二野战军及十八兵团担负。之后，考虑到西北地区解放战争要比西南结束得早，班禅集团居留在青海等方面的原因，毛泽东又于 11 月 23 日致电彭德怀改变部署，提出由中共中央西北局担负进军西藏的"主要的责任"。

遵照指示，西北局迅即进行调查研究，制定选择方案，作出分析评估。12 月 30 日，彭德怀将调研结果报告了中央。报告指出，由青海、新疆入藏困难甚大，难以克服。由打箭炉分两路，一经理塘、科麦，一经甘孜、昌都两路入藏，较青新两路为易。如入藏任务归西北，须在利田、于田、玉树屯兵屯粮，修筑道路，完成入藏准备，需要两年，且由南疆入后藏及由大河坝入前藏两路，每年只有四个月（即五月中旬至九月）能行，其余八个月因大雪封山不能行动。兰州西宁两处，现有藏民训练班约三百人（系青甘两省藏民）。如入藏归西南军区担任，上述藏民训练班，将来可能争取部分送二野随军入藏。

就在中央和毛泽东具体部署进军西藏的时候，西藏亲帝分裂分子分裂西藏的阴谋活动也愈益猖獗。1949 年底，在英美帝国主义分子的唆使下，西藏地方政府竟宣布派出 4 个所谓"亲善使团"分赴美、英、印度、尼泊尔等国表明西藏"独立"，并另派一个使团向中央政府解释并表明"独立"。而此时的毛泽东正在出访莫斯科的途中，得知这一情况后，他当即致信中央，指出，当前国际国内形势对我非常有利，为不失时机地解放西藏，打击帝国主义侵略扩张野心，促使西藏向内转化，进军西藏宜早不宜迟，越早越有利。12 月 31 日，中共中央发表《告前线将士和全国同胞书》，把解放西藏列为 1950 年的一项光荣任务。

1950 年 1 月 2 日，在莫斯科的毛泽东收到了中央转来的彭德怀的报告。毛泽东看了这份报告后，当即致电中央，果断调整了部署，提出"向西藏进军及经营西藏的任务应确定由西南局担负"，并争取于今年"十月以前占领西藏"。电报指出：

> "西藏人口虽不多，但国际地位极重要，我们必须占领，并改造为人民民主的西藏。由青海及新疆向西藏进军，既有很大困难，则向西藏进军及经营西藏的任务应确定由西南局担负。"

接到毛泽东的电报后，中共中央西南局即进行讨论研究。1950 年 1 月 8 日，刘伯承、邓小平将讨论研究的结果电告中央并毛泽东。电报中说，"完全同意于今年 9 月占领全藏"，并指出，一、在兵力派遣上，拟以一个军去，惟在开辟时间则准备以另一个师临时加强之。在康藏两侧之新青两省及云南邻界各驻防兄弟部队，如可能时则予协助。二、拟定以二野之十八军担任入藏任务，以张国华为统一领导的核心。三、拟请由十八兵团在经营西康部队中指定一个师随同十八军先期进入西康之西部。四、提供有关康藏情报。

1月10日，毛泽东再次致电中央并西南局、西北局，完全同意刘邓来电中提出的进军西藏计划，并指出要抓住现在英国、印度、巴基斯坦均已承认我们的有利条件，迅即定出进军西藏的实行计划。

就这样，在1950年乍暖还寒的早春时节，向雪域高原西藏进军的战略决策，在毛泽东访苏期间同刘少奇、周恩来等中央领导人及有关中央局负责人之间电报频繁往来之间，正式地确定下来。举凡进军西藏的时间，兵力配备，应先机占领哪些前沿地带，如何修筑道路，怎样训练藏族干部等细节问题，毛泽东在远方都一一考虑到了。1月24日，中央发出指示，同意西南局提出的"以十八军为进攻西藏的主力"，云南、青海、新疆各出一支部队配合"多路向心进兵"的建议，并批准成立以张国华为书记的中共西藏工委，负责统一领导进军西藏和经营西藏的工作。

根据中央决策，西南局第一书记邓小平在重庆会见了18军张国华军长、谭冠三政委等领导干部，详细分析了西藏形势，具体布置了进军任务。邓小平强调指出：西藏有军事问题，需要一定数量的武装力量；但军事与政治相比较，政治是主要的。据此，西南局正确提出了"政治重于军事，补给重于战斗"的向西藏进军的指导原则。2月15日，西南局、西南军区暨第二野战军联合发布《解放西藏政治动员令》，号召进藏部队全体指战员坚决、勇敢地完成解放祖国大陆最后一个省区，保卫国防的光荣任务。根据上述指示精神，进藏部队普遍进行了解放西藏、建设边疆、巩固国防的教育、艰苦奋斗的传统教育和民族政策教育，开展了学习藏文、藏语和西藏政治、经济、兵要地志的活动；同时，进行在高寒地区行军作战的适应性训练，并投入相当大力量修筑进藏公路，筹措和抢运军需物资。

经过多方面的准备，西南军区进藏部队分别从康西、川中、滇西出发，于10月初陆续到达康藏交界处的甘孜、邓柯、德格一线，直逼藏东重镇昌都。西北军区密切配合，派出青海骑兵支队和新疆独立骑兵师，分别进至青藏交界的玉树和西藏阿里一带。中国人民解放军就此拉开了进军西藏的序幕。

"希望不以战争进入西藏"

由于西藏是一个十分特殊的边疆民族地区，民族问题和宗教问题十分复杂，为了既有利于解放军进军，又符合西藏人民的利益和加强民族团结，中央和毛泽东在决定进军西藏的同时，积极争取和平进军，力争通过谈判和平解决西藏问题。

1950年1月20日，中华人民共和国外交部发言人就西藏地方当局组织所谓"亲善使团"问题发表谈话指出："西藏人民的要求是成为中华人民共和国民主大家庭的一员，是在我们中央人民政府统一领导下实行适当的区域自治，而这在人民政协的共同纲领上是已经规定了的。如果拉萨当局在这个原则下派出代表到北京谈判西藏的和平解放的问题，那么，这样的代表将受到接待。"这是我党首次公开提出"和平解放西藏"的问题。2月25日，中央在给西南局的电报中指出，"我军进军西藏的方针是坚定不移的，但可以采用一切办法与达赖集团进行谈判"。5月17日，中央在给西南局、西北局的电报中深入分析了西藏社会的特点与和平谈判的可能性，重申要在解放西藏的既定方针下，"利用一切可能加强政治争取工作"，并明确提出，中央和西藏地方政府谈判的基本问题，是西藏方面必须驱逐帝国主义势力，协助人民解放军进入西藏，"要有利于进军西藏这个基本前提"。电报还要求西南局和西北局草拟对藏和谈条件。

根据中央的指示，1950年5月27日，西南局向中央报送了与西藏地方代表谈判的十项条件：（一）西藏人民团结起来，驱逐英美帝国主义侵略势力出西藏。西藏人民回到中华人民共和国的大家庭来。（二）实行西藏民族区域自治。（三）西藏现行各种政治制度，维持原状，概不变更。达赖活佛之地位及职权，不予变更，各级官员照常供职。（四）实行宗教自由，保护喇嘛寺庙，尊重西藏人民的宗教信仰和风俗习惯。（五）维持西藏现行军事制度，不予变更。西藏现有军队，成为中华人民共和国国防武装之一部分。（六）发展西藏民族的语言、文字和学校教育。（七）发展西藏的农牧工商业、改善人民生活。（八）有关西藏的各项改革事宜，完全根据西藏人民的意志，由西藏人民采取协商方式解决。（九）对于过去亲英美和亲国民党的官员，只要他们脱离与英美帝国主义和国民党的关系，不进行破坏和反抗，一律继续任职，不咎既往。（十）中国人民解放军进入西藏，巩固国防。人民解放军遵守上列各项政策。人民解放军的经费，完全由中央人民政府供给。人民解放军实行买卖公平。

对西南局所拟的这十项条件，毛泽东十分重视，亲自审阅修改，在第八条"由西藏人民"后加写了"及西藏领导人员"七字，并批语："均可同意"。

这个《解放西藏公约十章》经中央批准后，西南军政委员会和西南军区以布告形式发布，广为散发。

为了争取和平解放西藏，党和人民政府又进行了一系列的努力和工作。

1950 年 2 月，西北局派张竞成以青海商人身份进入西藏，带去青海省人民政府副主席廖汉生致达赖和达扎摄政的一封信，宣传党的和平解放西藏的政策。同时，根据西南局的安排，曾在西藏学经十余年，与西藏上层人士有较深交往的汉族高僧密悟法师偕同贾题韬居士等赴藏，向西藏方面传递有关和平解放西藏的信息。

1950 年 5 月，青海省人民政府副主席、著名佛教人士喜饶嘉措大师，在西安向达赖和西藏地方政府发表广播讲话，希望西藏地方政府派代表赴京进行和平谈判。

1950 年 7 月，经西北局安排，由达赖的长兄当采活佛任团长，夏日仓活佛、先灵活佛任副团长，迟玉锐任秘书的劝和代表团一行八人，由西宁出发前往西藏，劝说西藏地方政府派员前往北京和中央人民政府谈判和平解决西藏问题。

同月，西南军政委员会委员、西康省人民政府副主席、爱国宗教领袖格达活佛自告奋勇，率领一批随行人员打着红旗，携带有关材料，前往拉萨会见达赖，宣传中央有关和平解放西藏的政策。

这时，推进到金沙江以东的人民解放军也通过发布布告，写信给对岸藏军官员，以及委托来往金沙江两岸的僧侣、商人、群众携带等方式，向西藏地方政府官员、头人、寺庙广泛宣传党的有关民族、宗教信仰和和平解放西藏的政策。

在印度，中国驻印度大使馆代办，也奉命多次与在印度的西藏地方政府官员接触，传达中央有关和平解放西藏的政策，督促西藏地方政府代表尽快派出正式代表北上，就西藏问题与中央人民政府谈判。

与中央争取和平谈判的态度相反，西藏地方当局以达扎为首的亲帝分离主义势力在帝国主义指使下，执迷不悟，无视中央的和平呼声，抗拒西藏和平解放。他们阻拦、软禁，甚至谋害赴藏劝和人员；调集藏军主力，布防金沙江一线，陈重兵于西藏的东部重镇昌都，妄图以武力阻挡人民解放军入藏。不仅如此，他们还派出由顽固亲帝分裂分子孜本夏格巴·旺秋德丹和堪穷土登杰波为首的所谓"西藏派赴中国外交代表团"，别有用心地要在香港同中央谈判，以拖延时间。对此，毛泽东在1950 年 5 月 24 日给周恩来的批语中明确指出："西藏代表团必须来京谈判，不要在港谈判"。根据毛泽东的这一意见，1950 年 8 月 2 日，周恩来在给驻印度使馆临时代办申健的电报中明确提出"我中央政府对西藏代表团之方针是：西藏为中国领土的一部分。我不能承认该代表团为西藏之外交代表，但可承认其为西藏地方政府或西藏民族的代表，并同意其以此身份和中央人民政府商谈和平解放西藏问题。此谈判应在北京举行。"然而，"西藏代表团"不听中央的劝告，拒不来京谈判，并滞留在印度进行非法的"独立"活动。

中央主张通过和平谈判解决西藏问题，但决不允许西藏地方当局采取拖延办法，妨碍人民解放军进驻西藏。1950 年 8 月 29 日，毛泽东两次通知周恩来，要他设法催促滞留在印度的西藏代表急速来京谈判。9 月 17 日，中国驻印度大使袁仲贤两次约见夏格巴等人，催促他们务于 9 月 20 日前赴北京商谈和平解放西藏问题，否则他们将要承担一切延误的责任和后果。9 月 30 日，在中国人民政治协商会议全国委员会庆祝建国一周年大会报告中，周恩来又公开指出："人民解放军也决心去解放西藏人民，保卫中国边防。对于这个祖国安全所必需的步骤，我们愿以和平谈判的方式求得实现。西藏的爱国人士对此已经表示欢迎，我们希望西藏的地方当局不再迟疑，好使问题得到和平解决。"

但是，控制着西藏地方政府实权的西藏上层分裂势力，自恃有帝国主义势力的支持，对中央的劝告置若罔闻。同时，英国、印度当局也一再制造借口，阻止西藏代表团前往北京和谈。针对这一形势，中央和毛泽东决定发动昌都战役，以打促谈。

1950 年 8 月 23 日，毛泽东在给西南局的报告中说："如我军能于十月占领昌都，有可能促使西藏代表团来京谈判，求得和平解决（当然也有别种可能）。"也正因为此，毛泽东对昌都战役非常重视，亲自过问。他在审阅昌都战役计划时，指示西南局一方面要对藏军的战斗力有足够的估计，必须准备打几个硬仗，并保证到昌都的公路能随军队攻进速度修筑通车；另一方面，占领昌都后，暂不进拉萨，并将主力撤回甘孜，以向西藏方面表示和平解决的好意。

1950 年 10 月 6 日，昌都战役打响。但通过谈判解决西藏问题的大门并没有由此关上。10 月 11 日，毛泽东在一个报告上批示："人民解放军必须进入西藏。首先希望不经战争进入西藏，故要西藏代表团九月来北京谈判，该团故意拖延，至今尚未动身。现人民解放军已向昌都前进，数日内可能占领昌都。如西藏愿意谈判，代表团应速来京。"稍后，他又亲自写信给西藏地方政府阿里噶本的代表才旦朋杰、扎西才让，请他们向拉萨当局宣传和平谈判的十项条件。信中说，你们同当地解放军军官进行和谈，我完全同意。至于西藏高级官员如要进行和谈，也可以把和谈的意思经过当地解放军军官转达给我。

昌都战役进展十分顺利，至 10 月 24 日，战役胜利结束。此役共消灭藏军（包括争取起义）5700 余人，约占藏军总数的三分之二，一举解放了藏东政治、经济中心昌都及其周围广大地区，打开了进军西藏的门户，并扩大了人民解放军在藏区的影响。

昌都战役震动了西藏地方政府，西藏上层集团内部发生分化，十四世达赖喇嘛亲政，但又仓促离开拉萨，出走边境城镇亚东，并在那里组建了亚东噶厦，随时准备出走印度。

这以后，毛泽东针对国外势力阻挠人民解放军进军西藏的企图，强调指出："西藏是中国领土，西藏问题是中国内政问题。"

1950 年 11 月 17 日，《人民日报》又发表社论《中国人民解放西藏是不容干涉的》，重申了中国政府一定要解放西藏的立场。

"你们办了一件大事，这是一个胜利"

对于昌都战役引起的这些情况变化，中央和毛泽东采取了十分慎重的态度，命令解放军在解放昌都后暂缓向前挺进，就地开展上层统战工作和群众工作，并继续通过各种渠道劝告西藏地方政府派代表来北京进行谈判。这样，一方面可以暂时稳住达赖喇嘛，而不至于急于出走印度；另一方面也可以给印度政府一个改变态度的台阶，不再阻挠西藏在印的谈判代表来京。

昌都解放后，在中央和平方针的感召下，西藏各阶层人士要求和平谈判解放西藏的呼声在不断提高。1950 年 11 月 9 日，西藏噶伦、昌都总管阿沛·阿旺晋美，召集在昌都的西藏地方军政官员 40 人开会，联名写信给达赖喇嘛和西藏地方政府，要求地方政府与中央进行和平谈判。阿沛等在信中说：目前进行汉藏和谈是个时机。共产党政府所规定的基本方法是，对外五族团结一致，对内各大小民族自立自治政府，其工作人员根据单一民族和多种民族人数多少来确定；大民族不压迫小民族，特别是对西藏采取特殊政策，首先是让达赖今后仍然主持政教，救世主摄政王活佛及各僧俗官员照常供职；保护宗教、寺庙和经堂；西藏现行政治和军事制度均不予变更；帮助西藏人民发展文化教育和农、牧、工商业。今后凡是发展政治和谋求人民幸福的一切办法措施需要改革时，要与人民及其主要领导人协商，在大家同意的原则下决定；尊重宗教信仰和地方风俗习惯；过去与英美两国及国民党关系，不予追究。阿沛等在信中还说：目前汉藏和谈很快进行的话，汉政府提出的条件中有不适合西藏情况的可将利弊详细说明，共产党政府方面绝不存在威吓、强迫或压制不让申述利弊的做法，一切可以心平气和进行商谈决定。

面对现实，西藏地方政府多数官员逐步认识到，以武力阻止解放军进军西藏已经失败，依靠外部势力支持"西藏独立"也不可能，只有同中央谈判，争取和平解放，才是最好的出路。在这种情况下，达赖喇嘛终于作出决定，同中央人民政府正式进行和平谈判。

1951 年 1 月 18 日，达赖喇嘛派扎萨索康·旺清次旦和堪仲曲培土登给中国驻印度大使袁仲贤送去一封信。信中说：过去，在我年幼未掌权期间，藏汉人间关系屡遭破坏，近日已通知阿沛及随员从速起程去北京。为争取时间，我们将再派给阿沛两位助手，经印度前往北京。他两人带去全体噶伦、西藏会议及人民的详细书面报告。信中"盼望毛主席关怀，施恩于我本人和全体西藏人民"，并表示他增进汉藏友好关系的愿望。

2月1日袁仲贤大使复信给达赖喇嘛说：毛主席命令我代表他祝贺你的亲政。中央同意而且欢迎加派代表经印度乘飞机到香港转广州赴北京。中国驻印度大使馆当给一切便利与帮助。毛主席对达赖喇嘛的祝贺，表明达赖喇嘛提前亲政得到中央承认。

2月27日，达赖喇嘛又写信给毛泽东主席、朱德总司令、周恩来总理，表示期望"达成好的协议"。2月28日，正式派出西藏地方政府和谈代表团赴京。

达赖喇嘛任命的西藏地方政府和谈代表团成员是：首席全权代表阿沛·阿旺晋美，全权代表凯墨·索安旺堆（藏军总司令）、土丹旦达（仲译钦波）、土登列门（堪穷）、桑颇·登增顿珠（第二代本）共五人。西藏地方政府给每个谈判代表颁发了全权证书，注明代表的姓名、身份，证书中写明西藏是中华人民共和国的领土。经中央同意，阿沛·阿旺晋美、土登列门、桑颇·登增顿珠一行从昌都出发去北京，凯墨·索安旺堆、土丹旦达经印度绕道香港赴北京。

4月20日，阿沛一行到达北京。26日，另一路代表也到达北京。29日，中央人民政府全权代表李维汉、张经武、张国华、孙志远与西藏地方政府代表正式开始谈判。

谈判正逢"五一"节，西藏代表团应邀参加了庆祝活动。毛泽东在天安门城楼上亲切接见了代表团。毛泽东叮嘱代表们有什么困难就找李维汉解决，代表们按照藏族的风俗习惯，向毛泽东敬献了哈达。

中央人民政府代表和西藏地方代表在友好的基础上进行了谈判。毛泽东十分关注着谈判的进展，并亲自审阅修改《关于和平解放西藏办法的协议》草案。双方经过六轮谈判、反复耐心的协商，于1951年5月23日在中南海勤政殿举行了庄严的签字仪式，圆满达成了和平解放西藏的"十七条协议"。主要内容包括：驱逐帝国主义势力出西藏，西藏人民回到中华人民共和国祖国大家庭中来；西藏地方政府积极协助人民解放军进入西藏；在中央人民政府统一领导下，西藏人民有实行民族区域自治的权利；保存西藏的现行政治制度，有关各项改革事宜由西藏地方政府自动进行；实现西藏民族内部的团结，主要是达赖喇嘛和班禅额尔德尼两方面的团结；实行宗教信仰自由的政策；依据西藏实际情况，逐步发展农牧工商业和文化教育，改善人民生活；成立西藏军政委员会和军区司令部，西藏军队逐步改编为人民解放军等。这个协议维护了祖国的统一，正确回答了西藏历史发展中提出的问题，完全符合西藏人民的利益和要求，也符合全国人民的利益和愿望。它的签订，是西藏历史发展的一个划时代的转折点。

协议签订的当天下午，毛泽东即在丰泽园召见李维汉、张国华，听取有关情况汇报。一见面，毛泽东就高兴地说，好哇，你们办了一件大事，这是一个胜利。但这只是第一步，下一步要实现协议，要靠我们的努力。

谈了协议的签订情况，毛泽东话锋一转，关切地询问进藏部队的情况，能否吃饱肚子。

张国华汇报说，部队生活是苦一点，勉强可以吃上饭，但情绪很好。决心在党的领导下，完成进军西藏的艰巨任务。当然也有个别部队嫌进藏艰苦，不想到西藏去。

毛泽东对张国华说，去年我就讲过，你回去再告诉他们，进藏对个人来说，一点好处也没有，但你是共产党员，党需要你去，你去不去？

毛泽东又详细询问了部队的有关情况。张国华汇报说，昌都战役后，等待谈判结果的进藏部队，一面休整训练，一面开荒自救，解决吃粮问题。同时进一步开展了解放全西藏的教育，学习党的民族政策，并掀起了学习藏语，突破语言关的群众性学习运动。

毛泽东听了后，表示满意，并指示：部队要"一面进军，一面建设"。要坚持"进军西藏，不吃地方"的方针，不能增加藏族群众的负担。毛泽东还特别叮嘱张国华，你们在西藏考虑任何问题，首先要想到民族和宗教问题这两件事，一切工作必须慎重稳进。

5月24日下午，毛泽东在中南海正式接见了西藏代表团。毛泽东与代表们进行了长时间的亲切谈话，向代表们介绍了党和国家的民族政策，说明共产党和中央人民政府对西藏工作的宗旨，就是为西藏民族和西藏人民谋利益。毛泽东还用松赞干布和文成公主的故事，勉励代表们为加强汉藏两族人民的团结作出贡献。

当晚，为庆祝和平解放西藏办法协议的签订，毛泽东举行了盛大的宴会。会前，毛泽东又同阿沛·阿旺晋美谈了话。毛泽东打开一本国民党时期的地图册对阿沛说，你看，国民党把贡布达江以西也划给西康省，这是不符合历史的，我们把它改了，以金沙江为界划分西藏和西康省，这样就符合历史，你看怎么样？昌都地区过去实际上是西藏地方政府管辖的，毛泽东的这个决定，是根据西藏的实际作出的正确决策。阿沛回答毛泽东：中央的修改符合历史事实，我完全拥护。

宴会开始，毛泽东首先举杯庆祝"十七条协议"的签订，庆祝全国各族人民的大团结。接着毛泽东致辞说："几百年来，中国各民族之间是不团结的，特别是汉族与西藏民族之间是不团结的，西藏民族内部也不团结。这是反动的清朝政府和蒋介石政府统治的结果，也是帝国主义挑拨离间的结果。"同时，毛泽东指出：现在"都团结起来了，这种团结是兄弟般的团结，不是一方面压迫另一方面。这种团结是各方面共同努力的结果。今后，在这一团结的基础上，我们各民族之间，将在政治、经济、文化等一切方面，得到发展和进步"。

5月25日，毛泽东以中央人民政府人民革命军事委员会主席的名义发布进军西藏训令，指出"人民解放军为了保证协议实现与巩固国防的需要，决定派必要的兵力进驻西藏"。

5月28日，《人民日报》发表《拥护关于和平解放西藏办法的协议》的社论，事前毛泽东对社论亲自进行了修改，加了许多重要的段落。论述党的民族宗教政策以及和平解放西藏的具体方针政策。

6月13日，作为中央人民政府的代表，张经武携带毛泽东给达赖喇嘛的亲笔信，前往西藏工作，敦请达赖从亚东返回西藏。

7月21日，达赖一行启程从亚东返回拉萨。10月24日，达赖喇嘛致电毛泽东表示拥护协议，并说：西藏地方政府及藏族僧俗人民愿意"在毛主席及中央人民政府领导下，积极协助人民解放军进藏部队，巩固国防，驱逐帝国主义势力出西藏，保护祖国领土主权的统一"。

根据十七条协议和毛主席的进军西藏训令，人民解放军从7月25日陆续出发，分别从西康、青海、云南、新疆向西藏进军。10月26日，人民解放军进藏部队胜利进抵拉萨，宣告西藏实现了和平解放。

关于解放西藏的过程，毛泽东在1953年7月16日的中央政治局会议上作了精练概括："先礼后兵，兵后又礼"。

毛泽东与治理淮河

"期以一年完成导淮，免去明年水患"

淮河是我国第三大河，也是我国南北自然分界线。1950 年夏，正当淮河人民在中国共产党的领导下热火朝天重建家园时，地处淮河流域的河南与安徽交界处雷电交加，大雨倾盆。史、洪、淮、泚四河洪水并涨。1950 年 7 月 18 日，华东防汛总指挥部给中央防汛总指挥部发出急电：淮河中游水势仍在猛涨，估计可能超过 1931 年最高洪水水位。

1950 年 7 月 20 日，急电送到了毛泽东手中时，他正面对地图思考解放东南沿海有关岛屿、和平解放西藏及朝鲜战场形势问题，接过电报后，他把电文反复看了几遍，越看双眉锁得越紧。

虽然毛泽东过去的精力主要集中在政治斗争和军事斗争上，但博学好问的毛泽东对淮河的情况十分了解。

为治理淮河，安定淮地，近代史上曾国藩、左宗棠、李鸿章、曾国荃等著名历史人物都上书呼吁过导淮；清末状元、著名实业家张謇还积极组织实地查勘淮河，制定导淮计划，辛勤奔波二十余年；伟大的革命先行者孙中山也不止一次筹划过导淮计划，他在《建国方略》中曾恳切地说："修浚淮河为中国今日刻不容缓之问题。"甚至连蒋介石也曾想在导淮事业上一显身手，1929 年 7 月，国民党政府成立导淮委员会，蒋介石自兼委员长。但是在他统治的二十多年中，淮河水患有增无减。更有甚者，他为了阻止日军追击国民党军队，竟于 1938 年 6 月下令扒开花园口黄河大堤，泛滥的黄河又流入淮河。滔滔大水，造成五万四千多平方公里的黄泛区，一千二百五十万人受灾，三百九十万人逃亡他乡。黄河终于 1947 年重归故道，但其所挟的过量泥沙给淮河留下了宣泄不畅、大雨大灾、小雨小灾的恶果。

看着华东防汛总指挥部拍来的急电，毛泽东心情无比沉重。今年淮河遭受水灾，给淮河流域的人民带来巨大的痛苦。必须尽快根治淮河，消除水患，毛泽东下定决心。于是他拿起笔，给周恩来写了批语：

除目前防救外，须考虑根治办法，现在开始准备，秋起即组织大规模导淮工程，期以一年完成导淮，免去明年水患。请邀集有关人员讨论（一）目前防救、（二）根本导淮两问题。如何，请酌办。

毛泽东

七月廿日

周恩来接到毛泽东的批示后，于 7 月 22 日召集政务院副总理董必武、财政部部长薄一波、水利部部长傅作义等有关人士研究防灾救灾工作和导淮工程问题。最后决定由水利部和中财委计划局负责草拟导淮的根本方针与明年年度水利计划。

"请令水利部限日作出导淮计划"

然而灾情不等人，豫、皖交界处的暴雨越下越大，水势一日数涨，洪水四处横溢，"洪水所至，人畜无以逃避，财物田庐，悉付流水"。救灾如救火，情况万分危急。

1950 年 8 月 1 日，安徽省委负责人曾希圣、黄岩、李世农致电中共中央华东局、华东军政委员会并转中央，报告皖北灾情及救灾工作意见。电报说，今年水势之大，受灾之惨，不仅重于去年，且为百年来所未有。淮北 20 县、淮南沿岸 7 个县均受淹。被淹田亩总计 3100 万亩，占皖北全区 1/2 强。房屋被冲倒或淹塌而已报告者 80 余万间，其中不少是全村沉没。耕牛、农具损失极重（群众口粮也被淹没）。由于水势凶猛，群众来不及逃走，或攀登树上、失足坠水（有在树上被毒蛇咬死者），或船小浪大、翻船而死者，统计 489 人。受灾人口共 990 余万，占皖北人口之半。灾情尚在扩大，且秋汛尚长，今后水灾威胁仍为严重。由于这些原因，干群均极为悲观，灾民遇着干部多抱头大哭，干部亦垂头流泪。

8 月 5 日，这封电报送到了毛泽东的案头。

毛泽东在电文中"不少是全村沉没""被毒蛇咬死者""今后水灾威胁仍极严重""多抱头大哭"等处重重地画了横线。然后，他又在电文上给周恩来写了一段批语：

周：

请令水利部限日作出导淮计划，送我一阅。此计划八月份务须作好，由政务院通过，秋初即开始动工。如何，望酌办。

毛泽东

八月五日

批语表达了毛泽东的急迫心情。

周恩来接到毛泽东的批示后，当即分两头部署，一头抓救灾，一头筹备召开治淮会议。

1950 年 8 月 25 日至 9 月 12 日，在周恩来的亲自指导与参加下，水利部召开治淮会议。华东水利部、中南水利部、皖北行署、苏北行署、河南省人民政府、淮河水利工程总局、河南黄泛区复兴局等负责人及专家四十余人参加了会议。会议分析研究决定以"蓄泄兼筹"为治淮方针，确定上游"以拦蓄洪水发展水利为长远目标"，中游蓄泄并重，下游则开辟入海水道，以利宣泄。会议还制定了治淮工程的步骤，决定1950年12月以前以勘测工作为重心，上游和下游以查勘蓄洪工程和入海水道为重点，同时进行放宽堤距、疏浚、涵闸等勘测工作，中游地区在整个计划内，选择对上、下游关系较小的部分工作，结合以工代赈于10月下旬先行开工。

如何治淮？关系到上、中、下游不同地区的切身利益。治淮会议确定了治淮方针和治淮工程的步骤，但在治淮的解决办法上，河南、安徽、江苏三省存在着意见分歧。苏北担心上游把洪水泄到苏北不能顺利入海，将加深苏北的水患，便将意见报告了华东军政委员会。1950年8月25日，华东军政委员会将中共苏北区委对治淮意见转报给了周恩来。华东军政委员会在电报中说："鉴于今年浮山仅7000多流量，已使洪泽湖大堤、运河及新淮河非常吃紧，……几乎决口。若上游导淮后浮山流量较现在增加，即无其他意外，今后洪泽湖大堤、运河及新淮河必会更加吃紧。若在洪泽湖与高宝湖之间搞活动水坝，即使约束在6500流量内，问题亦很大。"苏北区党委认为，"今年即行导淮，则势必要动员苏北党政军民全部力量，苏北今年整个工作方针要重新考虑，既定的土改、复员等工作部署必须改变。这在我们今年工作上转弯是有困难的，且治淮技术上、人力组织上、思想动员上及河床搬家，及其他物资条件准备等等，均感仓促，对下年农业生产及治淮均受很大影响。如果中央为挽救皖北水灾，要苏北改变整个工作方针，服从整个导淮计划，我们便竭力克服困难，完成治淮大计"。

1950年8月31日，华东军政委员会的这封电报转到了毛泽东的手中。毛泽东认为，苏北区委的考虑并非没有道理，可是他们的重点只放在自己眼皮下的地方，却没有放在豫皖那么广阔地域的利益上，再则，如果土地不是涝就是旱，土改了又有什么用。为了把土改搞好，必须先集中力量治淮。于是他拿起笔，在电报上批示：

周：

此电第三项有关改变苏北工作计划问题，请加注意。导淮必苏、皖、豫三省同时动手，三省党委的工作计划，均须以此为中心，并早日告诉他们。

毛泽东

八月卅一日

周恩来收到毛泽东的批示后，即向参加治淮会议的水利部及三省负责人作了传达，并反复召集他们协调，落实三省的治淮工程任务和所需的经费及粮食。

9月2日，周恩来又约董必武、薄一波、傅作义等开会，研究治淮计划。会议决定：（一）治淮必须河南、安徽、江苏三省同时动手，做到专家、群众和政府三者结合，新式专家和土式专家相结合。（二）至九月订出动员和勘探的具体计划，十月动工。以三年为期，根除淮河水患。

"治淮开工期不宜久延"

治淮会议精神像春风一样，很快吹遍了皖北大地，皖北干部群众精神振奋。为了兴修水利、根治淮河，逃难在外的灾民纷纷返回家园，凤台县万余名灾民自动请缨打石做治水器材，灵璧县的灾民即刻修造船只，准备运工料、粮草，工程技术人员风餐露宿，加紧勘察设计。各阶层人民都希望早日开工，免除明年水灾。1950年9月16日，安徽省负责人曾希圣致电华东军政委员会主席饶漱石，并转周恩来、董必武、陈云、薄一波等中央领导人，报告了皖北灾民拥护治淮决定的情况及调配粮食的意见。

9 月 21 日，这份电报转到了毛泽东的手中。他马上在电报上批示：

周：

现已九月底，治淮开工期不宜久延，请督促早日勘测，早日做好计划，早日开工。

毛泽东

九月廿一日

毛泽东治理淮河的迫切心情从这三个"早日"可见一斑。

9 月 22 日，周恩来将曾希圣的电报和毛泽东的批示转给中央财经委员会主任陈云、副主任薄一波、李富春传阅，并接连写了两封信。一封给毛泽东、刘少奇、朱德、任弼时、陈云、薄一波、李富春，说明关于治淮的两份文件已送华东、中南，请他们审议，待十月初饶漱石、邓子恢来京时再作最后决定。治淮工程计划，则已由水利部及各地开始付诸实施，因时机不容再误，且至下月初，时间不久，即有变更，亦尚来得及补救。一封给中财委的陈云、薄一波、李富春并转水利部的傅作义、李葆华、张含英，强调中央政府要从人力、物力、财力上保证治淮的需要。"凡紧急工程依照计划需提前拨款者，亦望水利部呈报中财委核支，凡需经政务院令各部门各地方调拨人员物资者，望水利部迅即代拟文电交（政务）院核发"。

尽管当时中央财政非常困难，但至 1950 年 11 月，中财委共批准预拨治淮工程费原粮 4 亿 5000 万斤，小麦 2000 万斤。在抢救淮河水灾方面，到 1950 年 10 月，中央人民政府先后拨出粮食 1 亿余斤，盐 1000 万斤，煤 52 万吨，种子贷款 350 亿元（旧币）。干部问题是治淮工作中的一大问题，特别是技术干部非常缺乏。根据 1951 年工程计划，全部工程共需要工程员以上的经常工作技术干部 1400 人，淮河总局原有技术干部 270 人。对此，周恩来号召全国支援治淮，还从全国调来大批工程技术人员支援治淮。于是，一支浩浩荡荡的治淮大军，从全国各地奔赴治淮工地，揭开了新中国大规模治水的序幕，开创了人民治淮的新纪元。

治淮与抗美援朝，成为50年代初轰动国内外的两件大事。祖祖辈辈饱尝洪水灾害之苦的淮河流域人民，如同山火爆发一样，迸发出巨大的治淮热情和积极性。参加治淮成了一件无上光荣的事，报名治淮的人像参军一样严格挑选。"父子齐上阵，兄弟争报名，妇女不示弱，夫妻共出征"的动人场面到处可见。千军万马战淮河，群策群力锁蛟龙。治淮的第一年，有220万农民参加了治淮的行列，为了保证治淮工程大批的物资供应，有90万工人、农民日日夜夜奔走在数千里淮河的运输线上，他们用汽车、轮船、牛车、马车、独轮车，把来自东北、华北、中南各省20多亿斤建设物资运到工地。经过80多天奋战，高速度地建成了一条长160公里的苏北灌溉总渠。肆意横行的淮河终于套上了缰绳。

朝鲜战场上志愿军旗开得胜，治淮工地上工程进展顺利，毛泽东非常高兴，应水利部部长傅作义的提议，欣然为治淮工地题字："一定要把淮河修好"。

1951年5月上旬，中央治淮视察团在团长邵力子率领下，赴治淮工地视察。视察团向治淮委员会以及三省治淮指挥部颁发了印有毛泽东题字的锦旗，向工地的干部以及劳动模范赠送了精心印制的毛泽东的题字，并向全体民工转达了毛泽东和周恩来的亲切问候。

毛泽东的题字和问候，在工地激起了暴风雨般的掌声和排山倒海的欢呼，在那精神鼓励胜过物质鼓励的年代里，毛泽东的亲切关怀，给工地民工们注入了无穷的精神力量。他们吃的是最低等的粗粮淡菜，住的是最简陋的草棚，报酬非常微薄。可他们毫不计较，竭尽全力奋斗。几天几夜不休息，病了伤了领导下命令都不能把他们赶出工地，许多人甚至为工程献出了宝贵的生命。这种非凡的劳动热情和忘我的奋斗精神，正是精神与人民领袖的感召力的合成结晶，正是新中国日新月异迅速崛起的强大动力。在这种奇特力量的推动下，1951 年 7 月 20 日，即在毛泽东作出根治淮河批示一周年的日子里，根治淮河的第一期工程胜利完成。

毛泽东与"三反""五反"运动

　　1951 年 12 月，中共中央和毛泽东领导全党，发动全民，在党、政、军、民机关内部展开了一场轰轰烈烈的反贪污、反浪费、反官僚主义运动。第二年 1 月，又在资本主义工商业中开始了一场反行贿、反偷税漏税、反盗骗国家财产、反偷工减料、反盗窃国家经济情报的运动。这场运动，纯洁了党的肌体，加强了执政党和国家机关的廉政建设，打退了资产阶级的猖狂进攻，巩固了新生的人民政权。

"需要来一次全党的大清理"

　　毛泽东酷爱读书，尤爱读史书。因胜利而骄傲，因骄傲而腐败，因腐败而亡国。这是他读了几千年中国历史得出的一条深刻教训。以史为鉴，毛泽东铭记这一教训。

　　1944 年 3 月 19 日至 22 日，重庆《新华日报》连续发表郭沫若的著名史论著作《甲申三百年祭》，叙述了明末李自成农民起义军攻入北京推翻明朝以后，若干首领腐化并发生宗派斗争，以致陷于失败的过程。

　　毛泽东很重视这篇文章，将它列为整风文献，印发党的高级干部学习。1944 年 4 月 12 日，毛泽东在延安高级干部会议上说，近日我们印发了郭沫若论李自成的文章，也是叫同志们引为鉴戒，不要重犯胜利时骄傲的错误。同年 11 月 21 日，在致郭沫若的信中，毛泽东又说，你的《甲申三百年祭》，我们把它当作整风文件看待。小胜即骄傲，大胜更骄傲，一次又一次吃亏，如何避免此种毛病，实在值得注意。

1949 年 3 月 5 日，在全国胜利前夕召开的中共七届二中全会上，毛泽东又进一步告诫全党：因为胜利，党内的骄傲情绪，以功臣自居的情绪，停顿起来不求进步的情绪，贪图享乐不愿再过艰苦生活的情绪，可能增长。因为胜利，人民感谢我们，资产阶级也会出来捧场。敌人的武力是不能征服我们的，这点已经得到证明了。资产阶级的捧场则可能征服我们队伍中的意志薄弱者。可能有这样一些共产党人，他们是不曾被拿枪的敌人征服过的，他们在这些敌人面前不愧英雄的称号，但是经不起人们用糖衣裹着的炮弹的攻击，他们在糖弹面前要打败仗，我们必须预防这种情况。

虽然一再告诫，但进城以后，毛泽东对党内会不会出现骄傲情绪，以功臣自居的情绪，贪图享乐的情绪，会不会发生贪污腐化的现象，仍是非常警惕。

中华人民共和国建立之初，新生的人民政权便在国民党留下的一片废墟上进行艰巨的经济恢复。为保家卫国，中国人民志愿军渡过鸭绿江在朝鲜战场上与美帝国主义进行殊死搏斗。

1951 年下半年后，抗美援朝战争仍处于边打边谈的局面，经济财政状况仍未实现根本好转，而战争的继续耗资巨大（约占年度财政支出的 50%），国民经济建设又刻不容缓，这就给国家的财力物力造成极为沉重的负担。那么，资金从哪里来？出路又何在？恰如毛泽东所说，只有增产节约是一条康庄大道。为此，10 月份中共中央政治局召开扩大会议，决定采取精兵简政、压缩开支、厉行节约、禁止浪费、增加生产等开源节流措施，以落实毛泽东提出的"战争必须胜利，物价不许波动，生产仍需发展"的战略决策。

1951年10月23日，毛泽东在政协一届三次会议开幕词中向全国人民提出：增加生产，厉行节约，以支援中国人民志愿军，这是中国人民今天的中心任务。

全国人民热烈响应党中央、毛泽东的号召，一个规模巨大、扎扎实实的爱国增产节约运动，迅速在全国城乡展开。

随着增产节约运动的深入发展，各地都揭露出触目惊心的贪污、浪费和官僚主义问题。据1952年1月中央人民政府节约检查委员会主任薄一波的报告：从1951年12月10日以来的一个月中，据不完全初步材料，在政府系统27个单位中已发现的贪污人数达1670人；浪费现象也相当惊人，仅军委后勤系统和铁路系统1951年一年内因管理不善，就损失汽油7000余吨；纺织工业部所属经纬纺织机器厂，国家投资4000多亿元（旧币，下同），因计划不周，施工马虎，工厂建筑尚未完工，所有厂房的289根柱子中已有280根不平衡下沉，造成巨大损失。官僚主义问题也很严重，贸易部向苏联订购牲畜防疫药时，将3吨误写为300吨，将出口订货单中的"米茶砖"误译为"黑茶砖"，各级领导审批时都未发现问题，致使造成损失62亿元。根据1951年12月27日华东军政委员会报告说：贪污腐化、铺张浪费和官僚主义的恶劣作风在许多地方已侵入到党政机关里面。据不完全统计，1951年1月到11月在华东一级司法及监察机关审理案件179起，贪污金额达288亿元。据华东人民监察委员会1950年6月至1951年11月统计，因个人贪污而造成国家财产损失1242亿元。上海国营纺织厂从1949年6月至1951年6月因产品不合格、管理不善而造成浪费1500亿元。1951年上海粮食公司因领导存有严重官僚主义，造成1000多斤粳米霉粒变质。

1951年11月1日，中共中央东北局书记高岗给中央的一份报告，引起了毛泽东的高度重视。报告中说，随着东北地区增产节约运动的开展，揭露了一些干部的严重贪污、浪费和官僚主义问题。沈阳市在部分单位中揭发出 3629 人有贪污行为，东北贸易部仅检举和坦白的金额就达 5 亿人民币（旧币）。浪费现象和官僚主义也很严重，仅东北铁路系统就积压了价值上千亿元的材料不作处理。报告同时概述了东北开展这一斗争的经验，提出必须开展一个群众性的民主运动，广泛发动群众进行反贪污腐化斗争；必须首长负责，亲自领导，带头层层做自我批评。组织工作组深入下去检查督促等。一叶知秋。毛泽东敏锐地意识到，东北的问题带有相当的普遍性：革命胜利后，共产党从硝烟弥漫的战争岁月进入和平建设时期，从穷乡僻壤来到繁华的城市，由在野党成了执政党。随着形势、环境、地位的变化，一些意志薄弱的共产党员以功臣自居，贪图享受不愿再过艰苦生活。因而"坐衙"当权，疏于政事，玩忽职守，官气十足，脱离群众等严重的官僚主义作风滋长，或羡慕资产阶级的生活方式，铺张浪费甚至贪污盗窃、蜕化变质。

党和国家肌体的被腐蚀已见端倪，不能等闲视之。11 月 20 日，毛泽东在为中央起草的转发这个报告的批语中，要各地"重视这个报告中所述的各项经验"，并及时果断地代表中央，向全党首次提出要"在此次全国规模的增产节约运动中进行坚决的反贪污、反浪费、反官僚主义的斗争"。

11 月 25 日，中共中央西南局第一书记邓小平致电中央，报告了西南局 1952 年工作要点，其中明确将反贪污反浪费作为该年的重要任务之一，并作了具体部署。毛泽东看了这个报告后，决定转发给各中央局、中央分局及省市区党委参考。11 月 30 日，在转发这个报告的批语中，毛泽东指出，反贪污反浪费一事实是全党一件大事，自从东北局揭露大批的贪污犯以后，我们已告诉你们严重地注意此事。我们认为需要来一次全党的大清理，彻底揭露一切大小贪污事件，而着重打击大贪污犯，对中小贪污犯则取教育改造不使重犯的方针，才能停止很多党员被资产阶级腐蚀的极大危险现象，才能克服二中全会所早已料到的这种情况，并实现二中全会防止腐蚀的方针，务请你们加以注意。

11 月 29 日，中共中央华北局第一书记薄一波、第三书记刘澜涛就天津地委严重贪污浪费情况写报告给毛泽东并中央，报告了时任地委书记张子善及前任地委书记刘青山的严重贪污情况。这更引起了毛泽东的高度重视。11 月 30 日，毛泽东在将这一报告转发各中央局、分局、省市区党委的批语中尖锐地指出：这件事给中央、中央局、分局、省市区党委提出了警告，必须严重地注意干部被资产阶级腐蚀发生严重贪污行为这一事实，注意发现，揭露和惩处，并须当作一场大斗争来处理。

从转发三大区的报告的批语中可以看出，中央和毛泽东发动"三反"运动的决策已酝酿成熟。

"大张旗鼓，雷厉风行"

1951 年 12 月 1 日，中共中央发出《关于实行精兵简政，增产节约，反对贪污、反对浪费和反对官僚主义的决定》，正式拉开了"三反"运动的序幕。毛泽东在审阅这一决定时，作了重要的修改和补充，主要有：

自从我们占领城市两年至三年以来，严重的贪污案件不断发生，证明一九四九年春季党的二中全会严重地指出资产阶级对党的侵蚀的必然性和为防止及克服此种巨大危险的必要性，是完全正确的，现在是全党动员切实执行这项决议的紧要时机了。再不切实执行这项决议，我们就会犯大错误。

一切贪污行为必须揭发，按其情节轻重，给以程度不等的处理，从警告、调职、撤职、开除党籍、判处各种徒刑、直至枪决。

凡在其所属机关、部队、团体、学校或企业中发生了严重的贪污现象或浪费现象，而事前毫无觉察、事后又不厉行惩治者，称为严重的官僚主义分子。这种严重的官僚主义分子，虽然没有亲手参加贪污行为或浪费行为，亦应以失职论处，决不宽恕。

为着力地彻底地消灭贪污现象、浪费现象和官僚主义现象，必须奖励那些不贪污、不浪费和毫无官僚主义习气的模范的单位和人物，从这些单位和人物与那些贪污者、浪费者和官僚主义者之间划出明显的界线来。

同时，毛泽东又为中央起草了中央印发这一《决定》的通知。

为了加强对增产节约和"三反"运动的领导，中央决定成立各级检查委员会来具体负责。薄一波担任中央人民政府节约委员会主任，彭真、李富春、沈钧儒、谭平山任副主任，刘景范任秘书长。

"三反"运动发起后，毛泽东时刻注视着运动的进程，不间断地给予指示和督促。

1951年12月4日，中共北京市委就北京市工作人员的贪污现象及今后展开反贪污斗争的意见给中央写了一个报告。报告中说，市委决定大张旗鼓地广泛发动党内外群众自下而上的检举，来配合领导上的检查，开展全市反贪污运动。具体办法是：第一，由各单位负责人认真地自上而下进行检查，揭露贪污分子；第二，号召贪污分子自动坦白；第三，号召与发动全市所有的共产党员、青年团员、工会会员及其他各阶层人民，检举贪污分子；第四，抽调可靠干部，组织检查组，负责在本单位及上下级与同级间相互检查。毛泽东看了这个报告后，决定将这一报告转发，并于同日晚上8时亲自为中央起草了转发这一报告的批语。批语指出：中央责成你们在接到本指示三星期内，至迟在一个月内，有计划地初步地检查自己单位和所属下一级各单位工作人员的贪污现象，依照北京市委所订各项办法，发动党内外最广大群众（包括各民主党派及社会民主人士），大张旗鼓地、雷厉风行地检查和惩治贪污人员。

中央责成你们大体上依照北京市委的报告样式，在收到本指示后一个月内，向中央作第一次关于检查和惩治贪污人员的报告。所有中央和军委各部门，均分别向中央和军委作报告；所有中央人民政府各党组，各中央局，各分局，各省委，各市委，各区党委，各地委，各县委，均按级向中央及其上级作报告。县委以上的报告，除发其上级外，均同时直接发中央。有电报的地方，用电报发来。无电报的地方，从邮局寄来。军事系统二三两级军区的报告，除发其上级外，同时直接发军委。军区以下的报告，由军区收集转寄军委。志愿军各部的报告，由志愿军党委收集转寄军委。凡不作报告者，以违纪论。凡推迟报告时间者，须申明理由。

12月8日，毛泽东又为中央起草了《关于三反斗争必须大张旗鼓进行的电报》，强调，应把反贪污、反浪费、反官僚主义的斗争看作如同镇压反革命的斗争一样的重要，一样的发动广大群众包括民主党派及社会各界人士去进行，一样的大张旗鼓去进行，一样的首长负责，亲自动手，号召坦白和检举，轻者批评教育，重者撤职，惩办，判处徒刑（劳动改造），直到枪毙一批最严重的贪污犯，全国可能须要枪毙一万至几万贪污犯才能解决问题。贪污分子、浪费分子和官僚主义分子当然大多数不是反革命分子（可能有一部分人即是反革命分子），他们的罪名是贪污浪费和官僚主义，但这个问题现在已极严重，必须看作如同镇压反革命斗争一样的重要，一样的发动群众大张旗鼓去进行斗争，一样的用死刑和徒刑等对待他们，并且一样的要查明情况，心中有数，精密地掌握这一斗争。

12月14日，河北省委向华北局提出了对于刘、张二人的处理意见："我们一致意见处以死刑。"12月20日，华北局经研究后由中央提出对刘、张的处理意见：为了维护国家法纪，教育党和人民，我们原则上同意将刘青山、张子善二贪污犯处以死刑（或缓期二年执行），由省人民政府请示政务院批准后执行。当时之所以加了"或缓期两年执行",是考虑到中央决策时有回旋的余地。

毛泽东对此事极为关注,亲自过问和批准了对刘青山、张子善特大贪污案的处理,下决心坚决予以严惩。1952 年 2 月 10 日,刘青山、张子善在河北保定受到了法律的严厉制裁,被执行枪决。

为了推动"三反"运动的发展,1951 年 12 月 31 日,中央委托薄一波、安子文等在中央直属机关总党委召开的有 500 多人参加的党委扩大会上,宣布中央决定:限期于 1952 年 1 月上旬,所属一切单位的领导干部务须发动群众实行坦白检举,否则一律撤职查办。在这次会议上,点名表扬了做得好的单位,也批评了做得差的单位,并撤职查办了几名高级干部,这次会议在中央机关引起了强烈反响,许多单位当日连夜开会部署。

第二天,即 1952 年元旦,毛泽东在团拜会上的致辞中号召"我们全体人民和一切工作人员一致起来,大张旗鼓、雷厉风行地开展一个大规模的反对贪污、反对浪费、反对官僚主义的斗争,将这些旧社会遗留下来的污毒洗干净!"

到 1 月 3 日,几乎所有单位都召开坦白检举的群众会议,纷纷向中央送交报告。

1 月 4 日,毛泽东在为中央起草的《关于立即限期发动群众开展"三反"斗争的指示》中,要求各单位立即抓紧"三反"斗争,缩短学文件的时间,召开干部会,限期展开斗争,送来报告;违者不是官僚主义,就是贪污分子,不管什么人,一律撤职查办。在干部会上,应指名批评落后的单位及其领导人,指名奖励做得好的单位及其领导人,宣布撤职的名单及理由。

经过动员,中央机关的"三反"斗争在短短的几天之内,便轰轰烈烈地开展起来了。

为了统揽全局，加强对"三反"运动的指示，毛泽东不仅经常亲临中节委，参加会议，听取汇报，掌握全国情况，同时又废寝忘食、夜以继日地批阅各地报告，代中央起草决议、指示、批语、电报、信件等。整个"三反"运动期间，这样的文件就达数百件之多。毛泽东不仅亲自制定方针政策，而且亲自督办落实；不仅具体交代任务，而且明确指示办法，他非常重视各级领导亲自抓这一条，对好的及时加以肯定和推广，对差的给以严肃的批评和纠正。1951年12月13日，毛泽东在批转西北局第一书记习仲勋《关于西北地区反贪污斗争报告》时，认为习仲勋亲自召集各部门负责人开座谈会，认真分析贪污浪费现象，明确指出问题的严重性，并决定利用整风方式迅速展开"三反"斗争的做法非常好。并说，中央由薄一波负责，北京市由彭真负责，东北由高岗负责，都亲自动手，已发动起来了，望各大行政区，各大军区的领导都要注意此种经验，抽出时间，专心致志加以调查研究，弄出头绪，写一个指令，开一个干部会，斗争就可以展开。西南军区司令员贺龙响应毛泽东的号召，亲临"三反"斗争第一线，他坚决为群众撑腰，并指示各单位领导：必须扫清运动的绊脚石，要把群众是否发动起来当作衡量运动好坏的一个标准。当他发现建筑工作中有许多浪费现象时，就带工作组深入下去，用20多天时间，一个地方一个地方地查看，发现问题，立即命令检讨改正。毛泽东在看到有关贺龙抓"三反"斗争的通报后，于1951年12月30日指示各中央局及大军区：各级领导同志都要学贺龙同志那样亲自"上前线"，毫无畏首畏尾、拖泥带水模样，把"三反"斗争当作一场无产阶级和资产阶级之间的大战争，务必取得胜利，并且务必于1952年1月上半月取得显著成绩，下半月取得更大成绩。同日，毛泽东又收到中南军区第三政委谭政关于"三反"斗争情况的电报，觉得他们的行动稍缓，即于元旦凌晨2点起草复电，指示他对所属各军区的"三反"斗争要"严加督促，勤加指导，务使每天都有收获"。并要亲自抓紧直属部门,三天一会,五天一报,做出成绩,取得经验,通报各处。毛泽东还将来电中不妥之处加以修改,并指示派专人连夜乘飞机将修改稿送到,以引起中南军区的高度重视。1952年1月5日,毛泽东在批转华东军区党委《关于三反中报告制度的规定》时,又指示各中央局及大军区:对"三反"运动"必须抓得很紧,才能产生实效"。在毛泽东的督促与指示下,各级领导都动员起来了,不仅亲自抓,而且带头检查作自我批评,为机关干部和群众做出榜样,使运动很快出现高潮。

"搜寻大老虎,穷追务获"

1952年1月中旬,全国大部分地区的"三反"运动普遍展开后,经过领导带头检讨,广泛发动群众检举揭发,号召有贪污行为者坦白,"三害"问题的基本情况已大体清楚。本着"着重打击大贪污犯,对小贪污犯则取教育改造不使重犯的方针",运动的重点开始转入清查和打击严重的贪污分子阶段,即所谓"打虎""捉虎"阶段。

1952年1月19日,中直机关总党委召开有1000余人参加的高级干部会议,宣布运动进入集中力量打"老虎"阶段,会后,薄一波将中央机关"三反"斗争情况及今后的意见与应注意的几个政策问题向毛泽东作了报告,引起了毛泽东的重视,并于1月21日批转各地参照执行。

"三反"斗争进入"打虎"阶段后,掌握"打虎"标准至关重要。1952年1月20日,李富春在中财委党组会上作打虎总结报告时,提出判定"大老虎"的六条标准:个人贪污1亿元(旧币,下同)以上者;贪污不满1亿元,但对国家经济损失很大者;满1亿元以上的集体贪污案的组织者、主谋者;贪污5000万元以上,但性质严重,如克扣救济粮，侵吞抗美援朝捐款者；坐探分子，与私商勾结盗窃经济情报，或利用职务自肥，使国家损失在 1 亿元以上者；全国解放时隐瞒各级国家财产或官僚资本未报，价值在 1 亿元以上者等。嗣后，李富春将这六条向中央作了报告。1 月 21 日，毛泽东将李富春拟定的六条批转全国省（军）以上党政军各级党委参照执行。

1952 年 1 月 22 日，中国人民解放军空军党委在给中央的报告中介绍了布置搜寻大贪污犯的具体办法：一、重新调配组织力量，一面从问题大体上弄清楚的单位调一部分干部去增援问题较多的部门，另一方面各部门内部亦进行调整。二、要进行"搜山"，在普查的基础上进行抽查，发现线索后跟踪深入。三、确定重点，领导干部分工包干。毛泽东阅后十分重视，批转各地各部门参考，并在批语中提出要把注意力引向搜寻"大老虎"：有些人以为党的机关，宣传和文化教育机关，民众团体，用钱不多，必无大老虎，这是不正确的。早几天还以为中央文教机关一个老虎也没有，经过最近两天的寻找研究，就发现至少可以捉到15 个贪污 1 亿元以上的大老虎。因此，请你们注意，在每一部门、每一地区"三反"斗争激烈展开之后，就要将同志们的注意力引向搜寻大老虎，穷追务获，不要停留，不要松劲，不要满足于已得成绩。

为了将"打虎"迅速推向深入，毛泽东以中央名义或个人名义向全国各地、各系统、各部门发出了上百件的"打虎令"。

1952 年 2 月 10 日，毛泽东在对《关于华北军区后勤部捉虎报告》的批语中再次强调：大贪污犯是人民的敌人，已经不是我们的同志或朋友，因此，要增加打虎的勇气，坚决彻底干净全部地将他们肃清，而不应该有丝毫的留恋或同情。

在毛泽东的严厉督促和反复指示下，全国性的"打虎"运动开展得轰轰烈烈。

在打虎斗争高潮中，各地也不同程度地出现过一些过火行为，如在打虎斗争一开始，就定出打老虎指标，并不切实际地层层下达过高的打虎数目，以致发生强拉硬凑，或逼供、诱供、假供的情况，因而伤害了一些好人。中央和毛泽东发现这些苗头后，及时采取措施进行了纠正。1952 年 2 月 9 日，毛泽东在转发东北《关于打虎计划报告》的批语中曾指出：个别单位已发现用逼供信的办法打虎，结果打出的不是真虎而是假虎，冤枉了好人。各地如出现这种情况请予迅速纠正。2 月 19 日，在转发习仲勋《关于西北地区打虎新预算报告》的批语中说：你们在打虎斗争中关于"可疑错，不可打错，防止逼供信"的提法很好，在运动高潮时期，必须唤起同志们注意这一点。2 月 22 日，毛泽东在转发华东军区党委《关于打虎情况和部署的报告》的批语中再次指出：要注意调查研究，算大账，清查老虎真假，严禁逼供信。

随着"打虎"的深入，除了逼供信的现象外，还产生了另外的一种现象：有的机关干部都"打虎"去了，正常的业务工作没有人管；有些财经机关的干部因怕当"老虎"，上街是几个人一起去，跟资本家谈话也得几个人，一个人不敢讲，电话一个人也不敢接。有的工作人员为了表示与资本家划清界限，对私营企业验货的规格搞得特别严，标准特别高，"次货"高到百分之六七十甚至百分之八十。上海有的地方在验乒乓球时，还要用显微镜一个一个地照。这些都严重影响了党的工作特别是财经工作的秩序。

1952 年 2 月 15 日，陈云和薄一波向周恩来反映了"三反"运动中出现的问题，特别是财经工作中业务停顿的问题，认为这一问题已到了"应该予以解决的时候了"，希望周恩来能向毛泽东反映。

当天，周恩来即致信毛泽东说：今日政务院会议后，同陈云、薄一波谈到"三反"斗争中业务停顿的问题现在已到应该予以解决的时候了。照中央一级"三反"斗争的情况看来，每个机关各级领导干部中抽出三分之一或四分之一的人来专搞业务，是完全可能的，不至于影响打虎工作。各部门业务如果没有领导同志来管是无法进行的。

2月16日，毛泽东即在信上批示：我完全同意你的意见，请速予调整。

由于毛泽东和中央及时采取了调整的措施，"三反"运动中出现的逼供信现象和财经工作秩序混乱的现象，迅速得到了制止。4月份以后，毛泽东即开始布置"收兵"，准备结束"三反"运动。这样，"三反"运动出现的过火现象没有再进一步扩大。

到1952年3月，大部分地区的"三反"运动进入审理、定案、处理阶段。为了慎重而严肃地处理揭发出来的"三害"问题，特别是准确而及时地处理贪污分子，重点打击大贪污犯，中共中央于1952年3月5日发出了《关于处理贪污浪费问题的若干规定》，提出处理贪污浪费问题的原则：对绝大多数情节较轻又彻底坦白，立功自赎者，从宽处理；对少数情节严重恶劣或隐瞒欺骗、拒绝坦白者，应从严惩治；对浪费问题亦应以严肃的态度，分别情况，予以适当解决，以教育干部，团结群众。3月11日，政务院颁发了中节委《关于处理贪污、浪费及克服官僚主义错误的若干规定》。《规定》按照"严肃与宽大相结合，改造与惩治相结合"的方针，对贪污、浪费问题规定了具体而明确的处理办法。如对贪污分子的处理：凡贪污未满100万元（旧币，下同）者，只要彻底坦白，真诚悔过，保证不再犯，不当贪污分子对待，也可以免予处分；凡超过100万未满1000万元者，只要情节不严重恶劣彻底承认错误，可以免予刑事处分，但应视情况给予行政处分，对情节恶劣又拒不坦白者予以刑事处分；凡贪污超过1000万元，未满1亿元的贪污分子，可依其情节轻重，坦白认罪程度，退赃及检举主动情况，分别给予适当的刑事处分，或免刑给予行政处分，应尽可能追缴贪污款物；凡贪污1亿元以上的贪污分子，一般按其情节轻重，给予不同刑事处分，追缴贪污款物。但自动坦白退出赃款赃物，有检举立功者，也可免予刑事处分，给予行政处分。为了防止虎头蛇尾，草率收兵，周恩来在签发《规定》时明确指出：《规定》下发之后，对于所有尚未坦白或坦白尚未彻底的贪污盗窃分子，仍应彻底检举、揭发，不得因大多数的问题已转入处理阶段而稍有放松，以致影响"三反"斗争任务的彻底完成。3月28日，政务院作出《关于在三反运动中成立人民法庭的规定》。采用人民法庭的形式，便于集中时间和力量严肃、慎重、适时地审理重大贪污案件，以免延误时日，影响各项工作和经济建设。3月31日，政务院批准颁发了中节委《关于追缴贪污分子赃款赃物的规定》，对追缴贪污分子赃款赃物的范围、办法及处理作了更为具体的规定。4月21日，中央人民政府颁布了《中华人民共和国惩治贪污条例》，为惩治贪污犯罪提供了统一的标准和法律武器。5月9日，毛泽东在代为中央起草转发罗瑞卿《关于华南军区纠正三反定案中右倾思想的报告》的批语中指出：必须将一切真正的贪污犯、贪污嫌疑分子和弄错了的人按照中央历次指示和政府法令认真地如实地加以判处和审查清楚，不得放纵一个坏人，不得冤枉一个好人。各级党委注意掌握，务使"三反"斗争完全胜利结束，不受虎头蛇尾的右倾思想所影响。在运动后期，由于采取了实事求是的态度，使真正的贪污犯罪分子受到了应有惩罚，使绝大多数冤假错案得到了纠正。这不仅达到了团结争取多数，孤立打击少数的目的，也教育了广大干部和群众，从而为"三反"运动的彻底胜利奠定了基础。

1952年10月25日，中共中央批准了中央政策研究室《关于结束"三反"运动的报告》，宣告"三反"运动胜利结束。据统计，全国政府系统参加"三反"运动的达850万人至900万人，受到处分的占4.5%左右。县以上党政机关（未包括军队）参加"三反"运动的人数为383.6万人，共查出有贪污行为1000万元以上的10.5万余人，约占参加"三反"运动总数的2.7%，经审理定案，绝大多数免予处分，部分给予行政处分，对少数贪污数额巨大，手段恶劣，态度顽固，给国家造成严重损失者，给予严厉制裁。判处有期徒刑 9942 人，判处无期徒刑 67 人，判处死刑的 42 人。

"三反"运动的胜利，有力地抵制了资产阶级对革命队伍的腐蚀，清除了内部的一批腐败分子，教育和挽救了一批干部，纯洁了党的肌体，树立了廉洁朴素的社会风尚，加强了党和国家机关建设，使我们党和国家更加生气勃勃。

"将此项斗争当做一场大规模的阶级斗争看待"

随着"三反"斗争的深入，在揭发和清查贪污分子的过程中，不断发现许多贪污分子的违法行为和社会上不法资本家的违法活动有着密切的关系。不法资本家的违法活动，不仅腐蚀了一批国家干部，引发和助长了贪污、浪费、官僚主义，而且严重地破坏了国家经济建设。他们的主要违法活动有：行贿、偷税漏税、盗骗国家财产、偷工减料、盗窃国家经济情报，简称"五毒"。

从"三反"运动中不断揭发出来的问题看，不法资本家的"五毒"犯罪活动，已经到了非常严重的程度。

光明药行经理丛志丰勾结东北人民政府卫生部医政处长李廷琳共同作弊，高价卖给公家，低价从公家买，投机倒把、伪造发票、偷税、报假账，总计使国家损失人民币约 61 亿余元；该药行因此从三年前的一个很小的行商一跃而成为巨贾，并在天津、上海、广州等地开设分店。丛对李则逢迎奉承、送礼、请客、代找舞女、代雇厨师等。

本溪市还发现投机奸商先以请客施贿引诱政府工作人员上钩，尔后则以告发威胁其与之继续合伙盗窃国家资财。

在治淮水利工程中，承包商竟然不顾工程质量，用旧料充新料、次料充好料，从中赚取不义之财。

有些不法奸商的犯罪活动，到了令人发指的地步，竟敢在运往抗美援朝前线的军需物资上做文章。

上海大康药房老板王康年骗取志愿军军款3亿元搞投机，将失效药品供应给前线的战士，使许多战士的生命受到威胁；他还先后腐蚀25个机关的65名干部，扬言"大康就是干部思想改造所，凡来大康做生意的干部，都可以得到改造"。

上海奸商张新根、余苗新，为国营益民公司代购军用罐头的牛肉。他们在牛肉中掺入一半以上的水牛肉和马肉，还掺入发了霉的臭牛肉和坏牛肉、死牛肉，先后代购牛肉89万斤，盗骗现款20多亿元。

武汉福化药棉厂资本家李寅廷承制志愿军医用急救包，领取好棉花1万斤，全部换成废棉，其中还有1000斤是拣来的烂棉花，这批急救包中有12万个根本没有消毒，带有化脓菌、破伤风菌、坏疽菌就交货。

奸商杨文运承做汽车防滑链，以废料换好料，以废品充合格品，致使防滑链运到前方，大批不能使用，严重地破坏了军事运输。

还有的奸商竟然把用油桶皮制造的一铲就卷的铁锹、用烂铁制造的一刨就断的铁镐和用废胶次胶制造的一穿就裂的胶鞋卖给志愿军……

可叹我们的志愿军战士，在异国他乡的前线浴血奋战，却还要在自己的同胞、这些奸商的不法行为上付出沉重的以至生命的代价。是可忍，孰不可忍！

投机商的活动，也影响了市场的稳定。1950年8月，京、津糖价暴涨；1951年北京碱价波动，就是不法资本家从他们安插在国家机关内部的"坐探"那里访到经济情报后，有意制造的。

资产阶级的"五毒"活动是普遍的、严重的。仅据北京、上海、天津、武汉、广州、沈阳、西安、重庆8个大城市审查的45万户私营工商业统计，犯有不同程度"五毒"行为的有34万余户，占被查户数的 76％，其中上海市犯有不同程度"五毒"行为的工商户占该市工商户总数的 85％，北京市这个比例竟高达 90％！

所有这些都说明，不法资本家的活动已严重影响了社会的安定和经济的正常发展，到了必须予以打击的地步。

在 1951 年 12 月 31 日薄一波向毛泽东汇报"三反"运动情况时，说到资本家往往用给回扣的办法收买拉拢我们的采购人员时，毛泽东说，这件事不仅要在机关检查，而且应在商人中进行工作。过去土地改革中，我们是保护工商业的，现在应该有区别，对于不法商人要斗争。

1952 年 1 月 5 日，毛泽东看了北京市委《关于三反运动开展情况和继续开展这一活动意义的报告》后，在他为中央起草的批语中指出：全国各大、中、小城市一定要使一切与公家发生关系中而有贪污、行贿、偷税、盗窃等犯法行为的私人工商业者，坦白或检举其一切违法行为。特别注意在天津、青岛、上海、南京、广州、武汉、重庆、沈阳及各省省城用大力发动这一斗争，借以给资产阶级三年以来在此问题上对于我党的猖狂进攻（这种进攻比战争还危险和严重）以一个坚决的反攻，给以重大的打击，争取在两个月至三个月内基本上完成此项任务。请各级党委对此事进行严密的部署，将此项斗争当作一场大规模的阶级斗争看待。

根据斗争的发展和需要，1952 年 1 月 26 日，毛泽东以中共中央名义起草并发出了《关于在城市中限期展开大规模的坚决彻底的"五反"斗争的指示》。指示中把开展"五反"斗争的范围、方针及任务都向全党进一步说明：在全国一切城市，首先在大城市和中等城市中，依靠工人阶级，团结守法的资产阶级及其他市民，向着违法的资产阶级开展一个大规模的坚决的彻底的反对行贿、反对偷税漏税、反对盗骗国家财产、反对偷工减料和反对盗窃经济情报的斗争，以配合党政军民内部的反对贪污、反对浪费、反对官僚主义的斗争，现在是极为必要和极为适时的。在这个斗争中，各城市的党组织对于阶级和群众力量必须作精密的部署，必须注意利用矛盾，实行分化、团结多数、孤立少数的策略，在斗争中迅速形成"五反"的统一战线。

此外，在一次谈话中，毛泽东还就发动"五反"运动的原因作了进一步的说明。他说：

进城时，大家对资产阶级都很警惕，为什么现在有这样的变化？这要从进城三年的历史来看。1950 年上半年，党内曾有一个自发、半自发的反对资产阶级的斗争。这个斗争是不妥当的，也是错误的。因为当时有台湾敌人的轰炸、封锁，土改、镇反工作亟待去做，应该团结资产阶级去向封建势力进攻，而不是全面出击，全面出击是很不策略的。所以，七届三中全会纠正了这一错误，提出调整工商业。到 1951 年抗美援朝运动形成，更需要国内的团结一致，一直到今天。在这一年多时间内，大家对资产阶级不够警惕了。资产阶级过去虽然挨过一板子，但并不痛，在调整工商业中又嚣张起来了。特别是在抗美援朝加工订货中赚了一大笔钱，政治上也有了一定地位，因而盛气凌人，向我们猖狂进攻起来。现在已到时候了，要抓住资产阶级的"小辫子"，把它的气焰整下去。如果不把它整得灰溜溜、臭烘烘的，社会上的人都要倒向资产阶级方面去。

现在出现了一种很严重的情况。一部分，人家打进来；一部分，叫人家拉出去。1950 年自发地搞社会主义，想搞垮资产阶级，是不对的；后来，又自发地搞资本主义，资本家向我大举进攻，也不允许……要整党内那些买房置地、入股、当董事经理的人；同时也要搞不法的资本家。这是一场恶战。

1952 年 2 月上旬，"五反"运动首先在各大城市展开，随后迅速扩展到各中小城市，在全国范围内形成了一个反对不法资本家"五毒"行为的斗争高潮。

根据"五反"运动的进展情况，毛泽东提出了处理违法工商户的五条基本原则，具体划分了工商户的五种类型。他指出，在"五反"运动中对工商户处理的基本原则是：过去从宽，今后从严（例如补税一般只补 1951 年的）；多数从宽，少数从严；坦白从宽，抗拒从严；工业从宽，商业从严；普通商业从宽，投机商业从严。私人工商户的类型，"应分为守法的、基本守法的、半守法半违法的、严重违法的和完全违法的五类。"这五类包括资产阶级和非资产阶级的独立手工业户及家庭商业户，不包括摊贩。

在"五反"斗争中。中共中央和毛泽东一方面注意发动群众，特别是注意发动私营企业中的工人店员揭发不法资本家的违法行为，并派出检查组到私营工厂、商店进行检查；另一方面也注意调查研究，实事求是和区别对待，注意组织广泛的"五反"统一战线，维持经济生活的正常进行。对基本守法的工商户，以思想教育和思想改造为主，对他们的错误，指出其不对并要求其以后不要重犯，一般地免于追究，对他们坚定不移地实行团结和保护政策，鼓励和支持他们照常营业。对问题不大的半违法半守法的工商户，也尽快给他们做出结论。他们大多数只有偷税漏税问题，一部分有侵吞和盗窃国家财产的问题，对他们的政策是，除令他们补税一年，有侵吞盗窃者退出侵吞盗窃的财产外，宣布免予罚款，以安定绝大多数资本家。斗争的重点，是资产阶级中少数严重违法户和完全违法户。对上层资本家，毛泽东和中央十分注意工作方法。上海市在对上层资本家进行审查中，普遍采用开小组会，通过资本家互评，自动坦白的办法解决问题，或采用检查队与资方和平谈判的方法解决问题。对他们的问题，一不登报，二不到大会上斗争。工人对他人的检举揭发，采取背靠背的方式进行。这样，尽管"五反"斗争是深刻和激烈的，牵扯到每一个资本家，但由于人民政府在斗争中十分注意政策，讲求斗争方式和方法，因此整个运动进行得比较平稳，迅速形成了包括守法资本家及其他市民在内的"五反"统一战线，使少数罪大恶极的反动资本家完全陷于孤立。

"五反"运动，大体经历了检举揭发、坦白交代和定案处理等阶段。

从1952年3月以后，"五反"运动逐步转入定案处理阶段。为了指导各地做好定案处理工作，保证运动的完满结束，中央人民政府政务院于3月8日批准和公布了《北京市人民政府在"五反"运动中关于工商户分类处理的标准和办法》。北京市根据以上标准初步划分的结果是：全市5万私人工商户中，守法户5000户，占10%左右；基本守法户30000户，占60%左右；半守法半违法户12500户，占25%左右，严重违法户2000户，占4%左右，完全违法户500户，占1%左右。

毛泽东不仅仅把"五反"运动看作一场经济斗争，也是把它看作一场关系国家命运和前途的政治斗争。1952年3月23日，他以中共中央名义在批转《中共中央中南局关于加强私营厂、店工人店员工作的指示》的批语中，对"五反"斗争的任务及必须达到的目的，具体化地提出了八条：一、彻底查明私人工商业的情况，以利团结和控制资产阶级，进行国家的计划经济；二、明确划分工人阶级和资产阶级的界限，肃清工会中的贪污现象和脱离群众的官僚主义现象，清除资产阶级在工会中的走狗；三、改组同业公会和工商联合会，开除那些"五毒"俱全的人们及其他业已完全丧失威信的人们出这些团体的领导机关，吸引那些在"五反"中表现较好的人们进来；四、帮助民主建国会的负责人整顿民主建国会，开除那些"五毒"俱全的人及大失人望的人，增加一批比较好的人，使之成为一个能够代表资产阶级主要是工业资产阶级的合法利益，并以《共同纲领》和"五反"的原则教育资产阶级的政治团体。各部分资本家的秘密结社，例如"星期四聚餐会"等，则应设法予以解散；五、清除"五毒"，消灭投机商业，使整个资产阶级服从国家法令，经营有益于国计民生的工商业；六、废除"后账"，经济公开，逐步建立工人店员监督生产和经营的制度；七、从补、退、罚、没中追回国家及人民的大部分经济损失；八、在一切大的和中等的私营企业的工人店员中建立党的支部，加强党的工作。

"五反"运动，历时半年，到 1952 年 6 月基本告一段落。

1952 年 6 月 13 日，政务院发出了关于结束"五反"运动中几个问题的指示。指示指出，对于工商户的处理原则是：斗争从严，处理从宽；应当严者严之，应当宽者宽之。为了很好地结束这一运动，达到消灭"五毒"、改造工商业者和在消灭"五毒"之后顺利发展生产起见，必须反对两种倾向：一种是虎头蛇尾，草率结束；一种是不肯将计算的工商户违法所得的数目合理地降下来，即不愿意根据实际情况，认真核实，正确定案。这些文件，对工商户分类处理、核实定案和退财补税等具体政策进一步作了明确的规定。各级人民政府在对私人工商户作分类处理过程中，采取了三审定案的方式，即资本家自报公评、工人店员集体审定、基层节约委员会批准的三道手续，这就团结了绝大多数工商业者，安定了人心。

"五反"运动的胜利，打退了资产阶级的猖狂进攻，巩固了人民民主专政和社会主义国营经济的领导地位，在私人工商业中，加强了党的工作，建立了工人、店员监督生产的制度，为把资本主义工商业进一步纳入国家资本主义的轨道创造了良好的前提。

毛泽东与"三大改造"运动

从总路线的正式提出到1956年"三大改造"的基本完成，经历了大约4年的时间。其间，虽然也有缺点和偏差，但正如《关于建国以来党的若干历史问题的决议》指出的那样，"整个来说，在一个几亿人口的大国中比较顺利地实现了如此复杂、困难和深刻的社会变革，促进了工农业和整个国民经济的发展，这的确是伟大的历史性胜利。"

我国在 10 年至 15 年内有可能基本上实现社会主义的转变

党在过渡时期总路线的形成，经历了一个较长的历史过程。其思想根源最早可以追溯到30年代中期，而其基本精神，则在1949年初党的七届二中全会上毛泽东所作的报告中就已经出现了。它凝结着毛泽东和中共中央领导人的智慧和心血。

1936年至1937年间，毛泽东在阅读苏联希罗科夫、艾森贝格等著的《辩证法唯物论教程》一书中提到列宁、斯大林关于过渡时期主要矛盾的论述时，写下这样一段批语：苏联过渡时期的主要矛盾是社会主义与资本主义的矛盾，这个矛盾不断发生的基础是富农的存在。其他一切矛盾，都受这个主要矛盾的规定。只有由于工业化及农业社会化，才能将此主要矛盾解决，但有用内部力量解决此矛盾的可能。

从这段批语中可以看出，过渡时期的理论问题早已引起毛泽东的重视。到了新民主主义革命胜利的前夕，毛泽东和中共中央其他领导同志对社会主义的前途、我国如何向社会主义转变等问题更加重视，在一些重要的讲话中都涉及这个问题。

1948年9月，在中共中央政治局会议上，刘少奇专门论述了新民主主义经济建设问题。他说，我们现在还不能过早地采取社会主义政策。毛泽东随即插话说，到底何时开始全线进攻，也许全国胜利后还要15年。

1949年2月，毛泽东在党的七届二中全会上的报告中，对当时中国社会的经济结构作了科学的分析，分析了当时存在的国营经济、合作社经济、私人资本主义经济、个体经济和国家资本主义五种经济形态的性质、相互关系、发展趋势和前途，明确地提出了迅速地恢复和发展生产，对付国外的帝国主义，使中国稳步地由农业国转变为工业国，把中国建设成一个伟大的社会主义国家的历史任务。稍后的3月13日，任弼时在七届二中全会的讲话中讲到，为了转到社会主义，恐怕要使工业发展达到30%左右。他说，过去苏联在十月革命前的工业占总产值的41%，农业占总产值的59%。也许我们在达不到这个程度时就可以转到社会主义，但应注意发展工业，或许要两三个五年计划。

1949年6月30日，毛泽东发表了《论人民民主专政》一文。其中在谈到农业社会化与国家工业化之间的关系时，他指出：农民的经济是分散的，根据苏联的经验，需要很长的时间和细心的工作，才能做到农业社会化。没有农业社会化，就没有全部的巩固的社会主义。农业社会化的步骤，必须和以国有企业为主体的强大的工业的发展相适应。人民民主专政的国家，必须有步骤地解决国家工业化的问题。

同年7月4日，毛泽东在中央团校第一期学员毕业典礼上讲话说：

20 年后我们工业发展到一定程度，看其情况转入社会主义。

中华人民共和国成立以后，在党的正确领导下，在三年的经济恢复期间，人民民主专政的政权得到巩固，国民经济情况获得基本好转，国际形势也不断地朝着有利于我国社会主义建设的方面发展。这样，社会主义改造和建设的总任务、总路线的问题就迫切地提到全党和全国人民面前了。

为了进一步明确这些问题，以便大家齐心协力为社会主义改造和建设的总任务而奋斗，中共中央和毛泽东开始酝酿具体地、明确地提出过渡时期总路线和总任务的问题。

1950 年 6 月 23 日，在全国政协一届二次全会上，毛泽东致闭幕词。他在讲到我国如何进入社会主义的新时期时说：我们的国家……经过战争，经过新民主主义的改革，而在将来，在国家经济事业和文化事业大为兴盛了以后，在各种条件具备了以后，在全国人民考虑成熟并在大家同意了以后，就可以从容地和妥善地走进社会主义的新时期。

1951 年 2 月，中共中央政治局扩大会议通过决议，提出"三年准备，十年计划经济建设"的设想，要求到 1952 年底前完成恢复时期各项工作，开始进入有计划经济建设的新阶段。至于何时进入社会主义，刘少奇、周恩来等在随后的讲话中都指出，这要经过很长时间，十年之后，可以采取一些走向社会主义的步骤，但也可能十年之后还不能采取这种步骤，还要等几年。

这年 12 月 1 日，中共中央作出《关于实行精兵简政、增产节约、反对贪污、反对浪费和反对官僚主义的决定》。其中指出：从 1953 年起，我们就要进入大规模经济建设了，准备以 20 年时间完成中国的工业化，完成工业化当然不只是重工业和国防工业，一切必要的轻工业都应建立起来。为了完成国家工业化，必须发展农业，并逐步完成农业社会化。

到 1952 年 8 月，毛泽东在政协第一届常委会第 38 次会议上宣布：经过全国人民两年多的努力和奋斗，现在国民经济已经恢复，而且已经开始有计划地建设了。在 9、10 月间的一次讲话中，他又说：我国在 10 年至 15 年内有可能基本上实现社会主义的转变。

正是在这种背景下，过渡时期总路线开始正式在毛泽东和中央其他领导同志中间酝酿和讨论。

中共中央形成过渡时期总路线的完整提法

关于过渡时期总路线提出的时间问题，薄一波 1965 年在给田家英的一封信中讲到：过渡时期总路线，主席是从 1952 年 9 月以后经常讲的，但开始并未形成一个完整的提法。

周恩来 1953 年 9 月 8 日在全国政协常委会第 49 次（扩大）会议上所作的《过渡时期的总路线》的报告中说：在今年——五年经济建设计划开始的一年，毛主席就集中研究了这个问题，他在我们中共中央的会议上，以及在这一次召开的财经会议上，都曾提出了这个问题，把这个问题明确了起来，而且具体化了。周恩来还讲到：为什么早也不提，晚也不提，而在现在提出这个问题来？有的朋友说抗美援朝停战了，就提出了这样一个任务。这话有一部分道理……但不完全是这一方面的理由，还有其他国际、国内的形势。

1953 年，中共中央统战部部长李维汉受中央委派，率领工作组到上海、武汉、南京等工业比较发达的大城市进行调查研究。5 月，他们向中央写了《关于利用、限制、改造资本主义工商业的若干问题》的报告，总结了建国三年来在利用、限制、改造资本主义工商业工作中，贯彻执行七届二中全会根本政策所取得的伟大胜利，指出公私合营是改造资本主义所有制的最适当的方式，并提出进一步做好利用、限制、改造资本主义工商业，加速国家工业化的具体方针政策。毛泽东对这些意见很重视，6月间，他在这个报告上批示：党的任务是在10年至15年或者更多一些时间内，基本上完成国家工业化和社会主义的改造。所谓社会主义改造的部分：（一）农业；（二）手工业；（三）资本主义企业。

6月15日，中央政治局召开会议，听取李维汉关于利用、限制、改造资本主义工商业的若干问题的报告。会上，毛泽东发言，着重阐述了过渡时期的总路线和总任务。他明确指出：党在过渡时期的总路线和总任务，是要在10年到15年或者更长一些时间内，基本上完成国家工业化和对农业、手工业、资本主义工商业的社会主义改造。这条总路线是照耀我们各项工作的灯塔。不要脱离这条总路线，脱离了就要发生"左"倾或右倾错误。

在这次政治局会议上，大家经过讨论，基本同意李维汉的报告，委托李维汉根据会议上各同志的发言，对原报告加以补充和修改，准备提交即将召开的全国财经会议讨论。

1953年6月29日，中央政治局又一次举行会议，第二次讨论李维汉关于利用、限制、改造资本主义工商业若干问题的报告，并决定由李维汉、胡乔木、李立三、许涤新等同志根据讨论的意见加以修改，写成《中共中央关于利用、限制、改造资本主义工商业问题决议（草案）》，拟经财经会议讨论后，再加修改，然后发给各中央局、分局、省市委讨论，等收集意见再加以修改后，提交将来党的全国代表大会或其他适当会议讨论和决定。

1953年8月11日，周恩来在全国财经会议上所作的总结中，引用了毛泽东关于过渡时期总路线和总任务的论述。毛泽东在修改这个文件时，对引文还作了修改。修改后的表述是：从中华人民共和国成立，到社会主义改造基本完成，这是一个过渡时期。党在这个过渡时期的总路线和总任务，是要在一个相当长的时期内，基本上实现国家工业化和对农业、手工业和资本主义工商业的社会主义改造。这条总路线，应是照耀我们各项工作的灯塔，各项工作离开它，就要犯右倾或"左"倾错误。

1953 年 10 月 10 日，中共中央批准并转发了《周恩来同志在 1953 年夏季全国财政经济工作会议上所作的结论》。这个文件中对过渡时期总路线的表述是：从中华人民共和国成立，到社会主义改造基本完成，这是一个过渡时期。党在这个时期的总路线和总任务，是要在一个相当长的时期内，基本上实现国家的社会主义工业化和对农业，对手工业，对资本主义工商业的社会主义改造。这条总路线，应是照耀我们各项工作的灯塔，各项工作离开了它，就要犯右倾或"左"倾的错误。

这次的表述比前面的更加完善一些，主要改动是把"国家工业化"改为"国家的社会主义工业化"。

1953 年 9 月 25 日，《人民日报》发表了《中国人民政治协商会议全国委员会庆祝中华人民共和国成立四周年的口号》。这个口号曾经毛泽东修改过。口号的第 26 条是："全国人民一致努力，为实现第一个五年计划的基本任务而奋斗，为在一个相当长的时期内逐步实现国家的社会主义工业化，逐步实现国家对农业、对手工业和对私营工商业的社会主义改造而奋斗！"

为了更好地向干部、党员和群众进行关于总路线的教育和宣传，中共中央于 1953 年 12 月 28 日批准并转发了中央宣传部编写的《为动员一切力量把我国建设成为一个伟大的社会主义国家而奋斗——关于过渡时期总路线的学习和宣传提纲》。这个文件经毛泽东两次修改定稿。《提纲》中对过渡时期总路线的表述是：从中华人民共和国成立，到社会主义改造基本完成，这是一个过渡时期。党在这个过渡时期的总路线和总任务，是要在一个相当长的时期内，逐步实现国家的社会主义工业化，并逐步实现国家对农业、对手工业和对资本主义工商业的社会主义改造。这条总路线是照耀我们各项工作的灯塔。各项工作离开它，就要犯右倾或"左"倾的错误。

1954年2月6日，刘少奇代表中共中央政治局向七届四中全会的报告中也说到，1953年，我国已进入有计划的经济建设时期，并开始执行第一个五年建设计划。党中央政治局认为在这个时机提出党在过渡时期总路线是必要的和适时的，因此根据毛泽东同志的提议，确定了党在过渡时期的总路线，它的要点如下：从中华人民共和国成立，到社会主义改造基本完成，这是一个过渡时期。党在过渡时期的总路线和总任务，是要在一个相当长的时期内，逐步实现国家的社会主义工业化，并逐步实现国家对农业、对手工业和对资本主义工商业的社会主义改造。这条总路线是照耀我们各项工作的灯塔，各项工作离开它，就要犯右倾或"左"倾的错误。

1954年2月10日，中共七届四中全会通过决议，正式批准了中共中央政治局所提出的党在过渡时期的总路线。9月，第一届全国人民代表大会第一次会议在北京召开。会议通过的《中华人民共和国宪法》，把这条总路线作为国家在过渡时期的总任务写入总纲。

这条总路线的提出，反映了我国亿万人民群众为建设一个伟大的社会主义国家而奋斗的强烈愿望。

对农业和农村问题情有独钟的毛泽东，为农业合作化问题倾注了极大的心血

总路线确立后，我们党采取了社会主义建设和社会主义改造同时并举的方针：一方面集中力量实现社会主义工业化，即大力发展社会生产力，为社会主义建立雄厚的物质基础；另一方面，又采取积极稳妥的步

骤，将资本主义经济和农业、手工业小商品经济改变为社会主义经济，把解放生产力和发展生产力有机地结合起来。

从 1953 年开始，我国实施了发展国民经济的第一个五年计划。它是实现党的总路线的一个重大步骤。"一五"期间，党和国家把发展重工业作为我国社会主义建设和社会主义改造的基本环节，领导群众大力进行以苏联帮助我国设计和供应设备的 156 项工程为中心的工业建设，奠定了我国社会主义工业化的初步基础。

同时，为适应社会主义工业化的需要，必须解决社会主义经济同非社会主义经济即资本主义经济、小农经济之间的矛盾。在解决这些矛盾的实践中，我们党和毛泽东同志创造性地开辟了一条适合中国特点的社会主义改造的道路。

在我国进行农业社会主义改造进程中，首先碰到的一个问题，就是在中国这样一个经济落后的农业国，能不能立即进行生产资料私有制的社会主义改造，建立起社会主义的经济制度。毛泽东从实际出发，根据我国农村已耕的土地不足、时有灾荒、经营方法落后、小农经济劳动生产率低、积累有限等特点，勇于创新，走自己的路，指出：在我国的条件下，农业机器只有在农业已经形成了合作化的大规模经营的基础上才有使用的可能。

对农民有深刻了解的毛泽东，深知我国农民土地改革后要求组织起来的强烈愿望，主张"趁热打铁"地把他们焕发出来的集体生产积极性引导到互相合作的轨道上来；同时，又充分地估计到，"中国人民的文化落后和没有合作社传统，使得我们的合作社运动的推广和发展大感困难"。对于占人口 80% 以上的个体农民，必须坚持自愿互利原则，积极而又谨慎地经过许多具体的、恰当的、多种样式的过渡形式，把农民的个体经济的积极性引导到互相合作的积极性的轨道上来。这就要求在进行农业的社会主义改造时，步子要稳，工作要谨慎，"要典型试办，不能冒进"。一句话，"积极领导，稳步前进"，这就是中共中央和毛泽东从我国国情出发提出的农业合作化的指导方针。

1953 年 2 月，中共中央正式通过了由毛泽东在 1951 年 9 月亲自主持制定（12 月 15 日作为草案印发）的《中共中央关于农业生产互助合作的决议》。10 月，中共中央召开第三次农业互助合作会议。12 月，中央又通过了《关于发展农业生产合作社的决议》。这两个决议以及毛泽东有关农业合作化问题的论述，标志着我们党成功地探索我国农业社会主义改造道路的重大发展。

两个决议颁布后，我国农业的社会主义改造健康发展。经过 1953、1954 两年的普遍试办阶段，到 1954 年秋，农业生产合作社已从 1953 年冬的 1.4 万个发展到近 10 万个（增加 7 倍多）。10 月，中央召开了第四次农业互助合作会议，会议肯定了半社会主义性质的初级社是发展互助合作的主要环节。中共中央批准了 1955 年发展到 60 万个社的计划（增加 5 倍），合作化进入大发展时期。到 1955 年 3、4 月间，就突破了原定指标，合作社发展到 67 万个。由于 1954 年我国部分地区遭受水灾减产，我们却多购了 70 亿斤粮食，农民有意见，加上部分地区合作社发展过猛，违反自愿互利原则，1955 年春，全国农村不同地区出现了程度不同的紧张情况。中共中央和毛泽东针对上述情况，采取果断措施，对农业社的工作提出"停、缩、发"的方针，解决大发展中出现的问题。3 月，中共中央和国务院又发出了关于迅速布置粮食购销工作、安定农民生产情绪的紧急指示。4 月下旬至 5 月初，中央农村工作部受中央委托，召开了第三次全国农村工作会议，着重研究了抓好合作社的整顿巩固工作。经过整顿，收缩了 2 万多个合作社，巩固了 65 万个社。6 月中旬，中央批准了 1956 年在现有 65 万个社的基础上发展到 100 万个社的计划。7 月，毛泽东在中央召开的省、市、自治区党委书记会议上作《关于农业合作化问题》的报告，指出：目前农村中合作化的社会改革的高潮，有些地方已经到来，全国也即将到来。

这个报告系统地总结了合作化运动的历史经验，阐明了我国农业社会主义改造的理论、步骤、方针和方法；对合作化的速度，作出新的部署；对运动的指导提出了全面规划、加强领导的方针。在农业合作化大发展的形势下，10月，中共七届六中全会根据毛泽东的报告，通过了《关于农业合作化问题的决议》，加速了农村社会主义改造高潮的到来。

中共七届六中全会后，全国数亿农民响应党的号召，加入农业合作社，走上了共同富裕的道路。到1955年底，全国初级社已发展到109.5万个，入社农户7545万户，占总农户的63.3%。高级社在1955年下半年由500个猛增到1.7万个，增加了34倍，入社农户达475万户，占总农户的4%。1956年1月，农业合作化运动迅速由办初级社为主转变为办高级社为主。此后，高级社迅猛发展，到年底时，高级社已达到54万个，入社农户已达到10742.2万户，占总农户的87.7%。这标志着我国农村生产资料私有制的社会主义改造任务已基本完成。

在农业的社会主义改造工作中，不可否认也有缺点，主要是在1955年夏季以后，农业合作化的步骤过急，工作过粗，以及形式也过于简单划一。但是，在这场涉及几亿人口、如此复杂、困难和深刻的社会变革中，农业不仅没有减产，反而增产，这确实是伟大的历史性胜利。

王麻子、张小泉的剪刀一万年也不要搞掉

在进行农业的社会主义改造的同时，我们党也开始了对个体手工业的社会主义改造。针对手工业的特点，党提出"统筹兼顾、全面安排，积极领导，稳步前进"的改造方针，从供销入手，实行生产改造，采取由低级到高级逐步过渡的步骤，经过手工业生产小组、手工业供销合

作社到手工业生产合作社、再到手工业工厂三个发展阶段。而从它的决策过程和实施经过来看，则可追溯到建国以前。

早在40年代，我们党领导的抗日民主根据地在大生产运动中，就有通过组织起来发展手工业生产的经验。如陕甘宁边区1941年就建立了大小不等的手工业工场和合作社100多个；到1946年，山东解放区手工业供销合作社已发展到8000多个。

1949年3月，毛泽东在中共七届二中全会上的报告中明确指出：占国民经济总产值90%的分散的个体农业经济和手工业经济，是可能和必须谨慎地、逐步而又积极地引导它们向着现代化和集体化的方向发展的。可以说，对个体手工业进行社会主义改造，走合作化、集体化的道路，在建国前夕召开的中共七届二中全会上就已经确定下来了。

建国后，许多地区在手工业生产逐步恢复发展的过程中，开始重点试办手工业生产合作社，并在手工业失业工人和贫苦的独立手工业劳动者中组织起第一批合作社。

1951年6月，全国合作社召开第一次手工业生产工作会议，确定了"先整理再发展"的方针。首先对已有的手工业合作社总结经验，进行整顿，加以巩固，再行发展；同时在未成立手工业合作社的地区，有计划地重点试办。

1952年8月至9月，全国第二次手工业生产合作会议总结了各地组织和管理合作社的经验，强调要组织一个、巩固一个，一致认为手工业生产合作社在国民经济中有重大作用，要继续发展。在会议推动下，全国手工业合作社又有了较大的发展，手工业合作组织由1949年的300多个发展到2700多个，社（组）员人数从8万多人增加到25万多人。

1953年，毛泽东提出的党在过渡时期的总路线正式公布以后，手工业的社会主义改造全面开展起来。从1953年到1955年上半年，手工业生产小组、手工业供销生产合作社、手工业生产合作社得到普遍发展。

1953 年 11 月 20 日到 12 月 17 日召开的第三次全国手工业生产合作会议，为手工业的社会主义改造指明了正确道路。朱德代表中共中央在会上作了《把手工业者组织起来，走社会主义道路》的讲话，强调组织手工业生产合作社要从实际出发，形成灵活多样，由小到大，由低级到高级，不要规定一个格式，防止盲目性和片面性，以免影响合作社的发展。这次会议总结了对手工业改造的初步经验，明确了手工业改造的方针是"积极领导、稳步前进"；组织形式是由手工业生产小组、手工业供销生产合作社到手工业生产合作社；方法是从供销入手，实行生产改造；步骤是由小到大，由低级到高级。

1954 年 12 月 8 日到 1955 年 1 月 6 日，召开了第四次全国手工业生产合作会议，总结了 1954 年手工业社会主义改造的工作，指出：国家要大力扶持手工业；在合作社内部可以实行计件工资，按劳分配；手工业合作社要依靠群众去办，不要包办。会议确定，1955 年手工业改造工作的中心任务是继续摸清主要行业的基本情况，整顿、巩固、提高已有的合作社（组），在此基础上，从供销入手适当发展新社。

1955 年 5 月 16 日，中共中央批准了中央手工业管理局、全国手工业生产合作社联合总社筹委会《关于第四次全国手工业生产合作会议的报告》。中央在批示中指出，对手工业的改造要贯彻"统筹兼顾，全面安排，积极领导，稳步前进"的方针。在中央和各级政府的领导下，手工业社会主义改造运动发展很快。到 1955 年上半年，手工业合作社（组）已发展到近 5 万个，社（组）员近 150 万人。

1955 年下半年，农业生产合作化掀起了高潮，这对手工业的社会主义改造产生了巨大影响。毛泽东在为《中国农村的社会主义高潮》写的《序言二》里，明确地说：农业合作化这件事告诉我们，中国的手工业和资本主义工商业的社会主义改造，也应当争取提早一些时候去完成，才能适应农业发展的需要。在这篇序言中，毛泽东还提出，手工业的社会主义改造的速度问题，在1956年上半年应当谈一谈，这个问题也会容易解决的。

1955年12月21日到28日，在农业合作化高潮的推动下，召开了第五次全国手工业生产合作会议，制定了加速手工业社会主义改造的全面规划，为手工业合作化高潮的到来，作了准备。在这次会议上，还讨论了《关于17个主要行业的初步规划的说明（初稿）》《关于雇佣10人以下4人以上手工业小资本家的改造问题提纲》《手工业生产合作社联合社章程》等。

中共中央批转了第五次全国手工业生产合作会议向中央的报告，指出，加快手工业合作化的发展速度，是当前一项迫切的任务。1955年12月31日，《人民日报》发表社论《积极开展对手工业的社会主义改造工作》。1956年3月4日，毛泽东在听取中央手工业管理局负责人汇报时，着重谈了应加速手工业改造速度的问题。自此，手工业合作化的速度就大踏步地向前跨进了。到1956年底，全国组织起来的手工业生产合作社（组）近10万个，其社（组）员人数达509万人，占全部手工业从业人员的92%。手工业基本上完成了从个体经济到集体经济的转变。

手工业社会主义改造的成绩是巨大的，主要表现在：第一，解放和发展了生产力；第二，壮大了地方工业，支援了我国的工业化建设；第三，改进了生产技术，加强了分工协作；第四，扩大了劳动就业，增加了手工业者的收入。

但是，由于对手工业改造要求过快，操之过急，在改造运动中也发生了一些偏差和问题，主要表现在：未能很好注意手工业分散灵活、产品多样，能较好适应群众不同需求和市场千变万化的特点，盲目地搞集中（办大社和并社），一律实行合作，统一核算盈亏，以致造成产品品种减少、质量下降，社员收入减少，人民生活不便。

中共中央和毛泽东对运动中出现的这些偏差从一开始就有所觉察。1956年3月4日，毛泽东在听取修理、服务行业关于集中生产、撤点过多，群众不满意的汇报时说：这就糟糕！提醒你们，手工业中许多好东西，不要搞掉了。王麻子、张小泉的剪刀一万年也不要搞掉。我们民族好的东西，搞掉了的，一定要来一个恢复，而且要搞得更好一些。

出这么一点钱，就买了这样一个阶级，这对无产阶级是十分有利的

在比较成功地走出一条适合中国情况的农业、手工业社会主义改造道路的同时，中共中央和毛泽东根据中国官僚资本随着民主革命的胜利已被没收，而我国民族资产阶级在社会主义革命时期既有剥削工人阶级取得利润的一面，又有拥护宪法、愿意接受社会主义改造的一面这一历史特点，对民族资产阶级采取了和平"赎买"的办法，通过国家资本主义的形式，把资本主义所有制逐步地改变为社会主义的全民所有制，创造性地开辟了一条适合中国特点的和平改造资本主义工商业的道路。

在对资本主义工商业进行和平"赎买"的过程中，我们党从实践中创造出来的委托加工、计划订货、统销包销、委托经销代销、个别企业的公私合营、全行业的公私合营等一整套由低级到高级的国家资本主义的合理的改造步骤，使得资产阶级能够比较顺利地接受社会主义改造。从1950年调整工商业开始实行的初级形式的国家资本主义，是与当时的一定历史条件有紧密联系的。这主要是因为我们的国营经济掌握了全国的经济命脉，粮食和工业原料等主要物资控制在国家手中，农村供销合作社的发展，也使私营工商业在农村的活动受到了一定的限制。

在这种条件下，资本主义企业如果不和国营经济发生联系，不取得国营经济的领导和支持，就很难经营和发展。很明显，初级形式的国家资本主义形式为改造资本主义工商业创造了有利的条件。但是，由于初级形式的国家资本主义是社会主义经济成分与资本主义经济成分在企业外部进行联系和合作，仍然保持着资本主义所有制和资本主义企业追求利润、盲目生产等特点，因而需要向高级形式的国家资本主义发展。

1953 年春，中共中央统战部在上海对资本主义工商业进行调查，提出对私营企业进行公私合营是改造资本主义工商业的好形式。6 月，中共中央召开政治局会议，确定了对资本主义工商业采取利用、限制和改造的方针。从利用、限制到改造，这是一个飞跃。9 月，毛泽东在总结这一阶段实践经验的基础上，在同民主党派和工商界代表的谈话中，具体地阐明了党对资本主义工商业进行社会主义改造的方针和政策，强调指出：国家资本主义是改造资本主义工商业和逐步完成社会主义过渡的必经之路。随后，他又指出：一个是"逐步"，一个是"各种"。这就是逐步实行各种形式的国家资本主义，以达到社会主义全民所有制。

在这里，毛泽东是把公私合营这种高级形式的国家资本主义，开始作为改造资本主义工商业的主要环节。接着，中共中央采取果断措施，实行粮食统购统销，进一步切断城乡资本主义的联系；要求各地充分利用市场关系的变化和改组的有利条件，把私营商业积极地、稳步地改造成为各种形式的国家资本主义商业。国营经济进一步控制了流通环节，为改造私营工业创造了条件。

从 1954 年初开始，国家对资本主义工业企业，有计划地扩展公私合营。到 1955 年 6 月，全国公私合营工业企业已由 1953 年底的 1000 家增加到 2000 多家。一批重点企业的公私合营，为全行业的合营准备了条件，同时也增加了合营企业与未合营企业的矛盾。实行全行业公私合营，扩大改造规模、加快改造进度的条件已经成熟了。

在全国农业合作化高潮和工人群众的推动下，中共中央因势利导，推动全行业公私合营的发展。1955 年 10 月，毛泽东邀集中华全国工商业联合会执行委员会委员，座谈私营工商业社会主义改造问题，希望他们认清社会发展规律，掌握自己的命运，进一步接受社会主义改造。11 月，中共中央政治局召集有各省、市、自治区党委代表参加的资本主义工商业改造的会议，讨论和通过了中央提出的《关于资本主义工商业改造问题的决议（草案）》。决议指出：我们对于资产阶级，第一是用赎买和国家资本主义的方法，有偿地而不是无偿地，逐步地而不是突然地改变资产阶级的所有制；第二是在改造他们的同时，给予他们以必要的工作安排；第三是不剥夺资产阶级的选举权，并且对于他们中间积极拥护社会主义改造而在这个改造事业中有所贡献的代表人物给以恰当的政治安排。这就"使得我们有可能在阻力较少的道路上逐步地实现资本主义企业的社会主义变革"。

这个决议确定把私营工商业的社会主义改造从个别企业的公私合营推进到全行业公私合营阶段。这是使资本主义所有制转变为社会主义所有制的具有决定意义的步骤。由于党的政策的正确和卓有成效的工作，1956 年 1 月，从北京开始，出现了全国性的全行业公私合营的高潮，到 1956 年底，私营工业（人数）的 99% 转为公私合营，私营商业（人数）的 85% 转为国营或合作社营、公私合营的合作商店、小组。我国对资本主义商业的社会主义改造基本完成。

在无产阶级取得政权之后，用和平"赎买"的方法把资本主义经济改造成为社会主义经济，这是马克思、恩格斯和列宁曾经提出过的设想。这个设想第一次在中国成为现实。我国对资产阶级的逐步赎买是和资本主义工商业的逐步改造相联系的。在全行业公私合营以前，赎买的方式是允许他们取得一定的利润；在全行业合营以后，则是在一定时期内付给他们一定的股息，并且合理地安排他们的工作和生活。这种赎买，不仅是必要的，而且对工人阶级也是最为有利的。

这种赎买政策，也是团结、教育、改造民族资产阶级，并给他们以出路的政策。中共中央和毛泽东一再指出，民族资产阶级有生产管理技术和经营管理经验，他们对国家有很大贡献，我们对他们要采取耐心等待和说服的政策，有些要办的事情，他们不同意，我们可以暂时不办，再商量，等待一下。在经济建设事业上，我们也事先和他们商讨。民族资产阶级是一笔财富，我们在实行社会主义改造时，要对资本家很好地进行安排，使他们变为工人阶级的组成部分，这些措施，不仅稳定了民族资产阶级，鼓励他们接受社会主义改造的积极性，而且也有利于安定和资产阶级有联系的各阶层人民，发挥他们的技术和专长，调动他们参加社会主义建设的积极性。这是一种同时实现对企业的改造和对人的改造的创造性的政策。

据统计，我国在对资本主义工商业的社会主义改造中，包括基本完成所有制改造后所付定息在内的全部赎买中，共花了32.5亿元人民币。毛泽东说，出这么一点钱，就买了这样一个阶级，这对无产阶级是十分有利的。因为资本家加上跟他们有联系的民主人士和知识分子，一般都具有较高的科学文化知识和一定的经营管理经验。我们把这个阶级买过来，既照顾了资产阶级的利益，又减轻了向社会主义过渡的阻力，化消极因素为积极因素，调动了他们参加建设社会主义的积极性。

当然，在对资本主义工商业改造的工作中也有缺点：在1950年改造的高潮中，准备工作不够充分，对一部分原工商业者的使用和一部分小商业、手工业的处理不很适当，例如在合营改组中，取消得过多，造成对人民生活和生产的不方便等等。但整个来说，在很少社会震动的情况下，胜利地完成了和平变革资本主义经济的历史使命，实现了马克思、恩格斯和列宁的设想，并且成功地把原来的剥削者改造成为自食其力的劳动者，这确实是我国和国际共产主义运动史上的伟大创举。

毛泽东与高饶事件

　　1953年下半年，当中共中央正领导全国人民开始实行向社会主义过渡，并进行大规模经济建设的关键时刻，党内却发生了高岗、饶漱石阴谋分裂党中央、篡夺党和国家最高权力的事件。这是建国后党内出现的第一次重大斗争。

高岗判断：得分了

　　高岗，1927年参与创建陕北革命根据地，1936年至1945年历任中共陕北省委书记、陕甘宁边区党委书记兼陕甘宁保安司令部司令员、陕甘宁边区中央局书记、中共中央西北局书记等职。党的七届一中全会当选为中央政治局委员。抗日战争胜利后在东北工作，继林彪之后担任中共中央东北局第一书记，并任东北人民政府主席、东北军区司令员、政委等职，可以说是东北的头一号人物。熟悉他的人因其脸上有浅白麻点，身材高大，常叫他"高大麻子"，但一般人见其浓眉高鼻，梳着大背头，戴副近视眼镜，一口抑扬顿挫的陕北腔，很有些威风，都尊称他"高主席"。全国解放后，他又担任了中央人民政府副主席，人仍在东北，主管东北的工作。

　　饶漱石，1925年入党，大革命失败后曾去英、法、苏留学，回国后任北满共青团省委书记，代理中共东北地委书记、中华全国总工会秘书长。抗日战争时期，曾先后担任东南局副书记、华中局书记、新四军政委等职。全国解放后，任华东局第一书记、军政委员会主席，中央委员。可以说是"华东一只鼎"，是江南一带的显赫人物。

从他们的履历来看，并无长期共事的基础，解放后担任领导的位置，也是一个东北，一个华东，碰面的机会也不多。是什么事情使两个人的命运连在了一起？是对权力的贪求。

事情要从高、饶二人调进北京后说起。

为了加强中央的集中统一领导，在1952年7月以后，中央决定将各中央局和大区的一些主要负责人调进北京。于是，邓小平、高岗、饶漱石、邓子恢和习仲勋，陆续从西南局、东北局、华东局、中南局和西北局来京担任了党和国家机关的领导职务。高岗兼任国家计划委员会主席，饶漱石担任中央组织部长。应当说，当时中央对高、饶是器重的，特别是高岗，他担任的国家计委亦有"经济内阁"之称。对于这五位进京的领导人，一时有"五马进京，一马当先"之说，"一马"自然是指高岗。

可是权欲极强的高、饶二人对这种安排并不满足。特别是高岗，对其职位处在刘少奇、周恩来之下，一直耿耿于怀。

刘少奇同高岗在历史上没有很多交往，只有一般工作关系。但由于刘少奇主持党的日常工作，常对各地工作提出指导和建议，在工作中难免会同各地区负责人产生不同意见。建国前夕和建国初期，在高岗主持东北工作期间，刘少奇曾直率地对东北工作提出过几次批评。这本来是正常的，高岗对此却怀恨在心。

1949年4、5月间，刘少奇收到中共中央东北局社会部第二部长邹大鹏的一封信，反映东北局在对待私人资本主义和民族资产阶级的政策上存在着过"左"的倾向，当时，刘少奇刚刚结束天津调查之行，深感这个问题在全党带有一定的普遍性，需要郑重地提出，引起大家的警惕。经过中央研究后，刘少奇在 5 月 31 日为中共中央起草了致东北局的电报。电报指出，对私人资本主义和民族资产阶级的政策问题"是关涉党的总路线中十分重要的问题，必须完全正确地迅速地解决"，那种"实际上立即消灭资产阶级的倾向，实际工作中的'左'倾冒险主义的错误路线，和党的方针政策是在根本上相违反的"；"据说在东北城市工作中也有这种倾向，望东北局立即加以检讨并纠正"。这个电报经毛泽东审阅修改后在当天发出。

另外，刘少奇 1950 年 1 月 23 日同中央组织部副部长安子文关于东北地区变工互助和富农党员问题的谈话以及经他批转的中组部答复东北局的信，也是对高岗等在处理东北农村中一些新问题时表现的"左"的错误倾向提出的批评。在那次谈话中，刘少奇针对高岗所主张农村在土改后要立刻起步向社会主义过渡、限制单干、限制雇工的思想，提出：东北地区建立在破产、贫苦的个体经济基础上的变工互助"是一个不好的基础"，在发展变工互助这个问题上，"要防止急性病"。刘少奇同安子文的谈话，经过整理后送给高岗和东北局少数负责人。

高岗对刘少奇的这些批评十分不满，但采取阳奉阴违的态度，当面不说，背后搞了不少小动作。

当 1949 年刘少奇代表中共中央访苏联前夕，高岗曾向当时担任东北铁路系统总顾问的科瓦廖夫造谣说，中国党内有一个以刘少奇为首的"亲美派"，企图挑拨刘少奇同苏联的关系。科瓦廖夫写信向斯大林报告了这件事。斯大林没有相信高岗的话，并把科瓦廖夫的信转交给了后来访苏的毛泽东。高岗并不甘心，他在随刘少奇访苏回国后又向人散布说，斯大林不喜欢刘少奇，对刘少奇的报告不满意；同时又吹嘘和抬高自己，说斯大林最赏识高岗。

进京以后，高岗更是把刘少奇在工作中的一些缺点错误搜集起来，加以传播，并夸大其词说刘少奇自七大以来犯了一系列的错误。而就在此前后，党中央主要领导人在几个重大问题上产生的分歧，也使高岗自以为机会来了，因而加紧了对刘少奇和周恩来的攻击。

一件事是建国初期围绕工会工作方针问题发生的争论。

1950 年 7 月，中南地区总工会筹备委员会举行扩大会议，中共中央中南局第三书记邓子恢在会上作了关于工会工作的报告。他鉴于当时中南地区工会工作出现严重脱离工人群众、没有很好维护工人群众利益的问题，提出：在公营企业中，工会工作同志的立场和态度，应该与企业管理人员有相同的地方，也有不同的地方，在"基本立场是基本一致的"前提下，因为彼此的岗位不同，任务不同，"具体立场又有所不同"，工会不能脱离"代表工人的利益""保护工人群众日常切身利益"的基本任务，成为厂方的"附属机关"。当厂方某些规定或措施对工人不利时，工会工作者应当反映工人的要求，同厂方商量修改。29 日，邓子恢在给毛泽东的电报中报告了会议情况和报告要点。30 日，中南局机关报《长江日报》全文发表邓子恢的报告。

8 月 4 日，刘少奇为中共中央起草批语，批转了邓子恢给毛泽东的报告。批语中说：这个报告很好。工会工作是目前我们党的主要工作之一，但各地党委对工会工作显然注意不够。望照邓子恢同志的做法，在最近三个月内认真地检讨一次工会工作并向中央作一次报告，以便加强各级党委对工会的注意，改善工会工作，是为至要。这个批语经毛泽东、周恩来、朱德和李立三（当时担任全国总工会主席、党组书记）圈阅后，同邓子恢给毛泽东的报告一起下发。

这样，邓子恢在报告中提出的观点，就在领导干部和工会工作者中引起了广泛的注意和讨论。

高岗显然不同意邓子恢的观点。1950 年 7 月 21 日，他在东北总工会执委扩大会议的报告中就说过，党政工一个目的，亲密团结搞生产，切忌对立起来提问题。

1951 年 4 月间，高岗针对邓子恢的报告，主持写出《论公营工厂中行政与工会立场的一致性》一文。这篇文章认为，工会同政府和工厂管理机关"基本立场"一致、"具体立场"有所不同的观点是不对的。这种说法，第一模糊了工人阶级的领导思想及其在国家政权中的领导地位；第二模糊了公营企业的社会主义性质，模糊了公营企业与私营企业的本质区别。文章强调，在公营企业内没有阶级矛盾，没有剥削阶级与被剥削阶级的关系，因而在公营企业中行政的利益与工人群众的利益是完全一致的。他们只有分工的不同，没有立场的不同。

高岗主持写的这篇文章原准备作为《东北日报》社论发表。4 月 22 日，高岗把它送给毛泽东审阅，并请示能否在报上发表。29 日，当时担任毛泽东秘书并负责报刊宣传工作的胡乔木在看了高岗送来的文章和给毛泽东的信后，写信给毛泽东和刘少奇，认为"邓子恢同志的说法确有不完满的地方"，但"《东北日报》的文章用正面批驳的方法也不适宜"，邓子恢提出具体立场有所不同的观点"是有原因的"，"工会更应当重视工人的直接福利，许多工会不重视是不对的，但不要由此得出工会与国营企业和政府的具体立场不同的观点"，"有些工会干部由此而强调与厂方对立，是不对的"。信的最后附言："此文是否由《东北日报》发表？或由《人民日报》发表较好？亦请斟酌。"

刘少奇看了高岗送来的文章和胡乔木的信。他于 5 月 10 日在胡乔木的信上批示，我同意高岗同志文章暂不发表，待四中全会讨论此问题时当面谈清楚。高文可送邓子恢同志一阅。

5 月 16 日刘少奇又为这件事给高岗写信，信中说：关于工厂与工会立场问题你写的文章，我已看过，已送交主席，可能主席尚未来得及看。我的意见以为四中全会即将开会并要讨论这个问题，子恢同志亦来，可以在那时加以讨论，因此，你的文章暂时以不发表为好。

这样，高岗的文章也就没有发表，有关工会工作的讨论也由于四中全会因故延期而暂时搁置起来。

但是到了 1951 年 10 月，情况出现了变化。月初，李立三就党内在工会工作方针上发生的争论向毛泽东写了一份报告，反映在这个问题上的两种意见：一种意见认为在国营企业中公私利益是完全一致的，没有矛盾，甚至认为"公私兼顾"的政策不适用于国营企业；另一种意见认为在国营企业中公私利益是基本一致的，但在有关工人生活和劳动条件等问题上是存有矛盾的，这种矛盾的性质是工人阶级内部的矛盾，可以用协调的方法，即公私兼顾的方法来取得解决。李立三明确表示：我个人是同意后一种意见的。我觉得公私关系问题，不仅在目前国营企业中，而且在将来社会主义时期各种对内政策问题上也不是一个主要问题，否认"公私兼顾"的原则可以运用到国营企业中的意见，可能是不妥当的。

令李立三始料不及的是，毛泽东不仅不同意他的意见，而且对他和他所领导的全总党组提出了尖锐的批评，认为在工会工作中有严重错误。根据毛泽东的意见，中共中央于 11 月解除了李立三全国总工会主席和党组书记的职务，批准成立了由刘少奇、李富春、彭真、赖若愚、李立三、刘宁一组成的全国总工会党组干事会，指导全国总工会的工作。

另一件被高岗视做机会的事，是 1951 年 4 月至 9 月间围绕着山西省委《把老区互助组织提高一步》的报告而发生的一场争论。

1951 年 4 月 17 日，山西省委向中央、华北局写了一个题为《把老区互助组织提高一步》的报告。这个报告由三部分组成：问题的提出；省委的主张；几个具体问题。

报告说：在山西老区，"由于农村经济的恢复和发展，战争时期的劳、畜力困难，已不再是严重的问题，一部分农民已达到富裕中农的程度，加以战争转向和平，就使某些互助组织中发生了涣散的情形。""实践证明，随着农村经济的恢复和发展，农民的自发力量是发展了的，它不是向着我们所要求的现代化和集体化的方向发展，而是向着富农方向发展。这就是互助组发生涣散现象最根本的原因。"这个问题如不注意，会有两个结果。一个是互助组涣散解体；一个是互助组变成富农的庄园。这是一方面的情况。但是，在另一方面，也有不少互助组产生了新的因素。老区互助组的发展已经到了这样的转折点，使得互助组必须提高，否则就会后退。

省委的主张是：扶植与增强互助组内"公共积累"和"按劳分配"两个新的因素，以逐步战胜农民的自发趋势，引导互助组走向更高一级的形式。公共积累，按成员享有，一人一票，出组不带。这虽然没有根本改变私有基础，但对私有制是一个否定因素。对于私有基础，不应该是巩固的方针，而应当是逐步地动摇它、削弱它，直到否定它，农业生产合作社"按土地分配的比例不能大于按劳力分配的比例，并要随着生产的发展，逐步地加大按劳分配的比例"。这两个进步因素逐步增强，"将使老区互助组织大大前进一步。"

4月下旬，中共中央华北局召开五省互助合作会议，讨论山西省委意见。5月4日，华北局正式批复山西省委并报中央。华北局在批语中指出：山西省委"抓紧对互助组领导，注意研究新发生的问题是对的"。但是，"用积累公积金和按劳分配来逐步动摇、削弱私有基础直到否定私有基础，是和党的新民主主义时期的政策及共同纲领的精神不相符合的，因而是错误的。新民主主义革命时期，革命任务只能动摇封建私有、帝国主义在华特权和官僚资本主义私有；一般动摇私有财产是社会主义革命时期的任务。""提高与巩固互助组的主要问题，是如何充实互助组的生产内容，以满足农民进一步发展生产的要求，而不是逐渐动摇私有的问题。这一点必须从原则上彻底搞清楚。""农业生产合作社全省只能试办几个作为研究、展览和教育农民之用。即便试办，也要出于群众自愿，不能强行试办，更不宜推广。"

刘少奇在接到华北局批转山西省委的报告，并听取华北局的汇报后，连续在几个场合对山西省委报告的观点提出批评。

5月7日，刘少奇在全国宣传工作会议上说："山西省委在农村里边要组织农业生产合作社（苏联叫共耕社），这种合作社也是初步的。""这种合作社是有社会主义性质的，可是单用这一种农业合作社、互助组的办法，使我们中国的农业直接走到社会主义化是不可能的。""那是一种空想的农业社会主义，是实现不了的。""我们中国党内有很大的一部分同志存有农业社会主义思想，这种思想要纠正。""农业社会化要依靠工业。"

7月3日，刘少奇又专门就印发山西省委报告作了批示："在土地改革以后的农村中，在经济发展中，农民的自发势力和阶级分化已开始表现出来了。党内已经有一些同志对这种自发势力和阶级分化表示害怕，并且企图去加以阻止和避免。他们幻想用劳动互助组和供销合作社的办法去达到阻止和避免此种趋势的目的，已有人提出了这样的意见：应该逐步地动摇、削弱直至否定私有基础，把农业生产互助组织提高到农业生产合作社，以此作为新因素，去'战胜农民的自发因素'。这是一种错误的、危险的、空想的农业社会主义思想。山西省委的这个文件，就是表现这种思想的一个例子，特印发给各负责同志一阅。"

7月25日，华北局将《关于华北农村互助合作会议的报告》上报中央，陈述了"四月会议及以后的一些情况、争论和解决的问题"。报告明确表示不同意山西省委的意见。刘少奇对这个报告作了多处修改。

但是，随后不久，毛泽东就找刘少奇、薄一波和刘澜涛谈话，明确表示他支持山西省委的意见。毛泽东批评了互助组不能生长为农业生产合作社的观点和现阶段不能动摇私有基础的观点。他说：既然西方资本主义在其发展过程中有一个工场手工业阶段，即尚未采用蒸汽动力机械、而依靠工场分工以形成新生产力的阶段，则中国的合作社，依靠统一经营形成新生产力，去动摇私有基础，也是可行的。这样，经刘少奇修改的华北局报告也就没有转发，但原件因事先已排印刊登在华北局内部刊物《建设》杂志上。刘少奇还通过范若愚向马列学院一班学员收回7月5日下午发给他们的材料。这场争论就这样结束了。

再一件事是1953年上半年对"新税制"的批评以及由此发生的对中央政府领导分工的调整。

新中国成立后，人民政府大体是按照"暂时沿用旧税法"，部分废除，逐步整理的方针建立起自己的税制。

1952年下半年，税收工作出现了许多新情况：由于五种经济成分不断改组，国营商业和合作社商业在经济中已经占了很大的比重；总分支机构内部调拨、加工订货及贷购代销等经营方式日益扩大；私营企业主看到国营经济分支机构内部调拨不纳税，亦更多地采取"产零见面"的办法，即工厂直接售货给零售商或委托零售商代售，以逃避一道批发营业税。由于经营方式、流通环节的变化，商品中间流转环节减少，使得营业税和批发营业税减少或很难收上来，国家税收有下降趋势。而为了适应大规模经济建设的需要，又要求不断增加税收。一方面原定的税难以收上来，一方面税收任务还要增加，再加上"三反""五反"刚结束，资本家叫苦，这诸多原因决定了税制必须修正。

9月，全国财经工作会议召开。会议着重研究了在流通渠道发生变化的情况下如何保税的问题，并确定修正税制。同时，还召开了各大区财政部长会议和第四次全国税务会议，研究了这个问题。根据几次会议酝酿、讨论的意见，财政部提出了修正税制的具体方案，中央财经委员会党组讨论通过并向周恩来作了汇报。12月26日，政务院第164次政务会议批准了这个方案。接着，向全国工商联负责人及工商界知名人士征求了意见，于 12 月 31 日在《人民日报》上公布了《关于税制若干修正及实行日期的通告》，发表了题为《努力推行修正了的税制》的社论和《全国工商联筹委会拥护修正税制》的报道。

修正税制有两条原则，一是保税，一是简化税制。从保税而不是增税出发：（1）工业总分支机构从生产、批发到零售，要缴纳三道营业税；商业总分支机构从批发到零售，要缴两道营业税，改变过去"相互拨货""不视为营业行为，不课征营业税"的做法；（2）为了堵塞漏洞，规定工厂直接卖货给零售商时，须将工商两道批发工农业税移到工厂直接缴纳；（3）取消对合作社征收营业税打八折的优待，取消合作社成立第一年免纳所得税的规定。从简化税制、变"多种税，多次征"为"多种税，一次征"出发：（1）试行商品流通税。将卷烟、烟叶、酒等 22 种（国营工业能够大量生产，国营和合作社商业在批发环节上能够控制的）商品的货物税、批发营业税、零售营业税等，合并为单一的商品流通税，在批发和收购环节一次征收。一种商品只要缴纳了商品流通税，就可行销全国，不再交其他各税和附加，大大简化了纳税手续；（2）货物税、营业税、所得税等也将一些项目合并简化。对批发环节征税问题，原来曾设想过公私区别对待，即国营不征，私商照征。在征求意见时，商业部、全国供销合作总社不同意，理由是："三反""五反"后，私营企业在生产经费上有困难，应适当扶持一下，而在税收上区别对待，势必挤了它们。资本家躺倒了，对发展经济不利。财政部采纳了这一意见。

修正后的税制公布后，在社会上引起了强烈反响和波动。1953 年 1 月 9 日，中共山东分局第二书记向明等三同志联名写信给中央，反映执行新税制引起了物价波动、抢购商品、私商观望、思想混乱等情况。1 月 11 日，北京市委也写信给中央反映了类似情况。各大区、各省市财委也纷纷写信、打电报给中财委，反映在执行过程中遇到的困难和问题。这引起了毛泽东的重视。1月15日，他给周恩来、邓小平、陈云、薄一波写了一封信，全文如下：

> 新税制事，中央既未讨论，对各中央局、分局、省市委亦未下达通知，匆率发表，毫无准备。此事似已在全国引起波动，不但上海、北京两处而已，究应如何处理，请你们研究告我。此事我看报始知，我看了亦不大懂，无怪向明等人不大懂。究竟新税制与旧税制比较利害如何？何以因税制而引起物价如此波动？请令主管机关条举告我。

此后，毛泽东又进一步批评说："公私一律平等纳税"的口号违背了七届二中全会的决议；修正税制事先没有报告中央，可是找资本家商量了，把资本家看得比党中央还重；这个新税制得到资本家叫好，是"右倾机会主义"的错误。

这件事发生后，毛泽东认为政府工作中存在着分散主义，根据毛泽东的提议，中共中央在1953年3月10日作出《关于加强中央人民政府系统各部门向中央请示报告制度及加强中央对于政府工作领导的决定（草案）》。

以后，政务院根据中共中央的决定，又在5月15日发出《关于中央人民政府所属各财政经济部门的工作领导的通知》，对中央人民政府所属的财政经济部门的工作领导重新作了分工，其中一项重要内容是把政务院二十个部中的八个部，即重工业部、一机部、二机部、燃料工业部、建筑工程部、地质部、轻工业部和纺织工业部，由国家计委主席高岗领导。

高岗是一个善于窥测风向的人物。从上面所说的几件事中，高岗作出错误的判断：刘少奇和周恩来已经失去了毛泽东的信任，而他却得了分，看来从政治上拱倒刘少奇和周恩来的时机已经成熟。于是，他的政治野心进一步膨胀，急于发难，急于向党索取更高的权力。

"你不要为自己辩解"

高岗的"发难",首先发端于 1953 年夏季召开的全国财经工作会议。

1953 年 6 月至 8 月,中央召开全国财政经济工作会议。会议重点是批判修正新税制工作中的问题。新税制出台是比较草率了些,为了赶在 1953 年元旦前公布,没有来得及征求地方财政、税务部门的意见,也没有同地方党政领导打招呼,甚至到新税制公布,都没有向毛泽东汇报,听取指导,所以才使毛泽东"看报始知",并很生气地批评了薄一波和财政部副部长戎子和。高岗感到这是一个借以攻击刘少奇和周恩来的绝好机会,于是在会内会外采取许多不正常活动,企图从中渔利。

一方面,高岗在小组会上和会后的私下谈话中,多次"鼓动"别人向薄一波等"放炮",给会议的气氛加温。中南局第一书记陶铸后来揭发:财经会议刚刚开过第一次领导小组会后,高岗就把他请到家里吃饭,在饭桌上高岗对他说,这次会议的方针就是要重重地整一下薄一波,"希望大家能勇敢发言",并要他放头炮。陶铸没有答应。

另一方面,高岗亲自出马,在会议发言中对薄一波等提出种种责难。他还采取"移花接木"的手法,把刘少奇曾经说过的话,如 1947 年土改时的"村村点火,处处冒烟",1949 年在天津视察时讲的一些观点,1950 年有关东北富农党员问题的谈话,1951 年对山西互助合作报告的批语等,统统安在薄一波的头上加以批判。这种明里批评薄一波、暗中攻击刘少奇的"批薄射刘"的用心,凡是了解情况的人都看得很清楚。高岗在后来被迫写的《我的反省》中作过这样的交代:我的发言"除批评薄一波同志外,还有指桑骂槐说少奇同志的意思"。高岗还对人说过:我在财经会议不讲话则已,要讲就要挖少奇的老底。

由于高岗的干扰，财经会议后期已走偏了方向，与毛泽东的原意也大相径庭。会上批评薄一波的调子一直居高不下。薄一波也渐渐明白，醉翁之意不在酒，他检讨得再好也过不了关。为了不使事态扩大到中央领导核心，他决定来个"徐庶进曹营，一言不发"。当时会上要他作第三次检讨，他一口拒绝。周恩来将薄一波的态度报告了毛泽东，毛泽东想了想，说：薄一波同志可以不检讨了。

在这种情况下，周恩来确实很难作结论。他是会议的主持者，话说轻了，会上已是那种气氛，不大好通过，且有开脱、庇护之嫌；话说重了，就会为高岗利用。他只好请示毛泽东。

毛泽东出了个主意：结论做不下来，可以搬兵嘛！把陈云、小平同志请回来，让他们参加会议。

陈云、邓小平都因身体不好，在外地休养。陈云在北戴河，一些同志去看望他，已经谈到财经会议的一些情况。他就明确表示：不能把薄一波同志几年来在中财委工作中的成绩抹煞了，我反对两条路线斗争的提法。8月6日，他在第29次扩大的领导小组会议上，批评了薄一波的错误，同时又强调一点：同志们在会议上提出中财委内部是否有两条路线的问题。我以为在工作中间个别不同的意见是不会没有的，在一起做了四年工作，如果说没有一点不同的意见，当然不行；这些意见，也不能说他的都是错误的，我的都是对的，也不能说他的都是对的，我的都是错的。总的说起来，我在今天这样的会议上不能说中财委有两条路线。

会场里很静。陈云的话声音不重，却如同沉闷多时的阴雨天一声霹雳，下起了雨，温度降了下来。

邓小平回京后，也在一次会议上发了言。他的话与陈云的话起着同等的作用。他说：大家批评薄一波同志的错误，我赞成。每个人都会犯错误，我自己就有不少错误，在座的其他同志也不能说没有错误。薄一波同志的错误是很多的，可以不是一斤两斤，而是一吨两吨。但是，他犯的错误再多，也不能说成是路线错误。把他这几年在工作中的这样那样过错说成是路线错误是不对的，我不赞成。

这些话对于扭转会议气氛起了重要作用。

8月9日，在中南海西楼会议室召开政治局会议，讨论周恩来的结论讲话稿，毛泽东专门通知薄一波一定要参加。毛泽东的出席，使得会议有了主心骨。会上毛泽东问大家有什么意见，也问到薄一波：你有什么话要说？

薄一波喃喃：我有错误，但有些具体事情还说不清楚。

还没等毛泽东说话，高岗大声指责薄一波说：你说不清楚，是你根本不想说清楚！你这是什么态度？

毛泽东对高岗说：高岗同志，你为什么不准上书的人写信给中央？东北各省出了错误，你东北局还不是要进行批评、检查！

毛泽东见高岗如此气盛，便点出了"东北一党员信"，好煞煞他的风头。那么，"东北一党员信"又究竟是怎么一回事呢？

这是一封揭发信，是原鞍山市委书记和原东北局党校教育处长在马列学院学习期间写的，并通过薄一波于1952年1月27日转给了毛泽东。信中揭露了高岗及东北个别干部贪污腐化、铺张浪费的问题。在转信时，薄一波特地给毛泽东写了几句话：这封检举信是叙述东北三个阶段的贪污浪费情况，写信的人是响应毛主席的号召，衷心爱护党的；而对贪污腐化则表示愤慨。毛泽东把这封信在很小的范围内进行传阅。这件事让高岗大为不满，认为是故意给他抹黑，认定薄一波是专挑东北的毛病，与他高岗过不去。所以这次好不容易抓住机会，必令置之死地而后快。当然"项庄舞剑，意在沛公"，他要批薄拱刘，拱倒刘少奇，再推倒周恩来……

后来薄一波回想起毛泽东当时说的话，觉得他对高岗在财经会议上的表演，可能已有某些察觉了。

权欲熏心的高岗自然想不到毛泽东的这种察觉，相反他自认为在财经会议过程中的活动已得逞，于是又紧锣密鼓地开始第二步行动。

"北京城里有两个司令部"

财经会议一结束，高岗即以休假为名，周游华东和中南，四处放风说：毛泽东已不重视刘少奇，打算让刘少奇搞"议会"（人大常委会），周恩来当部长会议主席，由他高岗搞政治局。在另一个场合，他又表示不同意周恩来当部长会议主席，主张由林彪担任。他还在一些军队高级干部中散布他发明的"两党论"和"军党论"，挑拨煽动军队干部对中央的不满情绪，借以争取更多的人支持他们的反对党中央的阴谋活动。高岗的所谓"军党论"，就是他说的"枪杆子上出党"，"党是军队创造的"，中国共产党的骨干是军队锻炼出来的，所以"根据地和军队的党"是中国共产党的主体。他又散布说，现在的党中央和国家领导机关是掌握在"白区的党"的人们手中，因此，必须彻底改组，由"根据地和军队的党"来掌管党和国家。

1980年3月，邓小平与《关于建国以来党的若干历史问题的决议》起草小组的同志专门谈到：这个事情，我知道得很清楚。毛泽东同志在1953年底提出中央分一线、二线之后，高岗活动得非常积极。他首先得到林彪的支持，才敢于放手这么搞。那时东北是他自己，中南是林彪，华东是饶漱石。对西南，他用拉拢的办法，正式和我谈判。说刘少奇同志不成熟，要争取我和他一起拱倒刘少奇同志。我明确表示态度，说刘少奇同志在党内的地位是历史形成的，从总的方面讲，刘少奇同志是好的，改变这样一种历史形成的地位不适当。高岗也找陈云同志谈判，他说：搞几个副主席，你一个，我一个。这样一来，陈云同志和我才觉得问题严重，立即向毛泽东同志反映，引起他的注意。高岗想把少奇同志推倒，采取搞交易、搞阴谋诡计的办法，是很不正常的。

尽管高岗想拉拢邓小平、陈云的企图没有得逞，但他的阴谋活动并非单枪匹马，他争取到了林彪的支持，并且得到了饶漱石的积极呼应。

饶漱石在战争年代曾在刘少奇领导下工作过，受到刘少奇的器重。建国后，饶漱石担任中共中央华东局第一书记、华东军政委员会主席，1952年奉调进京，担任中共中央组织部部长。可是他进京后，看到刘少奇受到毛泽东的批评，认为刘少奇已经失势，就一反常态，同高岗串通一气，相互配合，企图拱倒刘少奇。

就在高岗南下"休假"的同时，饶漱石在北京则以中央组织部和全国组织工作会议为中心进行新的阴谋活动，将当年整陈毅的故伎重演。他事先并未请示中央，未取得中央同意，便在组织部内向副部长安子文发动了无情的"斗争"，抓住安子文私拟政治局委员名单的错误，进行无限上纲，借此影射攻击刘少奇，配合支持高岗的分裂阴谋活动。

1953年3月初，高岗向安子文转达了毛泽东同他的谈话内容，说中央政治局成员要改组，要加强中央各部机构。安子文没有经过中央授权，就草拟了一份中央政治局委员名单和中央各部主要负责人名单，在这份名单上，政治局委员分两组出，一组在毛泽东、刘少奇、周恩来、朱德、陈云（以上是书记处成员）以外，写有高岗、林彪、彭德怀、邓小平、饶漱石、薄一波、邓子恢（以上是各中央局书记）；另一组上写有董必武、林伯渠、彭真、张闻天、康生、李富春、习仲勋、刘澜涛。对中央各部，列了组织部、宣传部、政法统战部、农村工作部、财经工作部负责人和中央正副秘书长人选。这个名单安子文曾给高岗看过，也向饶漱石谈过，后来中央批评了这件事，安子文也向中央作了书面检讨，并请求处分，但高岗和饶漱石却抓住把柄不放，拿这个名单大做文章。

高岗和饶漱石私下里在许多人中间传播这个名单，并造谣说这个名单是刘少奇授意的。高岗还编造说，政治局的名单中"有薄无林"（即有薄一波而无林彪），连朱总司令也没有；说刘少奇不赞成陈正人担任建委副主任或中组部副部长、陶铸在广西工作等。饶漱石也捏造说，某某等是一个宗派，一个"圈圈"，刘少奇是他们的支持者，并说，财经会议上斗了薄一波，会后还要斗"圈圈"中的安子文。

果然，财经会议结束后，饶漱石就在中组部内开展对安子文的斗争。他利用名单事件，并故意夸大中组部工作中的某些缺点错误，在中组部的两次部务会议上大批安子文。

1953年9月，中共中央决定召开第二次全国组织工作会议，研究如何加强干部工作，饶漱石在这次会议上故意改变会议的主题，再次挑起批判安子文的"高潮"，中央发觉问题的严重性，决定会议暂停，先举行领导小组会议，解决中组部内部的团结问题。在领导小组会议上，饶漱石不但没有收敛，反而继续对安子文进行指责和攻击，致使会期一再延长，直到10月底才结束。

饶漱石在第二次组织工作会议上如此起劲地大批安子文，实际上矛头是对准刘少奇的，是"讨安伐刘"。饶漱石在领导小组会议上受到批评后，曾对安子文这样说过：我说你对财经会议有抵触，其实不是指的你，而是指的刘少奇。后来他在检讨中也承认，在中组部斗争安子文，目的也是反对刘少奇，以取得高岗的信任，进行政治投机。

面对高岗和饶漱石的责难和攻击，刘少奇承受了巨大的压力。

毛泽东在知道高岗对刘少奇有意见后，曾建议高岗直接找刘少奇谈谈，并且对高岗说：少奇同志是个很老实的同志，他会有自我批评的，你跟他可以说得通的，可是，高岗根本不去找刘少奇。刘少奇本着维护团结的愿望，曾两次主动找高岗谈话，征求意见，并作了诚恳的自我批评。高岗反而对别人造谣说，刘少奇不肯进行自我批评。

刘少奇了解到饶漱石在中央组织部的不正常活动后，同饶漱石谈话，坦率地表示不同意他的做法，希望他冷静从事，不要再在中央组织部内继续争吵。

在第二次全国组织工作会议期间，刘少奇两次到会讲话。

10月22日，刘少奇参加第二次全国组织工作会议的领导小组会。他在讲话中，一方面对饶漱石提出批评：中组部过去三个月的争论，"使得许多工作不能正常地进行，使得中组部很多同志惶惶不安，在外部也发生了一些影响，这当然是工作上的损失"；另一方面又主动承担了责任，"对于这个争论，我也是有责任的。我没有在事先对双方做充分的工作，没有对双方充分交代清楚，使双方有充分的相互了解，我对双方的帮助都不够，这是我应检讨的。"在讲话最后，他诚恳地提出："希望各地区党的组织部的同志们，到处去提倡全党一致的精神，为巩固全党的团结而努力，反对任何只看到和只关心本地区本部门而看不到和关心全党的倾向。"

27日，刘少奇出席第二次组织工作会议闭幕会。在讲话中他实事求是地总结了中央组织部过去几年的工作；认为"是有成绩的"，"是执行了党中央的正确路线的"，同时也客观地指出了中组部领导在工作中存在的缺点错误。在谈到缺点错误时，他对会议中提到的几个问题，如农业生产互助组、"半工人阶级"的提法、党员发展成富农如何处理等问题，比较系统地作了自我批评和情况说明，再次主动承担责任。

会议中提到的"半工人阶级"这个提法，是指1951年第一次全国组织工作会议形成的《关于整顿党的基层组织的决议（草案）》中关于党的性质的一句话："中国革命在过去是城市工人阶级和乡村半工人阶级领导的"。从理论上讲，把"乡村半工人阶级"作为领导阶级确实很不妥当，但以前党的文件上也使用过，经刘少奇修改审定的第一次组织工作会议决议草案沿用了这个提法。后来中央发觉这个问题，在当年

12 月 23 日发出的《关于中国革命领导阶级问题的修正指示》中作了纠正。在这次组织工作会议上，饶漱石再次提出这个问题，对安子文进行责难。刘少奇在讲话中说明了情况，并承担了责任，说：这件事情主要由我负责，应该放在我的账上，而不应放在安子文同志或其他同志账上。

高岗、饶漱石在财经会议上和第二次组织工作会议上的反常活动，以及在背地里搞的种种活动，引起了毛泽东的关注和警惕，他逐步觉察到高、饶的阴谋活动。

尽管毛泽东在某些问题上对刘少奇有过批评，但他对刘少奇是信任的。他发觉高岗的问题后曾经对人说过，少奇同志是大公无私的，是正派的，他绝不是那种搞宗派的人。在关于政治局委员名单的问题上，毛泽东也说过，问题不在提名单的人身上，而要追查散布名单的人。

第二次组织工作会议期间，毛泽东针对饶漱石的问题，提议党内干部要重温《联共（布）历史简明教程》的六条结束语，加强党的基本理论的学习。10 月 22 日，他在写给杨尚昆的信中说，请将联共党史六条结束语印成单张，于今晚或明天给到组织会议的各同志，请他们利用停会的两三天时间，加以阅读、研究，可能时还应加以讨论，使他们在刘少奇同志及别的同志在大会上讲话讲到这个问题时，已经有所了解。同时可多印一点（可印一二千份），发给北京的干部，并由总党委通知各部门、各党组要他们阅读和讨论。不仅如此，毛泽东还当面批评了饶漱石的做法。

毛泽东决定：公开揭露

1953 年 12 月下旬，马上就要进入 60 周岁的毛泽东，要离开北京到杭州去休假，说是休假，其实他还要在那里主持起草共和国第一部宪法。他本该马上动身，但还是被高岗的事情耽搁了。

临行前，他依照过去的惯例，提议在他外出期间由刘少奇主持中央工作。刘少奇鉴于当时情况，说：还是由书记处同志轮流负责好。

周恩来表态赞同毛泽东的意见：还是按以前的老规矩办吧，仍由少奇同志负责，我们积极配合他。

但是高岗显然有些沉不住气，认为还是轮流好。他说：主席的威望不是我们中的任何一个人能代替的，我看还是轮流好，轮流吧，搞轮流可以发挥每一个人的作用。

再过几天我就满60了。孔子说过，六十而耳顺。可我觉得我还不够耳顺。今天达不成协议，下次再说吧，散会。毛泽东的话中明显带有对高岗的不满。

这期间高岗活动更猖獗，发生了他想拉拢邓小平、陈云的事，也发生了他俩分别向毛泽东汇报的事。

毛泽东已初步掌握了高岗活动的情况，也进行了一些调查。一天，罗瑞卿来看望毛泽东，问起他的身体状况。毛泽东开起玩笑：我这是政治感冒，鼻子不灵。

没睡好觉吧？

是啊。睡觉有两种情况，一种是睡在床上，一种是睡在鼓里，若不是其他同志向我反映高的问题，我还蒙在鼓里哩！

于是，12月24日，毛泽东主持召开政治局扩大会议，正式决定在他外出休假期间，由刘少奇代理主持中共中央工作。那天到会的有20来人，薄一波也接到了开会的通知。毛泽东目光炯炯地扫视会场，发出不指名的警告：

北京城里有两个司令部，颐年堂门可罗雀，东交民巷八号车水马龙。一个是以我为首的司令部，就是刮阳风，烧阳火；一个是以别人为司令的司令部，就是刮阴风，烧阴火，一股地下水。

会场里静极了，与会者都全神注视着毛泽东，等待着他下一句话要说出的这个"别人司令"是谁，但毛泽东戛然而止，不再往下说了。其实与会者谁都知道说的是谁，何况毛泽东已经指明了"东交民巷八号"，那是高岗的住处所在。

毛泽东的明确表态，将高岗、饶漱石的阴谋活动暴露在了全党的面前。在这次会议上，毛泽东还提议起草一个关于增强党的团结的决议。

12 月 27 日，即过完生日的第二天，毛泽东便南下来到杭州，主持宪法的起草工作。这期间，毛泽东听说高岗在苏联驻华大使尤金面前攻击其他中央领导同志，便决定见一见尤金。在同尤金的谈话中，毛泽东讲到了秦楚之争，并指着当时陪同尤金来杭的翻译师哲说，秦就是他，他想灭我。尤金听后吓了一跳，不知是怎么回事。过了一个月，中共七届四中全会的召开揭开了谜底。尤金才知道，毛泽东说要灭楚的那个"秦"，是指来自陕西的高岗。

1954 年 1 月 7 日，毛泽东接连写了两封信。一封信是写给刘少奇并中央书记处全体成员的。提议关于加强党的团结的决议草案"似宜召开一次中央全会通过，以示慎重"，并对全会的召开时间、主要议程、报告内容等作出具体部署。毛泽东在信中提出，"报告请少奇同志做"，同时也提出，在进行全会第三个议程即通过关于加强党的团结的决议时，"应尽可能做到只作正面说明，不对任何同志展开批评"。另一封信是写给刘少奇个人的，说：如各同志同意开全会，于你的报告稿宣读完毕后，似宜接着宣读你已有准备的自我批评稿，两稿各有一小时左右即够。自我批评稿宜扼要，有三四千字即可，内容宜适当，不可承认并非错误为错误，如可能，请一并电告我一阅。

根据毛泽东的意见，刘少奇认真修改了在全会上的检讨稿。1 月 16 日，刘少奇将检讨稿报送毛泽东。他在给毛泽东的电报中说：现将我准备在全会的检讨发上，请予审阅和修改。这个检讨已经周、陈、彭、邓诸同志审阅修改过。其中有几个地方不是检讨，而是辩护，因为有人对这些地方进行过激烈的攻击，稍加辩护，似有必要。但这样也可能引起人家的攻击，如果有人要攻击，就要让人攻击一下，似乎也没有什么不好，如何？请主席指示。毛泽东没有表示不同意见。

毛泽东的警告和七届四中全会的即将召开，使高岗、饶漱石慌了手脚。他们采取以退为进的策略，企图蒙混过关。毛泽东在杭州的时候，高岗给毛泽东写了一封信，表示他犯了错误，拟在七届四中全会上作自我批评，并提出想到杭州和毛泽东面谈。毛泽东在 1 月 22 日给刘少奇的信中谈到此事，明确表示："全会开会在即，高岗同志不宜来此"，"请你和恩来同志或再加上小平同志和他商量就可以了"。毛泽东再次强调：关于四中全会开会的方针，除文件表示者外，对任何同志的自我批评均表欢迎，但应尽可能避免对任何同志展开批评，以便等候犯错误同志的觉悟。

按照毛泽东的指示，刘少奇同周恩来、邓小平一起，在 1 月 25 日和 2 月 5 日两次找高岗谈话，对他进行教育和挽救。2 月 3 日，刘少奇又同朱德、陈云、邓小平一起，找饶漱石谈话。但均无所获。随后，刘少奇、周恩来分别与杭州的毛泽东通了电话，报告了高、饶的态度。

毛泽东回电，在中共七届四中全会上予以公开揭露。

1954 年 2 月 6 日至 10 日，中共七届四中全会在北京召开。由于毛泽东不在北京，刘少奇主持了这次会议。开幕当天，刘少奇受中央政治局和毛泽东的委托，在全会上作报告。报告共分三个部分：一、三中全会以来中央政治局的工作；二、关于召开党的全国代表会议；三、为增强党的团结而斗争。在第三个问题中，报告针对高岗、饶漱石的错误，明确提出：我们从来反对任何党员由满腔热忱地勤勤恳恳地为人民服务的高贵品质堕落到资产阶级的卑鄙的个人主义方面去；在 1949 年 3 月召开的党的二中全会，曾经特别告诫全党干部在革命胜利以后严防骄傲，因为骄傲就可以引导到个人主义的发展，可以引导到党的团结的损害和破坏，就可以引导到党的事业的严重损失。我们应当时时刻刻都记得，我们的万里长征才走完了第一步，而且凶恶的敌人还包围着我们，等待着利用我们的不谨慎和不和睦来损害我们，而只要有可能，他们就要来消灭我们，在这种情况下，党的团结就是党的生命，对于党的团结的任何损害，就是对于敌人的援助和合作。只要党内出现了个人主义的骄傲的人们，只要这种人的个人主义情绪不受到党的坚决的制止，他们就会一步一步地在党内计较地位，争权夺利，拉拉扯扯，发展小集团的活动，直到走上帮助敌人来破坏党分裂党的罪恶道路。因此，中央政治局认为自己有绝对的责任，哪怕只是发现了这种状况的萌芽，就必须敲起警钟，动员全党来克服这种危险，并要求犯有这种错误的同志迅速彻底改正自己的错误；而如果等闲视之，任其蔓延滋长，就是对党和人民的犯罪。

在全会上，周恩来、朱德、陈云、邓小平等44人发言，对破坏党的团结的行为进行严肃的批评。高岗和饶漱石也被迫在会上作了检讨。全会一致通过《中共中央关于增强党的团结的决议》。

中共七届四中全会结束后，根据中央书记处的决定，在2月中旬分别召开了有中央委员和候补中央委员36人、重要工作人员40人参加的关于高岗和饶漱石问题的两个座谈会，对证高岗和饶漱石搞阴谋活动的事实。周恩来主持了高岗问题的座谈会，并在会上做了总结发言。他深刻揭露了高岗分裂党和妄图夺取党和国家最高权力的种种罪恶事实及阴谋手法，分析了高岗堕落的思想根源、社会根源和历史根源，教育全党从中吸取政治教训。邓小平和陈毅、谭震林主持了饶漱石问题座谈会，并根据座谈会所揭发的材料向中央政治局作了报告，对饶漱石勾结高岗进行篡党夺权的罪恶事实，伪君子的特点和历史上的问题作了揭露，提出应吸取的教训。

周恩来在高岗问题座谈会上的这个总结，事先经毛泽东审阅和修改。在原稿的"在长期的革命斗争中，高岗虽有其正确的有功于革命一面，因而博得了党的信任，但他的个人主义思想（突出地表现于当顺利时骄傲自满，狂妄跋扈，而在不如意时，则患得患失，泄气动摇）和私生活的腐化长期没有得到纠正和制止，并且在全国胜利后更大大发展了，这就是他的黑暗的一面。"之后，毛泽东加写了"高岗的这种黑暗面的发展，使他一步一步地变成为资产阶级在我们党内的实际代理人。"

在中央政治局的领导下，4 月至 8 月又先后召开了东北地区高干会议、华东局扩大会议、山东分局扩大会议和上海市委扩大会议，进一步揭发高、饶的问题。在事实面前，高岗不但没有低头认罪，反而对党更加仇恨，先是在寓所触电自杀，被抢救过来，后又在东交民巷八号他的住所吞吃大量安眠药，自杀身亡。饶漱石在座谈会上作了初步检查，但对自己所进行的阴谋活动，仍是避重就轻，实行抵赖。

1954 年 9 月 1 日，毛泽东以中共中央主席的名义就高岗自杀问题给苏共中央发出通报，全文如下：

苏共中央：

现将中共中央政治局委员高岗最近自杀身死的事，正式通知你们。关于高岗进行反党反中央及阴谋篡夺党和国家最高权力的活动事实，今年三月间我们曾经告诉过你们。

在最近半年，根据中共各个地方党的组织所揭发的材料，更加证实了高岗的罪行。但是，高岗在被管教的这一期间，却仍毫无悔悟表现，反于八月十七日实行第二次自杀，充分暴露了他的坚持仇恨党的立场和自绝于中国人民。

高岗死后，我们进行了一系列的调查，以便确切查清他的死因。根据医生所作的临床诊断、尿便化验、病理剖检的各项结果和公安工作同志的调查、现场检查情形等，可以肯定高岗确是自杀，是服用多量安眠药致死的。同时，从其他各方面的所作的进一步调查，亦证实了高岗在他的阴谋被揭穿后，早就有意识地积存安眠药和准备用这种办法实行自杀。

对于高岗自杀事，中共中央决定对外暂不公布。同时，中共中央决定将高岗及另一中共中央委员饶漱石的反党反中央及阴谋篡夺党和国家最高权力的罪恶行为，向中共全体党员和中国新民主主义青年团全体团员进行传达，对中国国内的各民主党派、人民团体和在政府机关工作的党外干部，亦作适当的通知。中共中央还决定将高饶事件通知各兄弟国家的党的中央，并以书面向苏共中央作如上的通知。

中共中央主席　毛泽东

一九五四年九月一日

1955年3月21日到31日，中国共产党全国代表大会在北京召开，邓小平在会上作了《关于高岗、饶漱石反党联盟的报告》。会议通过了开除高、饶党籍，撤销党内外各项职务的决定。毛泽东出席了会议，并在会议的开幕词和结论中，总结了高、饶事件的教训。

毛泽东指出：在长期的革命斗争中，高岗虽有其正确的有功于革命的一面，因而博得了党的信任，但他的个人主义思想（突出地表现于当顺利时骄傲自满，狂妄跋扈，而在不如意时，则患得患失，泄气动摇）和私生活的腐化欲长期没有得到纠正和制止，并且在全国胜利后更大大发展了，这就是他的黑暗的一面。……高岗在最近时期的反党行为，就是他的黑暗面发展的必然结果。

毛泽东还指出：虽然高岗、饶漱石之间没有订立文字协定，但是他们的思想、目标和行动是一致的，说明他们不是两个互不相干的独立王国和单干户。后来，薄一波概述了几个事实：一、饶漱石一向被认为是尊重刘少奇的，可是在高岗发动"批薄射刘"斗争时，他却另辟一个"讨安伐刘"的战场予以配合。他后来承认："我不否认我们两个在行动上、目标上都是反对少奇同志"；二、关于"名单问题"，毛泽东说，问题不在提名单的人身上，而是追查散布名单的人。散布者恰恰就是高岗、饶漱石两人。他们会上会下广为传播这份名单，造谣惑众，以达到不可告人的目的。三、高岗推荐的干部，饶漱石一概同意；高岗反对的干部，饶漱石一律排斥。饶漱石还说，今后中组部要以原东北局的组织部长为核心。四、饶的问题被揭露后，高两次找毛主席，要求保护饶；高岗问题被揭露后，饶也为高申"冤"。

毛泽东曾设想，在高岗检讨完之后，对他的工作还要给予适当安排。但后来事态的发展已经不可能了。毛泽东也指出受高、饶影响犯错误的同志与高、饶是不同的。高岗、饶漱石是坏人，是"全部黑暗，天昏地黑，日月无光"，应坚决打倒，清除出党。

总之，高、饶问题的处理比较宽，当时没有伤害什么人，还有意识地保护了一批干部。

毛泽东与共和国第一部宪法的制定

　　社会主义的新中国，需要有一部体现人民利益和人民意志的宪法，用法律的形式把人民民主和社会主义的原则固定下来。1954 年 9 月第一届全国人民代表大会第一次会议通过和颁布的《中华人民共和国宪法》，就是我国第一部社会主义类型的宪法。这部宪法，是在党中央领导下和毛泽东的直接主持下制定出来的。

"治国，须有一部大法"

　　中华人民共和国成立前夕，中国人民政治协商会议制定一个《共同纲领》。这个《共同纲领》起了临时宪法的作用。建国后，经过三年的艰苦努力，新中国胜利完成了国民经济的恢复工作。1952 年党中央按照毛泽东的建议，提出了过渡时期的总路线。从 1953 年起，我国已经按照社会主义的目标进入有计划的经济建设时期，开始为实现社会主义工业化和社会主义改造而奋斗。因此，原来的《共同纲领》已经不能适应新的历史任务的需要。形势的发展迫切要求在《共同纲领》的基础上前进一步，有一个比《共同纲领》更为完备的国家根本大法。这样，制定宪法的工作就被提上了我们党的工作日程。

　　1952 年 12 月 24 日，在全国政协常委会召开的第 43 次会议上，周恩来代表中国共产党提议，以全国政协名义向中央人民政府委员会建议：按中央人民政府组织法第 7 条第 10 款规定，于 1953 年召开全国人民代表大会和地方各级人民代表大会，并着手宪法草案的起草工作。全国政协常委会一致同意中国共产党的提议，认为这是符合全国人民的愿望和要求的。

1953 年 1 月 13 日，中央人民政府委员会第 20 次会议讨论了全国政协的建议，做出了筹备召开全国人民代表大会及地方各级人民代表大会的决议。周恩来在会上就召开全国人民代表大会和地方各级人民代表大会问题，作了详尽的说明。他说，及时地召开全国人民代表大会及地方各级人民代表大会，不仅有必要，而且也有充分的条件。既然召开全国人民代表大会，就应该有自己的法律——宪法。参加这次会议的政府委员一致同意周恩来的提议。最后，毛泽东作了简短的结论。他说，三年来，大陆上的军事行动已经结束了，土地改革已经基本完成了。各界人民已经组织起来了，办全国选举工作的条件已经成熟。会议通过了关于召开全国人民代表大会及各级人民代表大会和制定宪法的决议，并决定成立宪法起草委员会，由毛泽东任主席，委员有朱德、宋庆龄、李济深、李维汉、刘少奇、周恩来等 33 人。宪法起草工作进入具体准备阶段。但因 1953 年若干省份灾情严重，为集中力量战胜自然灾害，发展农业生产，中央人民政府委员会于 1953 年 9 月 18 日召开第 28 次会议，通过了关于推迟到 1954 年召开全国人民代表大会及地方各级人民代表大会的决议。这就使宪法的起草工作及各项准备工作，获得了更加充分的时间。

1953 年底，中共中央成立宪法初稿起草小组，由毛泽东亲自挂帅，成员有陈伯达、胡乔木、田家英等。

1953 年 12 月 27 日，刚过完 60 岁生日的毛泽东率起草小组成员南下到杭州。在途中，毛泽东对随行人员说：治国，须有一部大法。我们这次去杭州，就是为了能集中精力做好这件立国安邦的大事。

1954 年 1 月 9 日，宪法起草小组开始工作。在毛泽东的主持下，起草小组首先制定了起草宪法的工作计划。1 月 15 日，毛泽东致电刘少奇并中央，通报了宪法起草小组的工作计划，并要中央各同志做好讨论宪法草案初稿的准备。电报全文如下：

少奇同志并中央各同志：

宪法小组的宪法起草工作已于一月九日开始，计划如下：

（一）争取在一月三十一日完成宪法草案初稿，并随将此项初稿送中央各同志阅看。

（二）准备在二月上半月将初稿复议一次，请邓小平、李维汉同志参加。然后提交政治局（及在京各中央委员）讨论作初步通过。

（三）三月初提交宪法起草委员会讨论，在三月份内讨论完毕并初步通过。

（四）四月内再由宪法小组审议修正，再提政治局讨论，再交宪法起草委员会通过。

（五）五月一日由宪法起草委员会将宪法草案公布，交全国人民讨论四个月，以便九月间根据人民意见作必要修正后提交全国人民代表大会作最后通过。

为了在二月间政治局便于讨论计，望各政治局委员及在京各中央委员从现在起即抽暇阅看下列主要参考文件：

（一）一九三六年苏联宪法及斯大林报告（有单行本）；

（二）一九一八年苏俄宪法（见政府办公厅编宪法及选举法资料汇编一）；

（三）罗马尼亚、波兰、德国、捷克等国宪法（见人民出版社人民民主国家宪法汇编，该书所辑各国宪法大同小异，罗、波取其较新，德、捷取其较详并有特异之点，其余有时间亦可多看）；

（四）一九一三年天坛宪法草案，一九二三年曹锟宪法，一九四六年蒋介石宪法（见宪法选举法资料汇编三，可代表内阁制、联省自治制、总统独裁制三型）；

（五）法国一九四六年宪法（见宪法选举法资料汇编四，可代表较进步较完整的资产阶级内阁制宪法）。

有何意见望告。

毛泽东

一九五四年一月十五日

翌日，刘少奇即复电毛泽东：此间同志同意主席所定宪法起草工作及讨论的计划，即将来电印发给在京中委及候补中委，并要他们阅读所列参考文件。

宪法起草小组经过紧张的工作，于2月17日完成并印出了宪法草案的初稿。2月18日，宪法起草小组派专人将草案初稿送北京。毛泽东在2月17日晚给刘少奇的信中说：现将宪法初稿（五份）派人送上，请加印分送政治局及在京中委各同志，于2月20日以后的一星期内开会讨论几次，将修改意见交小平、维汉二同志带来这里，再行讨论修改。然后再交中央讨论，作初步决定（仍是初稿），即可提交宪法起草委员会讨论。

为了深入研究和修改宪法初稿，中共中央又成立了6个讨论研究小组，各小组及时将有关意见报送中央政治局审议。

1954年2月下旬，宪法起草小组提出二读稿。2月25日，提出三读稿。2月28日、3月1日两天，中央政治局扩大会议讨论并基本通过宪法草案初稿三读稿，并决定由董必武为主，根据中央政治局讨论的意见以及宪法起草小组的意见，将三读稿加以研究修改。3月8日，即提出四读稿。3月12日、13日、15日，中央政治局召开扩大会议，对四读稿进行讨论修改，从而基本上完成了宪法草案初稿的草拟工作。

3月15日，中央政治局会议作出两项决议：（一）以陈伯达、胡乔木、董必武、彭真、邓小平、李维汉、张际春、田家英等八人组成宪法小组，负责对宪法草案初稿的条文作最后的修改后，提交中央讨论；（二）组成宪法起草委员会办公室，由李维汉为秘书长，齐燕铭、田家英、屈武、胡愈之、孙起孟、许广平、辛志超为副秘书长。

全国政协常委会根据中央的指示，于1954年3月16日召开第53次会议，邀请各民主党派、团体及各界民主人士座谈宪法草案初稿，共有500多人、分17个小组参加讨论。

"宪草要简单、明了"

中央政治局扩大会议通过了四读稿后，毛泽东的心情轻松了许多。两个多月来，为了提供这样一个宪法草案初稿，毛泽东是夜以继日，不知熬了多少个不眠之夜。对这个宪法草案初稿的每份过程稿，毛泽东是字斟句酌，改了又改，批语也写了不少。这里仅摘录其中的一部分。

在宪法草案最初的一个油印打字稿中，第一章总纲的序言部分是没有说明文字的。对此，毛泽东批语："序言应有说明。"

在这同一个稿中，第五条的"说明"中说："本条所说的'资本家所有制'，包括富农在内"。毛泽东在"包括富农在内"旁画了竖线，并批语："不甚妥？"

针对这个稿中第十一条第二款"任何个人的私有财产不得用以反对和损害公共利益。"毛泽东批语道："宜单列一条。"1954年9月20日第一届全国人民代表大会第一次会议通过的宪法中，这一款已单列为宪法总纲第十四条，文字改为："国家禁止任何人利用私有财产破坏公共利益。"

在油印打字的宪法草案第一次修正稿中，第十六条规定："中华人民共和国维护人民民主制度，保护全体公民的安全和一切合法权益，镇压一切反革命活动，惩办一切勾结外国帝国主义、背叛祖国、危害人民、破坏人民民主制度和破坏国家建设事业的卖国贼和反革命分子。"毛泽东在其中"全体公民"旁画两条竖线，并在上方写有"什么是公民"五个字。又在其中"勾结帝国主义、背叛祖国"之后画一插入号，并在上方写有"举行内乱，推翻政府"八个字。这一条附有以下说明："《共同纲领》该条中，原用有'严厉处罚'数字，那是对'首要分子'说的，而本条现在的规定是指一切'卖国贼和反革命分子'，故不用'严厉'二字，以使规定较为灵活。"

针对这个修正稿国务院一节中没有提及国家主席的交议权和最高会议决议的性质，毛泽东在这一节旁批语："主席有交议权，最高会议决议的性质。"宪法草案（初稿）1954 年 3 月 18、19 日讨论稿，在说明中对有关这一内容的条款提出两个修改方案，一个方案是："在必要时召集中华人民共和国副主席、国务院总理和其他有关人员举行最高国务会议"，另一方案是："在必要时召集有关人员举行最高国务会议"。毛泽东在前一个方案旁批语："较妥"。1954 年 9 月 20 日第一届全国人民代表大会第一次会议通过的宪法第四十三条中，将有关这一内容规定为："中华人民共和国主席在必要的时候召开最高国务会议，并担任最高国务会议主席。""最高国务会议由中华人民共和国副主席、全国人民代表大会常务委员会委员长、国务院总理和其他有关人员参加。""最高国务会议对于国家重大事务的意见，由中华人民共和国主席提交全国人民代表大会、全国人民代表大会常务委员会、国务院或者其他有关部门讨论并作出决定。"

这个稿的第七十七条规定："国家保障公民的居住自由不受侵犯。公民的通讯秘密受法律的保护。"并附修正说明提出，此款另一方案为将"通讯秘密"改为"通讯自由",毛泽东在"通讯自由"旁画一竖线,并批了"较妥"二字。1954年9月20日第一届全国人民代表大会第一次会议通过的宪法第九十条规定:"中华人民共和国公民的住宅不受侵犯,通信秘密受法律保护。"

在封面印有"中华人民共和国宪法草案(初稿)"的油印打字稿的第五十八条规定:"地方各级人民代表大会和地方各级人民政府在执行其任务时,应经常保持同人民群众的密切联系,广泛吸收人民群众参加和监督国家管理工作,不断地注意对脱离群众的官僚主义现象进行斗争。"在这段文字上方,毛泽东批语:"此条似应移至总纲。"在一届人大一次会议通过的宪法中,这一条已写入宪法总纲的第十七条,文字改为:"一切国家机关必须依靠人民群众,经常保持同群众的密切联系,倾听群众的意见,接受群众的监督。"

宪法草案初稿油印打字稿第八十条:"中华人民共和国公民有言论、出版、集会、结社、游行、示威和信仰宗教自由的权利。"毛泽东在其中"游行、示威"旁画两条竖线,打一问号,并在上方写了批语:"不写为好。"在一届人大一次会议通过的宪法中,仍然规定了公民有游行示威的自由。

在宪法草案(初稿)1954年3月18、19日讨论修改稿中,第三十六条关于全国人民代表大会常务委员会职权的第四款为:"通过和发布具有法律效力的决议和条例",毛泽东审阅时,删去了这一款中的"和发布"三字,并批语:"此处不写'发布'为宜,免与主席职权分歧。"在一届人大一次会议通过的宪法中,这一款改为"制定法令"。

同样是在这个修改稿中,第四十一条关于国家主席的职权中删去了原有的第三款"授予国家的勋章、奖章和荣誉称号",毛泽东在删去的这一款旁边批语:"此项恢复,可由副主席去办。"1954年9月20日通过的宪法中保留了这一款的内容。

"宪法的起草算是慎重的"

中央政治局讨论通过了宪法草案（初稿），宪法起草小组的工作得到了承认，这同时也意味着起草小组的工作暂告一段落。1954年3月15日，毛泽东离开杭州返回北京。

1954年3月23日，毛泽东主持召开宪法起草委员会第一次会议，并代表中共中央将宪法草案初稿提交宪法起草委员会。毛泽东说，这个初稿可以小修改，可以大修改，也可以推翻另拟初稿。宪法起草委员会完全接受了中共中央提出的初稿。会议决定：宪法草案的讨论，除宪法起草委员会全体会议外，政协全国委员会也进行分组讨论，并分发各大行政区、各省市的领导机关和各民主党派、各人民团体的地方组织进行讨论。会议还决定：正式聘请周鲠生、钱端升为法律顾问，叶圣陶、吕叔湘为语文顾问。

3月28日，宪法起草委员会办公室成立，下设编辑组、会议组、记录组、联络组、总务组作为委员会的职能机构，紧张而细致地开展各项工作。

全国政协分级讨论，从3月25日至5月5日，共进行40天，参加者500多人，开会260次，平均每组开会20多次。各组发言热烈、认真，提出的意见和疑问除重复者外，达3900多条。

为了在全国范围内开展宪法的讨论，3月25日，中共中央发出了《关于讨论中华人民共和国宪法草案初稿的通知》，要求各地党委认真讨论并对整个讨论加以领导和组织。于是，各大行政区、各省、市、自治区和50万人以上的省辖市，广泛地进行了对宪法草案初稿的热烈讨论，参加者达7000多人。大体由4月上旬开始，5月底结束，提出的意见和疑问共2900多条。在此期间，中国人民革命军事委员会、中国人民解放军、中国人民志愿军等也积极进行了讨论。各方面在讨论中提出的问题，对宪法草案初稿的修改起了重要作用。

针对宪法草案写得比较简单这一情况，毛泽东说："宪草要简单、明了"。我们国家各方面都缺乏经验，将宪草写得简单、明了些，是有好处的，等将来有经验时，再制定详细的宪法。而且，我们还可以根据情况，多制定些子法。至于母法——宪法，就不能随便变更、修改，否则会有影响。所以，我们的宪草，除总纲外，其他各章都写得比较简单。

5月6日至22日，举行召集人联席会议，参加会议的有各组召集人、副召集人、秘书长、副秘书长，顾问等。召集人联席会议是在宪法起草委员会讨论以前和在分组讨论宪法草案初稿的基础上召开的，主要是对各小组提的一些重要的、原则性的问题和意见进行反复讨论、研究，然后，将基本上一致的重要意见提交宪法起草委员会，为讨论修改宪法提供正确的参考意见。会议对宪法草案进行了认真的逐章逐节的讨论，整理出了宪法草案初稿的修改意见，并于5月26日，提交中央人民政府委员会讨论。

5月27日，宪法起草委员会召开第二次会议，正式讨论宪法草案初稿。刘少奇主持会议。讨论修改的主要内容是：序言和第一章总纲。

5月28日，进行第三次会议，讨论第一节至第三节，即全国人民代表大会、中华人民共和国主席和国务院。

5月29日，进行第四次会议，讨论第二章第五节民族自治机关，第六节法院和检察机关，第三章公民的基本权利和义务。

5月31日，进行第五次会议，讨论第二章第四节地方各级人民代表大会和地方各级人民委员会，并对宪法草案初稿再次进行通盘讨论。在休会期间，宪法起草委员会整理出修正稿，提交下次会议讨论修正。

6月8日，进行第六次会议，根据5月31日修正稿，会议进行了全盘讨论。

6月11日，进行第七次会议。这是对宪法草案初稿全部条文作最后审查并讨论通过这个草案的一次会议。除宪法起草委员会委员出席会议外，中央人民政府委员会委员以及起草委员会各副秘书长、顾问也列席了会议。会议由刘少奇主持。毛泽东作了重要讲话。他说：中央人民政府委员会将要在最近开会，宪法草案大概在15日以前公布，在全国人民中间还要进行两个半月到三个月时间的讨论。宪法草案公布后，要在全国范围内进行广泛的解释，组织讨论。今天的会议是对宪法草案的全部条文作最后的审查。虽然大家对条文都很熟悉了，但是今天要表决通过，为了慎重起见，还是把它读一遍吧。宣读条文后，李维汉就修改之处和修改原因作了说明。接着又进行了讨论。最后，在毛泽东主持下付表决，一致通过。

宪法草案的通过，标志着宪法起草工作胜利结束。毛泽东说：宪法的起草，前后差不多七个月。每一次稿本身都有许多修改，在西湖那一次稿，就有七八次稿子。前后总算起来，恐怕有一二十个稿子了。大家尽了很多力量，全国有八千多人讨论，提出了五千几百条意见，采纳了百把十条，最后到今天还依靠在座各位讨论修改。总之，是反复研究，不厌其详。将来公布以后，还要征求全国人民的意见。宪法是采取征求广大人民的意见这样一个办法起草的。这个宪法草案大体上是适合我们国家情况的。将来全国讨论以后，会有好的意见提出来，会有所修改，但总的方面不会有什么改动了。

1954年6月14日，毛泽东主持召开中央人民政府委员会第三十次会议，通过《中华人民共和国宪法草案》和关于公布宪法草案的决议，决定将宪法草案交付全国人民讨论。毛泽东在会上作了《关于中华人民共和国宪法草案》的讲话。他说：这个宪法所以得人心，大家所以赞成，就是因为有这两条：一条是正确地恰当地总结了经验，一条是正确地恰当地结合了原则性和灵活性。宪法公布以后，用宪法这样一个根本大法的形式，把人民民主和社会主义原则固定下来，使全国人民有一条清楚的轨道，使全国人民感觉有一条清楚的明确的道路可走，有了章程。一个团体要有一个章程，一个国家也要有一个章程，宪法就是一个总章程，是根本大法。6月16日，《人民日报》发表了题为《在全国人民中广泛地开展讨论中华人民共和国宪法草案》的社论。于是，全国范围的讨论普遍展开。

全国人民对宪法草案的讨论进行了将近3个月，有15000多万人参加了讨论。广大人民群众热烈拥护这个宪法草案，同时提出了很多修改和补充意见。根据这些意见，宪法起草委员会于9月8日召开第八次会议，对原来的草案再度进行了修改。

在此期间，由刘少奇主持，起草了准备向第一届全国人民代表大会第一次会议作的《关于中华人民共和国宪法草案的报告》。这个报告是对宪法草案的系统说明，同样是一个重要的历史性文件。毛泽东对这个报告从内容到文字作了多次修改。

1954年9月9日凌晨2时，毛泽东在修改了一部分《关于中华人民共和国宪法草案的报告》稿以后，决定约政治局常委讨论这个报告。他亲笔写了一个通知：请周、朱、陈、小平四位同志，今日下午5时以前及下午7时以后，看少奇同志宪法报告的头两章，以便晚上11时左右，和少奇、伯达一起，到我处谈一下这两章的有些问题。到9月11日，毛泽东对这个报告从头到尾修改了一遍。9月12日，由刘少奇主持召开宪法起草委员会第九次会议，讨论修改《关于中华人民共和国宪法草案的报告》。刘少奇在讲到宪法修改情况时说：我们的宪法草案与五法草案在全民讨论中提了118万多件意见，其中对宪法草案的意见有52万多件。这些所提意见中，一部分是关于修改内容的意见，一部分是关于修改文字的意见。对于这些意见有些是作了修改的，有些是作了解释的。会议最后决定由刘少奇代表宪法起草委员会作这个报告。9月13日，毛泽东、刘少奇又对这个报告作了最后的修改审定。

1954年9月14日，参加第一届全国人民代表大会的代表都已云集北京。根据人大代表所提意见，中央人民政府委员会召开临时会议，对宪法草案又作了修改。出席会议的除政府委员44人外，还邀请人大会议代表组组长21人列席会议。

会上，毛泽东提出：宪法草案有两个地方要修改，这是全国人民代表大会代表们提出的意见，改了比较好。一个地方是：序言第三段，"我国的第一个宪法"，改为《中华人民共和国宪法》。这些修改都是属于文字性的，但不改不行。过去中国的宪法有九个（草案不在内）：清朝的《宪法大纲》，孙中山的《中华民国临时约法》，袁世凯的《中华民国约法》，曹锟的《宪法》，《中华民国训政时期约法》，蒋介石的《宪法》，瑞金工农民主中央政府颁布的《瑞金宪法》，《中国人民政协共同纲领》，《中华人民共和国宪法》。说这个宪法是"我国第一个宪法"，不妥；说它是《中华人民共和国宪法》，则名副其实。另一个地方是：第三条第五款："各民族……都有保持或者改革自己的风俗习惯和宗教信仰的自由"。问题出在"和宗教信仰"五字上，代表中有人提出说不妥，改革"宗教"可以，改革"信仰"则不妥，并且第88条"中华人民共和国公民有宗教信仰自由"已有了规定。所谓有"宗教信仰自由"，就是说：你信仰宗教也好，不信仰宗教也好，你可以信这种宗教，也可以信那种宗教。……既然有第88条，第3条再讲"改革宗教信仰的自由"，就重复了。这就是西藏代表提出的意见，说这样写法不好，似乎是不要宗教了，说"改革宗教"还可以。历史上的宗教改革事例多了，比如天主教、基督教、佛教、喇嘛教等等。我看这一条意见是有理由的，把"和宗教信仰"五字删掉为好，改为："都有保持或者改革自己的风俗习惯的自由"。这一点，刘少奇的宪草报告中应当提到。最后，毛泽东指出，这个宪法草案是一个比较完整的法了。最先是中共中央起草，然后是北京五百多高级干部讨论，全国八千多人讨论，然后是三个月的全国人民讨论，这一次全国人民代表大会一千多人又讨论。宪法的起草算是慎重的，每一条每一个字都是认真搞了的，但也不必讲是毫无缺点，天衣无缝。

1954年9月15日，中华人民共和国第一届全国人民代表大会第一次会议在北京中南海怀仁堂正式开幕。毛泽东在开幕词中说：这次会议的任务是：制定宪法；制定几个重要的法律；通过政府工作报告；选举新的国家领导工作人员。我们这次会议具有伟大的历史意义。这次会议是标志着我国人民从1949年建国以来的新胜利和新发展的里程碑，这次会议所制定的宪法将大大地促进我国的社会主义事业。接着，刘少奇代表宪法起草委员会作《关于中华人民共和国宪法草案的报告》。大会于9月20日以无记名方式投票一致通过了《中华人民共和国宪法》。新中国的第一部宪法从此正式诞生。

毛泽东与《论十大关系》

    《论十大关系》是毛泽东 1956 年 4 月 25 日在中共中央政治局扩大会议上的讲话。毛泽东的这篇讲话是在进行系统的调查研究基础上作出的。1961 年 3 月，在广州召开的中央工作会议上，谈到调查研究问题时，毛泽东曾专门提到了这次调查。他说：解放后 11 年，我做过两次调查，一次为农业合作问题，看过一百几十篇材料，每省有几篇，出了一本书，叫做《农村社会主义高潮》。每篇都看，有些看过几遍，研究他们为什么搞得好。又一次是十大关系，那是经过两个半月，和 34 个部门讨论，每天一个部或两天一个部，听他们的报告，跟他们讨论，然后得出十大关系的结论。

    毛泽东所说的听取 34 个部门指的是 29 个部委行局加国务院主管经济工作的 5 个办公室。汇报是从 1956 年 2 月开始的，具体日程是：2 月 14 日国务院第三办公室（主管重工业），15 日电力工业部，16 日石油工作部，17 日一机部、二机部、三机部，19 日建委，20 日建工部，21 日二机部、城建局，22 日二机部，25 日重工业部，26 日石油工业部，27 日地质部，29 日煤炭工业部；3 月 1 日国务院第四办公室（主管轻工业）、纺织工业部，2 日地方工业部，3 日轻工业部，4 日手工业管理局，5 日国务院第六办公室（主管交通、邮电），6 日铁道部，8 日交通部，9 日邮电部、民航局，13 日国务院第七办公室（主管农林水利），

15 日农林部，16 日水利部，17 日林业部、气象局，19 日国务院第五办公室（主管财政贸易），26 日商业部，27 日外贸部；4 月 8 日农产品采购部，9 日财政部，10 日人民银行，18、19、20、21、22 日计委。听取汇报的，除毛泽东外，有时还有周恩来和陈云、邓小平以及中央书记处其他同志。

在听取汇报的那些日子里，毛泽东十分疲劳，起床就听汇报，穿插着处理日常工作，听完汇报就上床休息，所以毛泽东称他那段时间每天是"床上地下、地下床上"。我们以 2 月 15 日这天为例。这天早晨 9 时 40 分开始，刘澜波向毛泽东汇报电力工业部的工作，13 时左右结束；17 时 20 分，毛泽东去勤政殿，会见以西哈努克为首的柬埔寨王国政府代表团；19 时 10 分，会见结束，回到颐年堂，继续听汇报，一直到 22 时 10 分才结束。

听汇报劳累，除了时间紧凑，"连续作战"以外，还有一个原因是有些部门的汇报材料很不理想，只有干巴巴的条条或数字，没有事例，使毛泽东听起来非常吃力。有一次，在听一位部长汇报时，毛泽东先是紧皱眉头，后来他实在是忍不住了，便抬起头来说，听这样的汇报，是使我强迫受训，比坐牢还厉害。坐牢脑子还有自由，现在脑子也不自由，受你们指挥。你们这些条条，一定是从许多具体材料中得出来的，应把具体问题写清楚。要请我的客，又不给我肉吃，是不是自己要留一手！

34 个部委汇报结束后，中央政治局又开了几次会议，进行讨论，关于正确处理十大关系的思想，就是在这个基础上由毛泽东集中概括出来的。

1956 年 4 月 25 日至 28 日，中央政治局召开扩大会议，各省、市、自治区党委书记参加了会议。在会议的第一天，毛泽东作了关于十大关系的报告，接着在 5 月 2 日的最高国务会议上，毛泽东又发表讲话，对正确处理十大关系问题作了进一步的阐述。

　　毛泽东两次讲十大关系的记录，10个小标题相同，但内容有所不同。4月25日的讲话，批评斯大林内容多些，5月2日的讲话，理论分析多些，补充了政治局扩大会议3天讨论和4天省市委书记汇报时提出的一些意见。毛泽东的这篇著名讲话，以苏联为鉴戒，把我国社会主义革命和建设中的问题归纳为十大关系，分别进行论述，并提出处理这些关系的原则：（1）重工业和轻工业、农业的关系。要防止片面发展重工业，应当用多发展一些农业和轻工业的办法来促进重工业的发展。（2）沿海工业和内地工业的关系。为了平衡工业发展的布局，应大力发展内地工业；为了发展内地工业，必须充分利用和发展沿海工业。（3）经济建设和国防建设的关系。必须把军政费用降到一个适当的比例，尽快增加经济建设费用。只有经济建设发展得更快了，国防建设才能够有更大的进步。（4）国家、生产单位和生产者个人的关系。必须兼顾国家、集体和个人三者利益。（5）中央和地方的关系。应当在巩固中央统一领导的前提下，扩大一点地方的权力，给地方更多的独立性，让地方办更多的事情。（6）汉族和少数民族的关系。要着重反对大汉族主义，地方民族主义也要反对。（7）党和非党的关系，要坚持中国共产党和各民主党派长期共存、互相监督的原则。（8）革命和反革命的关系。要按照不同情况，对反革命分子采取杀、关、管、放等不同的处理方法。也应当给他们以生活出路，使他们有自新的机会。（9）是非关系。对待犯错误的同志要采取"惩前毖后，治病救人"的方针，一要看、二要帮。（10）中国和外国的关系。一切民族、一切国家的长处都要学，但必须是有批判地学，不能盲目地学，不能一切照搬照抄。

　　毛泽东提出十大关系的指导思想，正如他在后来的讲话中多次说到的，是要寻找一条适合中国国情的建设社会主义的道路。1958年3月10日，他在成都会议上的讲话中说：1956年4月提出十大关系，开始提出自己的建设路线，原则和苏联相同，但方法有所不同，有我们自己的一套内容。1960年6月18日，他在《十年总结》中进一步明确指出：前八年照抄外国的经验。但从1956年提出十大关系起，开始找到自己的一条适合中国的路线。

毛泽东关于十大关系的报告，当时在党内高中级干部中进行过传达。同年9月召开的中国共产党第八次全国代表大会，把正确处理十大关系的思想作为指导方针，多方面地体现在大会的政治报告和其他文件中。在11月举行的中共八届二中全会上，周恩来对十大关系中提出的农业、轻工业和重工业的关系，也就是毛泽东多次谈到的"又要重工业又要人民"的思想，结合中国实际情况，作了深刻的阐述。其他一些中央领导同志也分别结合各个方面的建设事业，就这个讲话原则精神作过论述和发挥。这些都在实际工作中起了重要作用。但是，从1958年开始，这一方针的贯彻执行受到了"左"的指导思想的严重干扰。在六十年代国民经济的调整过程中，关于十大关系的许多重要的思想原则，又重新提出和实行，并且取得了显著的效果。为了进一步教育全党，在第三个五年计划开始执行的时候，刘少奇于1965年12月15日写信给毛泽东建议，将《论十大关系》讲话稿作为党内文件印发给县、团以上各级党委学习。刘少奇在信中说：此件我又看了一遍，觉得对于一些基本问题说得很好，对现在的工作仍有很重要的指导作用。建议将此件作为内部文件印发给县、团以上各级党委学习。昨天见主席时，主席已同意这样。望主席再看一遍，并交小平、彭真同志办理。

毛泽东看了这个讲话的整理稿后，于12月18日批复：送交小平、彭真同志照少奇同志意见办理。此件看了，不大满意，发下去征求意见，以为将来修改之助。此意请写入中央批语中。

1965年12月27日，中共中央以中发〔65〕751号文件将这一讲话记录整理稿印发县、团级以上党委学习，并专门写了批语。这个批语是这样写的：毛泽东同志在 1956 年 4 月作的《论十大关系》，是一篇极为重要的文件，对社会主义革命和建设的基本问题作了很好的论述，对现在和今后的工作具有很重要的指导作用。为此，特印发县、团级以上党委学习。这个文件是当时讲话的一篇记录稿，毛泽东同志最近看了后，觉得还不大满意，同意下发征求意见。请各级党委对文件的内容提出意见，汇总报告中央，以为将来修改时参考。

中央的这次印发稿，是以毛泽东 1956 年 5 月 2 日在最高国务会议上的讲话记录稿为基础，吸收 4 月 25 日在政治局扩大会议上讲话的部分内容整理而成的。在这个整理稿中，原讲话稿中有些重要的内容，如对苏联和东欧国家在处理农业、轻工业和重工业的关系、民族关系以及对斯大林的态度等问题上的错误；对我国国内工作中过高估计战争危险，不重视发展沿海工业，以及在行政措施上照搬苏联的做法等缺点的批评，没有整理进去。

1975 年，邓小平在主持中央日常工作期间，向毛泽东建议，重新整理《论十大关系》讲话，得到了毛泽东的同意。这次对讲话的重新整理工作，是在胡乔木的主持下完成的。这个整理稿忠实地体现了原讲话中"以苏联为鉴戒，总结我国已有经验"的主要精神，恢复了 1965 年整理稿中许多没有收进去的内容，并作了必要的文字加工。整理稿于 7 月 10 日送邓小平，邓小平于 13 日转送毛泽东。他在送审报告中说：《论十大关系》稿，已整理好，我看整理得比较成功……我们在读改时，一致觉得这篇东西太重要了，对当前和以后，都有很大的针对性和理论指导意义，对国际（特别是第三世界）的作用也大，所以，我们有这样的想法：希望早日定稿，定稿后即予公开发表，并作为全国学理论的重要文献。此点，请考虑。随报告邓小平还附送了胡乔木 7 月 12 日《关于〈论十大关系〉整理稿的几点简单说明》，说明指出：这个整理稿是根据主席 1956 年 4 月在中央政治局扩大会议的讲话和 1956 年 5

月在最高国务会议讲话两个记录稿综合整理的。说明中还列举了整理稿中一些内容和文字上的修改之处。

当天，毛泽东即审阅了这个稿子，并批示：同意。可以印发政治局同志阅。暂时不要公开，可以印发全党，不登报，将来出选集再公开。

1976 年 12 月 26 日，经中共中央批准，这篇讲话在《人民日报》发表。

毛泽东与"两类矛盾"学说

　　1957年2月27日，毛泽东在最高国务会议第十一次（扩大）会议上根据一份"如何处理人民内部的矛盾"的讲话提纲，发表了后来正式定名为《关于正确处理人民内部矛盾的问题》的演讲。这篇著作，是适应新形势的需要，研究解决新问题，形成新理论的划时代的社会主义文献。它第一次全面、系统、深刻地从理论上和实践上，创造性地论述了进入社会主义社会后，成为国家政治生活主要课题的人民内部矛盾问题。提出正确处理人民内部矛盾的思想，是马克思主义、社会主义发展史上的重要里程碑，也是我们党和国家在政治上做出的一项重大决策。

多事之秋

　　毛泽东说过，1956—1957年是"多事之秋"。1956年2月，苏共二十大召开。苏共中央书记赫鲁晓夫在会上作了《关于个人崇拜及其后果》的秘密报告。秘密报告后被披露，将苏联社会的阴暗面首次大量地公布于世，在东西方世界引起强烈的震动，国际上随后掀起了一股反苏反共的恶浪。6月，波兰发生波兹南事件。10—11月，匈牙利事件发生。在波匈事件中，群众罢工、游行示威，表现为与党和政府的对立。

在国内，1956年是社会主义改造激烈的一年，各种问题在不断暴露出来。在国际大气候的影响之下，从当年下半年开始，我国一些地区也出现了不安定的因素，连续发生工人罢工、学生罢课、农民退社等群众闹事的风潮。据粗略统计，自1956年秋至1957年春半年时间内，全国有罢工、请愿事件几十起，参加者共万余人；几十所城市大中学校学生罢课请愿，总数亦达一万多人；广东、河南、浙江等省农村先后出现退社风潮，仅广东退社的农户就达十一二万户，一二百个合作社垮台。

面对国际国内新形势下发生的新问题，新矛盾，有许多人采取了错误的态度和方法。在有的党员、干部看来，工人、农民、学生闹事，这是只有存在着尖锐的、不可克服的矛盾的资本主义社会里才有的事，出现在社会主义国家里，简直不可想象。因此，他们有的感到困惑不解，不知道应该怎么办才好；有的则认定这完全是少数敌对分子、反革命分子捣乱造成的，对闹事者要运用专政的手段。广东某县公安局在县政府和某乡群众关于一所麻风病院拆盖的纠纷中，竟出动了武装干警。

问题的复杂还在于，确也有极少数反动分子混迹于闹事群众中，他们以为时机已到，对党对社会主义发动猖狂的进攻。有的人恶毒地咒骂当地省委是"僵尸"。有的学校闹学潮，反革命分子乘机煽动，组织示威游行，企图夺取当地广播电台。

在人民内部问题与敌我斗争问题交织在一起的情况下，如何正确分析形势，分清敌我矛盾和人民内部矛盾这两类不同性质的矛盾，抓住人民内部矛盾这个主要矛盾，认清少数群众闹事的根源并给以恰当的处理，从而化解社会上出现的乱子和存在的问题，变消极因素为积极因素，在安定的政治局面下团结一切可以团结的力量建设社会主义，遂成为社会主义的实践要求共产党人解答的重大课题。

从理论上说，关于正确处理人民内部矛盾问题也到了必须提出给以论述解决的时候了。马克思、恩格斯在他们所处的那个时代，无法观察、论述尚未建立的社会主义社会中将会产生何种矛盾。列宁虽然意识到社会主义社会仍有矛盾，他说："在社会主义下，对抗将会消失，矛盾仍将存在。"但他还未能指出社会主义社会的基本矛盾是什么，由基本矛盾会引发哪些种类的矛盾；非对抗性是社会主义社会矛盾的主要特征，但断言在社会主义条件下对抗将会消失却是绝对化了。斯大林在他领导苏联建设社会主义的实践中，观察到苏联社会存在内部矛盾（无产阶级和农民之间的矛盾）和外部的矛盾（社会主义国家和资本主义国家之间的矛盾）两种矛盾，也提出过有结合内部的矛盾（无产阶级和农民的矛盾）和结合外部的矛盾（无产阶级和富农的矛盾）这样的说法，甚至谈到处理结合内部的矛盾应采用协议、互相让步的方法，缓和斗争和冲突。但斯大林有个致命的弱点：从他1936年宣布社会主义建成后就认为一切矛盾都消失了，长期以来不承认在社会主义社会生产力和生产关系、经济基础和上层建筑之间存在矛盾。如果国内出现问题，必定是外国帝国主义在策动，一定是敌我矛盾。这样，他就不可能从根本上认识到社会主义社会矛盾产生的正常原因，找到解决这些矛盾的正确方法。由于这个缘故，再加上对敌情估计过于严重，斯大林把大量内部矛盾问题当作敌我矛盾来处理。许多人工作中稍有不同意见就被怀疑为外国间谍、反革命分子，惨遭处决、监禁和流放。毛泽东批评斯大林长时间内混淆了两类不同性质的矛盾，犯了严重的错误。

由上可见，到斯大林为止，对于社会主义社会矛盾的论述是零碎表浅，有很大缺陷的，没有建立起完整的理论体系。它不能解释社会主义社会为什么还存在矛盾，并对矛盾作出科学的分类，提出正确的处理方法。尤其重要的是，在社会主义社会消灭了剥削阶级，阶级斗争基本结束之后，未能及时阐明人民内部矛盾上升为集中的、突出的矛盾这一新的重大转变及共产党人在这个新形势下应采取的对策。因而，关于社会主义矛盾的理论是停滞不前、脱离实践的，它面对实际无能为力，起不到指导作用，亟待创新发展。

实践的呼唤，理论的需要，推动以毛泽东为代表的中国共产党人创立了以正确处理人民内部矛盾思想为主体的关于社会主义社会矛盾的学说。

反复修改，不断完善

1957年2月27日，毛泽东发表了《如何处理人民内部的矛盾》的讲话后，继续不断地加以发挥、补充、丰富和完善这方面的思想。3月1日，他在第十一次最高国务会议的结束语中，在3月8日对《中共中央关于处理罢工、罢课问题的指示》的修改中，在3月12日在中国共产党全国宣传工作会议上的讲话中，在3月18日至20日在天津、济南、南京、上海党员干部会议上的讲话中，在4月19日起草的《中央关于检查对正确处理人民内部矛盾问题的讨论和执行情况的指示》中以及在4月27日起草的《中央关于整风和党政主要干部参加劳动的指示》等一系列讲话和文件中，都谈到了正确处理人民内部矛盾的问题。与此同时，中央其他领导人如刘少奇、周恩来等，也对正确处理人民内部矛盾的思想作了解说和发挥。4—5月间，《人民日报》和各省党报，也相继发表了学习讨论有关这个问题的社论和地方党政负责人杨尚奎、陶铸、王恩茂等人的文章。从5月7日至6月17日，毛泽东亲自主持对他2月27日的讲话记录稿进行加工整理，并广泛征求意见，亲自动手反复修改，定稿（第15稿）于6月19日公开在《人民日报》发表。在某种程度上可以说，这是以毛泽东为主，集中了全党智慧的一次艰苦的集体创作。

纵观毛泽东的讲话提纲、讲话原始记录稿，13份过程稿和最后的发表文稿，可以看到，发表稿不但体现了毛泽东的基本观点，而且做了许多重要的修改、补充，整体面貌有了很大的改观，使关于正确处理人民内部矛盾的思想不断完善，升华为一种比较深刻、系统、完整的科学理论学说。

概括说来，发表稿与最初的讲话记录稿相比，所作的重要修改有：

（一）增加了对国内基本形势与根本任务的分析。发表稿对当时国内的基本形势补充了如下看法：革命时期的大规模的急风暴雨式的群众阶级斗争基本结束，但是阶级斗争还没有完全结束；提出，我们的根本任务已由解放生产力变为在新的生产关系下面保护和发展生产力。因此，在这个时候，我们提出划分敌我和人民内部两类矛盾的界线，提出正确处理人民内部矛盾的问题，以便团结全国各族人民进行一场新的战争——向自然界开战，发展我们的经济，发展我们的文化，……就是十分必要的了。这些话包含的内在逻辑是：由于阶级斗争基本结束，带来了两个重要的变化。其一，我们的主要任务已变为发展生产力，发展经济文化；其二，人民内部矛盾变得突出起来，同时敌我矛盾仍然存在。两个重要变化是互相关联的，只有分清两类矛盾，处理好人民内部矛盾，才能完成我们的根本任务，这就道出了党在这个时候提出正确处理人民内部矛盾的思想和决策的必要性，因为它是发展经济、巩固社会主义制度的前提条件。

（二）强调了意识形态方面的阶级斗争。发表稿增补了一段论述阶级斗争还存在的文字，其中强调：无产阶级和资产阶级之间在意识形态方面的阶级斗争，还是长时期的，曲折的，有时甚至是很激烈的。无产阶级要按照自己的世界观改造世界，资产阶级也要按照自己的世界观改造世界。在这一方面，社会主义和资本主义之间谁胜谁负的问题还没有真正解决。这说明毛泽东认为，还没有完全结束的阶级斗争出现了新的变化和特点，即它主要表现存在于意识形态方面，而这方面的斗争与其他斗争的不同之处是，它不能采取粗暴、强制，只能运用辩论说服、批评教育的方法。

（三）提出了辨别香花、毒草的六条政治标准。毛泽东指出，这六条标准中，最重要的是社会主义道路和党的领导两条。现在看来，这六条后来既成了区别敌我矛盾和人民内部矛盾的标准，也是划分人民内部矛盾中正确与错误、先进与落后的标准。毛泽东的六条标准主要是针对意识形态领域里的斗争提出的，他的初衷也是将这些斗争都作为人民内部矛盾来处理。该文发表前一个多月内他曾说，"百花齐放，百家争鸣"要有六个标准，解决人民内部矛盾就是要有利于这六个方面，这是意识形态上的锄毒草。但整风反右运动开展后，六条标准具体操作起来就不大好掌握了，很容易把两类不同性质的矛盾混淆起来，毛泽东的本意和所作的区分难以在下面得到准确的理解和执行，反过来又加重了毛泽东对阶级斗争形势的估计，这是导致反右斗争扩大化的重要原因之一。

同时，发表稿删去了记录稿中对斯大林、苏联和反对"双百"方针的人的批评，去掉了一些具体的事例。

经过反复修改锤炼，《关于正确处理人民内部矛盾的问题》问世了。其主要内容有：

（一）社会主义社会的基本矛盾，仍然是生产力和生产关系、经济基础和上层建筑之间的矛盾。它是社会主义社会一切矛盾产生的总根源。社会主义社会的矛盾与旧社会的不同，一般不具对抗性，处理矛盾时应注意这一总的特点。

（二）社会主义社会的矛盾可分为敌我矛盾和人民内部矛盾两大类。现阶段，一切赞成、拥护和参加社会主义建设事业的阶级、阶层和社会集团，都属人民范围，反抗、敌视和破坏的则是敌人。这是划分两类矛盾的界限。

（三）敌我矛盾具有对抗性，人民内部矛盾在劳动人民之间是非对抗性的，在被剥削阶级和剥削阶级之间，既有对抗性的一面，还有非对抗性的一面。在一定条件下，两类矛盾之间，对抗性和非对抗性之间，可以互相转化。两类矛盾性质不同，解决的方法也不同。敌我矛盾用专政的方法，人民内部矛盾用民主的方法，团结——批评——团结的方法去解决。

（四）在社会主义社会，大规模的阶级斗争基本结束，还存在的阶级斗争主要表现在意识形态里，我们的根本任务已变成发展生产力，人民内部矛盾上升为国家政治生活的主题。根据形势的特点，总的精神应是将出现的矛盾和问题导向非对抗性，按人民内部矛盾来处理。

（五）对不同的人民内部矛盾，应区别对待。分别用统筹兼顾、适当安排，百花齐放、百家争鸣，长期共存、互相监督等具体方针来处理。判断人们的言行是非，要以六条"有利于"的政治标准来衡量。

"在心里积累了很久"

关于正确处理人民内部矛盾思想的精华，就是要分清敌我和人民内部两类不同性质的矛盾，要用民主方法、团结——批评——团结的公式正确处理好人民内部矛盾。中国共产党能够在社会主义条件下及时提出正确处理人民内部矛盾的思想，决非偶然。它除了来自概括总结苏联等社会主义国家的经验教训，对现实的政治形势进行科学的分析判断所获得的认识以外，还来自我们党独有的，兄弟共产党所不具备的，在长期、曲折、复杂、频繁的党内斗争和统一战线斗争中以高昂的代价换取和获得的经验。

早在 1926 年，毛泽东就提出：谁是我们的敌人？谁是我们的朋友？这个问题是革命的首要问题。中国过去一切革命斗争成效甚少，其基本原因就是不能团结真正的朋友，以攻击真正的敌人。他在阶级分析的基础上，划分了敌人和朋友（实即人民）的范围。分清敌我，对敌人采用"攻击"，对人民采用"团结"的方法的思想，在这里已初露端倪。在抗战时期，党的一些文件和毛泽东的有关文章曾指出，一切抗日的阶级、阶层和社会集团都属于人民的范围，而日本帝国主义、汉奸、亲日派都是人民的敌人；提出结成最广泛的统一战线，停止内战，实行民主，团结一致，共同抗击日本侵略者。在延安整风运动中，毛泽东指出，"残酷斗争"和"无情打击"，这是对付敌人的方法，而对党内犯错误、有缺点的同志，只能采取惩前毖后、治病救人，批评和自我批评的方针。他指出，在1942年，我们曾经把解决人民内部矛盾的这种民主的方法，具体化为一个公式，叫做"团结——批评——团结"。同年5月，在延安文艺座谈会上，毛泽东又在区别几种人时划分了人民和敌人，指出对不同的对象采取的具体态度应不一样，即应团结人民、教育人民和打击敌人，消灭敌人。1949年3月毛泽东在七届二中全会上作结论时又提出，要划清两种界限。首先，是革命还是反革命？是延安还是西安？其次，在革命队伍中，要划清正确和错误、成绩和缺点的界限。要善于团结和自己意见不同的，以及犯过很大错误的同志一道工作。他说，记着这两条界限，事情就好办，否则就会把问题的性质弄混淆了。同年6月，毛泽东在《论人民民主专政》一文里，再次深刻论述了对于反动派实行专政和对于人民内部实行民主的道理。强调对于人民，我们在这方面使用的方法，是民主的即说服的方法，而不是强迫的方法；这和对于反动阶级的专政来说，"有原则的区别。"

建国后，毛泽东继续发展着他的这些思想。1950年6月，他在政协一届二次会议上的闭幕词中说，人民民主专政有两个方法，对敌人说来是用专政的方法，对人民说来是用民主的方法。采取这种方法所用的标准，主要是当时的根本大法，即《共同纲领》。后来在《关于正确处理人民内部矛盾的问题》中，毛泽东提出六条政治标准及制定标准的根据，其源即出于此。他还说明，民主的方法就是说服教育、批评和自我批评的方法。同年8月，周恩来在中华全国自然科学工作者代表会议上也提出，"我们必须划清界限，分清敌友。"并以是否承认《共同纲领》为标准来确定团结谁，反对谁。刘少奇对正确处理人民内部矛盾的问题也作出了思考和贡献。1951年6月，他在审看两篇文章后写的笔记里，比较具体地分析了国营工厂内部存在的管理机关与工人群众之间的矛盾，公与私的矛盾，指出这是一种在根本上非敌对的矛盾，是工人阶级和人民内部的矛盾，应该用同志的、和解的、团结的办法来处理。他进一步认为，社会矛盾大体可分两类：一类是根本上敌对的矛盾，另一类是根本上非敌对的矛盾。既不可以把敌对的矛盾看作是非敌对的矛盾，也不可以把非敌对的矛盾看作是敌对的矛盾。这些分析是富有新意的。1952年8月，毛泽东在《团结起来，划清敌我界限》里指出，除了划清敌我界限之外，在内部还有个是非界限，是非界限是第二种界限，与反革命不同。这一年，在编辑《毛泽东选集》时，毛泽东对《矛盾论》的第六节作了补充修改，对对抗性和非对抗性两类矛盾及其相互转化的原理进行了阐述。毛泽东1955年5月的《驳"舆论一律"》一文，清楚地提出要区别"人民的内部和外部两个不同的范畴"：在人民内部，坚持民主说服方法，不能压制自由，压制批评和讨论；在外部，在人民与反革命之间，则用专政的方法，不允许放纵反革命乱说乱动。并说，"这是我们的制度。"

1956年，苏共二十大和随后发生的波匈事件，我国在所有制的社会主义改造基本完成后，在国外风潮的影响和国内工作中官僚主义错误的引发下出现的少数人闹事，将社会主义社会存在着的各种矛盾比较充分地暴露出来了。毛泽东和党中央一方面在思考如何正确认识与处理社会主义社会的矛盾，特别是人民内部的矛盾；另一方面也在研究、探索怎样避免苏联等国的错误，走自己建设社会主义的道路。这两个方面，又是相互有联系的。4月25日，毛泽东作了《论十大关系》的演讲。建国之初，周恩来曾提出新中国的六种经济关系加以分析。在毛泽东演讲之前，刘少奇也在听取有关部门汇报时论及某些关系的内容。毛泽东集中全党智慧提出的十大关系，既有经济关系，又有政治关系。十大关系就是十大矛盾。政治关系部分论述的是敌我矛盾和人民内部矛盾，主要是后者。经济关系按毛泽东的看法，最终也表现为人同人之间的矛盾，因此也是人民内部矛盾。毛泽东说："我们的任务，是要正确处理这些矛盾。"《论十大关系》已包含了对人民内部矛盾进行具体分析和正确处理的思想在内。毛泽东在后来还将十大关系列入《如何处理人民内部的矛盾》这份讲话提纲的最后部分。这表明中国用自己总结出来的方法创造性地正确处理人民内部矛盾，目的还是要调动一切积极因素，走出中国式的建设社会主义的道路。

与此同时，在对人民内部矛盾（关系）的具体内容加以分析和处理的基础上，我党不断概括总结认识和经验，在理论上继续前进。4月5日，《人民日报》发表经中央政治局讨论的《关于无产阶级专政的历史经验》一文，明确肯定社会主义社会仍然存在矛盾，各个社会的矛盾性质不同，解决矛盾的方式也不同。11月，在八届二中全会的讲话中，毛泽东指出，现在，所有制方面的矛盾基本解决了，但别的矛盾又突出出来，新的矛后又发生了。他说，以后凡是人民内部的事情、党内的事情，都要用整风的方法，批评和自我批评的方法解决，而不是用武力来解决。12月4日，毛泽东在致黄炎培的信中说，社会总是充满矛盾，即使社会主义和共产主义社会也是如此。有两种揭露和解决矛盾的方法：一种是对敌我之间的，一种是对人民内部的。前者用镇压的方法，后者用说服即批评的方法，国家内部的阶级矛盾已经基本解决，但还没有完全解决，还将在一个长时期内表现在意识形态方面。人民内部的问题解决的方法，就是从团结出发，经过批评与自我批评，达到团结的方法。12月19日，《人民日报》发表经毛泽东修改的《再论无产阶级专政的历史经验》一文，正式地、明确地第一次提出和区别使用了"敌我矛盾"和"人民内部矛盾"的概念，谈了这两类矛盾的产生原因、具体内容、处理方法及它们在一定条件下的相互转化。这篇文章虽然谈的是国际问题，但所论述的关于人民内部矛盾的思想，是适用于包括我国在内的一切社会主义国家的。1957年1月，毛泽东在省、市、自治区党委书记会议上指出，现在的阶级斗争，一部分是敌我矛盾，大量表现的是人民内部矛盾。"怎样处理社会主义社会的敌我矛盾和人民内部矛盾，这是一门科学，值得好好研究。"在这里，毛泽东把研究两类社会矛盾，处理好人民内部矛盾问题当作一门科学。至此，关于正确处理人民内部矛盾的科学思想体系，已经呼之欲出了。2月27日，毛泽东就这个问题进行系统演说，表明这个科学系统基本形成。6月19日报纸公开发表，标志着这个学说正式确立。在3月10日和新闻出版界谈话时毛泽东曾说：我在最高国务会议讲话所谈的问题，本来在心里积累了很久。从我们上面的考察叙述来看，关于正确处理人民内部矛盾的思想，确实有一个长期酝酿、形成和发展的过程。

关于正确处理人民内部矛盾问题的思想，破除了教条主义造成的对社会主义社会的一些误解，创造性地发展了历史唯物主义的基本原理，运用对立统一规律观察、分析社会主义社会，第一次建立了比较系统的关于社会主义社会矛盾的理论。它及时地抓住、提出和解决了如何处理人民内部矛盾这个在社会主义条件下出现的新的重大课题。历史证明，这个学说对于社会主义制度和国家的巩固、发展，具有极其重要的意义。

遗憾的是，党和毛泽东虽然提出了正确处理人民内部矛盾的学说，却在相当长一个时期内未能做到理论与实际密切结合，用以正确地指导实践。这篇著作尚在修改之中时，主要由于毛泽东对国内阶级斗争形势做了过分严重的估计，导致反右派斗争的严重扩大化，混淆了两类不同性质的社会矛盾，把大量人民内部矛盾作为敌我矛盾来处理。此后，他改变了党的八大关于国内主要矛盾的判断，重新提出无产阶级和资产阶级的矛盾是主要矛盾。随着"左"倾思想的发展，他越来越多地强调以阶级斗争为纲，而把关于人民内部矛盾的正确学说冷落了。

毛泽东与冒进之争

从 1955 年底到 1958 年上半年，在中国社会发展的历史进程中，中国共产党的领导人在建设速度问题上产生了两种截然不同的思路分歧，主要表现为冒进——反冒进——反反冒进。

"我就不相信，搞工业、农业比打仗还厉害"

在中国共产党和中央人民政府的领导下，新中国在其创立后的短短几年时间里，战胜险阻，绕过暗礁，克服重重困难，奇迹般地制止了危害人民多年的恶性通货膨胀，迅速地恢复了国民经济，胜利地开展了各项社会改革运动，并从 1953 年开始了大规模的有计划的经济建设，到 1955 年国民经济一直健康发展，成效显著，尤其是作为国民经济基础的农业在 1955 年又获得大丰收。这一切，给获得新生并且社会政治地位有了根本改变、物质文化生活水平得到明显改善的全国人民以极大的鼓舞，他们从切身体会中感受到新民主主义制度的优越，更增加对社会主义社会的向往。

在一个胜利接着一个胜利的历史条件下，毛泽东等党的某些领导人的头脑开始热了起来，不相信"搞工业、农业比打仗还厉害"，认为中国社会主义建设速度也可以加快，应该以尽可能高的速度向前发展。这样一来，毛泽东便感到正在进行的农业合作化的速度太慢，存在着"右倾保守思想"。

1955 年 7 月，中共中央在京召集省委、市委、自治区党委书记开会。在这次会议上，毛泽东大声疾呼：目前农村合作化的社会主义改革的高潮，有些地方已经到来，全国也即将到来，这是五亿多农村人口的大规模的社会主义的革命运动，带有极其伟大的世界意义！

为了推动这一形势的发展，在秘书田家英和逄先知的协助下，毛泽东亲自编辑了三册长达 90 多万字的《中国农村的社会主义高潮》一书。毛泽东对此事非常重视，在那段时间里，几乎投入了全部精力，看了一百几十篇材料，有的不止看过一遍，写了 104 条按语，对文字太差的材料，改得密密麻麻，把一些累赘别扭的标题改得鲜明生动，既醒目又富于政治鼓动性。

这本书以当时最快的速度于 1956 年 1 月出版。原先毛泽东准备发一条出版消息，并让田家英拟了消息稿。当田家英将稿子送来的时候，毛泽东将稿子放在桌子上，略略一笑说：这个消息没有用了，已经过时了。

毛泽东毫不掩饰自己的快乐心情：我很高兴，1949 年全国解放时都没有这样高兴。毛泽东的愉快心情是可以理解的。他本身来自农民，他深知改造农村的艰巨性。然而，连他自己都始料不及的是，五亿农民这个庞大的个体，经过二三次会议，一篇报告，一本书，一夜间成了一个群体。不能不说，这过于表面的胜利和不很正常的发展速度，使毛泽东的头脑开始不清醒了，并助长了他对个人意志的过于自信。

随着中国农村社会主义高潮的到来，毛泽东的急躁冒进、反右倾保守的思想也发展到经济工作的其他领域，认为，现在各方面工作都落后于形势的发展，我们有不少同志正走着这条保守的路线。当前的"中心思想是要讲反对右倾思想，反对保守主义"。他在 1955 年 12 月所写的《中国农村的社会主义高潮》的序言中说：

现在提到全党和全国人民面前的问题，已经不是批判在农业的社会主义改造速度方面的右倾保守思想的问题，这个问题已经解决了。也不是在资本主义工商业按行业实行全面公私合营的速度方面的问题，这个问题也已经解决了。手工业的社会主义改造的速度问题，在 1956 年上半年应当谈一谈，这个问题也会容易解决的。现在的问题，不是在这些方面，而是在其他方面。有农业的生产，工业（包括国营、公私合营和合作社营）和手工业的生产，工业和交通运输的基本建设的规模和速度，商业同其他经济部门的配合，科学、文化、教育、卫生等项工作同各种经济事业的配合等等方面。在这些方面，都是存在着对于情况估计不足的缺点的，都应当加以批判和克服，使之适应整个情况的发展。人们的思想必须适应已经变化了的情况……现在的问题是经过努力本来可以做到的事情，却有很多人认为做不到。因此，不断地批判那些确实存在的右倾保守思想，就有完全的必要了。

毛泽东接着把"序言"中所阐述的这个思想概括为又多、又快、又好、又省地建设社会主义的口号，并且指出了全党的迫切任务是要克服实际存在的右倾保守思想，号召全党同志在建设事业中要做"促进派"，而不要做"促退派"以便把我国的工农业生产和建设事业大大地推向前进。

《人民日报》响应毛泽东的号召，首先在 1956 年元旦社论中明确提出了又多、又快、又好、又省的要求，并冠之以《为全面地提早完成和超额完成五年计划而奋斗》的动人标题，感召人们只争朝夕。而在此前后，批判"右倾保守思想"几乎成了党的文件和领导人讲话中必不可少的内容，贪多求快、急躁冒进的情绪蔓延开来。

根据毛泽东的倡议，中共中央在 1956 年 1 月向全国人民提出了《1956 年到 1967 年全国农业发展纲要（草案）》（简称农业 40 条）。这是一个"多快好省"地发展社会主义农业的纲领。纲要的中心任务，是要求在农业合作化的基础上，迅速地、大规模地增加农作物的产量，发展农、林、牧、副、渔等生产事业。要求粮食、棉花的产量每年应分别以 8%、10% 的速度递增，从而保证到 1967 年分别达到 1 万亿斤和 1 亿担。

这显然是一个不切实际的农业发展战略构想。以此作为推动力量，毛泽东要求继续在各项工作中反对所谓右倾保守思想，提前实现社会主义工业化。他还告诫领导工业建设的同志：不要骄傲，要加油，否则就有出现两翼走在前面而主体跟不上的可能。

在农业发展高指标的压力下，各生产部门纷纷开始修改自己原定的生产计划。1956 年初，各部专业会议，在批判"右倾保守""提前实现工业化"的口号激励下，大都要求把 15 年远景设想和《农业 40 条》中规定 8 年或 12 年的任务，提前在 5 年甚至 3 年内完成。要尽量往前赶，就得准备生产能力，早上基本建设。1956 年 2 月，全国第一次基本建设会议将"一五"基建项目由原定的 694 个增加为 745 个，6 月，又追增为 800 个，增长了 15.3%。基建投资由原定的 112.7 亿元猛增为 147 亿元，占"一五"计划总投资的 33%，大大增加了国家人力、物力、财力的负担。相应地，也就必然造成了职工增加过多、信贷计划突破等等问题。

一时间，整个经济形势如周恩来所说：各方面千军万马，奔腾而来。人们无不对毛泽东掀起的这股生产建设高潮感到欢欣鼓舞。周恩来甚至编了一副对联来表达自己的体会。上联是：客观的可能超过了主观的认识；下联是：主观的努力落后于客观的需要。

"我不看了"

作为一个领导集体，刘少奇、周恩来、陈云等中共领导人，一开始也是同意毛泽东的意见的。

刘少奇指出：经济上先要有框子，财政上也要有框子，互相冲突，就把保守主义冲掉了。只要克服了经济上保守，财政上的保守主义就好办了。"二五"计划财政收支的盘子在"2800 亿—3000 亿是可以完成的"。

周恩来也说过：政府的各项工作受到推动后"变化很大"，促使其他部门也开始改变远景设想中的一些指标，如钢现由 1800 万吨修改为 2400 万吨，我们原来设想在三个五年计划中基本上完成工业化，"现在有可能加快这个速度，提前完成"。

在这种情况下，中共中央根据毛泽东的意见，正式决定："把反对右倾保守思想作为党的第八次全国代表大会的中心问题，要求全党在一切工作部门展开这个斗争。"

但在实际上，这时刘少奇、周恩来等的思想和行动是处于被动跟进状态中的，他们的步伐没有像毛泽东那样大踏步，他们和毛泽东的距离在拉大。

《农业四十条》公布后，农业远景计划中的高指标，立即在工业、交通、文教等部门中引起连锁反应，催逼着它们必须相应地修改 1955 年夏国务院在北戴河所确定的比较接近实际的各项指标，并据此编制整个发展国民经济的远景计划。在这种情况下，中央各部经上一年 9 月 22 日中共中央政治局会议批准的 1956 年国民经济计划的控制数字一下子被突破，正在编制的各项指标受到不断加码与严重干扰。

周恩来着急了。他审视着各方面报来的计划，作为一国总理，他清楚地知道，尽管"一五"计划的头几年经济形势较好，但新中国毕竟底子薄，国力弱，一开始猛冲一阵可以，但按这样的规模和速度持续下去，难免要翻车。实际情况也是如此。随着 1956 年初基本建设规模的迅速扩大，经济工作中的紧张形势开始出现。作为主管全国经济工作的中财委主任陈云，也是心急如火。他时常来向周恩来汇报，每谈到当前的经济过热，两人都颇有同感，他跟周恩来说：这个事情我看要提醒大家，经济建设要稳步进行，要注意综合平衡。

周恩来点头：你的意见很对，你要对有关部门讲，我也要讲。

陈云讲了；周恩来也讲了，而且讲得很诚恳：

——1956年1月20日，周恩来在中共中央召开的关于知识分子问题会议上强调：在经济建设中，不要做那些不切实际的事情，要"使我们的计划成为切实可行的、实事求是的，不是盲目冒进的计划"。

——1月30日，周恩来在政协第二届全国委员会第二次全体会议的《政治报告》中指出：我们应该努力去做那些客观上经过努力可以做到的事情，不这样做，就要犯右倾保守的错误；我们也应该注意避免超越现实条件所许可的范围，不勉强去做那些客观上做不到的事情，否则就要犯盲目冒进的错误。

——2月8日，周恩来在国务院全体会议上告诫大家：不要光看到热火朝天的一面。热火朝天很好，但应小心谨慎。要多和快，还要好和省，要有利于提高劳动生产率，现在有点急躁的苗头，这需要注意。社会主义的积极性不可损害，但超过现实可能和没有根据的事，不要乱提，不要乱加快，否则就很危险。绝不要提出提早完成工业化的口号。冷静地算一算，确实不能提。工业建设可以加快，但不能说工业化提早完成。晚一点宣布建成社会主义社会有什么不好。这还能鞭策我们更好地努力。各部门订计划，不管是12年远景计划，还是今明两年的年度计划，都要实事求是。对群众的积极性不能泼冷水，但领导者的头脑发热了的，用冷水洗洗，可能会清醒些。各部专业会议提的计划数字都很大，请大家注意实事求是。

在上述实事求是思想的指导下，2月10日，在周恩来主持下，国务院常务会议抓住严重脱离物资供需实际和破坏国民经济整体平衡的指标，进行了尽可能的压缩，其中基本建设投资由 170 多亿元减至 147 亿元。会后，计委依此决定修订《1956 年国民经济计划（草案）》。

3 月 25 日，国务院下达压缩后的《1956 年国民经济计划（草案）》。由于种种主客观条件的制约，压缩后的一些主要指标仍然很高。没有能从根本上解决物资的供需矛盾。到 4 月上旬，经济建设急于求成，齐头并进造成的严重后果已经严重地表现出来：不但财政上比较紧张，而且引起了钢材、水泥、木材等各种建筑材料严重不足的现象，从而过多地动用了国家的物资储备，并造成了国民经济相当紧张的局面。但就在这种情况下，一些部门仍旧在盲目地要求追加基本建设投资。

4 月中旬以后，周恩来、陈云等根据 4 月上旬以来国民经济出现的相当紧张的局面，作出十分肯定的判断：压缩后的 1956 年国民经济计划仍然是一个冒进的计划，相应地规定了 1956 年、1957 年的和第二、第三个五年计划建设速度的远景计划自然也冒进了。这样，能否从领导干部思想上坚决清除急躁冒进情绪，确立一个正确的经济建设方针，已成为关系到社会主义建设能否健康发展的大问题。

为了预算指标的问题，一向尊重毛泽东意见的周恩来与毛泽东发生了一次面对面的争执。

那是 1956 年 4 月下旬的一天，毛泽东在颐年堂政治局会议上提出追加 1956 年基建预算 20 个亿，毛泽东话音一落，会场里顿时嗡嗡地小声议论起来，多数委员都表示反对，周恩来发言最多：追加基建预算将会造成物资供应紧张，增加城市人口，更会带来一系列困难……

虽然周恩来依然温文尔雅，说话的声音也不大，但在毛泽东听来却相当刺耳，难以接受。尽管他一向乐观地看待孤立，相信"真理往往在少数人手里"，但真的陷入孤立，其思考多时的远大目标得不到响应时，其郁闷的心情可想而知。当他最后一次提出的意见仍然得不到委员们的支持时，他宣布散会。大家不欢而散。

散会后，周恩来仍然来到毛泽东的住地，毛泽东的怒气未消，一支接一支地抽着烟。周恩来解释着自己的意见，希望能改变毛泽东的设想，但毛泽东认定的事物是不会轻易改变的，周恩来有些伤心，叹道：我作为总理，从良心上不能同意这个决定。

这句话极大地触动了毛泽东，不久，毛泽东就离开了北京。

毛泽东与周恩来的分歧，表现为"冒进"与"保守"之争，但这与两人的思维方式或思维习惯是分不开的。毛泽东讲辩证，也讲防止一种倾向掩盖另一种倾向，但更多的是大刀阔斧，有重点论强于两点论；他不喜欢两只拳头同时出击，当两只拳头同时出击时，他总觉得是一个拳头掩盖了另一个拳头。或者说是一个拳头扰乱了另一个拳头，而使出击者本身莫衷一是，所以他喜欢"一个拳头打人"，为了更有力哪怕先缩回拳头，但决不两个拳头同时出击。所以毛泽东的讲话中，不常说"既要又要"什么；或"一手"什么，"另一手"什么，而喜欢说"九个指头和一个指头"；讲"东风压倒西风"；主张打破平衡，先破后立，不破不立。

然而经济的许多规律恰恰要求平衡。

周恩来努力寻求的正是生产上的平衡。他指定薄一波和计委的张玺负责平衡工作，要求把群众的建设热潮同计划的全面平衡结合起来。

5月11日，周恩来在国务院全体会议上再次指出：反保守、右倾，从去年8月开始，已经反了八九个月了，不能一直反下去。

在周恩来、陈云等的坚持下，1956年5月，中共中央召开会议，讨论当年的预算问题。这次会议由刘少奇主持。会上决定了一条重要方针：经济发展要既反保守又反冒进，坚持在综合平衡中稳步前进。刘少奇交代参加会议的中央宣传部部长陆定一，要他组织写一篇《人民日报》社论，讲一讲这个问题。

6月1日，陆定一在部分省市委宣传、文教部长座谈会上透露：反对两个倾向，反对右倾保守，现在已高唱入云，有必要再提一个反对急躁冒进。中央要我们写一篇社论，把两个都要反一反。

6月10日前后，中央宣传部把社论稿写出来了，题目叫做《要反对保守主义，也要反对急躁冒进》。

同日，在刘少奇主持下，中央政治局会议基本通过由财政部起草的1956年的国家预算报告初稿，根据中央5月会议要求，初稿中涉及指导方针的那几句话被修改为：

"在当前生产领导工作中，必须着重全面地执行多、快、好、省和安全的方针，克服片面地强调多和快的缺点。

生产的发展和其他事业的发展都必须放在稳妥可靠的基础上。在反对保守主义的时候，必须同时反对急躁冒进的倾向，而这种倾向在过去几个月中，在许多部门和地区，都已经发生了。急躁冒进的结果并不能帮助社会主义事业的发展，而只能招致损失。"

与初稿相比，经过中央政治局讨论后的预算报告修改稿，明显增强了反对冒进的分量。这一点也正是6月16日的《人民日报》社论特别指出的：预算报告"最值得注意的一点，是在反对保守主义的同时，提出了反对急躁冒进的口号，这是总结了过去半年中执行国民经济计划的经验得来的结论"。社论在指出急躁冒进的几种表现后说："希望全国各级组织和各个部门的工作人员，都认真地重视这一警号，在实际工作中正确地进行两条战线的斗争。"

对于预算指导方针的上述提法，在党内也有人表示不同意，认为这是同去年夏季以来开展的反对右倾保守思想的方针相背离，会引起思想混乱。6月12日，周恩来在国务院全体会议上说：去年12月以后冒进冒了头。因此，现在的情况和去年不同了，已经不是预防而是需要反对了！如果冒进继续下去，又会脱离实际，脱离今天的需要和可能，不能向群众泼冷水，但也不能把少数积极分子的要求当成群众的要求。

也就在这一天，陆定一将中宣部起草的社论稿报送刘少奇：少奇同志：嘱写社论，已由本部王宗一同志写好。我认为可用，特送上请审正。陆定一在审改时，删掉了颂扬反保守主义的几句话，在"农村的扫盲工作也是突出的例子"中的"也是"后面加了"急躁冒进的"5个字。

刘少奇接到此稿后，很快进行了审阅和修改。如社论稿写道："在最近一个时期中在有些工作中又发生了急躁冒进的偏向，有些事情做得太急了些"，刘少奇将"了些"两个字圈掉，在这句话的后面增写了"有些计划定得太高了"九个字。社论稿写道："没有充分考虑到实际的可能性，这是在反保守主义后所发生的一种新情况。这种情况是值得我们注意的。"刘少奇在"注意的"前面加上了"严重"二字，并批示：主席审阅后交乔木办。

此时毛泽东已经回到北京，他接到这篇稿子后，在他的名字上画了圈，然后写了"我不看了"几个字。这是他婉转的反对，是他保留意见的一种方式。毛泽东将自己极大的情绪压抑了下来。

1956年6月20日，《人民日报》在头版头条登载了这篇题为《要反对保守主义，也要反对急躁情绪》的社论。这篇社论运用马克思主义辩证唯物主义的认识论，实事求是地分析了我国经济建设的实际情况，对周恩来、陈云等主张并为中共中央充分肯定和坚持两条路线斗争，有什么倾向就反对什么倾向的意见作了深入阐述，既充分肯定了国家社会主义建设总的情况是好的、健康的，是在不断前进的，又中肯地分析了经济建设中客观存在的急躁冒进问题。社论强调：右倾保守思想对我们的事业是有害的，急躁冒进对我们的事业也是有害的，所以两种倾向都要加以反对。在反对右倾保守思想的时候，我们也不应当忽略或放松了对急躁冒进倾向的反对。因为在去年开始反保守主义之后，特别是中央提出"又多、又快、又好、又省"的方针和发布《全国农业发展纲要（草案）》之后，在许多同志头脑中就产生了一种片面性，出现了一切工作，不分缓急轻重，也不问客观条件是否可能，一律求多求快，百废俱兴，齐头并进，企图在一个早晨就把一切事情办好的急躁冒进倾向。社论提出：因此，在反对保守主义和急躁冒进的问题上，要采取实事求是的态度。应当根据事实来判断，有什么偏向就反对什么偏向，有多大错误，就纠正多大错误，万万不可一股风，扩大化，把什么都反成保守主义，或者都反成急躁冒进。

这篇社论发表后，引起了全党的注意。各级领导干部开始从思想上重视，并在工作中纠正急躁冒进倾向，从而使 1956 年度经济从下半年起，逐渐从冒进转向健康发展的道路，为中共八大提出一个比较实际与稳妥的"二五"计划建议创造了有利条件。

一股来势很猛的冒进势头，总算被遏制住了。但是反冒进并没有停止。

"扫掉了多、快、好、省"

最后一个阶段的反冒进，主要是围绕着编制第二个五年计划的建议和 1957 年的国民经济计划和预算进行的。

第二个五年计划早在 1955 年 8 月就开始编制，不久便提出了比较接近客观实际的轮廓数字。后来，由于反对右倾保守斗争的开展，被纳入远景计划的"二五"计划的各项指标也跟着定高了。由于这些高指标在 1956 年 4 月下旬得到毛泽东的认可，使正在编制中的财政收支、物资供应等根本无法平衡。到 6 月，国家计委提出各项指标都经过修改的"二五"计划第一方案后不久，又提出了第二方案。但因为对这些指标的改动都属于非实质性的小修小改，从而使整个编制工作陷入一筹莫展的困境之中。这时，距离中国共产党第八次全国代表大会召开只有一个多月了，有关部门却拿不出一个能够提交八大会议的方案来，令人心急!

在编制计划困难重重，时间又十分紧迫的情况下，周恩来、陈云等看到：要搞一个切实可行的方案，就必须推翻已有的冒进方案；要推翻已有的冒进方案，就必须做各部委负责人的思想工作，只有打通思想，才能妥善地把指标降下来。

1956年7月3日到5日，周恩来主持国务院常务会议，讨论"二五"计划的第二方案，磋商编制一个符合客观实际的新方案问题。

周恩来在会上指出：制订新方案"是为贯彻既积极又稳妥可靠的方针"。他以充足的理由说明"第一方案冒进了"，第二方案确定到1962年粮食产量达到5500亿斤是"不可靠的，有危险的"，甚至定为5300亿斤"也值得考虑"。这是因为，农业合作化后，虽然农业生产的"积极因素增加了，但消极因素并未减少"。我们还"不能排除歉收，水、旱、虫灾总要起作用"，它们天天都在管着农业生产。因此，农业生产在"二五"计划期间也会有丰年、平年和歉年，所以粮食生产每年很难以6%以上的速度增长，"搞这个假设不好"。他严肃地指出：农业生产指标"算高了，农业税、轻工业利润、基本建设投资和财政预算等一系列数字都受到影响。这是一个根，而这个根是我们最不容易掌握的。"农业指标一旦达不到，必然危及整个国民经济计划。在财政收支指标问题上，周恩来、陈云、李先念、薄一波等一致认为："二五"期间，财政收入和支出每年以16%的速度增长，要实现5年累计2600亿元的指标，"实际上达不到"，结果还会使重点建设项目的资金"也保证不了"。因此，这个"框框可以推翻"，"应该压下来"，在工业生产指标问题上，周恩来、陈云、薄一波等指出：设想到1962年钢铁产量达到2700万吨至3000万吨，"这是高的想法"。"我国工业化的关键不在于钢能否达到这个数字，而在于我国的水平。（现在）英国、德国都没达到 2000 万吨钢，但（他们）国内什么机器都能生产，就是工业国。"对于我们来说，"更重要的，也是各种机器都能制造，技术高，有发展的余地"。因此，设想钢铁生产少一些，煤炭生产指标、基本建设投资等相应地"都可以少些了"。经过认真讨论后，与会者一致认为"二五"计划的第二方案仍不稳妥，同意继续"精打细算"，按 5 年财政总收支 2350 亿元至 2400 亿元来安排，相应减少主要工农业产品产量、基本投资，"在稳妥可靠的基础上""搞一个比较可行的方案"。

可以说，这是一次把高指标的幅度往下降的带转折性意义的会议，从思想上反对和清理了离开中国经济建设实际、离开综合平衡的急躁冒进倾向。这样，向八大提出一个接近实际的"二五"计划的建议已经成为可能。

这次会议结束后，周恩来倾全力主持编制"二五"计划的建议。在整个 7 月里，他同计委负责人薛暮桥、王光伟、陈先等（李富春、张玺当时在苏联），不断磋商，反复计算各项指标的可行性，他指示计委应根据"一五"计划已有的经验，做好各项平衡工作，留有余地，即要正确估计工农业生产增长速度和国民生产总额，在此基础上安排积累与消费比例，妥善处理农、轻、重的比例关系，提出稳妥的投资总额，以此编制出可行的方案来。

8 月 3 日至 16 日，周恩来、陈云在北戴河主持召开国务院常务会议，对 7 月下旬提出的调整意见中的部分指标又作了适当调整。回到北京后，周恩来同张玺、薛暮桥等最后审定了"二五"计划的建议。

1956 年年初以来，由于反对右倾保守思想斗争持续开展和急躁冒进情绪的严重存在，多、快、好、省口号自提出后，人们看重和追求的往往是多和快，忽视和忘记的常是好和省，因此这个口号并没有起到预期的本应起到的积极作用。鉴于这种情况，周恩来等在对建议草案进行第三次修改时，在重要位置出现的"以多、快、好、省"的精神一语即被删掉了。这以后一年多时间里没有人再提"多、快、好、省"了。这就是后来毛泽东所批评的"扫掉了多、快、好、省"。

一个注意到综合平衡、"既积极又稳妥可靠的"《关于发展国民经济的第二个五年计划（1958 年到 1962 年）的建议》，和初步总结了几年来我国经济建设宝贵经验教训的《关于发展国民经济的第二个五年计划的建议的报告》就这样胜利地诞生了。为"二五"计划的建设展示了光明的前景。

1956 年 9 月，中国共产党第八次全国代表大会召开。大会通过了《关于发展国民经济第二个五年计划的建议》。会议结束后，为了向即将召开的八届二中全会提出一个较好的关于 1957 年国民经济计划的报告，为中共中央安排下年度经济计划提供正确的依据，做好"一五"计划和"二五"计划的衔接工作，周恩来、陈云等转到了对 1957 年国民经济计划各项指标的研究和计划的编制工作上来。

1957 年的计划的控制数字是国家经委从 1956 年 7 月开始编制的。当时各部门各地区向经委提出的基本建设投资额高达 243 亿元。当经委把投资压到 150 亿元时，各部门各地区反对再往下压了。而在经委内部也有两种不同意见，一种是主张高些，认为压到 150 亿元就可以了；一种是认为 150 亿元太高了，主张压到 100 亿元。在薄一波拍板定为 125 亿元时，各种意见相持不下，只好报周恩来和陈云了。

周恩来的意见是：1957 年基本建设投资压到 150 亿元还不行，而应明显低于 1956 年的实际水平。他强调，把过高的投资额压下来，是 1957 年全部国民经济协调发展的关键。投资总规模下不来，过高的积累率就下不来，预算会继续出现赤字，物资供应缺口会继续存在甚至扩大。

根据周恩来和陈云的意见，经委最后定案为 110 亿元。

对此，周恩来还是不放心。在 1956 年 10 月 20 日到 11 月 9 日党的八届二中全会开会前夕，他一连开了10次国务院常务会议，检查1956年计划执行情况，研究1957年的主要控制指标。在11月9日的会上，他说我们国家很大，很落后，人口多，要建设，又要注意人民生活，现在的速度已经是很了不起了。陈云提出：宁愿慢一点，慢个一年两年，到三个五年计划，每个五年计划慢一年。稳当一点，就是说"右倾"一点。"右倾"一点比"左倾"一点好。

周恩来纠正道：这不发生"左"倾、右倾的问题。不像政治方面，"左"了就盲动，右了就投降。

11月10日至15日，中共八届二中全会在北京召开。刘少奇在全会上作时局问题的报告。除向全会报告了波匈事件经过及中共代表团与苏方谈判情况之外，着重讲了波匈事件的教训。他认为，波匈事件的教训之一，是苏联和东欧发展重工业中忽视了人民生活，以致激起群众不满，被反动势力所利用。我们应遵照毛主席关于"又要重工业，又要人民"的指示，不能把同人民的关系搞得太紧张。他说：我们应该注意把工业建设速度放在稳妥可靠的基础上。什么叫稳妥可靠？就是群众总不能"上马路"，还高兴，还能保持群众的那种热情。

报告结尾时，他引用了周恩来、陈云关于"左"倾、右倾的谈话说：究竟是"左"倾一点好，还是右倾一点好？

毛泽东说：看是什么右。

刘少奇说：是快慢的右。

毛泽东说：这种右可以。

刘少奇说：对阶级敌人，你右了，人家就进来了，你让，人家就进来了，那个就让不得，那个右是不许犯的。快一点慢一点不是失掉立场问题。昨天有一位同志讲，慢一点，右一点，还有回旋余地；过了一点，左了一点，回旋余地就很少了。

周恩来也联系波匈事件的教训，谈1957年的建设方针：毛主席近几个月常说，既要重工业，又要人民。我们搞工业化，搞社会主义，就是为人民谋长远利益。你不关心人民的利益，让人民过分地束紧了裤带，重工业搞起来还得停。东欧的教训值得我们注意。……八大前设想的远景计划：1967 年生产 3000 万吨钢，1 万亿斤粮食，现在看来不可能实现，我们的步子可以放慢点；八大建议的一些指标，如果综合平衡起来有困难，算不上去，可以修改；农业发展纲要四十条也是建议，而且还是一个草案，在执行中如果跟不上，不要勉强，实际上某些数字已经勾掉了……今年生产建设成绩很大，但有些方面"冒"了。因为今年"冒"了，明年的计划安排就非常困难。"冒"了就要收缩一下，使整个国民经济协调发展，不然站不稳，就会影响我们的货币、物价、劳动工资等各方面。应该意识到，不要使中国也发生"波兹南"，几万人或者几十万人站在街上请愿，那问题就大了……

毛泽东在小组会上提出七条，想用来挡"水"，挡一挡反冒进之水。他在大会发言时仍然坚持：现在还看不到第一个五年计划的 830 项有什么根本性的错误，包含今年预算中用得不当的 20 亿到 30 亿在内。前进不是突然进，而是波浪式地前进。有退有进，但主要还是进。要保护干部同人民的积极性，不要往他们头上泼冷水……毛泽东对这次会议反冒进的主题是有不同意见的，但当时没有提出批评，而且还同意1957 年实行"保证重点、适当收缩"的方针。后来毛泽东把这次全会说成是反冒进的"集中表现"。

中共八届二中全会之后，反冒进仍在继续。

关于预算，1957 年 1 月，周恩来出访巴基斯坦，陈云到机场送行回来，就打电话给薄一波说：总理上飞机时同我讲了三次，要我转告你，基建投资不能超过 100 亿。因陈云的上海口音较重，薄一波听成了110 亿，后来就按这个数作了决定。

由于周恩来等人的坚持，1956 年反了冒进，1957 年的经济建设全面发展，成为新中国成立以来效益最好的年份之一。但毛泽东对这一年的发展速度不满意。

"我是放恩来的火"

1957 年底，毛泽东的注意力由对苏共二十大否定斯大林和与此密切相关的国际反共逆流、波匈事件的关注，对国内反右斗争的关注，再次转移到中国社会主义经济建设速度问题的关注上。这时，深扎于毛泽东头脑中的过急地要求迅速改变中国一穷二白落后面貌的赶超意识，开始以更顽强、更猛烈的形式表现出来，他决心要使社会主义经济建设来一个"大跃进"。

毛泽东认为，只有首先统一全党高级干部对于建设速度这一问题的认识，才能在全国迅速地形成"大跃进"局面；而要做到这一点，则必须开展彻底清算所谓反冒进错误的反反冒进斗争。

毛泽东开始了反击。1957 年 10 月 9 日，在中共八届三中全会闭幕会上，毛泽东对反冒进进行了公开批评，认为反冒进扫掉了多快好省、农业 40 条、促进委员会，这是"右倾"，是"促退"。在毛泽东看来，1956 年的毛病是基本建设多用了 30 亿元，他提出，这可以组织个临时促退小组来解决，但共产党总的方针是促进而不是促退。

毛泽东的意见决定了中共八届三中全会的方向。会议根据毛泽东的提议，通过了《1956 年到 1957 年全国农业发展纲要（修正草案）》。这个修正草案中的各项指标此前曾被认为是冒进了，但在这次会上，再没有人表示反对意见。

中共八届三中全会，吹响批判反冒进的号角。会后不久的 11 月，毛泽东率中共代表团赴苏联出席各国共产党、工人党会议，会上苏联提出 15 年赶上和超过美国，毛泽东相应地提出 15 年赶上和超过英国，代表中国和中国共产党在全世界共产党面前立下了军令状。

在莫斯科会议期间，毛泽东审阅批发了 11 月 13 日《人民日报》社论《发动全民讨论四十条纲要，掀起农业生产的新高潮》。社论说：1956 年公布全国农业发展纲要草案以后，曾经鼓舞起广大农民的生产热情，造成了全国农业生产高潮。但是，有些人却把这种跃进看成了冒进，他们害了右倾保守的毛病，像蜗牛一样爬得很慢，不了解在农业合作化以后，我们就有条件也有必要"在生产战线上来一个大的跃进"。毛泽东对这篇社论中用"跃进"一词代替冒进的提法颇为赞赏，说发明这个词的人"其功不在禹下"。如果要颁发博士头衔的话，我建议第一号博士赠与发明这个伟大口号（即：跃进）的那一位（或者几位）科学家。

在莫斯科期间，毛泽东还对《人民日报》的另一篇社论稿《必须坚持多快好省的建设方针》进行了斟酌修改。此前，他曾亲自过问过这篇社论稿的起草工作。这篇社论稿带回北京后征求了部分中央政治局委员的意见，于 12 月 12 日正式发表。社论以尖刻的语言批评说：反冒进的人的"思想仍然停留在三大改造高潮以前的阶段，而没有认识三大改造基本完成后的新形势"，"没有充分估计新条件下大大增长了的生产潜力，结果就背离了多快好省的方针，变成了经济战线的懒汉"。反冒进使"本来应该和可以多办、快办的事情，也少办、慢办、甚至不办了"，因此"起了消极的促退的作用"。

尽管反冒进从 9 月起接二连三地遭到指责和批评，但周恩来等在八届三中全会后并没有马上意识到反冒进已经被认为是个严重事件。他们深深地感到这个问题的严重性是在 1958 年初。

1958 年 1 月上旬，中共中央在杭州举行会议。会议由毛泽东主持。在会议上，毛泽东十分欣赏各地掀起的生产高潮，并对两年来的经济工作表示不满，向周恩来发了一通脾气。毛泽东后来说：杭州会议，我在那里放火，我是放恩来的火，有柯老（指柯庆施）为证，就在杭州，实在憋不住了。几年之气，就向薄一波发泄。我说：我不听你这一套，你讲什么呀？我几年都不看预算了，横直你是强迫签字。毛泽东对着周恩来说：农村社会主义高潮一书的序言，对全国发生了很大的影响。这样，我就成了"冒进的罪魁祸首"。为什么军队多了几十万人，招收工人学徒多了100多万人？我说各部门都有对形势估计不足的情况，反对右倾保守为什么要多加人，我不懂，我也不知道。后来还说过：你们那个时候（指反冒进）不仅脱离了各省，而且脱离了多数的部。

虽然毛泽东在会上发了火，但仍然意犹未尽，并且主张召开再大一些范围的会议解决反冒进问题。毛泽东采纳了周恩来的建议，亲自起草了召开南宁会议的通知，要求包括他自己在内的27人，于11、12日两天到齐，在南宁开10天会，20日完毕，北京的工作，由"谭震林管中央，总司令挂帅，陈毅管国务院"。

"我是反'反冒进'的"

1958年1月11日至22日，南宁会议召开。参加会议的有部分中央领导人和华东、中南等区9省2市负责人。会议原定的主题是讨论经济计划和国家预算，但结果批评反冒进却成为会议的重点，并将其推向高潮。

会上印发了22个参考文件，其中有李先念1956年6月15日在一届人大三次会议上的报告中关于反冒进的一段话，1956年6月20日《人民日报》社论，周恩来1956年11月10日在二中全会上《关于1957年计划的报告》的节录。这些都是作为被批评的反冒进的"材料"印发的。因此，会议气氛十分紧张。

会议开始的当天晚上，毛泽东发言说：不要提反冒进这个名词，这是政治问题。首先没有把指头认清楚，十个指头，只有一个长了包，多用了一些人（工人、学生），多花了一些钱，这些东西要反。当时不要提反冒进，就不会搞成一股风，吹掉了三条：一为多快好省；二为四十条纲要；三为促进委员会。这是属于政治，不属于业务。一个指头有毛病，整一下就好了。原来"库空如洗"，"市场紧张"，过了半年就好了，变过来了。没有搞清楚六亿人口的问题，成绩主要，还是错误主要？是保护热情，鼓励干劲，乘风破浪还是泼冷水泄气？

1月12日上午，毛泽东一上来就讲他建国8年来一直为工作方法而奋斗：我们要注意，最怕的是6亿人民没有劲，抬不起头来就很不好。群众观点是从6亿人口出发。看问题要分别主流、支流、本质、现象……工作方法希望改良一下。这一次千里迢迢请同志们来一趟，是总理建议的，本来我不想多谈，有点灰心丧志。毛泽东接着批评说：1955年夏季，北戴河会议"冒进"，想把钢搞到1500万吨（第二个五年计划），1956年夏季北戴河开会"反冒进"。人心总是不齐的。……右派的进攻，把一些同志抛到和右派差不多的边缘，只剩50米，慌起来了，什么"今不如昔"，"冒进的损失比保守的损失大"。政治局要研究为什么写反冒进的那篇社论，我批了"不看"二字，那是管我的，所以我不看。那篇东西，格子没有划好，一个指头有毛病，九与一之比，不弄清楚这个比例关系，就是资产阶级的方法论……攻其一点不及其余。

为了说明什么是"攻其一点不及其余"，毛泽东特地讲了"攻其一点不及其余"这一成语出自《登徒子好色赋》这篇古文。第二天，他又把宋玉这篇赋印发给与会人员，以便大家更了解反冒进的人用的"错误"方法，即是只讲冒进的缺点，不讲冒进的"成绩"。关于"平衡"问题，毛泽东讲了一大段哲学，强调平衡的相对性，不平衡的绝对性。他指出《人民日报》1956年6月20日社论反冒进的错误是非常错误的。

这时，参加会议的人民日报社负责人吴冷西才恍然大悟，毛泽东为什么点名让他参加会议，并把他的名字写在了第一个。散会后，吴冷西马上找胡乔木，问他主席指的《人民日报》社论是怎么回事。胡乔木说他也不完全清楚。两人商量后，当天晚上就打电话回北京，要《人民日报》编辑部把6月20日社论的全部过程稿送到南宁，并要他们写一个关于社论起草与修改、定稿过程的简单说明。

经毛泽东圈点批划，6月20日社论的摘要印发与会有关人员，他在摘要上批示：

> 庸俗的马克思主义，庸俗的辩证法。文章好像既反"左"又反右，但实际上并没有反右，而是专门反"左"，而且是尖锐地针对我的。

这印证了毛泽东那3个字"不看了"的真正含义。

毛泽东在会上尖锐批评道：《人民日报》社论是6月20日发表的，距离李先念同志在第一届全国人大第三次会议上的报告只有五天。那个报告是"反冒进"的，社论发挥了"反冒进"的思想。这篇社论说的是既反右又反"左"。你不能说它一点马克思主义也没有，好像有一点。社论引用我在《中国农村社会主义高潮》一书序言的话。看来作者的用意一来不要冒犯我，二来是借刀杀人。我写的序言全文的主要锋芒是对着右倾保守的。社论上指出了我说扫盲用急躁冒进的办法是不对的这些话，用来作为反对急躁冒进的根据。社论表面上既反"左"也反右，没有重点，实际上重点落在"反冒进"上面。作者是在引用我的话来反对我。

会上，毛泽东以反对分散主义为话题批评了国务院的工作后，又尖锐地批评了反冒进的"错误"，说反冒进使六亿人民泄了气，这是方针性错误。

在南宁会议上，毛泽东对积极反对"右倾保守"的上海市委第一书记柯庆施十分欣赏。1月15日，毛泽东夸奖柯庆施1957年12月25日在上海市党代会作的《乘风破浪，加速建设社会主义新上海》的报告，说这个报告把中央许多同志比下去了，中央工作的同志不用脑筋，不下去跑跑，光在那里罗列事实。16日，他又在大会上拿出柯文当众问周恩来：恩来同志，你是总理，你看，这篇文章你写得出写不出来？

周恩来诚恳地说：我写不出来。

毛泽东继续发言：这篇文章把我们都比下去了。上海有100万无产阶级，又是资产阶级最集中的地方，工业总产值占全国五分之一，资产阶级从上海产生，历史最久，阶级斗争最尖锐。这样的地方才能产生这样一篇文章。

毛泽东说得更直截了：你不是反冒进吗，我是反"反冒进"的！

毛泽东的批评，使周恩来和到会的副总理们"坐卧不安"。当年随周恩来一起到南宁开会的他的经济秘书顾明后来回忆：几乎每天晚上，李先念、薄一波等都聚在总理那里讨论到夜里二三点，商议怎么检讨等等。那时，会议的形势很紧张。

这天晚上，毛泽东找吴冷西和胡乔木到他的住处谈话。在谈话过程中，胡乔木简单地谈到1956年6月那篇《人民日报》社论的大概情况，并说他那时正起草八大政治报告，无暇顾及此事。毛泽东说：这不关你的事。那篇社论写好后曾送给我看。我在清样上写了"不看了"三个字，骂我的东西我为什么要看。

毛泽东对那篇社论误解很深。

默默地承受毛泽东等人批评的周恩来，从到达南宁的当天起，几乎天天都约请参加会议的中央和地方的领导人谈话，了解情况，征求意见，开始准备检讨反冒进的"错误"。在19日晚的会议上，周恩来检讨说：反冒进是一个"带方向性的动摇和错误"。这个错误之所以产生，是由于没有认识或者不完全认识生产关系变革后将要有跃进的发展，因而在放手发动群众进行社会主义革命和建设中表现出畏缩，常常看见物看不见人，尤其是把许多个现象夸大成为一般现象或者主要现象，是一种右倾保守主义思想。革命派是"左"派。在这个意义上，"左"比右好。他最后表示：这一反冒进的错误，我要负主要责任。

会议的气氛得到缓解，事态没有继续发展，但是，南宁会议所营造的急躁冒进情绪却在全党急剧膨胀。薄一波对此曾评论说：南宁会议在我们党内是一个转折。全局性的"左"倾错误就是从这个时候迅速发展起来的。

1958 年 3 月 8 日至 26 日，中共中央在成都召开有中央有关部门领导人和西南、西北、东北地区各省市委书记参加的中央工作会议。在会上，毛泽东阐明他对反冒进批评的目的：反冒进是个方针性的错误，南宁会议提出了这个问题，有许多同志紧张，现在好了。谈清楚的目的是使大家有共同的语言，做好工作，而不是不好混，我绝无要哪个同志不好混之意。并指出，以后反冒进的口号不要提，反右倾保守的口号要提。

周恩来在会上再次检讨反冒进的"错误"：我负主要责任提出的反冒进报告，就是对群众生产高潮泼了冷水，因而不是促进而是促退，不是多快好省而是少慢差费，四十条也被打入冷宫，这就是问题的本质。……反冒进的错误主要在于将一个指头当作多个指头，没有给群众高潮撑腰、想办法，而是重重限制、层层束缚。但是，我当时却没有这样的认识，以后才逐渐认识这是在社会主义建设问题上方针性的错误。

刘少奇也在成都会议上发言，检查自己所设想的与主席所设想的是有距离的，在社会主义革命和建设中的一些问题上，思想有跟不上毛主席的地方。他表示接受毛泽东在批评反冒进中提出的建设速度快一点的观点。

陈云也参加了这次会议，并检讨了反冒进的"错误"。

"反冒进的问题解决了"

1958 年 5 月 5 日至 23 日，中共八大二次会议在北京举行。这次会议，实际上是一次对全国性"大跃进"进行总动员并对反冒进作正式结论的会议。

刘少奇代表中央作工作报告，对批评反冒进作了结论。报告说：反冒进损害了群众的积极性，影响了 1957 年的生产建设，特别是影响了农业的发展，形成了"马鞍形"。

会上，党的历史上出现过的那种开展过火斗争的气氛很浓，有不少人在发言中猛烈批评反冒进，觉得这个结论对反冒进的批评还不够，语气轻了，对立面讲得不够，应彻底清算反冒进的"错误"。各地方代表也在会上报告了同地方"右派集团""右倾集团""反党集团"作斗争的经过。

就是在这种气氛之下，周恩来、陈云等人被安排再次检讨。

16 日，陈云检讨。他说：在这里，我要说一下关于 1956 年发生的"反冒进"的错误问题，因为这是同我的工作有直接关系的。从 1956 年下半年到 1957 年上半年的这一段时间内，我对于我国经过农业、手工业和资本主义工商业的三大改造以后，社会生产力的发展形势估计不足，对于 1956 年生产高潮的伟大成就估计不足，对当时大跃进中出现的个别缺点，主要是由于新职工招收过多和某些部分工资增加得不适当，一度造成商品供应和财政的某些紧张情况，估计得过分夸大了……反"冒进"的错误是看不见和低估当时群众性生产高潮的伟大成绩，是夸大估计了当时财政和市场紧张情况……对于当时财政和市场紧张的错误看法，首先而且主要是我的看法。因此，对于当时反"冒进"的那个方针性的错误，我负有主要责任。

17 日，周恩来检讨。他在发言中，首先表示拥护大会的有关报告和毛泽东的讲话，他说"主席是从战略上看问题的，而我往往从战术上看问题"。这是周恩来发自内心的话，他可能从多少次历史经验中，觉得毛泽东比他站得高、看得远，这一次可能是自己错了。然后他围绕支持"大跃进"这个核心问题进行检讨：这次会议，是一个思想解放的大会，也是一个充满共产主义风格的大会。大会的发言丰富多彩，生动地反映了人民在生产大跃进、思想大解放中的建设奇迹和革命气概。真是一天等于 20 年，半年超过几千年。处在这个伟大的时代，只要是一个真正革命者，就不能不为这种共产主义的豪情壮举所激动，也就不能不衷心地承认党中央和毛主席的建设路线的正确，同时，也就会更加认识反"冒进"错误的严重。……我是这个错误的主要负责人。在多数问题上表现为经验主义，在某些问题上则表现为两者的混合。思想方法上的这些错误，结果造成了建设工作中右倾保守的错误。这样，就违背了毛主席一贯主张的社会主义建设的总路线、总方针。

在陈云、周恩来检讨以后，毛泽东在会上公开宣布"反冒进（的问题）解决了，现在中央是团结的，全党是团结的"。因为在毛泽东看来，国家经济建设还得"靠这些人办事，此外没有人"。同时，开展反反冒进斗争的目的已经实现，紧迫地摆在党和国家领导人面前的新的根本性任务是全力以赴领导全国的"大跃进"运动。但是在会上，毛泽东还从另一角度多次发出要注意"我们党内搞得不好要分裂"的警告。他说：假如我们党在某个时候，"有些人不顾大局"，像高岗那样，"那就要分裂"。因此，代表大会的代表同志，你们要注意一下，中央委员会要特别注意，要顾全大局，谁不照顾大局，谁就会跌筋斗。有人认为讲了分裂，心里就不舒服。我看讲了好，大家有个精神准备。

反反冒进，为冒进扫清了思想上的障碍。全国立即掀起了一个打破常规、追求高速度、超英赶美的"大跃进"运动。

对于反反冒进和"大跃进"的形势，毛泽东非常满意。1958 年 8 月初，他以极其兴奋的心情对来访的苏共中央第一书记赫鲁晓夫说：1949 年中国解放我是很高兴的，但是觉得中国问题还没有完全解决，因为中国很落后，很穷，一穷二白。以后对工商业的改造、抗美援朝的胜利，又愉快又不愉快。只有这次大跃进，我才完全愉快了！按照这个速度发展下去，中国人民的幸福生活完全有指望了！

毛泽东与"大跃进"、人民公社化运动

50 年代后期，在中国古老的大地上，发生了一场席卷全国的大运动。那时，党和国家的领导人——毛泽东、刘少奇、周恩来等曾敏锐地觉察到中华民族发展的一次机遇，设想着把生产力搞上去，尽快改变我国贫穷落后的面貌。

"大跃进"和人民公社出现在 1958 年，不是偶然的。"中国经济落后，物质基础薄弱，使我们至今还处在一种被动状态，精神上感到还是受束缚，在这方面我们还没有得到解放。要鼓一把劲"。毛泽东发动大跃进时讲的这番话，道出了当时全党乃至全民族大多数人的共同感受。大家愿意相信，我们既然已经在社会关系方面得到解放，那么，在经济建设上再来一个跃进，彻底改变我国的落后面貌，已经不是什么遥远的事情，而是指日可待的、能够争取的。正是这种情绪，鼓舞着人们开始了一场悲壮的伟大尝试。

"红旗横直是要插的"

1957 年 9 月 20 日至 10 月 9 日中共八届三中全会在北京举行，主要议题是总结反右派运动经验和讨论农业增产问题。会上，毛泽东根据反右派运动出现的新情况对八大决议中关于我国社会主要矛盾的论述提出异议，他在讲话中断言：无产阶级同资产阶级的矛盾，社会主义道路同资本主义道路的矛盾，毫无疑问，这是当前我国社会的主要矛盾。这就改变了八大一次会议关于我国社会主要矛盾的判断，不仅为"大跃进"提供了思想基础，而且成为党在阶级斗争问题上一次又一次犯扩大化错误的理论来源。

会议在讨论整风反右以外，还讨论了农业问题，当毛泽东听到有些地方领导人重提多快好省，很感兴趣，认为这才是"实事求是的合乎实际的多快好省"。

但是，在毛泽东看来，能不能在生产上来一个跃进，15 年赶超英国的目标能不能实现，全党的认识还没有统一，思想问题还未解决。1957 年 12 月，他在审定国家计委制定的"二五"计划时说：从 1956 年冬到 1957 年，对多快好省和农业发展纲要很少有人提了，有人认为不行了。这是没有看到 1957 年的主流是社会主义改造和生产建设的大高潮、大跃进。

因此，1958 年新年一过，毛泽东马不停蹄地连续召开了几次会议。这就是一月的杭州会议、南宁会议和三月的成都会议。

杭州会议和南宁会议主要讨论工作方法，会议形成的《工作方法六十条（草案）》很快于 1958 年 1 月底发给各级党委。提出《工作方法六十条》固然是我国社会主义改造和建设的经验；但也包含试图从思想上和工作方法上为"大跃进"扫除障碍，"以适应已经改变了的政治情况的需要"的意图在内。3 月的成都会议更把解决思想认识问题放在突出地位。联系到 1956 年经济工作的估计和 1957 年经济计划的争论，毛泽东更加严厉地批评反冒进，说反冒进泄了 6 亿人民的气，犯了政治方向的错误。在这几次会议上，毛泽东着重强调几个问题，以求打开人们的思路。

一是破除迷信。对破除迷信，毛泽东认为有两条，一条是破除对资产阶级教授的迷信，其实经过一场反右派斗争，这一条已经基本解决。因此，毛泽东着重讲第二条，即破除对马克思的迷信，他认为，也就是"学习与独创"。他说：我们大多数同志有些怕资产阶级教授，整风以后慢慢地不大怕了。是不是还有另外一种"怕"，即怕无产阶级教授，怕马克思，马克思住在很高的楼上，好像高不可攀，要搭很长的梯子才能上去，于是乎说："我这辈子没有希望了。"不要怕嘛。我们做的超过了马克思，列宁说的做的都超过了马克思。

二是不要妄自菲薄，不要瞧不起自己。在八大二次会议，他讲了一段风趣的话来表明这个观点：我们被帝国主义压迫了一百多年。对外国人来说，我们不行，对孔夫子来说，我们也不行。这是什么道理？我问过我身边的同志：我们住在天上，还是住在地下？他们摇摇头说是住在地下。我说，不，我们住在天上。中国人喜欢神仙。我也问过我身边的同志：我们算不算神仙？他们说不算。我说，不对，我们住在"天上"，为什么不算"神仙"呢？如果别的星球来人，他们不把我们当成神仙吗？有一种微生物叫细菌，我看细菌虽小，但是，在某一点上它比人厉害。它不讲迷信，它干劲十足，多快好省，力争上游。毛泽东的这些话幽默风趣，对人的感染力很大。然而这也为不顾客观现实的盲目蛮干提供了思想依据，既然人们对马克思的迷信也可以破除，什么神仙也不在话下，还有什么奇迹不可以创造出来？

三是提出标新立异。所谓标新立异，本来是整风反右中一些持右派观点的人对党提供的批评，毛泽东把它拿过来作为一个反保守的思想武器，投向了所谓右倾保守者。他说：我们就是要敢于标新立异。标新立异有两种，一种是应该的，一种是不应该的。列宁向第二国际标新立异，另插红旗，这是应该的。旗帜横直是要插的，你不插红旗，资产阶级就要插白旗。3月22日他在一份党内情况反映上还批道：有资产阶级的自由，就没有无产阶级的自由。有无产阶级的自由，就没有资产阶级的自由。……这种情况，在资产阶级看来，就叫做这个国家没有自由。实际是兴无灭资，无产阶级的自由兴起来了，资产阶级的自由就被灭掉了。由此一来，不仅党内不同意见销声匿迹，社会上的空气也大为压缩。从表面上看，社会意识趋向一致，没有了不同意见，但不顾客观实际的"左"倾空想成了时髦，民主作风、民主空气荡然无存，干部、群众戴上了只恐右、不恐"左"的精神枷锁。

"还是办人民公社好"

1958 年 4 月，毛泽东在广州召集几个主要工业部门的负责人开座谈会，议定几个工业部门的"二五"计划。这时水电部向中央政治局报送了关于电力工业的第二个五年计划，提出"加快电力工业发展建设，十年赶上英国，"毛泽东看后很满意，批道：有了正确的政治观点，从政治上想通了，政治统帅了业务，迷信破除，胸怀坦荡，势如破竹了。他还要参加座谈会的同志议一议"15 年能否超过英国的问题"。

"五一"节过后，中共八大二次会议在北京举行。会议正式通过了毛泽东提出的"鼓足干劲，力争上游，多快好省地建设社会主义"的总路线。会议确定的"二五"计划指标，比八大一次会议建议的指标普遍提高 50%甚至一倍。毛泽东在会上作了多次讲话，要求各级干部继续解放思想，破除迷信，扫掉官气，以普通劳动者的姿态出现，真正同群众打成一片。他还批评了一些不同意过高指标的意见，认为从中央到地方都还有一部分"观潮派""秋后算账派"，提出要辨风向，插红旗，拔白旗。

在这种情绪激发下，"大跃进"运动在全国迅速发展，主要标志是片面追求工农业生产的高速度，不断提高和修改计划指标。工业方面最显著的是钢铁生产。本来 1958 年初订的钢铁产量计划是 624.8 万吨，但这个指标一再被突破。1958 年 6 月 7 日，冶金部向中央政治局报送了 1962 年主要冶金产品生产水平的规划的报告，提出计划指标以 1962 年 6000 万吨为中心来安排。毛泽东阅后批示：只要 1962 年达到 6000 万吨钢，超过美国就不难了。必须力争在钢的产量上在 1959 年达到 2500 万吨，首先超过英国。6 月 17 日，薄一波向中央政治局写报告，其中说：1959 年我国主要工业产品的产量，除电力外，都将超过英国的生产水平。毛泽东于 6 月 22 日将这个报告批给正在召开的军委扩大会议，说：超过英国，不是十五年，也不是七年，只需要两年到三年，两年是可能的。这里主要是钢。只要 1959 年达到 2500 万吨，我们就在钢的产量上超过英国了。1958 年 8 月，北戴河中央工作会议正式决定当年钢产量要比 1957 年翻一番，达到 1070 万吨。

但这时离年底只剩四个月，为了在余下的时间里完成巨额任务，各级党委第一书记挂帅，动员了几千万人上山，砍树挖煤，找矿炼铁，建成小高炉、土高炉上百万座。一些大中型钢铁企业也打破各种规章制度、大搞群众运动，打乱了正常的生产秩序。由群众性大炼钢铁又扩展到其他方面，大办地质、大办水利、大办交通，乃至大办文化教育，全社会各行各业都是大跃进、放"卫星"。这种完全违反客观经济发展规律的大规模的群众性盲目蛮干，造成的人力、物力的浪费是不可估量的。

工业如此，农业上的大跃进也是一浪高过一浪。1958 年夏秋期间，各地兴起一阵虚报高产、竞放"卫星"的高潮。报刊舆论大加鼓吹，宣传"人有多大胆，地有多大产"。对粮食生产，毛泽东本来就十分重视，1958 年 6 月 22 日他在农业部的报告上批到：粮食、钢铁、机械是三件最重要的事。……三件中，粮食及其他农产品是第一件重要的事，我们应当十分注意农业问题。7 月 3 日，他在给广东省委的信写的按语中，也赞成 1958 年早稻每亩能收 300 斤已经很好，比去年的 200 斤增长 50%，何况还有 350—400 斤的希望。但是，到了七月以后，各报刊放"卫星"的气氛越来越浓烈，河南遂平县放的第一个卫星是小麦单产 2150 斤，河北安国县娄底乡创下了亩产 5103 斤的全国纪录。这些竞相鼓吹起来的天方夜谭，似乎也感染了毛泽东，使他渐渐相信那些高产量是可信的。大约在七月中旬，他收到一位科学家的一篇文章，文章以植物光合作用所受日光量可以转化为多少物质的论据，证明粮食亩产可以达到几万斤甚至几十万斤。有这样一位大科学家作证，而且还是科学推论，毛泽东似乎相信了。于是他在 8 月初视察徐水县时，问县委书记：你们县三十一万多人口，怎么吃得完那么多粮食？粮食多了，怎么办？县委书记回答没有考虑这个问题，毛泽东说：还应该考虑到生产了这么多粮食怎么办的问题。北戴河会议时对这种高估产造成的农业大增产的假象仍然深信不疑，以致会议竟然预计 1958 年的粮食产量可达6000 亿—7000 亿斤，认为中国的粮食问题过了关。

生产发展上的高指标和浮夸风，又推动着生产关系急于向更高级的形式过渡。7 月中旬，陈伯达在《红旗》杂志上发表文章，转述了毛泽东关于人民公社的构想：我们的方法应该逐步地有次序地把"工（工业）、农（农业）、商（交换）、学（文化教育）、兵（民兵，即全民武装）"组成一个大公社，从而构成为我国社会的基本单位。8 月 9 日，毛泽东在山东视察，当山东省委书记谭启龙汇报历城县北园乡准备办大农场时，毛泽东说：还是办人民公社好，它的好处是，可把工、农、商、学、兵合在一起，便于领导。这个谈话三天后在报纸上发表，并迅速传遍全国，全国农村很快一哄而起，只用一个月时间就基本实现公社化。10 月 1 日的《人民日报》报道，全国农户的 90.4% 参加了公社。

关于人民公社的特点，毛泽东把它概括为"一大二公"，这里的"大"，指的是规模，就是把原来几十户、一百户的合作社合并为几千户的以至上万户的人民公社（谭震林 1958 年 9 月向毛泽东报告，当时最大的公社是山西高平县，一县一社，有六万四千户）；这里的"公"指的是所有制，就是在公社成立后，一切财产上交，在全社范围内统一核算，统一分配，实行供给制。公社的劳动推行军事化和行动战斗化，将所有劳动力编组成如同军队一样的班排连营，采用大兵团作战的方法进行生产。

"善于看问题和提问题"

违反客观规律行事，迟早要出问题。问题的暴露首先出在农村，这不仅因为人民公社涉及的人数最多，而且因为它的迅猛发展，不可能不最先暴露。

北戴河会议后，人民公社运动在全国展开，9月6日，谭震林向毛泽东报送了关于全国各地办人民公社情况的全国电话汇报会的材料，其中说：有少数地方由于思想发动不够好，群众有顾虑，发生了杀鸡、杀猪、卖牲口、砍树、藏粮等不正常现象。毛泽东当即批示：印发在京各中央委员。9月8日，毛泽东在第15次最高国务会议上说，对全国正在展开的人民公社化运动，必须采取热忱的欢迎态度，积极加强领导。

下面报来的材料，特别是反映群众吃不饱饭甚至饿死人的情况，使毛泽东开始受到震动。10月初，毛泽东收到一封群众来信，反映安徽省灵璧县几个乡谎报产量，强迫群众旱田改水稻，再加上自然灾害，致使群众断粮，饿死不下五百人。毛泽东当即把这封信批给安徽省委书记，要求"派人去那里查一下。"10月下旬，他又分别派了两个调查组去农村实地调查。在给陈伯达的信中说：去河南时，请把《马、恩、列、斯论共产主义社会》一书带几本去，你们调查团几个人，每人一本，边调查，边读书，白天调查，晚上阅读，有十几天，也可以读完。……练习去向劳动人民做调查工作的方法和态度，善于看问题和提问题。

　　工业方面，尤其钢铁生产也开始暴露问题。9 月 14 日，周恩来主持召开钢铁生产汇报会，讨论钢铁生产的情况，认为 9 月上旬平均日产量任务还有一定距离，要求中央各有关部门协助各省市及时解决当前钢铁生产中的关键问题，争取尽可能完成 9 月份钢铁生产任务。这个报告送到正在安徽视察的毛泽东那里，毛泽东把它批给安徽省委书记"请一阅"，未表示意见。10 月 29 日，冶金部长王鹤寿就钢铁生产应当立即动手解决的几个问题向中央报告，其中说：就目前的形势看，完成全年钢铁产量翻一番的计划，可能有两种不同的样子。一种是各省、市自治区和各重点钢铁厂都按计划完成产量指标；一种是就总的数量看完成了翻一番的指标，而重点钢铁厂没有完成原定的产量，使我们得不到应有的钢材。我们希望争取前一种，但现在重点钢铁厂确有完不成计划的危险。这是目前一个值得严重注意的形势。毛泽东在这段话旁画了横线，并在报告上批示：此件很好。请彭真同志即印发有关各单位的负责同志，并带去武昌准备发给到会各同志。这是我要鹤寿写的。……请书记处通知各负责同志都写一件。文不要长，要是能看出问题的。

　　对去农村调查的人，他嘱咐要"善于看问题和提问题"，对工业部门也要求"能看出问题"，这决不是偶然。看出什么问题？显然是要多反映"大跃进"和人民公社化运动中暴露出的问题。这是一个重要转折，成为第一次郑州会议开始的纠"左"的先声。

"使自己获得一个比较清醒的头脑"

　　由于大跃进出了一些乱子和预先作了准备（派调查组），1958 年11 月，毛泽东在郑州召开了有部分中央领导人、大区负责人和部分省委书记参加的工作会议。史称第一次郑州会议。

会议从各地干部反映的情况出发，集中讨论了三个问题：

第一，关于人民公社的性质。当时基层干部中普遍认为人民公社是全民所有制，并急于向全民所有制和共产主义过渡。针对这种急于过渡的倾向，毛泽东在讲话中指出：现在的人民公社，仍然是集体所有制，不等于全民所有制，将来达到全民所有制，也不等于就是实现了共产主义。两个过渡都需要相当长的时间，两个过渡都只能在发展生产力的基础上进行。有些人总想三五年内搞共产主义，谁不赞成就说谁是右倾，这是错误的。按照毛泽东的意见，郑州会议通过的《会议纪要》将这一条作了规定："现在存在的以人民公社形式出现的社会主义大集体所有制，也就系小全民所有制。"这是关于人民公社性质的第一次文字表述。

第二，关于商品生产和商品交换。针对人民公社迅猛发展中存在的一股企图过早地取消商品生产和商品交换的错误倾向，毛泽东指出：在社会主义时期废除商品是违背经济规律的，实质上是要剥夺农民。我们不能避开一切有积极意义的诸如商品、价值法则等经济范畴，而必须使它们来为社会主义服务。中国是商品生产不发达的一个国家，商品生产不是要消灭，而是要大大发展。在讲话中，毛泽东使用了"社会主义目前阶段"的提法。

第三，关于人民生活，这是一个更现实的问题。由于人民公社初期普遍实行大兵团作战，吃公共食堂，许多地方出现一干 20 天，每天只睡三四个小时，劳动效率大大下降。吴冷西、田家英去河南新乡调查，当地干部就向他们提出了这个问题，而且希望他们向毛泽东反映，越快越好。郑州会议就这个问题专门进行了讨论，实行劳逸结合，既抓生产又抓生活的规定。

之所以出现这些问题，毛泽东认为是由于我们的干部缺乏理论修养，不能把马克思主义运用于解决实践中出现的新情况造成的，因此，他在会议期间给县以上党委写了一封信：建议读两本书：一本，斯大林著的《苏联社会主义经济问题》。一本，《马、恩、列、斯论共产主义社会》。要求要联系中国社会主义经济革命和经济建设去读这两本书，使自己获得一个比较清醒的头脑，以利指导我们伟大的经济工作。

接着，毛泽东开始筹划召开武昌会议。这次会议和八届六中全会是连续召开的，共开了 20 天。会议围绕人民公社和 1959 年国民经济计划，着重讨论了高指标和浮夸风的问题，毛泽东在讲话中再次讲到资产阶级法权，并提出要压缩空气，把根据不足的高指标降下来。他说：现在的严重问题，不是下面作假，而是我们相信，从中央、省、地到县都相信，这就危险。

八届六中全会以后，毛泽东回到北京。他开始觉得六中全会的决议已经从原则上解决了一系列重大问题，各地也普遍开展了整顿人民公社的工作。但实际中反映出来的问题却越来越多。人民公社急急忙忙向全民所有制过渡的势头虽然刹住了，但公社内部的平均主义和过分集中的倾向仍然存在，再加上为了完成由高估产而来的高征购，有的地区不适当地进行了反对生产队本位主义和瞒产私分的斗争，党群关系依然紧张。毛泽东敏锐地看到这些问题，他认为要彻底解决党群关系紧张的问题，必须从公社内部所有制分级的问题入手，进一步纠正"共产风"。于是，他于 1959 年 2 月 27 日至 3 月 5 日再次到郑州，主持召开了中央政治局扩大会议，史称第二次郑州会议。

会议上，毛泽东作了重要讲话，着重指出：目前存在的问题，应当从我们对农村人民公社所有制的认识和我们采取的政策方面去寻找答案。现在有许多人还不认识公社所有制必须有一个发展过程，在公社内，由队的小集体所有制到社会的大集体所有制，也需要一个过程，这个过程要有几年时间才能完成。因此，他们在公社范围内，实行贫富拉平，平均分配，对生产队的某些财产无代价地上调；银行方面，也把许多农村中的贷款一律收回。"一平、二调、三收款",引起广大农民的很大恐慌。这就是我们目前同农民关系中的一个最根本问题。他还指出,即令本位主义属实,应该加以批评,但在实行这种批评之前,我们也必须首先检查和纠正自己的两种倾向,即平均主义倾向和过分集中倾向。上述两种倾向,都包含有否认价值法则、否认等价交换的思想在内,这当然是不对的。等价交换在社会主义时期是一个不能违反的经济法则,违反了它,就是无偿占有别人的劳动成果。我们对于民族资产阶级尚且不采取无偿剥夺的办法,那么,我们对于劳动人民的劳动成果,又怎么可以无偿占有呢?

毛泽东提出十四句话,作为整顿人民公社的方针。这十四句话是:统一领导,队为基础;分级管理,权力下放;三级核算,各计盈亏;分配计划,由社决定;适当积累,合理调剂;物质劳动,等价交换;按劳分配,承认差别。曾经亲自参加农村调查的田家英,对毛泽东的概括特别称道,说:还是主席高明,我们在下面调查,搞了老半天,怎么也提不出这样大的问题。会议经过热烈讨论,同意毛泽东的意见和方针,制定了《关于人民公社管理体制的若干规定(草案)》。

第二次郑州会议结束后,毛泽东和中央督促各地召开省、县的多级干部会议,使中央的精神和政策尽快同最基层的干部、群众见面。他多次写信,同各省委领导商讨问题和办法,强调一定要按群众的意见办事。无论什么办法,只有适合群众的要求,才行得通,否则终究是行不通的。行动最早的是河南,2月27日毛泽东讲话后,他们连夜向四级干部会议传达,"绝大多数干部都表示非常拥护"。其他各省也先后召开五级干部会议或六级干部会议传达贯彻。以后又经过上海会议和八届七中全会,使"大跃进"以来盛行的"共产"风、浮夸风、高指标和瞎指挥受到初步遏止,形势开始向好的方面转化,国民经济也步入一个较为实际的平稳发展阶段。

毛泽东与三峡工程

　　长江是一条造福于中国的大江，又是一条给两岸广大人民带来巨大灾难的大江。

　　自古以来，长江流域的水灾相当频繁。在本世纪，1921年到1949年，共发生较大水灾7次，若算平均数，也是4年一次。

　　1949年夏，长江流域又遭洪灾，中下游地区损失严重。鄂、湘、赣、皖、苏的沿江堤纷纷溃决，村庄被荡平，田园被冲毁，人畜淹死无数。很多地方成了汪洋泽国，方圆几十里不见人烟。很多幸存的灾民无房可居，栖息于高坡，无粮可食，均以蕨根、螺蛳、榆皮、观音土等充饥，加上瘟疫流行，悲惨之状，难以言表。

　　欲治国，必治水。作为新生共和国的领袖，毛泽东建国伊始就十分重视兴修水利，治理江河。他在关注治理淮河的同时，又把目光投向了长江。

"为广大人民的利益，争取荆江分洪工程的胜利"

　　长江流经湖北枝城至湖南附近的城陵矶这一段，被称为荆江。其中，又以湖北公安县藕池口为界，分为上荆江和下荆江。由于穿峡谷奔腾而至的长江，到了平原地段，河道弯曲平缓，水流不畅，加之上游洪水又常与洞庭湖、湘、资、沅、澧四水及清江、沮漳河相遇，荆江汛期洪水位常高出堤外地面 10 多米。如果大堤决口，巨大洪峰将以高出地面 10 米以上的水头倾泻而下，荆北广大地区将成一片泽国，遭受毁灭性的灾难。所以当地流传一句口头语：长江万里长，险段在荆江。从东晋开始，就以荆州为中心修筑了荆江大堤，以约束洪水。1949 年夏天，因经受不住洪水的冲击，大部堤身已经崩塌江中，眼看就要发生溃堤，幸好洪峰时间不长，侥幸躲过一次灭顶之灾。但这已足以让中央和毛泽东下决心治理长江。

1950 年 9 为，长江水利委员会主任林一山根据中央和毛泽东的指示，在经过大半年调研的基础上，提出了以荆江分洪工程为中心的防洪计划作为治江的第一阶段计划。

这年国庆期间，中共中央中南局代理书记邓子恢将这个方案递到了毛泽东面前。毛泽东看过工程设计书后，又交给刘少奇和周恩来。他问邓子恢：当前国家要花钱的地方很多，财政相当紧张，但是，为了解除湖北人民的洪水威胁，国家再困难，也要干荆江分洪工程！不过，这个工程能够保用多少年哪？

邓子恢虽然答不上来，但他早有准备，已把林一山带到北京，正在住处待命。邓子恢立刻派人问林一山。

林一山说得很肯定：可保用 40 年，至少 20 年。

够了，20 年足够了。毛泽东当即批准了工程方案。

两个月后，周恩来主持召开了政务院第 67 次会议，将荆江防洪工程列为重点。周恩来特别指出，长江的沙市工程，即荆江分洪工程，在必要时，就要用大力修治，否则，一旦决口，就会成为第二个淮河。

荆江分洪工程方案包括荆江大堤加固、进洪闸、节制闸、拦河土坝、围堤培修以及安全区等工程项目，总面积 921 平方公里，有效库容 54 亿立方米。对于这个方案，湖北持积极态度，湖南则有顾虑。历史上就存在着舍南保北的矛盾，荆江分洪区虽在湖北境内，但分洪区蓄满水，就等于在洞庭湖头上顶了一盆水，万一南线大堤决口，就要水淹湖南。湖南省委书记黄克诚正是担心这一点：荆江分洪工程搞得不好，湖南出了力，就等于自己淹自己。周恩来重视两湖的意见，他给邓子恢写信，说到明朝一代名相张居正是湖北江陵人，认为长江水多不能向北淹，往洞庭湖流问题不大，他希望邓子恢向有关领导说明，搞荆江分洪工程不能搞本位主义。信写完，他把水利部党组书记兼副部长李葆华叫到政务院，让李持他的亲笔信到武汉找邓子恢，请邓召集中南局会议征求意见，并向湖北张难先、湖南程潜等做说服工作。李葆华到武汉后，邓子恢很快就召集中南局会议。会上，李葆华传达了周恩来在给邓的信中谈到的兴修荆江分洪工程，避免水淹武汉的意见。邓子恢根据周恩来的信，分别找程潜和张难先谈话，初步取得了两湖相近的看法。1951年长江水利委员会在修堤费里积了点钱，把分洪区原先群众修的老堤戴了个帽帽，加了个硬埂。这一戴帽、加埂，湖南从当地利益考虑向中央告了状。常德专署专员柴保中通过黄克诚向毛泽东写信，力陈长委会的做法损害了洞庭湖地区群众的利益。

毛泽东将信转给了周恩来，请他着手解决。

周恩来指示水利部安排两湖有关人员来京开个荆江分洪会议，会议只开了三天。会上两湖对荆江分洪工程完成后既能保障荆江大堤的安全，又能减轻对洞庭湖的威胁，意见是一致的。但湖南对长江发生特大洪水是否分洪，如果分洪，如何能免除对湖南的威胁，仍有顾虑。

为了解决分歧，使荆江分洪工程尽早开工，周恩来决定召开荆江分洪工程会议。1952年2月20日，周恩来召集水利部部长傅作义、副部长李葆华、张含英等以及两湖有关人员开会。周恩来细心地听着各方反映的情况，先表扬常德专署、湖南水利局写信给毛泽东，关心滨湖群众利益，而后话锋一转，变得严厉起来，问道：荆江分洪工程是毛主席批的，怎么到现在还没有开工？

刚才还比较松弛的会场一下紧张起来，谁也不说话，也不张望，在心里默想着属于自己的那份责任。周恩来的目光几乎扫过每个人的脸庞，并加重了语气：毛主席批的工程，中南局、湖北省委、水利部、长委会都置之脑后，不负责任。周恩来唯独没有点湖南的名，旨在化解矛盾，湖南的同志心里自然明白。

这次会议共开了三天。会后，1952年2月23日夜，周恩来向毛泽东和中央写了封信，报告有关荆江分洪会议的情况，随信还附上他主持起草的《政务院关于荆江分洪工程的决定》初稿。周恩来在信中告诉毛泽东：这一决定是我当场征求了各方有关同志并在会后又征求了养病中的袁任远的同意做出的，现送上请审阅，拟将此决定草案再电询子恢、先念、克诚等同志意见后再以正式文件下达。

2月25日，毛泽东审阅了周恩来的报告，并批示：

周总理：

（一）同意你的意见及政务院决定；（二）请将你这封信抄寄邓子恢同志。

毛泽东

二月二十五日

3月29日，周恩来就荆江工程决定再次给毛泽东并中央其他领导写信，详细说明部分修改的经过和依据，并于31日正式公布。周恩来还特意在这份文件中"保证完成"四个字下面加了着重号。在毛泽东和周恩来的推动下，中南军政委员会于4月成立了荆江分洪工程指挥部，集中了一批精兵强将，工程于4月5日全面开工。为保证工程顺利进展，周恩来从全国各地调了大批物资器材，并征得毛泽东同意，从部队抽调了约六万人，参加分洪工程。当水利部长傅作义把荆江分洪工程开工的消息告诉毛泽东时，毛泽东正在批阅彭德怀从朝鲜报来的最新战况，面对国共两党的两名战将送来的喜讯，毛泽东有一种重返战场、四面出击的欢愉，更有一种胜利的喜悦。傅作义请毛泽东为工程开工题词，毛泽东欣然命笔：为广大人民的利益，争取荆江分洪工程的胜利！

荆江分洪工程是新中国治理长江的第一个大工程，主体工程完工后，周恩来在政务院会议上高兴地说：荆江分洪工程不搞吧，又怕淹了湖北；搞吧，黄克诚同志来电说，如果不彻底搞，湖南出了力，就等于自己淹自己。我们决定彻底搞，并限期 100 天完工，结果 75 天就完工了。如果没有限期，就不会完成得这样快。

1954 年 7 月至 8 月，长江上游洪峰汹涌而下，长江中下游出现了有水文记录以来历史上最大的洪水，长江和汉江同时告急！江水已经没过了武汉市的最高水位线，江堤险情迭出，荆江大堤危在旦夕。一封封电报飞到毛泽东与周恩来的手中。为了保住荆江大堤，保卫武汉，政府不得不三次动用刚刚完工的荆江分洪工程，分泄流量，使沙市的水位下降近一米，保住了荆江大堤，减缓了武汉洪水的上涨速度，从而为战胜特大洪水创造了条件。得知武汉人民战胜特大洪水后，毛泽东再次挥毫致意：庆贺武汉人民战胜了 1954 年的洪水，还要准备战胜今后可能发生的同样严重的洪水。

"先修那个三峡水库怎么样?"

荆江分洪工程虽是新中国治理长江的第一个大工程，但它是长江治理的应急性工程，还不是治本的关键性工程。要治本，就必须在长江上修建大型永久性的水利工程。毛泽东不时在思考这件事。

1953 年 2 月，毛泽东乘"长江"舰从汉口到南京，专门就长江流域规划、三峡工程和南水北调等问题同林一山谈了 3 天。

怎样才能解决长江洪水的灾害呢？怎样才能除害兴利？毛泽东问。

我们拟定了三个阶段防洪方案：第一阶段加固和培修堤防，提高洪水宣泄能力，同时开展蓄洪垦殖，实现湖泊综合利用，以降低洪峰，减轻内涝，消灭血吸虫病等；第二阶段有计划地兴建控制型的大型山谷水库，实现防洪、发电、航行、灌溉、水产等综合利用；第三阶段兴建局部地区的除害兴利工程，最终全面根除洪水威胁。林一山将《长江流域水利资源利用规划草图》展开在毛泽东面前，向毛泽东一一介绍。

毛泽东一边认真地听，一边细心地问，当他听完林一山的介绍后，兴奋地说：太好了，太好了！你们这个规模很全面。

接着，毛泽东指着草图上的三峡地区问：修这样许多支流水库，如果把它们都加起来，你看能不能抵上三峡这个大水库？

从长江干流的主要洪水灾害来说，这些水库都加起来，还抵不上一个三峡水库的防洪效益。林一山回答说。

毛泽东皱了皱眉头，指着三峡出口不解地问：那为什么不在这个总口子上卡起来，毕其功于一役？就先修那个三峡水库怎么样？

毛泽东想先修三峡水库，这是林一山未曾料及的，他真佩服毛泽东的眼力，毛泽东的确善于从复杂的矛盾中抓住主要矛盾，一下子就抓住了三峡水库这个综合治理长江的关键工程，抓住了治本之所在。毛泽东一语道出了林一山内心蕴藏已久的愿望，林一山兴奋起来：我们很希望能修三峡大坝，但是，现在还不敢这样想。

毛泽东笑了起来，调侃地说：都加起来，还抵不上一个三峡水库，你不是也这样说了嘛！

一谈到三峡工程，林一山就格外激动，话也特别多，他详细地向毛泽东介绍了有关三峡工程的历史资料。他首先从三峡工程的巨大经济效益和社会效益谈起：三峡工程若能建成，它将是世界上最大的水利枢纽之一，若按坝高 200 米方案估算，可以发电 1300 亿度，急需用电的华中、华东地区，上海、广州、重庆、北京都在它的输电范围之内。它可以基本解决最严重的荆江和洞庭湖防洪问题，避免一次大水灾，就可减少几十亿乃至上百亿元的损失。它还能使重庆至宜昌的航道得到彻底改善。

三峡工程有这么大的效益?! 自取得政权以来，毛泽东还没听说国内还有如此效益的工程，如果能把这个工程搞成，将对新中国产生多么大的影响！

其实，在此之前，三峡工程就已是世人瞩目的大事业。

1918 年，世界大战刚结束，孙中山先生就在《建国方略之二——实业计划》里提出了整治开发长江的设想。他强调水利建设为民生经济之首要，防止水灾斯为全国最重要之一事，他还认为，价钱便宜的电，完全是用水力造成的……如果能利用扬子江和黄河的水力，发生一万万匹马力，有了一万万匹马力就是二十四万万个人力，拿这么大的电力，来替我们做工，那便有很大的生产。

长江和三峡江段的巨大水力资源很快引起西方国家的垂涎。1919 年夏天，英国驻上海的著名工程师波韦尔实地考察了宜昌至重庆的江流状况，提出了以便利航行兼筹利用水力的长江上游开浚计划。这个计划一提出，立刻引起我国关心长江中上游开发的人士的重视，也引起了孙中山先生的关注。1924 年 8 月 17 日，他应邀到广州国立高等师范学校发表演讲，明确地阐述了开发三峡水力资源的设想，他说，像扬子江上游夔峡的水力，更是很大。

1930 年到 1944 年，国民党政府也想在长江三峡里有一番作为，先由工商部派人去勘测，后来又派长江上游水力发电勘测队去搞勘测设计工作。无奈当时中国水利建设科技水平太低，无法胜任这项工作。于是，国民党政府请来一些洋人做顾问，美国工程师史笃培、潘绥、柯登，奥地利工程师白朗都等曾先后对三峡进行过勘察和研究。在这些洋人中间，对三峡工程最有兴趣的是美国垦务局设计总工程师约翰·萨凡奇博士。他是在抗日战争期间来中国的，在来中国之前，他已经设计建成60座大坝，当时世界上4座最大的水坝，包括美国的鲍尔德大坝和大古力大坝，都是他主持设计的，他已是工程界誉满全球的知名专家。他到中国后，提出要去三峡考察。中国当局告诉他，日军已占领宜昌，三峡出口处的南津关已是日军前沿阵地，日本飞机还常到峡江中巡逻轰炸，不同意他去三峡。萨凡奇执拗地说："生死不计，定要前往。"他甚至向他的学生立下遗嘱，一旦回不来，请他把遗嘱寄给在美国的亲属。中国当局只好同意了，决定派第六战区副司令兼江防司令吴奇伟陪同萨凡奇去三峡考察。萨凡奇率领中国资源委员会的一队技术人员，乘船来到距宜昌只有10公里处的平善坝。他们弃船登岸，一直步行到三斗坪。翻山越岭，爬了整整10天，对三峡作了详细的考察。回到长寿县后，萨凡奇在中国技术人员的协助下，辛苦了40个昼夜，完成了著名的《扬子江三峡计划初步报告》。萨凡奇建议中国当局在三峡出口处南津关修一座高坝。他在写给中国资源委员会的信上表示，"三峡计划之初步报告，是我从事工程40年来之一大快事。我能参与研究此项空前伟大的工程，至为欣幸。"他对三峡工程的迷恋几乎达到狂热的程度。他在重庆举行中外记者招待会，奔走于美国国务院和垦务局，并推荐美国联邦动力协会总工程师柯登到中国"三峡水力发电技术研究委员会"任职。1946年3月，萨凡奇再次来中国考察了三峡，他兴奋地说："经过这次旧地重游，更感到三峡的伟大，开发三峡计划不仅关系到中国的繁荣，而且它是一项国际性的伟大工程。这一计划已为中国当局所重视，也引起了美国朝野的普遍注意。"最令人感动的还是萨凡奇在记者招待会上的一番话："长江三峡的自然条件，在中国是唯一的，在世界上也不会有第二个。大坝建在宜昌，中国的中心，上帝给你们中国人赐福，太理想啦！我已经65岁了，三峡计划是我一生中最得意的杰作，如果上帝给我以时日，让我看到三峡工程变为现实，那么，我死后的灵魂一定会在三峡之上得到安息！"

说来也巧，美国总统罗斯福的特别代表纳尔逊当时正在中国，他对萨凡奇的三峡开发计划也很感兴趣，并拍电报到华盛顿向罗斯福总统推荐。美国方面也感兴趣，于是，中美联合起来开展研究和设计。可惜好景不好，国民党政府忙于打内战，1947 年 5 月，下令三峡水力发电计划暂停，并从美国召回了参加中美联合设计的中国工程技术人员。他们在办理结束手续时非常痛苦和沮丧，当时的全国水利总处副总工程师张光斗写了一篇文章，最后一句话是："三峡工程的理想和梦境，终有实施之日。"

国民党办不成的事，共产党能办成！胸怀改天换地、为民造福大志的毛泽东有这个信心。

1954 年夏，长江发生了大洪水。这场洪水把长江、汉江的堤防冲开 64 处溃口，两湖平原一片汪洋，许多干支堤防只剩下互不相连的堤段。仅湖北境内受灾农田就达 2127 万亩，受灾人口 926 万人，死亡 30582 人，京广铁路 100 天不能正常运行。残堤上席棚密布，灾民们生活十分困苦。湖南 60 个县市被淹，死亡 1700 多人，淹死牲畜无数，塌房 38 万间。江苏、安徽以及江西的灾情也十分严重。这么巨大的损失，又一次使关心人民疾苦的毛泽东大为震动。

洪灾过后，中央和毛泽东加快了对长江治本工程的筹划。

1954 年 12 月中旬，在武汉至广水的专列上，毛泽东、刘少奇、周恩来又专门听取了林一山关于长江三峡水利枢纽工程的汇报。

三峡工程在技术上有可能性吗？毛泽东开门见山。

林一山说："如果党中央要在较早的时期内部署，依靠我们自己的力量，在苏联专家的帮助下，是可以建成的。""目前苏联正在建设的水利工程，从技术到工程规模，和美国差不多。美国水利工程师萨凡奇有信心建三峡工程，也应相信苏联专家同样有这个水平。如果不用苏联专家的帮助，我们也可以建成三峡工程，但需要在丹江口水利枢纽工程建成之后。因为丹江口工程规模，也算得上是世界上第一流的大工程，我们有了这种经验，就能够胜任三峡工程的设计。"

毛泽东接着又问三峡工程的地质情况怎么样。

林一山回答说："虽然我们大部分地质勘探设备用在丹江口工程上了，只在三峡坝区做了初步的坑探，但我们在三峡选定了一个新坝区在美人沱，比萨凡奇拟定的南津关坝区要好。""根据坑探的结果来看，属于花岗岩地带，只是岩石风化比较严重。坑探 30 米后，发现了较好的岩层。""根据已掌握的外国资料，花岗岩风化层最深的可达百米。"

毛泽东又问：如果美人沱风化也有 100 米深，那么 100 米以下呢？

"请主席不用担心，100 米深的风化层是世界上最严重的风化情况，而我们这里，根据岸边勘探，30 米深的风化层在这个地区可能是最深的了。"林一山不慌不忙地说，"在这个河段上，有 25 公里的火成岩，我们才开始从几个点线上做了勘探，而在这一段的上一段属于片麻岩，还未勘探过。"

刘少奇问："什么是片麻岩？"

还未等林一山回答，毛泽东就替他回答了：片麻岩是花岗岩的变质岩，很坚硬，在片麻岩地区选坝址是没有风化问题的。

林一山确信，毛泽东已掌握了丰富的地质知识，后来他还听说，毛泽东在地质学上还做过一番研究，也曾和地质学权威专家李四光多次切磋过地质学的有关问题，还问过李四光"多字型构造"是怎么回事？李四光曾感动地对儿女们说："毛主席这样博学多闻，这样关心地质科学的发展，连我们地质力学中'多字型构造'这样专门的概念都注意到了。"

毛泽东接着又询问了三峡工程的其他问题，林一山一一作了回答。

回到北京不久，毛泽东请周恩来与苏联部长会议主席布尔加宁联系，要求派苏联专家来华帮助长江流域规划工作。布尔加宁很快给周恩来一个复照，答复立即派首批专家 12 人来华。苏联专家来后，经过一段了解情况，认为长江流域规划的各项准备工作充分，可以立即着手三峡工程的设计。1955 年底，周恩来请林一山和苏联专家组长德米特里也夫斯基一同到北京开会。周恩来主持会议，围绕着治江战略重点应放在哪里，是在猫儿峡还是在三峡修建水库等问题，认真听取了双方的意见。周恩来最后明确指出，三峡水利枢纽有"对上可以调蓄，对下可以补偿"的独特作用，三峡应是长江流域规划的主体。德米特里也夫斯基也赞同周恩来的意见，他们帮助找到了三峡三斗坪坝址。长江流域的规划工作和三峡工程的设计工作取得了丰富的成果。毛泽东闻讯后很高兴。1956 年，毛泽东在武汉三次畅游长江后，将他治理长江的理想写进了著名诗篇：更立西江石壁，截断巫山云雨，高峡出平湖。

"需要一个反面报告"

毛泽东对三峡工程十分积极，但决策时却又特别慎重。他注意发扬民主，广泛听取不同意见，更注意不同的意见，力求使决策合乎科学规律。

1958 年 1 月，中共中央在南宁召开工作会议。在会议后期，毛泽东决定亲自主持召开政治局扩大会议，抽几天时间专门研究三峡工程问题。为此，他指示将林一山和电力工业部部长助理兼水电总局局长李锐接到南宁，汇报有关情况。

三峡工程有没有必要修建？在这个问题上，有两种不同的看法。代表人物就是林一山和李锐。林一山从防洪、发电、航运、引水等的效益认为三峡工程在综合治理、开发长江中具有重要的地位和作用。李锐则认为长江防洪问题不大，加高堤防就可解决；先开发支流，不赞成把三峡作为控制利用长江资源的主体。

1956 年，林一山在《中国水利》杂志第五、六期上发表了《关于长江流域规划若干问题的商讨》一文，强调防洪是综合治理开发长江的首要任务，三峡水库位于"防洪性能最好的地区，可以根本解决两湖平原的水灾，可以根本改善城陵矶到宜昌和宜昌到重庆的航道条件，可以发电 1300 亿度（按比较方案中高方案 200 米方案估算）"，"将为我国工农业的发展奠定极为可靠的基础"，只计发电效益，也"属于成本较低的工程"。林一山建议：在流域规划阶段，应即"平行组织重点水利枢纽的设计研究工作"，以取得"具体精确的数据"，验证方案是否正确，因为"这种方案的否定或肯定对国家影响太大"。

李锐见到此文后，认为林一山的文章有许多观点值得商榷，便和几个同观点的人在《水力发电》杂志第九期三峡专号上发表了好几篇不赞同林一山观点的文章。李锐的文章认为，林一山"将必须首先解决防洪问题绝对化了。特别是过分强调以干流中心水库解决防洪问题，因而他所谈的综合利用就不全面，在许多地方实际上离开了综合利用的原则"。"由三峡而来的洪水灾害最为严重，其中有可能造成荆江数百万人命的死亡事故，这种说法是夸大了的，在国民党政府的腐朽统治下，1931 年的长江大水，曾死亡 14 万多人，决不能说在中华人民共和国时代，还会有这种惨剧。""三峡工程的修建，将要遇到一系列世界上尚未经历过的技术问题。""三峡水电站这样大的电力，在以后的相当时间内，中国的电力工业是消受不了的。"航运"只要增加船舶，加大马力，改善各种管理和采取安全措施，增加长江运输量的潜力是很大的。修建船闸需要很大的投资和维护费用，航运是否有此迫切要求，也是值得研究的"。

不久，李锐又在《水力发电》第十一期上发表了一篇不赞同林一山观点的文章。

1956 年 9 月 1 日，《人民日报》头版刊载了《长江水利资源查勘工作结束》的特号字标题新闻，副题为《开始编制流域规划要点，争取年底确定第一期开发工程方案；解决三峡大坝施工期间发电、航运问题的研究工作即将完成》。

这则新闻立刻引起李锐的关注，他觉得文中有"山雨欲来风满楼"的味道，便写了一篇《论三峡工程》的短文寄给《人民日报》。不久，报社寄来了清样。李锐以为不久就会发表，不料等了很久不见正式见报，他询问了报社。报社告诉他，周恩来不赞成在报上公开争论三峡工程，并认为科学技术问题不是在报刊上泛泛争论能解决问题的。

李锐和林一山到达南宁后的第二天，毛泽东就召集周恩来、王任重、薄一波等开会，听取他们两人的汇报。

林一山首先汇报。他从长江洪水灾害谈起，强调三峡工程在解决长江防洪中的关键作用，并列举了三峡工程的航运、电力、南水北调等方面的巨大效益。然后他再谈三峡工程的投资估算和分析。当汇报到三峡工程造价只需要 72 亿元时，博闻强记的毛泽东指着茶几上一堆三峡工程资料说：怎么少了，过去不是提 160 亿元吗？

林一山解释说："经过科研，有些突破，因而能省一些。"

周恩来问林一山：三峡电站装机由 2500 万千瓦减到 500 万千瓦，50 亿元够不够？

"够了，"林一山干脆说。

薄一波见林一山回答得很干脆，就问：25 亿够不够？

林一山也是干脆地说："不行。"

王任重说："你答应了吧！"

林一山说："不行，我又不招标投标。"

毛泽东哈哈地笑起来，他很欣赏林一山这种直率执着的品性，他手指着林一山说：那好吧，就按你说的这个造价，少装机，先把大坝修起来防洪。不过，你会不会中央决定上马后，你又说不够了？

"不会。"林一山口气肯定。

"我们不搞'上马预算'，我们都算清了，没算清的，从多不从少。"

林一山的汇报大约进行了两个半小时。之后，李锐接着汇报。李锐只讲了半个小时，比较简单。他也是从防洪谈起，认为不论从当前和长远看，都不可能依靠一个三峡水库来解决长江的防洪问题。长江千里堤防已加高加固，加上分蓄洪区，已可防御 1954 年型洪水，不致酿成大灾。三峡工程是一座世界空前规模的水电站，这必须同整个国民经济的发展相适应，同各种技术条件的发展分不开，而不能孤军前进。从电力系统考虑，三峡的整个装机容量和单机容量，何年何月需要尚难以估计。总之，是比较遥远的事情。

两个人都讲完了，毛泽东发言：讲了还不算数，你们两人各写一篇文章，不怕长，三天交卷。第三天晚上再来开三峡的会。

"我不行，我不会写文章。"林一山怕自己写不好。

"我只能用我的国语水平勉强来表达我的工作经验，至于文学创作，我是不行的。"

毛泽东没有让步：我要考考你，你能不能写个像样的文章，让王任重给你当政治委员好不好？

林一山知道毛泽东又在开玩笑，便来了个顺水推舟："行啊，省委书记当政治委员还有不好的！"

李锐是个秀才，不怕写文章，但事起仓促，一直到第三天早晨才写成。胡乔木、田家英都是李锐在延安时期搞宣传工作的熟人，有关三峡的意见又比较一致，这时，胡乔木急急来找李锐，问他文章交出没有，他说林一山的已经印发了，怎么不见你的？李锐说，已经写好，就要交出。胡乔木看了一下文章开篇就说，主席在会上提出写文章要有三性：

准确、鲜明、生动，你这个开头还不够鲜明。于是李锐又将文章稍加修饰，匆匆交出付印。

第三天晚上，仍在原处开会。与会者都将文章看过了。会议不到半个小时就散了。仍是毛泽东先讲，说李锐的文章写得好，意思清楚，内容具体，特别赞赏他文章中有关电站容量跟电网及全国电力的比重关系，以及坝址地质条件的说明。如果今后 15 年能建成，那是赶上美国的问题，还有原子弹问题，太集中了也不好，还得有别的电站。水力用之不竭，应当多搞水电，加快发展水电，"水主火辅"嘛。毛泽东最后指着李锐：我们要有这样的秀才，大家都要注意培养秀才！

毛泽东把李锐的文章还给李锐：这是你的。你当我的秘书吧。

李锐毫无思想准备，连忙说："我当不了，水电业务忙得很。"旁边也有人帮着李锐说话。

毛泽东说得很轻松，但不改初衷：是兼职的嘛。

他又把林一山的文章递给林一山：这个给你，三峡还是归你负责。

毛泽东又转身向周恩来说：三峡的问题，你来管吧！

周恩来谦让着：这么大的事，还是请主席管。

毛泽东：我那么忙，哪有这么多时间来管呢？还是你来管。

刘少奇也说：恩来同志能领会主席意图，还是请恩来同志挂帅。

周恩来不好再推。

毛泽东脸上浮起笑容，并伸出四个指头：好吧，你来管，一年抓四次。

在周恩来的亲自指导下，经过多年的研究论证，1966 年 3 月 9 日，已是长江流域规划办公室主任的林一山就修建长江三峡工程给中央、毛泽东写了个报告。报告说，长江规划和三峡工程的研究，在总理的亲自指导下，按照主席所指示的"积极准备、充分可靠"和"有利无弊"的方针进行工作。三峡水利资源综合利用效益极大，但要积极开发，就必须解决建设规模与经济发展水平之间的矛盾问题，这也是有人反对近期建设三峡的一项重要根据。最近几年，根据主席的指示，我们着重研究了建筑物防护、水库淤积和分期建设等三个问题，进一步认识到分期建设更符合于"有利无弊"的方针。三峡水利枢纽的规划设计原则是：综合利用，合理安排防洪、发电、航运，充分利用水利资源，除害兴利，在防洪工程配合下，逐步达到根治长江的目的。在实现各项水利目标的程序上，可能根据实际需要，逐步实现。分期建设可以用较少的投资额、较短的工期，尽早地发挥效益，有利于国家资金的合理使用，同时也有利于工程防护。报告在对三峡工程的防淤、防空等问题进行了具体论证后提出，根据当前国家经济发展情况，三峡工程宜早不宜迟，建议中央将这一工程列为第三、四个五年计划期间的建设项目。4 月 10 日，王任重将这个报告及其他两分相关的报告一起报送毛泽东审阅。毛泽东阅后，在王任重的送审报告上批语：已阅。需要一个反面报告。显然，毛泽东认为举世瞩目的三峡工程的决策需要慎重，还要听取和分析不同的意见，以避免片面性，作出最优化的决策。

"赞成兴建此坝"

1958 年 2 月 26 日至 3 月 5 日，为研究治理长江规划、勘察与选择三峡坝址，周恩来偕李富春、李先念带领国务院有关部门和有关省的负责人及中苏专家、工程技术人员一百余人，从武汉溯江而上，进行实地考察。这是一次规模大、时间长、影响深远的实地考察。

3 月 6 日，周恩来在重庆主持了"积极准备兴建三峡水利枢纽"的会议，并作了总结性的讲话。他赞同三峡工程必须搞，而且也能够搞的意见，并传达了毛泽东对三峡工程的指示：如有可能，就要积极准备，充分可靠。如何积极准备呢？周恩来说：这次会议是根据南宁会议召开的。在南宁会议上曾提出兴建三峡的可能性问题，现在就是要听听苏联专家和各部门兴建三峡的意见。要回答这一问题，当然要涉及全江，要谈整个长江流域规划。因为积极准备兴建三峡枢纽，必然的要联系到远景与近期的开发，干支流的关系，大中小型工程的结合，上中下游的兼顾及水电的比例等一系列的问题，也就必然涉及长江流域的综合利用，整个工业的部署和电力网的设立等。他认为两年来的争论是必要的，不争论哪会有这样多的材料回答各方面提出的问题：争论只要是不妨碍工作，有利工作，就应当提倡鼓励；三峡是千年大计，对问题只发展一面，很容易走到反面，为三峡搞得更好，还是可以争论。

3月8日，中共中央在成都举行会议，毛泽东、周恩来、刘少奇等中央领导人和中央有关部门及各省、市、自治区党委第一书记参加了会议。

毛泽东在讲话中也谈到了三峡工程南水北调工程和河北省的水利建设，毛泽东建议"三峡问题，就在这里解决"。为了结合实际，3月21日，毛泽东等还专门去看了都江堰。

3月23日，周恩来在会上作了关于三峡水利枢纽和长江流域规划的报告。25日，会议讨论并通过了周恩来的报告，同时形成了《中共中央关于三峡水利枢纽和长江流域规划的意见》的文件。文件共提出了七条意见。其中第一条意见指出："从国家长远发展和技术条件两个方面考虑，三峡水利枢纽是需要修建而且可能修建的；但是最后下决心确定修建及何时开始修建，要待各个重要方面的准备工作基本完成之后，才能作出决定。"这句话的后半部分是毛泽东在审阅这个文件时亲笔加上的。4月5日，中央政治局会议批准了这个文件。

成都会议一结束，毛泽东在李井泉、王任重、柯庆施等陪同下，于3月29日乘船由重庆顺江东下。30日，船过三峡时，毛泽东在驾驶室观察三峡地形，并向身旁的船员们说：有些地方航道仍然不好，要在三峡修一个大水闸，又发电，又便利航运。傍晚，船经过三斗坪坝址时，掉头减速，毛泽东站在船尾甲板上视察了三峡坝址。4月5日，毛泽东在武汉会见一个外国代表团时说：我们准备在三峡筑一个水库。准备工作需要五——六年，连筑成就要十五——二十年。这将是我们的第一个大水坝。

自1958年成都会议以后，毛泽东对三峡工程的准备工作着重提出了三个问题。一是如何解决泥沙淤积问题。1958年夏季，毛泽东在武汉东湖之滨，专门向林一山询问了长江泥沙的淤积问题。毛泽东认为三峡水库不是百年大计，而是千年大计，必须在动工修建之前找到解决泥沙淤积的办法。二是三峡工程的投资国力能不能承受的问题。1969年6月26日，毛泽东对张体学谈到投资问题时说："我看一上马就50亿"。三是三峡工程怎样解决防空炸问题。在当时充满冷战气氛的国际形势下，毛泽东认为修这么大的水库，不能不考虑防原子弹的问题。

1969年6月，毛泽东到武汉，张体学提出要开始修三峡大坝。毛泽东泼了"冷水"。同年10月，毛泽东在武汉，曾思玉等再次提议修三峡大坝。毛泽东说：目前备战时期不宜作此想。1970年，毛泽东、周恩来支持了武汉军区和湖北省提出的先建葛洲坝工程的意见，并明确提出修建葛洲坝水利枢纽是三峡工程的实战准备。1970年12月16日，周恩来主持召开葛洲坝工程设计汇报会。会上，周恩来指出，要有战争观念，高坝大库是我们子孙的事，21世纪的事。又说，三峡和葛洲坝，两个同时修，形势不允许，"四五"计划同时修两个也不可能。22日，周恩来主持起草了《中共中央关于兴建宜昌长江葛洲坝水利枢纽工程的批复》，指示："修建葛洲坝水利枢纽，是有计划、有步骤地实现伟大领袖毛主席'高峡出平湖'伟大理想的实战准备"，修建中"既要考虑战时万一遭到敌人破坏不致危害下游的可靠措施，也要考虑今后保证三峡高坝建设的有效措施。"24日，周恩来致信毛泽东和林彪，报告葛洲坝工程酝酿、论证情况。全信如下：

去年十月，主席在武汉曾在曾思玉、刘丰两同志提议修三峡大坝时说到在目前备战时期不宜作此想。后来，他们就同水电部、长办转而设想改修三峡下游宜昌附近的葛洲坝低坝，采用径流发电，既可避免战时轰炸影响下游淹没的危险（低坝垮了只多三亿到八亿五立方米水量的下泄，宜昌到沙市河槽内可以容积），又可争取较短时间加大航运和发电量（航运单向年达到二千五百万吨左右，发电装机可达到二百零四万千瓦，保证出电八十万千瓦，时间五年可成）。武汉军区和湖北省革命委员会本年十月就提出报告请中央列入"四五"计划。中央政治局十一月会议讨论，原则批准，要他们多做水工试验和研究，并写一可靠的水坝工程资料。我和国务院业务组（先念、登奎、德生三同志均参加），与曾思玉、张体学、林一山等同志和水电部负责人经多次研究和讨论，认为在"四五"计划中兴建葛洲坝水利工程是可行的。他们所提出的资料和数据，也是经过十来年的现场地质勘察、水工试验和历史水文记录的积累和分析得来，基本可靠。而在施工过程中，还可精心校正，精心设计，力求避免二十年修水坝的许多错误。至于三峡大坝，需视国际形势和国内防空炸的技术力量的增长，修高坝经验的积累，再在"四五"期间考虑何时兴建。现将中央批复送审稿及报告和附件、附图（二张）呈上，请审阅，并请主席批示。林一山意见书一并送上，供参阅。

1970 年 12 月 26 日，即毛泽东 77 岁寿辰。这天，他看了周恩来的信和《中共中央关于兴建宜昌长江葛洲坝水利枢纽工程的批复》送审稿后，在中央的批复稿上批示：赞成兴建此坝。现在文件设想是一回事。兴建过程中将要遇到一些现在想不到的困难问题，那又是一回事。那时，要准备修改设计。毛泽东对修建葛洲坝工程尚且认为将要遇到意想不到的困难。从这里也可以理解他为什么不同意当时上三峡工程了。

先上葛洲坝工程的决策，是又一次把目标和步骤结合起来既积极又慎重的重大决策。但由于"文化大革命"混乱的形势和其他各种原因，葛洲坝工程开工后，暴露出很多问题。是不是先修葛洲坝的决策错了？1972年11月，周恩来抱病连续三次主持召开葛洲坝工程汇报会。一方面，他果断地决定把工程停下来，整顿队伍。修改设计方案，并组成了葛洲坝工程技术委员会，使葛洲坝工程技术有一个强有力的领导核心。另一方面，他组织大家平心静气地进行讨论，再一次统一大家对先修葛洲坝战略决策的认识。11月21日汇报会上，周恩来对林一山和葛洲坝工程技术委员会的其他同志说，"修葛洲坝要成为三峡大坝的试验坝"，"搞好了葛洲坝，就是大成功。"

经过两年的修改设计，经周恩来批准，1974年底葛洲坝工程开始复工。1981年1月4日，葛洲坝大江围堰胜利合龙。1983年，二江电厂7台机组全部建成。1988年大江电厂14台机组全部投产。1989年，葛洲坝主体工程验收合格。

毛泽东虽然没有能看到葛洲坝工程的宏伟雄姿，但是，假若他在天有灵，他会感到欣慰的。

1992年4月，全国人民代表大会通过了《关于兴建三峡工程的决议》，进军三峡的序幕终于拉开了！

1994年12月14日，在毛泽东关注、周恩来亲自踏勘过的三峡中堡岛上，开工的礼炮炸响了，伟人的设想终于付诸实现了。

毛泽东与炮击金门

1958 年炮击金门是毛泽东围绕台湾问题处理对外关系的一个重大决策。炮击金门有力地支持了中东人民的解放斗争，破除了对西方的迷信，更重要的是对争取台湾当局，发展海峡两岸关系产生了深远影响。

"准备打金门，直接对蒋，间接对美"

1958 年夏，美国当局为了维护其在中东的利益，悍然介入黎巴嫩内战。公然派海军陆战队以保护侨民为名在黎巴嫩登陆，占领了贝鲁特。同时，美国为了转移世界舆论对中东局势的关注，扩大对中国的威胁，放松了对蒋军军事行动的约束，积极地鼓动蒋介石"反攻大陆"，并从本国和地中海舰队调派大批军舰、飞机加强了在台湾海峡活动的第七舰队的力量。美国国务卿杜勒斯，美国海军参谋长伯克，于 6、7 月相继对台湾进行访问活动，并通过新闻媒体大肆进行渲染，其用意在于向世界宣布：美国决意与蒋介石政府共同防卫台湾。这还不算，美国还声称根据 1954 年美蒋《共同安全防御条约》，要把装有核弹头的"斗牛士"导弹运到台湾，弹头对准中国大陆。

在美国的怂恿支持下，进入 7 月以来，蒋介石集团加紧了对东南沿海等城市的袭扰，派军舰和小股匪特在沿海登陆袭扰，并一再叫嚣要反攻大陆，使台湾海峡的紧张局势不断升级。

所有这些，唤起了毛泽东高度的警觉：美帝国主义试图借中东危机来实现它使台湾海峡现状国际化的目的，以此来重建远东反共轴心战略包围圈，扼杀新中国。事关祖国统一大业，毛泽东岂能等闲视之。他思索着，下决心"利用这个机会在国内外搞点东西"。

台湾问题本来属于中国内政。但是 1950 年，在朝鲜战争爆发的同时，美国以武力侵占台湾，使台湾问题严重复杂化。1954 年日内瓦会议和平解决朝鲜问题和印度支那问题后，毛泽东曾及时把台湾问题提到全世界人民面前，要求美国从台湾撤军。在中国的努力和全世界爱好和平人民的压力下，1955 年 8 月美国不得不同意用谈判的方式来解决台湾问题。但是，由于美方缺乏诚意，1957 年底谈判中断。这预示着美国准备进一步在这个地区制造紧张局势，对中国的和平将形成很大威胁，因此，毛泽东一直寻找机会使台湾问题引起国内外关注，将美国逼回谈判桌。1958 年夏发生的中东事件，为毛泽东提供了这样的一个机会。毛泽东在此时提出台湾问题，可以把台湾问题同支持中东人民反美斗争的国际战略意图密切结合起来，使两个地区斗争互相支持，互相配合，互为后盾。这是毛泽东作为战略家的高明之处。

那么，以何种方式提出台湾问题呢？毛泽东选择了炮击金门。

1958 年 7 月 18 日，毛泽东在中南海主持召开了有军委副主席、空军和海军负责同志参加的军委联席会议，布置东南沿海的军事斗争任务。毛泽东在会上指出：支援阿拉伯人民的反侵略斗争，不能仅限于道义上的支援，还要有实际行动的支援。打金门就是支援黎巴嫩人民的反侵略斗争。金门、马祖是中国的领土，打金门、马祖，惩罚国民党军，是中国内政，敌人找不到借口，而对美帝国主义则有牵制作用。牵制他部署在远东的兵力不能西调中东，以减轻美国对中东人民的压力。此次行动以地面炮兵实施主要打击，准备打两三个月；以两个空军师于炮击的同时或稍后，转移南下，分别进驻汕头、莲城。

其实，对金门的炮击，并非始于 1958 年。建国以后断断续续数年间，炮击似乎没有停止过，不过规模不等罢了。1953 年 9 月 3 日，我军曾对大、小金门发动过一次相当猛烈的炮击，一下子就摧毁蒋军炮兵阵地 7 个，击沉炮艇、拖轮各 1 艘，击伤猎潜舰 3 艘，击毁水上活动码头 1 个。从"九三"炮击开始，直到 9 月 22 日，我军共击落敌机 12 架，击伤 42 架。1954 年 8 月，美蒋预谋签订《共同安全防御条约》，我军又对金门国民党军以惩罚性打击。从此之后，双方的炮战时有发生，有蒋军主动打的，也有我军主动打的，反正断断续续，炮声不断。

不过，毛泽东筹划中的这次大炮战，无论时间、规模及猛烈程度，都是以往任何炮战所无法比的。

当然，在当时的那种国际格局下下决心同美国人斗并不是一件轻松的事。

从当时中美两国情况对比看：第一，美国在经济、军事等方面有较强的实力。它除有登陆作战的力量外，还有原子弹、导弹等现代化武器装备；第二，社会主义阵营中最强大的苏联不支持中国采取强硬方针。他们认为，如果中国采取斗争的方针，势必引起美国人参战，而美国的力量是"可观的"，"力量表现在导弹上"，并告诫中国政府，"目前不宜于打"，社会主义阵营也没有必要投入这场战争；第三，中国全面社会主义建设刚刚开始，经济、军事等方面都比较落后，不具备打现代化战争，也不具备登陆作战的能力。

在这种情况下，毛泽东所以能够下这个决心是建立在他对形势合乎实际的分析与判断上。当时，对形势，国内外人们普遍关心，而又认识各异的有这样几个问题：第一，中美之间会不会打起来？毛泽东认为，不会打起来，原因是，中国不希望打仗，美国也害怕同中国打仗。他分析说：我总是觉得，它（指美国）是霸中间地带为主，至于我们这些地方，除非是社会主义阵营出了大乱子，确有把握，一来，我们苏联、中国就全部崩溃，否则，我看他是不敢来的。第二，如果打起来怎么办？毛泽东认为，万一打起来也不可怕，他说，我看，还是横了一条心，要打就打，打了再建设。每天总是怕，在干部和人民里头不鼓起一点劲，这是很危险的。第三，如何比较中美双方的力量？毛泽东承认美国有实力，特别是拥有原子弹，认为这是美国的优势，也是中国无法比的。但是，他强调，力量不仅仅表现在这个方面，还应该看到：人心就是力量，我们这边的人多一点，他们那边的人少一点。从这个意义上比较，美国"力量有限，困难甚多"。毛泽东认为美国的困难主要表现在五个方面：第一，美国的军事基地遍布世界各地，因此，造成力量分散，处处兵力不足；第二，美国国内厌战空气甚浓，人民反对政府的战争政策；第三，资本主义世界中也不支持美国的政策；第四，全世界都在反对侵略，反对战争；第五，世界各地蕴藏着革命力量，反帝斗争一触即发。这些分析破除了对西方的迷信，这是毛泽东在战略上蔑视帝国主义的具体表现。

根据毛泽东、党中央的战略决心，1958年7月18日，国防部长彭德怀、总参谋长黄克诚在北京召开军委作战会议，制定炮击金门的具体方案。

根据这次作战会议的决定，陆军以福州军区为主，调集22个炮兵营，部署在厦门、莲河地区，打击大小金门的蒋军目标；以6个岸炮连，部署在厦门、莲河、围头一线，打击料罗湾的蒋军舰艇。空军以福州空军为主，先以两个歼击机团进驻福建连城、福州、龙田各机场；轰炸机、侦察机随后进驻江西樟树等地，以夺取东南沿海的制空权，并准许必要时轰炸金门。海军以东海舰队为主，除以歼击机掩护策应汕头、连城空军作战，并掩护三都澳海军基地外，另集中8个岸炮连，配合陆军打击大小金门；调5个鱼雷快艇大队、2个潜艇大队、1个高速炮艇中队，分别进入泉州、东山、三都澳等地，准备从海上打击蒋军的舰艇部队。

陆、海、空三军参战部队的火炮共459门，舰艇80余艘，飞机200架。这些部队全部于7月24日前部署完毕。

炮击金门，这是三军将士盼望已久的。各部队接到命令后，欣喜若狂，纷纷要求参战，希望早打、狠打。然而，由于当时福建沿海遭台风袭击，连续19天暴雨，道路泥泞不堪，冲毁桥梁43座，公路塌方也十分严重。部队在阴雨中作业，病员骤增，加之空军、海军的部署要作局部调整，对国际形势也需要再观察几天，于是，毛泽东于7月27日致信彭德怀、黄克诚。

德怀、克诚同志：

睡不着觉，想了一下。打金门停止若干天似较适宜。目前不打，看一看形势。彼方换防不打，不换防也不打。等彼方无理进攻，再行反攻。中东解决，要有时日，我们是有时间的，何必急呢？暂时不打，总有打之一日。彼方如攻漳、汕、福州、杭州，那就最妙了。这个主意，你看如何？找几个同志议一议如何？政治挂帅，反复推敲，极为有益。一鼓作气，往往想得不周，我就往往如此，有时难免失算。你意如何？如彼来攻，等几天，考虑明白，再作攻击。以上种种，是不是算得运筹帷幄之中，制敌千里之外，我战则克，较有把握呢？不打无把握之仗这个原则，必须坚持。如你同意，

将此信电告叶飞，过细考虑一下，以其意见见告。

晨安！

毛泽东

7月27日上午10时

叶飞是毛泽东提议任命的这次炮战的总指挥。他接到毛泽东的信

后，认为推迟炮击时间比较有利，于是立即复电：根据前线情况，准备工作做得充分些再进行炮击，较有把握。

后来的实践证明，毛泽东对这次炮击时间的调整，是非常重要的。此前，国民党军控制了福建前线的制空权。当时，我沿海机场的飞机起飞，不能朝大海方向，只能往后飞，然后再掉过头来。如果朝前飞，一起飞就到台湾海峡上空了。我军要在福建前线站稳脚跟，必须掌握制空权。利用炮击推迟的这段时间，我空军与国民党空军进行了连续半个多月的空战。结果，蒋空军损失飞机50多架，大约占它飞机总数的三分之一。我军损失20多架。空战之后，制空权完全被我们控制了，蒋军老实了，为炮击金门扫清了障碍。若没有掌握制空权，我军那么密集的火炮和舰艇是不可能在沿海一线展开的。

毛泽东清楚地看到中国面对的毕竟是一个强大的敌人。因此，必须讲究策略，寻找最有利的斗争方式。8月17日，中共中央在北戴河召开会议，毛泽东作出炮击金门的最后决定。18日，他又在广州军区关于在深圳方向上进行演习的部署给军委的报告上批语：准备打金门，直接对蒋，间接对美，因此不要在广东深圳方面进行演习了，不要去惊动英国人。"直接对蒋，间接对美"包含了毛泽东决定打金门而不打台湾的极重要的策略思想，也是他妥善处理中美蒋三角关系的绝妙之笔。在这个批语中，毛泽东还让彭德怀提醒空军司令部注意：台湾方面可能出动大编队空军（例如几十架至百多架）向我反击，夺回金、马制空权。因此，我应迅即准备以大编队击败之。追击不要越过金、马线。"追击不要越过金、马线"一句，毛泽东加了着重号。

8月20日，毛泽东指示福建前线的总指挥叶飞，要他立即去北戴河。21日下午3点，叶飞到了北戴河毛泽东的住处。一见到毛泽东，叶飞就把炮击金门的准备情况，炮兵的数量和部署，包括实施突然猛袭的打法，都一一作了汇报。彭德怀、林彪也参加了，总参作战部长王尚荣也在座。

汇报完了，毛泽东突然提出一个让叶飞意想不到的问题：你用这么多的炮打，会不会把美国人打死呢？那时，美国顾问一直配备到国民党军队的营一级。

叶飞回答说："哎哟，那可是打得到的呀！"

听叶飞这么一说，毛泽东足足考虑了几十分钟，然后又问：能不能避免不打到美国人？

"主席，那我无法避免。"叶飞的回答很干脆。

毛泽东听后，再没问其他什么问题，也未作任何指示，便宣布休息。熟悉毛泽东习惯的人都知道，这是他要进一步考虑问题了。

晚饭后，王尚荣拿了一张条子给叶飞，那是林彪写给毛泽东的。林彪这个人很会琢磨毛泽东的意图，他看毛泽东很注意能否避免打到美国人的问题，所以特意写了个条子。条子的内容是：主席很关注如何避免打美国人的问题，是否可能通过王炳南（正在华沙同美国进行大使级谈判）给美国透一点消息。当时许多人大为奇怪：林彪这人怎么这样莫名其妙，告诉了美国人不就等于告诉了台湾吗？这怎么能行呢？

叶飞看完林彪写给毛泽东的条子，在吃惊的同时，问王尚荣："主席让你把条子交给我看，有没有话交代？是不是要我表态？"王尚荣回答："主席没说什么，只说拿给你看。"这关系到最高决策问题，毛泽东既然没要表态，叶飞一句话也没有说。

第二天，毛泽东请叶飞参加会议。毛泽东下决心了，根本没有理睬林彪的建议。谈到打美国人的问题，毛泽东的话很简单：那好，照你们的计划打。毛泽东要叶飞留在北戴河指挥，实际上是毛泽东在直接指挥，福建前线则由张翼翔、刘培善代叶飞指挥。

第三天，即1958年8月23日，军委根据毛泽东的命令，决定对金门蒋军进行第一次大规模炮击，着重打击蒋军指挥机关、炮兵阵地、雷达阵地和停在料罗湾的蒋海军舰艇。23日上午，中央军委下达了"一级战备"的命令。

毛泽东选择这一天对金门展开大规模的炮击，可谓是独具匠心。因为，8月22日，联大紧急会议讨论通过阿拉伯各国要求美国从中东撤军的提案。这个提案的通过，意味着中东局势逐步缓和下来。这样，国际关注的热点就转向台湾地区，有助于中国人民的斗争。

1958年8月23日下午5时半，毛泽东一声令下，我军万炮齐发，猛轰金门。炮声惊天动地，在金门飞起一团团数不清的烟柱。第一次急袭，所有炮兵阵地同时向金门开火，一个小时密集发射了几万发炮弹。火力猛烈而密集。后来有人评论说："与攻克柏林的炮火差不多，甚至有过之而无不及。"片刻工夫，整个金门岛为一片硝烟所笼罩，蒋军猝不及防，死伤惨重。我军的炮火打得很准，一下子摧毁了蒋军的许多阵地，特别是集中火力猛击金门胡琏的指挥所，打得非常准确。当即击毙蒋军金门防卫司令部中将副司令等三人，击伤蒋帮"国防部长"俞大维和中将参谋长一人。可惜打早了五分钟，后来得到情报，我军开炮的时候，胡琏和美国总顾问刚好走出地下指挥所，炮声一响，赶快缩了回去，没能把他们打死。若是晚开炮五分钟，这两人必死无疑。在阵地上的美国顾问被打死两人。对此，美国人一直没有吭声。

"只打蒋舰，不打美舰"

金门炮响后，各方迅即作出了反应。

蒋介石的反应大出人们的意料之外。当他得知金门蒋军遭到猛烈炮击时，不仅没有惊慌失措，反而大声说好。

出乎人们的意料之外，即全在毛泽东的预料之中。得知蒋介石的这一反应，毛泽东笑了。他说：我们的这个老对手是精明的，炮声一响，他又可以向美国主子讨价还价了。

可以说，蒋介石退居台湾后，要不是美国人不断地进行军事和经济援助，蒋介石是难以为继的。但蒋介石为此也不得不忍气吞声，将美国政府决策人物抛出的一个个苦果忍辱吞下。1950年6月27日，美国总统杜鲁门发表声明，抛出"台湾地位未定论"，否定国民党政权统治台湾的"合法性"，蒋介石忍痛吞下第一颗苦果。1954年12月，台、美签订《共同安全防御条约》，美国坚持明确规定这个条约仅限于台、澎等岛，不包括金、马，而且还明确规定"中华民国"只能代表台、澎、金、马，不可再说代表全中国，蒋介石也极不赞成，最后也不得不吞下这第二颗苦果。1955年8月，中美开始在日内瓦、后改在华沙谈判，蒋介石又吞下第三颗苦果。1957年3月20日，美国顾问团上士雷诺在台北美军住宅区枪杀了"阳明山革命实践研究院"职员刘自然，美军事法庭以"误杀"判雷诺无罪，激起台湾人民愤慨。蒋经国利用民怨，发泄对美逼蒋"换马"的不满，亲自指挥"反共救国军"上街游行示威，怂恿冲击美国驻台"使馆"，砸了保险柜，拿到一些美政府"弃蒋"的文件，美、蒋之间的裂隙更深了。蒋介石本想借此反抗一下美国的压力，但最后还是以向美国道歉收场，这是蒋介石咽下的第四颗苦果。"刘自然事件"传到北京，毛泽东对他的国际问题秘书林克说：美国对它自己的伙伴没有同情心。你看，连老朋友蒋介石都要整嘛！……5月24日，台湾大打美在台"大使馆"，用大铁锤砸开了美国"使馆"的保险柜，拿走了秘密文件，文件上有要搞垮蒋介石的内容。到了1958年，美国国务卿杜勒斯又将第五颗苦果送到了蒋介石面前。他以削减美援为手段，力追蒋介石从金门、马祖撤军，以免由于这两个小岛的战端被蒋介石拖入中国内战，又可以把台湾完全孤立起来。如果这一步得逞，可以实施第二步"托管台湾"，来制造"两个中国"，以便把台湾彻底从中国分割出去。

这一点，毛泽东不答应。

蒋介石也不答应。

不答应的理由也很相似：毛泽东要将台湾统一回大陆；蒋介石也想"收复大陆"；两个人谁也不想割断大陆与台湾之间的纽带。

毛泽东巧妙地利用了美蒋之间的这一矛盾。就在金门炮击开始后的一天，毛泽东便对林克说向金门打炮，也不是为了解放金门，而是蒋介石期望我们打炮，这样他就有了借口，可以抵抗美国压力。

于是，台海之间的大炮一响，蒋介石反而来了精神。他立即对美国记者说："炮击金门是进攻台湾的前奏。"他要求美国迅速帮助防守金门。

解放军炮击金门的消息传到大洋彼岸时，艾森豪威尔正在北卡罗来纳山中地下深处的防弹掩蔽所里，这里的墙壁是坚固的钢筋水泥，到处都是闪烁的电子仪器。艾森豪威尔是在参加一年一度代号为"行动"的演习。

中央情报局长艾伦·杜勒斯匆忙来向总统报告中国情况：人民解放军炮击国民党军盘踞的金门、马祖，据台湾当局电告，大炮轰击所造成的有形损失是轻微的，尽管伤亡不小。蒋介石预料"中共将这两个岛屿实行封锁，企图使守军挨饿"，美国必须迅速出兵，帮助守岛军民。

艾森豪威尔听了杜勒斯的汇报，也被中国突然发生的事情弄蒙了，苦思冥想了两天，也弄不清毛泽东此举的意图何在。在此期间，又不断有新战况传来。正如蒋介石所预料的，人民解放军已调整部署，从地面、海上和空中三个方面加强对金门的封锁，国民党守军处境困难。艾森豪威尔已被眼前的情景所困惑：解放军空军已经夺取了福建上空的制空权；解放军海军也有了福建沿海的制海权；陆地上，大批炮兵和坦克部队仍在向福建运动，通往福建的铁路已经修好，机场也在加强修建，种种迹象表明，中共此次大规模的炮击，其目标不仅仅是金门、马祖，看来有一举拿下台湾之势！

艾森豪威尔不担心失去金门、马祖，甚至希望中共能在一夜间将它收拾掉；他担心的是毛泽东会像出兵朝鲜那样，以迅雷不及掩耳之势，一步跨向台湾岛。如果丢失了台湾，对红色中国的半月型的包围圈就会失去一环，而导致一连串的崩溃。他的结论是小心为是。8月29日，艾森豪威尔匆忙回到华盛顿，下令从第六舰队调出两艘航空母舰驶过苏伊士运河，加入到台湾海峡的第七舰队。这样，美军在台湾海峡就有航空母舰7艘、重巡洋舰3艘、驱逐舰40艘。美国第四十六巡逻航空队、第一海军陆战队和其他好几批飞机也调来台湾，美国第一批陆战队3800人已在台湾南部登陆。艾森豪威尔声称，如果中共真的企图"侵占"金门和马祖，他将考虑批准"对共产主义中国的机场使用战术原子武器"。

美国的兵力毕竟有限，顾此失彼，它的注意力从中东一下子转到远东来，中东和缓下来了。毛泽东调动美国的意图已初步实现，并不理睬美国的姿态，将弓弦拉得更紧了。至9月2日，人民解放军又击沉击伤国民党军舰艇2艘，击伤运输机4架，歼灭炮兵连两个，摧毁各种火炮10余门，毙伤敌人数百名。国民党的海上运输补给已基本上被解放军封锁。

艾森豪威尔再也坐不住了。9月4日，他召来杜勒斯等人，讨论下一步怎么办。

杜勒斯是战争狂人，他对美国干预最积极，在炮战一开始，他就起草了致副国务卿和助理国务卿的备忘录，认为如果中国炮击造成局势危险，可能需要第三国，亦即美国进行干预；台湾对大陆的"反攻"活动，有利于国民党军士气，但对大局恐难有巨大的影响，因为要改变中共或东欧，决定的因素在于内部自然的力量，它比外部刺激更为有效；可能的话应把台湾局势交给安理会讨论。

杜勒斯称：假如金门失守，不管通过交战还是投降，那都将严重地影响台湾现政府的权威和军事力量。该岛将经受颠覆与军事行动，结果可能产生一个主张与共产党中国联合的政府；假如此种情况发生，将大大地破坏反共阵线，包括日本、大韩民国、泰国和越南；东南亚的其他政府，诸如印度尼西亚、马来西亚、柬埔寨、老挝与缅甸，都将统统置于共产党的影响之下；有着巨大工业潜力的日本将可能陷入中苏的轨道中，澳大利亚和新西兰将在战略上被孤立起来。

基于这一认识，杜勒斯主张使用战术原子弹：我认为，当我们决定把这些武器包括在我们的武库之中时，我们已经承认使用这些武器更冒政治和心理上的风险。

艾森豪威尔犹豫。

杜勒斯仍在鼓动：我们已经使我们的国防适应于在任何规模的冲突中使用这些武器。当情况危急时，如果我们由于世界上舆论的反对而不使用它们，我们必须修改我们的国防部署。杜勒斯的逻辑很简单：制造就是为了使用。

艾森豪威尔沉重地摇了摇头，他不愿付出更高的代价：假如我们使用原子武器攻击中共的机场，那么共产党很可能用核武器攻击台湾来报复。那我们将失去更多。在这种情况下，我不准备批准使用原子弹。

与此同时，毛泽东也在进一步研究对策。9 月开始的那几天，坐镇北戴河的毛泽东召来了几位专门人士，研究中国的领海主权问题。9 月 4 日，中国外交部发表领海声明，宣布中国领海线为 12 海里，并向全世界宣告保卫本国领海不受侵犯的决心。当时中国海军海岸火炮的有效射程已在 12 海里以上，入侵这一水域的外国舰船都将受到惩罚。

在宣布领海线的同时，毛泽东命令福建前线停止炮击三天，以观各方态度。

金门炮战一开始，蒋介石便拼命拉美军下水。要美军和他们一道袭击福建沿海。美国从制造两个中国的阴谋出发，不同意蒋方要求，双方发生争吵，最后美国答应帮蒋军防守金门，并予以护航。就在我宣布12海里领海权的同一天，杜勒斯代表美国政府声明，一方面说美国将通过谈判解决问题，一方面又说美军将负责保护金门、马祖，并且宣称不承认中国领海12海里的规定。

针对美国杜勒斯的声明，国务院总理兼外交部长周恩来立即发表声明：中国政府有权对盘踞在沿海岛屿的蒋介石部队给予坚决的打击和采取必要的军事行动，任何外来干涉都是侵犯中国主权的罪恶行为，美国政府如果继续对中国进行侵略和干涉，把战争强加在中国人民头上，必须承担由此而产生的一切严重后果。

这时候，大、小金门等蒋占岛屿，包括金门唯一的港口料罗湾和海面，全部在我火炮射程以内。金门驻军的补给全靠台湾从海上运输，由海军护航。我军炮火则转向攻击其海上运输线，即专打它的运输船只。最后，金门海上运输线完全被我切断了，金门不但弹药补给中断了，粮食、燃料的补给也中断了，储备的炮弹在半个月炮战中消耗得差不多了，储备粮也仅剩一个月，频频向台湾告急。

为恢复其海上补给线，9月7日，国民党海军副司令黎玉玺及美国顾问率2艘运输舰、5艘作战舰艇，在美国2艘巡洋舰、5艘驱逐舰的护航下，驶进金门海域。14时45分到19时，美国4艘军舰侵入我领海以内，我国外交部即向美国提出警告。

怎么办？对美蒋护航编队如何打法？具体地说，打不打美舰？如果美舰首先向我开火我还不还击？这便成了最关紧要的重大政策问题了，稍一不慎或某一门炮打偏了，就有引起中美战争的危险。

当晚24时，中央军委决定于9月8日对金门再进行一次惩罚性打击。这时毛泽东已从北戴河回到北京，9月8日上午，毛泽东在中南海勤政殿专门召集会议，研究对策。会议在听取蒋军编队及活动情况的汇报后，确定以打蒋军的方式，反对美军护航。恰在这时，福建前线的总指挥叶飞急电请示毛泽东：对美蒋编队打不打？

毛泽东答复：照打不误。

"是不是连美舰一起打？"叶飞进一步请示。

毛泽东回答：只打蒋舰，不打美舰。同时特别指示，要等美蒋编队抵达金门料罗湾港口才打，要一小时向北京报告一次美蒋编队的位置、队形及航行情况，到达金门料罗湾时，要等北京的命令才能开火。

叶飞又请示："我们不打美舰，但如果美舰向我开火，我们是否还击？"

毛泽东明白回答：没有命令，不准还击！

美舰和蒋舰相距仅仅 2 海里，只打蒋舰，不打美舰，这很不好办，如果哪一门炮稍有误差，便会打到美舰上。至于美舰向我开炮，我不还击，这还比较好办。为了准确执行毛泽东的命令，叶飞亲自向各炮群下达命令：待美蒋联合编队抵达金门料罗湾时，北京下了命令才开炮；各炮群只打蒋舰，不打美舰；如美舰向我开火，我不予还击！

9 月 8 日中午 12 时 43 分，美蒋海军联合编队抵达金门料罗湾港口，运输船开始在码头卸下补给物资。叶飞立即将这一情况报告了北京，毛泽东立即下达了开火的命令。我军 42 个炮兵营及所有海岸炮兵，以突然的密集火力攻击蒋舰及其运输舰只，集中轰击料罗湾港口码头。没想到我军一开炮，美舰丢下蒋舰及运输船只不顾，掉头向台湾逃去。

美国军舰一走，蒋军的所有船只便孤零零地暴露在我军面前，遭到我军炮火的狠揍猛打。于是，金门蒋军及料罗湾的蒋舰纷纷向台湾告急。台湾问："美国朋友呢？美国军舰呢？"蒋舰回答："什么朋友不朋友？美国军舰已掉头逃跑了！"台湾大骂："美国人混蛋！"

这次炮战，从中午一直打到晚上 6 时，我军发射炮弹两万余发，蒋军舰只被我击沉 3 艘，击伤数艘。这是我军大规模炮击金门以来，同美帝国主义第二个回合较量。

据叶飞后来回忆说：我炮击蒋舰，负责护航的美国军舰竟然不敢还击，且掉头逃跑，这是大大出乎他的意料之外的。当时他站在厦门云顶岩的前线指挥所里，正随时准备应付美舰向我开火呢！

事后叶飞及前线官兵才明白，原来毛泽东命令只打蒋舰，不打美舰，并且下令如美军向我开火，没有命令不准还击，这一切都是在试探美蒋共同防御条约的效能到底有多大，美军在台湾海峡的介入究竟到了什么程度。

这次较量，算是把美帝国主义的底数摸清楚了。貌似凶恶，其实不过是一只纸老虎。共同防御条约是有一定限度的，只要涉及美国自身利益，要冒和我军发生冲突的危险，它就只顾自己，顾不得蒋介石许多了。

毛泽东的远见卓识，再一次受到中外军事家的叹服。

"实行侦察战，不要和盘托出"

经过两周的金门炮击，毛泽东的目的基本达到：第一，警告并严惩了蒋介石集团；第二，减轻了中东人民的压力；第三，调动了国内军民的积极性；第四，试探了美国对台湾地区的态度。最重要的是第四点，正如周恩来所说：打炮就是试验他，这回试验出来了，杜勒斯这张牌出来了。

美国的底摸清了，方针也就有了。毛泽东根据新的情况，确定采取边打边谈，以打促谈的方针，逼美国重新回到谈判桌旁。

1958 年 9 月 6 日，毛泽东在最高国务会议上的谈话中说：我们这一打，打出美国想谈了，他敞开了这张门了，看样子，他现在不谈，也是不得了的，他每天紧张，他不晓得我们要怎样干。那好，就谈吧，跟美国的事就大局说，还是谈判解决，还是和平解决。我们都是爱好和平的人嘛。同一天，周恩来发表《关于台湾海峡地区局势的声明》，他在强烈谴责美国侵略行径的同时，代表中国政府公开倡议"同美国政府坐下来谈判，谋求台湾地区紧张局势的和缓和消除"。

毛泽东的谈话和周恩来的声明立即引起美国政府的注意。周恩来后来说：美方对毛主席在最高国务会议上的讲话反应很快，非常重视关于和谈问题的几句话。当时，艾森豪威尔立即召集国防安全委员会会议，表示中美之间可以"立即恢复谈判"。同毛泽东所提"准备恢复谈判"一语相比，美国人的心情更为迫切。这也从另一个角度反映出美国处境的困难，它不得不按照中国人民的意愿回到谈判桌旁。

为了配合即将恢复的中美谈判，1958 年 9 月 13 日，毛泽东从武汉致信周恩来和黄克诚，指出：白天黑夜打零炮（每天二三百发），每天二十四小时，特别是黑夜，特别是对料罗湾三里以内，打零炮，使敌昼夜惊慌，不得安宁，似有大利，至少有中利小利。你们意见如何？大打之日，不打零炮。小打之日，即是打零炮。特别黑夜对料罗湾打，白天精确地较准炮位，黑夜如法炮制，似较有利。

根据毛泽东的这一指示，福建前线指挥部进行了认真研究后，决定采取三条措施：一、继续进行炮击；二、实施对金门轰炸，增加蒋军压力；三、采取陆空炮联合攻击，全面开花。

9 月 15 日，中美两国大使级谈判在炮击金门的背景下于华沙复会。毛泽东清楚地看到，我方要取得主动必须先了解美方的态度。而美国不会轻易托底和提出具体方案。因此，在谈判的前两天，毛泽东在给周恩来的信中明确提出谈判的原则是：三四天或者一周以内，实行侦察战，不要和盘托出，彼方亦似不会和盘托出，先要对我们进行侦察。当天，周恩来即复电说明，已电告我方谈判代表，"先与美方周旋，逼其先我露底"。

事情果然如毛泽东和周恩来所判断的，在第一次会议上，美国不肯拿方案，而是一再提出，先停火，再讨论各种具体措施的建议。当时，中方代表为抓紧时机、主动在休会十分钟后就提出了希望双方停止敌对行动的五条方案。这使美方产生一种错觉，认为中方急于要达成协议，因此态度立即强硬起来，要求台湾地区立即停火，说什么美国不能容忍盟友的领土被武力侵犯。与此同时，杜勒斯在纽约召开的联大会议上遥相呼应，要求中国先停火，然后再进行中美谈判，这使中方在谈判初期一度陷于被动。毛泽东发现后，立即予以纠正。根据毛泽东的意见，周恩来指示我方代表，"应该采取积极进攻的方针"，即在美方不正面回答我方提案，而继续主张停火的情况下，立即提出要求美国从台湾海峡撤出它的一切武装力量，停止向中国领海领空的一切军事挑衅和干涉中国内政的行为，以和缓和消除目前台湾海峡紧张局势的反建议。这个反建议确定了中美谈判的根本原则，扭转了被动局面。9月19日，毛泽东十分兴奋地致信周恩来，指出：我们这种新方针、新策略是主动的、攻势的和有理的。高屋建瓴，势如破竹，是我们外交斗争的必需形态。

9月22日，周恩来致信毛泽东，请示关于沿海军事斗争工作的方针：在目前形势下对金门作战方针，仍以打而不登、断而不死，使敌昼夜惊慌、不得安宁为妥。海空炮联合作战确不易配合很好，且有触及美舰美空军的可能。我实施对金门轰炸更不适宜，因这样做，恰好给蒋介石空军以轰炸我大陆的机会。目前，美军还在控制蒋帮空军不许其轰炸我大陆，其原因是摸不透我空军回炸何地：金门还是台湾？既然美方还摸不清我方空炸动向，我就以不促成蒋空军向我大陆轰炸为有利。如蒋轰炸大陆，而我只炸金门，反而示弱，所见对否，请示！当日，毛泽东便答复：你对金门作战方针问题上的批语是很对的，即照此办理，使我们完全立于不败之地，完全立于主动地位。

由于毛泽东正确运用"边打边谈"的方针，由于美国国内愈来愈多的人反对政府的战争政策，同时，美国政府也认识到不可能迫使中国放弃对金马使用武力的权力，而为蒋介石护航又要冒很大的风险，大量兵舰集结于台湾海峡，对美全球战略利益也很不利，因而不得不进一步调整对台湾问题的政策。9 月 30 日，杜勒斯在答记者提问中声明：我们没有保卫沿海岛屿的任何法律义务，我们不想承担任何这种义务。今后我要说，如果美国认为放弃这些岛屿不会对可能的保卫福摩萨（台湾）和条约地区的工作产生任何不利的影响，我们就不会考虑在那里使用部队。这个讲话标志着美国对金、马的政策从"协防"转为"脱身"，目的是以放弃金、马，换取长期盘踞台湾的合法地位。然而，令美国政府始料不及的是，这一变化却给了毛泽东一个机会，促进海峡两岸关系向有利于祖国统一的方向发展。

"停停打打，确是如此，但非诡计"

美国准备从金、马沿海岛屿"脱身"，中国政府就可以顺理成章地收回这个地区了。这是当时国内外大多数人的想法。但是，令人意外的是，毛泽东却改变了初衷。

对金、马究竟采取什么样的方针，毛泽东的认识是随着形势的发展而变化的。最初，毛泽东准备分两步解决台、澎、金、马问题，即先解放金、马等沿海岛屿，再解放台湾。毛泽东的基本观点是：台湾是我们的，那是无论如何不能让步的，由我们自己解决。但是，如果美国能说服蒋集团从金、马撤退，我们可以在一段时间内对台湾不使用武力。这是毛泽东在金门炮战开始后，中美谈判恢复之前的想法，他的这个想法当时没有公布。

但是，杜勒斯的声明令毛泽东重新考虑了这个问题。杜的声明发表后，激化了蒋介石集团同美国的矛盾。蒋介石公开对美联社记者发表谈话，说："假定杜勒斯先生真的说了那句话，那亦只是片面的声明，我国政府并无接受的义务。"同时，他又重申反对削减驻沿海岛屿的武装部队，要确保金、马。当时，驻守金门的军队有11万，占蒋集团军队总数的三分之一。军队的成员多来自大陆。如果蒋介石放弃金、马，不仅会影响军队的士气，而且会影响政权的稳固。因此，蒋坚决反对美国放弃金、马的做法，并同美国的矛盾日益尖锐。蒋介石对美政策的两重性，引起毛泽东的重视。在这种情况下，究竟是先收复金、马，联美反蒋，还是把金、马暂时留在蒋介石手中，联蒋抵美呢？毛泽东选择了后者。

10月3日至4日，中共中央政治局常委举行会议，讨论对金、马的方针。毛泽东在会上说，侦察任务已经完成，问题是下一步棋怎么走。可以设想，让金、马留在蒋介石手里如何？这样做的好处是金、马离大陆近，我们可以通过这里同国民党保持接触，什么时候需要就什么时候打炮，什么时候需要紧张一点就把绞索拉紧一点，什么时候需要缓和一下就把绞索放松一下，可以作为对付美国人的一个手段。把金、马留在蒋介石手里拖住美国，这就是毛泽东提出的著名的绞索政策。与会者同意毛泽东提出的设想，让蒋军继续留在金、马，使美国当局背上这个包袱。

在会上，周恩来估计，美国人可能在中美会谈中提出三个方案：第一方案，要我们停止打炮，蒋方减少金、马兵力，美方声明金、马在美蒋共同防御范围之内；第二方案，要我们停止打炮，蒋方减少金、马兵力，美方声明共同防御限于台、澎；第三方案，要我方停止打炮，蒋方从金、马撤退，双方承担互相不使用武力的义务。这三个方案都不能同意。因为三者的实质都是制造两个中国，使美国霸占台湾合法化。但中美会谈以继续下去为有利，可以拖住美国人，力求避免美方或其他西方国家把台湾海峡问题提到联合国去。对亚非朋友也要把问题说清楚，免得他们不明真相，给我们帮倒忙。

毛泽东最后总结说，方针已定，还是打而不登，断而不死，让蒋军留在金、马。但打也不是天天打，更不是每次都打几万发炮弹，可以打打停停，一时大打，一时小打：一天只零零落落地打几百发。但我们在宣传上仍要大张旗鼓，坚持台湾问题是中国内政，向金、马打炮是中国内战继续，任何外国和国际组织都不能干涉；美国在台湾驻扎陆、空军是侵犯中国领土、主权，美舰云集台湾海峡是蓄意制造紧张局势，都必须完全撤退；反对美国制造两个中国，反对美国霸占台湾合法化。我们和蒋介石通过谈判解决金、马以至台、澎问题。

当时，毛泽东调整对金、马的方针主要是考虑到，如果逼蒋介石撤退金、马，形式上是我们收回了沿海岛屿，实际上是我们对美国让了一步。这样，美国首先会把台湾孤立起来，造成"两个中国"的局面，然后制造"台湾地位未定"，"托管"台湾，把台湾变成美国的永久殖民地。另外，蒋介石撤离金、马后，中立国会出来劝说，我们将在政治上、国际舆论上陷入被动境地。调整后的方针的好处是：第一，保护了蒋介石的民族性，使台湾不落到美国人手里。如果蒋介石让出金、马，使台、澎、金、马分开，台湾就离大陆更远了，便于美国搞"两个中国"。第二，金、马留在蒋介石手里，保留了一个大陆同台湾对话的渠道，否则双方将长期处于隔离状态。第三，台湾归还祖国，实际上是一场政治、军事、经济力的竞争。晚一些时间收回，有利于动员国内人民搞建设，增强国防力量。

为进一步加深美蒋之间的矛盾，进一步促进海峡两岸关系向有利于祖国统一的方向发展，毛泽东决定暂时停止炮击，开展政治攻势。

10月5日上午8时，毛泽东就暂停炮击一事给彭德怀、黄克诚写了一封信：

德怀、克诚同志：

不管有无美机美舰护航，十月六、七两日，我军一炮不发；敌方向我炮击，我也一炮不还。偃旗息鼓，观察两天，再作道理。空军必须防卫，但不出海。还有一事：两天中，不要发表公开声明，因为情况如何，尚待看清。以上请即令行。或者即以此信转发叶飞、韩先楚

毛泽东

但是，随后不久，毛泽东改变了想法，认为还是要先发个声明。10月6日凌晨2时，他又致信彭德怀、黄克诚：昨天我说不发声明，看两天再说。随后想了一下，还是先作声明为好，所以有告台湾同胞书。此件即将发出，请福建前线广播电台多播几次，为盼！

数小时后，这篇《告台湾同胞书》就在福建前线广播电台播出了。

这篇国防文告震动了世界，它标志着金门炮击已远远超出了军事斗争的意义，而进入包含政治、外交斗争的新阶段。

事后人们才知道，这篇以国防部长的名义发布的文告是毛泽东起草的。

文告发布之后，金门前线一下子沉寂了下来。

美国政府看了文告后，马上宣布自10月8日起停止护航。

蒋介石对美国的这一举动十分不满，向美国闹独立性。但从内心里，他们却慌了手脚。台湾的新闻媒体代表当局说话，一则说共产党的文告是"骗局"，一则说是"发动新攻势前的喘息"。一则说要其"无条件投降"，一则说这是离间美蒋"合作关系"。舆论之乱，已经是语无伦次，足见蒋介石集团的内心是多么焦躁不安。

内心矛盾重重的蒋介石别无选择，为了表示对美国停止护航的不满，他再次挑起战火。10月10日，蒋介石乘国民党举行"国庆节"的机会，命令他的空军起飞44批，182架次，到大陆上空进行示威性袭扰。人民空军战机立即起飞，大败蒋家空军，击落蒋机3架，又一次沉

重打击美蒋的气焰。

10月13日，文告中规定的一个星期满了。为了让金门军民得到充分补给，并给蒋介石以充分时间去考虑，毛泽东决定再停止炮击两周。于是，他又亲笔起草了中华人民共和国国防部命令。

毛泽东在起草国防部命令的同时，还起草了一个《再告台湾同胞书》，作为10月6日《告台湾同胞书》的续篇。在这篇《再告台湾同胞书》中，毛泽东用驳斥各种奇谈怪论的方法，奉劝蒋介石集团要进行和谈，不要上美国人的当，最后被美国人抛到大海里边去。为了争取蒋介石，他还表扬蒋介石处理孙立人案件、胡适案件、"五二〇"台湾人民砸烂美国领事馆案件，都做得对，做得好！鼓励蒋介石集团坚决和美帝国主义分离开，跟伟大祖国靠拢。毛泽东明确提出，自美帝国主义占领台湾以来，形势已经变了，美帝国主义已经成为我们共同的敌人，国共双方完全可以化敌为友。在这篇文告里，毛泽东还说，自即日起我们准备停止炮击70天，如有必要，还可能延长。这篇文告后来因为杜勒斯要访问台湾，情况变得错综复杂，毛泽东和周恩来要再看看形势变化，故未发表。

蒋介石不放弃金、马的态度，使得美、蒋之间分歧日甚。为了和缓双方的紧张关系，10月19日，美军舰又开始出现在金门海域，为蒋军护航。

10月20日，周恩来将国防部《关于台湾当局在金门海域引进美舰护航必须恢复炮击以示惩罚的命令》稿报送毛泽东，说：警告美国在金门海域护航的新闻已于今日十二时半起广播，连续二次，中外文相同。新闻稿附后。国防部命令稿已写好，现送上请批阅后即退我，再以打字稿分送邓、陈、黄三同志核阅，厦门前线，一切准备好，已分别以电话和文字命令下达，由克诚签发，并告以炮击只限于金门各岛的工事、阵地和滩头船只，不打民村、兵营和指挥机关，更不要误击美国船只。我空海军均不出动。国防部命令拟三时广播。在口头广播读完后，立即开火，中外文语同时广播。毛泽东当日批语：口头广播后，隔一小时或半小时开始炮击，较为适宜。

下午4时，中央军委一声令下，炮火恢复如初。这次炮击规模相当大，发射炮弹万余发，击中蒋军运输舰只4艘，大型货船1艘。

毛泽东选择此时恢复大规模炮击，除了惩罚台湾当局引进美舰护航外，还有一个重要原因为了配合蒋介石同美国的斗争。因为10月20日这天，杜勒斯和美国防部长麦克尔罗伊正在赴台途中。他们这次来台的目的就是要逼迫蒋介石撤离金、马。此时，毛泽东下令恢复炮击，就使蒋介石获得了拒绝从金、马撤兵的口实。

10月21日，杜勒斯一到台湾，就忙着和蒋介石会谈。事情紧急，杜勒斯将早已准备好的文件提交给蒋介石。文件很长，简单地说，对台湾要求做到六条：

一、表示出愿意停火的意愿；

二、再次强调不以武力打回大陆；

三、避免空袭和飞临大陆；

四、不以外岛来封锁厦门、福州，不使外岛成为进攻大陆的踏板；

五、接受除把外岛交给共产党之外的任何解决办法；

六、外岛兵力装备将换成更加机动化。

蒋介石除了对第六条能接受外，其余都看着头痛。杜勒斯就来回劝说："还是听我的话，从金门、马祖撤回驻军，其他的事由我们来做。"

蒋介石一听"撤军"就火了，再也顾不得面子，呼地站起来："在我活着的时候不会撤军！"

杜勒斯也不想把事情弄僵，便不再要求国民党从金、马撤退，蒋介石这才平静下来，答应减少金、马驻军，不再对大陆使用武力。杜勒斯又作出一些新的承诺，同意在草案上加上金、马与台、澎在防卫上

"有密切的关连"，同时删去"中华民国不发动战争在大陆重建主权及中华民国不为攻击大陆的武装基地，它的基地早已在大陆及中国人民的内心"等语。蒋介石无奈地接受了上述观点，据一些服侍人员说，老先生从会谈屋里出来时，满头是汗，连走廊里的方向也搞反了，说是去餐厅，却去了洗手间。

根据台、美间这种若明若暗的关系，10月25日，毛泽东在他以国防部长彭德怀的名义起草的《再告台湾同胞书》中，提出了一种奇特战争方式：

命令福建前线，逢双日不打金门的飞机场、料罗湾的码头、海滩和船只，使大金门、小金门、大担、二担大小岛屿上的军民同胞都得到充分的供应，包括粮食、蔬菜、食油、燃料和军事装备在内，以利你们长期固守。如有不足，只要你们开口，我们可以供应。化敌为友，此其时矣。逢单日，你们的船只、飞机不要来。逢单日我们也不一定打炮，但是你们不要来，以免受到可能的损失。我们希望你们加强团结，以便一致对外。打打停停，半打半停，不是诡计，而是当前具体情况下的正常产物。不打飞机场、码头、海滩、船只，仍以不引进美国人护航为条件。如有护航，不在此例。

此后，根据毛泽东的命令，福建前线炮击金门形成规律，逢单日打，双日不打。打是为了给蒋军拒绝美国要其撤离金、马一个理由；不打，是为了使蒋军运输补给获得一段时间，而且炮击时只打沙滩，不打民房与工事。由于大陆、台湾之间的"默契配合"，共同维护了"一个中国"的局面，为实现祖国统一奠定了政治基础。这是炮击金门决策最重大的收获。此后，海峡两岸关系突破了军事对抗的局面，蒋介石集团，逐渐明白了中共的意图。1959年3月底，蒋介石集团"外交部"特别规定，今后对外提及大陆时，不再用"红色中国"或"共党中国"等语，而称"中共政权"。提到他们自己时，不再用"自由中国"，而称"中华民国"。

海峡两岸关系出现转机后，毛泽东立即抓住时机，对台湾回归祖国问题提出许多重要的原则。毛泽东曾表示：台湾如果回归祖国，照他们（蒋介石等）自己的方式生活，水里的鱼都有地区性的，毛儿盖的鱼到别的地方就不行。但是美国不要蒋时，蒋可以来大陆，来了就是大贡献，就是美国的失败。毛泽东还请人转告台方：蒋介石不要怕我们同美国人一起整他；毛说，蒋同美国的连理枝解散，同大陆连起来，枝连起来，根还是他的，可以活下去，可以搞他的一套。关于军队问题，毛泽东表示，可以保存，我不压迫他裁兵，不要他简政，让他搞三民主义。毛泽东的这些思想，后来由周恩来归纳、概括为"一纲四目"。一纲是台湾必须回归祖国；四目包括：台湾回归祖国后，除外交必须统一于中央外，所有军政大权人事安排由蒋决定；所有军政及建设经费不足之数，由中央拨付；台湾的社会改革可以从缓，协商解决；双方互约不派人进行破坏对方团结之事。这是毛泽东等老一辈无产阶级革命家为祖国统一大业绘制的一幅蓝图。由于种种原因，毛泽东生前没有实现这个愿望。但是，他所提出的这些思想对今天的工作仍然发生着影响。

1979 年中美正式建交，美国宣布与台湾国民党政权断交并撤军。于是，国防部长徐向前发表声明："停止对金门的一切炮击"，持续二十多年的金门炮击这才正式宣告结束。

毛泽东与特赦战犯

新中国成立后，为推动和平统一祖国事业的发展，党中央和毛泽东先后做出了几项重大决策，其中卓有成效的一着，就是特赦国内战犯。

"放早了，老百姓不那么清楚"

国内战犯，主要指在解放战争中被俘和在全国解放以后被捕的蒋介石集团战争罪犯，还包括伪满洲国和伪蒙疆自治政府的战争罪犯。

1947年10月10日，中国人民解放军总部发布由毛泽东起草的《中国人民解放军宣言》称："逮捕、审判和惩办以蒋介石为首的内战罪犯。""对于罪大恶极的内战祸首蒋介石和一切坚决助蒋为恶、残害人民、而为广大人民所公认的战争罪犯，本军必将追寻他们至天涯海角，务使归案法办。"这是中国共产党第一次公开提出战犯问题与惩办以蒋介石为首的内战罪犯的方针。

1948年11月1日，在中国人民解放军节节胜利的大好形势下，为了进一步孤立国民党内部的顽固派，打击蒋介石集团中好战分子的嚣张气焰，团结中间力量。中国人民解放军总司令朱德、副总司令彭德怀发布了惩处战争罪犯的命令，明确宣布："凡国民党军官及其党部政府各级官员只要犯下命令所列十二条罪恶行为之一者，均应加以逮捕，并以战犯论罪；凡带头执行以上各项罪恶行为之一者，亦以依法惩办；凡采取有效办法，因而使人民的生命财产及一切属于我军的战利品及城市建设获得安全或免于破坏者，均给予应得之奖励。"同时，宣布我党我军对待国民党反动派党政人员的政策是："首恶者必办，胁从者不问，立功者受奖。"这是我党中央第一次向世人公布构成内战战犯的基本标准与对待内战战犯的基本政策。

鉴于解放战争已是胜利在望，如何处置蒋介石为首的国民党战争罪犯，已是全国军民、各民主党派、各界民主人士共同关心的重大问题。为此，此时在西柏坡的毛泽东主席以"陕北权威人士"的身份，以"新华社陕北电讯"的形式，于1948年12月25日就内战战犯名单问题发表谈话，称：全部战争罪犯名单有待于全国各界根据实际情形提出。但举国闻名的头等战争罪犯，例如蒋介石、李宗仁、陈诚、白崇禧、何应钦、顾祝同、陈果夫、陈立夫、孔祥熙、宋子文、张群、翁文灏、孙科、吴铁城、王云五、戴传贤、吴鼎昌、熊式辉、张厉生、朱家骅、王世杰、顾维钧、宋美龄、吴国桢、刘峙、程潜、薛岳、卫立煌、余汉谋、胡宗南、傅作义、阎锡山、周至柔、王叔铭、桂永清、杜聿明、汤恩伯、孙立人、马鸿逵、马步芳、陶希圣、曾琦、张君劢等人，则是罪大恶极，国人皆曰可杀者。应当列入头等战犯名单的人，自然不止此数，这应由各地身受战祸的人民提出。人民解放军也有权提出此项名单者，例如国民党第12兵团司令黄维在作战中施放毒气，即已充分地构成了战犯资格。全国各民主党派、各人民团体皆有权讨论和提出战犯名单。

这是中共中央公布的第一个具有权威性的内战战犯名单。据当时在周恩来、李克农直接领导下，参与此项名单起草的原中央情报部一室主任罗青长介绍，此项战犯名单是依据平时所积累的国民党军政特人物资料向中央提供的，最初向中央提供了127名战犯名单（包括军事方面

39 名，政治方面 42 名，党、特方面 39 名，还包括一些反动小党派战犯及其他战犯）。经过中央多次讨论，最后由毛泽东、周恩来审定公布了 44 人名单（包括黄维）。

1949 年 1 月 26 日，新华社发表蒋管区人民广泛欢迎毛泽东主席 1 月 14 日发表的《关于时局的声明》与热烈讨论战犯名单的报道。报道称："对于去年 12 月 25 日中共某权威人士所提出的战争罪犯的初步名单，国民党统治区的人民正在纷纷议论。……更多的人感觉名单遗漏了许多重要战犯。"接着，该报道列出了 37 人的补充人员名单。这是中共中央第二次正式公开公布的名单。

1949 年 4 月 20 日，因国民党政府拒绝在《国内和平协定（最后修正草案）》上签字，国共和谈破裂。21 日，中共中央主席毛泽东和中国人民解放军总司令朱德发布了全国进军的命令。"命令"提出了三项明确要求，其中第二条即"奋勇前进，逮捕一切怙恶不悛的战争罪犯。不管他们逃至何处，均须缉拿归案，依法惩办。"随后，蒋介石集团党政军特系统的战争罪犯，便因国民党军队兵败如山倒，纷纷落入了人民的法网。

但在如何处理在押的战争罪犯问题上，在建国后相当一段时期内，中央和毛泽东持十分慎重与深思研究的态度。据有关档案资料记载：1952 年 2 月 5 日，周恩来指示最高人民检察署与公安部，在"三反"运动后要尽快组织研究处理在押蒋介石集团战犯案与日本、伪满、伪蒙战犯案，并限期提出对其各自处理的方案。1952 年 9 月，最高人民检察署党组草拟了《关于处理日本战争罪犯及国民党反革命战犯的初步意见》，向中央汇报了在押日本战犯和蒋战犯的情况和准备材料的具体建议，提议中央成立处理战犯委员会负责指导全国处理在押日本战犯及蒋战犯的工作。后因种种原因，此项工作未能落实。1953 年 11 月，最高人民检察署党组向中央政治法律委员会党组并中央直接领导下的专门处理战犯委员会，建议清理与处理战犯步骤应采取先外籍后国内、先影响较大后影响较小，以及由中央与各大区分地区依次进行的办法为宜。同时，向中央请示处理国内战犯的时机与准备工作需要抓紧进行，即向毛泽东、中共中央转报了最高人民检察署党组关于处理战犯问题的请示报告。但对于请示报告中所提出的成立处理战犯委员会问题，中央政治法律委员会党组干事会认为可暂不设立，需要联系时即由中央政治法律委员会召集有关部门开会讨论。这种举棋未定，审慎调查与探索时期，一直持续到1956年初。

1956年初，伴随着中央关于"争取和平方式解放台湾"的战略方针的提出，处理国内战犯问题被提到重要的日程上来。中央认为，"这些战犯与台湾有关"，处理得当有益于祖国的和平统一。

1956年1月30日，周恩来在陆定一起草的《为配合周恩来同志在政协所作的政治报告》上指示，指出"可放十几个战犯看看"。这是中央准备特赦战犯的重要信息。

此后，中央及有关部门加紧了对战犯问题的讨论和研究。为慎重行事，中央在做出最后决定前，广泛征求了各方面的意见。这项工作是在3月14日、15日召开了的全国政协第二届常委会第19次扩大会议上进行的，是在毛泽东提出的对国内战犯"一个不杀"的总原则下进行的。

经过与会人员两天的研究，取得了共识，一致同意建议中共中央对在押的蒋介石集团战争罪犯实行"一个不杀，分批释放，来去自由，言论自由"的处理方针。

会后，中央即就征求对蒋、日、伪战犯和其他反革命罪犯的处理意见给上海局、各省、市、自治区党委并中央各部委、国家机关、群众团体各党组发出通知。通知说，目前对于在押的蒋、日、伪战犯，需要作适当的处理。中央经过总的利害权衡，觉得似以从宽处理为好。从宽处理，不处死刑，按其情节，分别判得适当的徒刑，不需再判刑的则陆续释放，并且陆续赦一些已有悔改表现、愿意立功赎罪的较大的战犯。这种处理，有助于我们孤立、动摇、瓦解国内外敌人，巩固和扩大人民民主统一战线，对国家对人民都比较有利。但是，这样处理，也可能引起一些人的不满，认为太便宜了这些罪犯，也可能使一部分反动分子感到无所畏惧，因而助长他们的反动气焰。为此，提请各省、市、自治区党委在四五两月内召开当地政协常委扩大会，或其他形式座谈会，征求意见，会后将结果向中央作报告，以便中央作出最后决定。这个通知稿发出前，送毛泽东审阅。4月11日，毛泽东阅后指示：主要是发到县级，于五月份收集意见上报。

经过充分酝酿的、讨论战犯实行分批特赦这个方针终于确定下来。但具体选择什么时候比较合适，中央和毛泽东认为，"需要时间，需要分析，需要分别处理"。1956年5月2日，在最高国务会议上，毛泽东还专门就此作了说明。他说：目前马上释放，时机还不成熟。理由是：放早了，老百姓不那么清楚，我们也不好向老百姓说明，还要过几年，老百姓的生活过得好了，我们再来放。不讲清楚这个道理，一下子把他们放掉，人家就不了解，同时也没有必要。这样，中央当年没有作实行特赦的决定。但决定在中央的领导下，由中央各有关部门负责人罗瑞卿、孔原、徐冰和徐子荣组成"处理战犯专案小组"，负责有关政策问题和其他重大问题的研讨和处理。

"现在是改造好了的就赦，是特赦，不是大赦"

1957年1月29日，公安部党组就处理在押病残战犯问题给中央写了一个请示报告。报告中说，考虑到刘焕东等12名蒋介石集团的战犯在关押期间患有重病，有的因病致残，而表现一般较好，公安部与最高人民检察院、最高人民法院商妥，拟准予保外就医。毛泽东看到这份报告后即指示：

> 不但这些人应当处理，其他战犯凡犯罪较轻、表现较好的，都应考虑判决释放，因为已关了七八年了。只留下犯罪较重的和最重的两类，待后处理。请公安部将战犯全体审查一下，定出一个处理方案送中央审阅。

毛泽东

二月二日

这表明毛泽东已将特赦战犯的工作提上议事日程。但是，随后发生的反右派斗争使这项工作的进程受到影响。不过，有关部门对战犯的改造工作一直没有停顿。

那时，关押在各地的国内战犯共有 926 名，属于军队系统的有 736 名，其中，中将级军官 72 名；少将级军官 323 名；相当于少将级的军官 65 名；校级军官 276 名。属于政府系统的有 46 名。为加强对战犯的管理和改造工作，从 1956 年起，中央决定实行全国战犯大集中，其中有影响的 200 多名国民党高级将领作为重点被集中到北京功德林战犯管理所。在这里，他们每天除了学习和讨论党的政策，还要参加一些劳动。此外，管理所还组织他们在北京和外地参观，了解新中国的建设成就。这些措施，对转变战犯的思想有重要意义，廖耀湘在北京参观后说：我虽是一个旧社会遗留下来的犯人，但我是一个中国人，对这种复兴祖国的伟大的神圣事业，不能不虔诚的热烈拥护；溥仪在参观农业生产合作社时流着泪向社员群众谢罪；王陵基原来把自己比做"泡了几十年的蒜头，骨头都泡黄了"，很难改造，这时也表示向人民认罪；伪蒙战犯德木楚克栋鲁普一向认罪态度不好，参观后也有转变，承认自己是蒙古族的罪人。

1959 年，是中华人民共和国成立十周年。在考虑国庆十周年纪念活动时，毛泽东想到了特赦战犯。1959 年 8 月 24 日，毛泽东在给刘少奇的信中说：我想到，今年国庆十年纪念，是否可以赦免一批（不是"大赦"，而是古时所谓"曲赦"，即局部的赦免）确实改恶从善的战犯及一般正在服刑的刑事罪犯。如办此事，离国庆只有三十几天时间，是否来得及审查清楚？或者不赶国庆，在秋天办理即可，但仍用国庆十年的名义。此事是否可行，亦请召集有关同志商议一下。

毛泽东的提议得到了中央政治局的认同。9月14日，毛泽东以中国共产党中央委员会主席的名义向全国人大常委会正式提出建议。

9月17日，全国人大常委会二届九次会议讨论并同意了毛泽东代表中共中央提出的建议。同日，国家主席刘少奇颁布了特赦令，具体规定了特赦的条件：

一、蒋介石集团和伪满洲国的战争罪犯，关押已满十年，确实改恶从善的，予以释放。

二、反革命罪犯，判处徒刑五年以下（包括判处徒刑五年）、服刑时间已经达到刑期二分之一以上，确实改恶从善的；判处徒刑五年以上，服刑时间已经达到刑期三分之二以上，确实改恶从善的，予以释放。

三、普通刑事罪犯，判处徒刑五年（包括判处徒刑五年）、服刑时间已经达到刑期三分之一以上，确实改恶从善的，予以释放。

四、判处死刑、缓期二年执行的罪犯，缓刑时间已满一年、确实有改恶从善表现的，可以减为无期徒刑或十五年以上有期徒刑。

五、判决无期徒刑的罪犯，服刑时间已满七年、确实有改恶从善表现的，可以减为十年以上有期徒刑。

在发布特赦令的同时，中共中央发出关于特赦罪犯的指示。指示中说：各级党委必须加强对特赦工作的领导。应当成立专门工作机构，吸收公安、检察、法院等有关部门的同志参加，负责对特赦罪犯的审核、处理等工作，保证特赦工作有计划、有步骤而又准确地进行。特赦罪犯的批准权限：战争罪犯的特赦，由中央指定的专门小组审核，提交中央批准；反革命罪犯和普通刑事罪犯的特赦，原判十年以上有期徒刑、无期徒刑和死刑缓期二年执行的，由省、市、自治区党委批判；原判十年以下有期徒刑的，可以由地、市委批准报省委备案。特赦的罪犯应当由法院发给通知书。军队关押的罪犯，由大军区党委批准，由军事法院发给通知书。各地对特赦的罪犯，应当逐个进行严格审查，不得草率从事。必须防止可能发生的"左"的或右的偏向，不要不该赦的赦了，而该赦的又没有赦。

根据中央的指示精神，战犯管理机关对在押的战争罪犯进行全面的严格的审查。最后，经过最高人民法院批准，决定首批特赦释放战犯33名，其中包括杜聿明、宋希濂、王耀武、杨伯涛等国民党将领，末代皇帝溥仪，还有伪蒙疆自治政府的战犯。12月4日，最高人民法院宣布首批特赦释放名单，并在北京、抚顺、济南、西安等地隆重召开特赦释放大会。北京功德林战犯管理所释放的10名国民党将领中，多数被分配到北京郊区和各地参加农业劳动，一部分在劳改农场就业。

"都放了算了，强迫人家改造也不好"

首批特赦战犯释放后，人民政府继续对关押的战犯进行改恶从善的改造和教育，争取他们继续向好的方面转化。

1960年10月17日，公安部党组向中央写报告，提出了第二批特赦和减刑战犯名单。报告说，首批战犯特赦后，我们对继续关押的战犯进行了"改恶从善"的教育，多数人向着好的方向转化。根据中央关于每年特赦一批战犯的指示，今年特赦战犯名额以比去年增加一些为好，拟为50名，比去年多17名。同时，为有利于加强已判刑战犯的改造，并为今后的特赦工作准备必要的条件，今年还提出21人的减刑名单。

被特赦战犯的安置，仍按去年的原则，有家可归者一律释放回家，无家可归者暂不安排工作，立即给以生活安置，今后释放的战犯，均应把生活安排好，给以必要的适应照顾，并有人负责教育管理，以利进一步改造。10月20日，毛泽东看了这个报告，并作了批语：此件送少奇、富春同志阅看，在书记处通过照办。11月19日，全国人大二届三十二次会议通过特赦第二批战争罪犯的决定。同日，刘少奇发布特赦令。28日，最高人民法院批准特赦第二批战争罪犯50名。

从这以后到"文化大革命"之前，特赦战犯的工作，一直在中央直接指导下有步骤地进行着。具体情况是：1961年12月25日特赦第三批战犯68名；1963年4月9日特赦第四批战犯35名；1964年12月28日特赦第五批战犯53名；1966年4月16日特赦第六批战犯57名。

"文革"影响了国内各项事业的正常发展，特赦战犯的工作也被迫中断。

待重新提出这个问题时已经是1974年年末了。这时，中美关系已有了进一步发展，和平解决台湾问题已提到更重要的地位上。

1974年12月23日，周恩来和王洪文飞长沙向毛泽东汇报工作，谈话期间，毛泽东对周恩来说：还有一批战犯，关了这么多年，建议把这批人释放。周恩来回到北京后，立即通知负责对台工作的罗青长，请他赶快与统战部、公安部联系，传达毛泽东关于释放战犯的指示。随后，公安部召开会议，部长华国锋传达了毛泽东的指示，并要求"各地清理监狱，清理在押原国民党军政人员"。不久，公安部将清理情况向中央作了报告。

1975年2月，公安部向中央送审了一份关于释放在押战犯的报告。报告中讲到，拟给释放的每名战犯发15元零用钱，但不开欢送会。另有13名罪大恶极的战犯拟继续关押，不予释放。2月27日，毛泽东在了解这个报告的内容后，又就释放战犯问题提出了意见：

放战犯的时候要开欢送会，请他们吃顿饭，多吃点鱼、肉，每人发一百元零用钱，每人都有公民权。不要强迫改造。

都放了算了，强迫人家改造也不好。

土改的时候我们杀恶霸地主，不杀，老百姓怕。这些人老百姓都不知道，你杀他干什么，所以一个不杀。

气魄太小了。十五元太少，十三人不放，也不开欢送会。有些人有能力可以做工作。年老有病的要给治病，跟我们的干部一样治。人家放下武器二十五年了。

1975年3月17日，第四届全国人大常委会举行第二次会议，讨论周恩来根据中共中央和毛泽东意见提出的关于对全部在押战犯实行特赦释放的建议，并听取华国锋所作的说明。说明提出："对这次特赦释放的全部在押战犯每人都给以公民权；有工作能力的，安排适当工作；有病的，和我们干部一样治，享受公费医疗；丧失工作能力的，养起来；愿意回台湾的，给足路费，提供方便，去了以后愿意回来的，我们欢迎。释放时，每人发给新制服装和一百元零用钱，把他们集中到北京开欢送会，由党和国家领导人接见，并宴请一次，然后组织他们参加学习。"经过讨论，代表们一致同意周恩来的建议。许多高级民主人士深受感动，董其武激动地说，"这次对全部在押战犯实行特赦释放并给以公民权和妥善安置，这只有在伟大领袖毛主席和伟大的中国共产党的领导下才有这样的事情，是毛主席团结一切可以团结的人的伟大政策的体现。"消息传出后，在台湾方面也引起很大反响，被称为"中共统战的冲击波"。

3月19日，最高人民法院宣布特赦释放的战犯名单，共293名，其中蒋介石集团战争罪犯219名，党政人员21名，特务50名，伪满战犯2名，伪蒙战犯1名。

至此，在押的战争罪犯全部处理完毕。

毛泽东与大兴调研之风

1958 年开始的"大跃进"运动，并没有随着人们良好的主观愿望行事。相反，到 1960 年下半年，"大跃进"造成的国民经济困难开始明显地暴露出来了。

"大跃进"遭受严重挫折，根本的原因在于违背了实事求是的思想路线，主观脱离了客观，思想脱离了实际。

"我在犯愁、没有办法的时候，就会想到调查研究。"这是毛泽东在延安时期总结出的一条经验。随着工农业生产等方面矛盾和问题的逐渐暴露，随着渐渐注重从思想方法上来找原因，毛泽东又想到了调查研究。

"今年要搞个实事求是年"

1960 年 6 月 14 日至 18 日，中共中央政治局在上海召开政治局扩大会议，会议期间，毛泽东写了《十年总结》一文，对建国后的经济工作，特别是"大跃进"以来的经验教训，作了初步的回顾和反思。他在文中指出："大跃进"中指标过高和人民公社化运动中出现的问题，是由于有些同志在一段时间内，思想方法有一些不对头，忘记了实事求是的原则。基于这一认识，毛泽东进一步提出：我们要用十年时间做调查研究，逐步找出社会主义革命和建设固有的规律。同年 11 月 15 日，在为中共中央起草的《关于彻底纠正"五风"问题的指示》中，毛泽东又指出：省委不明了情况是很危险的。省委自己全面彻底调查一个公社（错误严重的）使自己心中有数的办法是一个好办法。

为了扭转国民经济的困难局面，切实纠正"大跃进"以来的"左"倾错误，1960 年底至 1961 年 1 月，中共中央先后召开了工作会议和八届九中全会。在这两次会议的讲话中，毛泽东着重强调了加强调查研究问题。

1961 年 1 月 13 日，毛泽东在中央工作会议的讲话中指出：做工作要有三条，一是情况明，二是决心大，三是方法对。第一条是情况明。情况不明一切无从着手。要搞清情况，要做调查研究。这是个大工作，要从实践中认识客观实际。调查研究极为重要。过去抗日战争时期、解放战争时期，我们做调查研究比较认真，办事从实际出发，实事求是，凭调查研究、情况明了下决心，因此这个决心就大，方法也就对。现在我们对国内情况也不明，决心也不大，方法也不那么对。要分批、分头摸清每个省、市、地委、县委、公社的情况。今年要搞个实事求是年。我们党是有实事求是传统的，就是把马克思列宁主义的普遍真理同中国的实际相结合。但是，解放以来，特别是最近几年，我们调查做得少了，不大摸底，大概是官做大了。我这个人就是官做大了，从前在江西那样的调查研究，现在就做得少了。今年也来做一点，这个会开完，我就想到一个地方，做点调查研究工作，不然就不摸底。我希望同志们回去之后，要搞调查研究，把小事撇开不去干，用那么一部分时间，搞一点助手，自己去研究一两个生产队，一两个公社。城市要彻底调查一两个工厂，一两个城市人民公社。只要不做这种调查工作，我们的工作就没有基础，只凭感想、凭想象、凭估计。所以请同志们回去大兴调查研究之风，一切从实际出发。

1月18日，毛泽东在八届九中全会上的讲话中指出：在民主革命时期，党犯过几次"左"倾和右倾错误，右的不做调查研究，"左"的也不做调查研究。民主革命时期情况比较单纯。胜利后，有了全国政权，八亿人口，情况就比较复杂了。近几年来我们也做了一些调查研究，但是比较少，对情况不甚了了。没有调查研究，情况不明，决心就不大。比如，1959年反对刮"共产风"，由于情况不明，决心就不大，中间又夹了个庐山会议反右，把纠"左"打乱了，"共产风"又大刮起来，大家回去实实在在地干，不要老是算账搞计划，要做调查研究。我们过去就吃了这个亏，只注意普遍真理，不注意调查研究。希望1961年成为调查研究年，大兴调查研究之风，要在实践中去做调查研究，专门调查也可以。

八届九中全会刚刚闭幕两天，即1月20日，毛泽东就给他的秘书田家英写了一封信。信中说：已告陈伯达、胡乔木，和你一样，各带一个调查组，共三个组，每组组员六人，连组长共七人，组长为陈、胡、田。在今、明、后三天组成。你去浙江，胡去湖南，陈去广东。去搞农村。六个组员分成两个小组，一人为组长，二人为组员。一个小组（三人）调查一个最坏的生产队，另一个小组调查一个最好的生产队。中间队不要搞。时间十天至十五天。然后去广东，三组同志，与我会合，向我作报告。然后转入广州市作调查，调查工作又要有一个月，连前共两个月。

为了及时听取调查组的汇报并给予具体的指导。几天后，毛泽东也南下了。

在南下途经天津、济南、南京时，毛泽东分别与当地省市委负责同志谈话，着重调查了解农村中存在的主要问题，并督促省市的各级干部要到基层做调查研究，要克服官僚主义，克服盲目性、片面性。例如，在南京时，他就言简意赅地对江苏省委的负责同志说：水是浑的，有鱼无鱼不知道。要大兴调查研究之风。要把浮夸、官僚主义、不摸底，彻底克服掉。过去几年里不大讲调查研究了，是个损失，不根据调查研究订出来的方针政策是不可靠的，很危险。上级的局限性，是不了解下情，比较空。下级的局限性，是比较片面，不了解全局。领导不可能样样清楚，要抓典型，弄清楚县、公社、生产队。

2月初，毛泽东一行到了杭州，听取了田家英等人蹲点调查的情况汇报，并对农村中存在的许多迫切需要解决的问题提出了一些重要意见。

2月下旬，毛泽东到了广州。在那里，他又召集浙江、湖南、广东三个调查组，听取汇报，了解情况。

经过一个多月的调查了解，毛泽东进一步感到领导干部深入基层做调查研究对于制定和端正政策的重要性。

3月10日至13日，毛泽东在广州召开的中南、西南、华东三个地区的中央局和省、市、区党委负责人会议（简称"三南"会议）上，结合解决农村中队与队、人与人之间的平均主义问题，提出主要领导干部要做系的由历史到现状的调查研究工作，要求省委第一书记亲自做调查工作。他说：我只抓第一书记。其他的书记也要做调查研究工作，由你们负责去抓。只要省、地、县、社四级党委的第一书记都做调查研究工作，事情就好办了。应该到一个乡去上七天十天时间，做一番系统的调查研究。过去这几年我们犯错误，首先是因为情况不明。最近几年吃情况不明的亏很大，付出的代价很大。大家做官了，不做调查研究了。我也是浮在上面看报告。现在我要搞几个调查的基地，下去交一些朋友。对城市问题我没有发言权，想去调查几个工厂，此心早已有了。我现在搞了几个基地，派了几个组住在几个地方。我就是要求强调调查研究，要在全党造成这个风气，要大家实事求是，不要报假。

紧接着"三南"会议，3月14日至23日中央又在广州召开了一次工作会议。在会议最后一天的讲话中，毛泽东专门就调查研究工作作了长篇讲话。他说：现在北京的同志来了，问题讨论得很好，重点就是要搞调查研究工作，不过借两个平均主义问题着手。我们干什么工作都要这样，别的工作也一样。今后必须摆脱一部分事务工作，交给别人去做，以便自己亲身进行典型调查。我们大部分人，包括我自己在内，都是调查研究不够，做典型的、基层的、亲自出马的调查不够。建国后的十一年，我做过两次调查，一次是为合作化问题，看过一百几十篇的原始材料，出了一本书，叫做农村社会主义高潮。又一次是十大关系，那是经过两个半月和三十四个部门讨论，得出了十大关系的结论。现在我不反对带调查组，这回我是带了三个调查组，一个放在浙江，一个放在湖南，一个放在广东。依靠这三个调查组，我还是做间接的调查，并没有直接调查。我要做点典型调查，只要求你们去做典型调查，自己当老爷，我看那不行。我很想恢复骑马的制度，不坐火车，不坐汽车，想跑两条江。从黄河沿河而上，到它的发源地，然后跨过喜马拉雅山，到长江的发源地，顺流而下。不要多少时间，有三年时间就可以，顶多五年计划。民主革命阶段要进行调查研究，社会主义建设阶段，还是要进行调查研究，一方面还是要进行调查研究工作。

"这是一篇老文章，看来还有些用处"

就在毛泽东极力倡导大兴调查研究之风之际，30年前失而复得的一篇文章令毛泽东高兴不已。这篇文章名为《调查工作》。

《调查工作》这篇文章，是毛泽东1930年在中央苏区时为反对教条主义而写的阐述调查研究工作的马克思主义著作，早已失散，但毛泽东一直念念不忘。那么这篇文章又是怎样被重新发现的呢？

文章的发现经过是这样的：1959年中国革命博物馆建馆，到各地收集革命文物，他们在福建龙岩地委收集到这篇文章的石印本。1960年中央政治研究室的同志从革命博物馆借来。当时大家都觉得这是一篇重要文献，但对于它在毛泽东思想发展史上所占的地位，它的真正价值，是估计不足的；这篇文章的重新发表，对于后来我们党的思想建设和实际工作会发生那么大的作用和影响，引起研究者那么高度的重视，更是想不到的。这个文献被田家英知道后，立即送给了毛泽东。

对这篇文章，毛泽东在1961年3月11日专门写了一个批语，接着在3月广州会议的两次讲话中又都提到它，并作了说明和解释。从批语和两次讲话中，我们可以了解，这篇文章是为着什么写的，是怎样写出来的，以及毛泽东又是如何地喜爱它。

1961年3月11日的批语写道：这是一篇老文章，为了反对当时红军中的教条主义思想而写的。那时没有"教条主义"这个名称，我们叫"本本主义"。写作时间大约在1930年春夏，已经30年不见了。1961年1月，忽然从中央革命博物馆里找到，而中央革命博物馆是从福建龙岩地委找到的。看来还有些用处，印若干份供同志们参考。

1961年3月13日在广州会议上说：找出了30年前我写的一篇关于调查工作的文章，我自己看看还有点道理，别人看怎样不知道。"文章是自己的好"。我对自己的文章有些也并不喜欢，这篇是我喜欢的。这篇文章是经过一番大斗争写出来的。1929年冬天，红军第四军第九次党的代表大会对这场斗争作了结论。这以后，也就是1930年春天，写了这篇文章。前几年到处找这篇文章，找不到，今年1月找出来了。请大家研究一下，提出意见，哪些赞成，哪些不赞成。如果基本赞成，就照办，不用解释了。

在1961年3月23日广州会议上说：这篇文章是1930年春季写的，总结那个时期的经验。这篇文章之前，还有一篇短文，题目叫反对本本主义，现在找不到了。这篇文章是最近找出来的。别的东西找出来我不记得，这篇文章我总是记得就是了，像想念自己的孩子一样。忽然找出来了。我是高兴的。

尽管毛泽东很喜欢自己的这篇文章，但对于是否马上公开发表持谨慎态度。他在 3 月 23 日的会议上说：我不赞成现在发表，只在内部看一看就是了。他说：现在的作用在什么地方呢？这个文章会有些人不懂得，为什么呢？因为讲的是当时民主革命的问题，民主革命是反帝反封建的问题。现在的问题是搞社会主义革命和社会主义建设，必须向看文章的人说明这一点。他再三提醒人们说：这篇文章发下去的时候，有些要解释一下，主要是讲基本方法。

1961 年 3 月 11 日，毛泽东将《调查工作》印发参加广州会议的同志时，把题目改为《关于调查工作》，作了少量文字修改，如把"布尔什维克"改为"共产党人"，把"苏维埃"改为"政府"，"六次大会"改为"党的第六次大会"等。

应当肯定，毛泽东在面临严重经济困难的时候，给党内领导干部印发这篇文章，对全党冷静头脑，转变思想作风，开展调查研究是一个有力的推动。

随着时间的推移，《关于调查工作》一文的作用和意义被越来越多的人了解，党内许多同志要求公开发表。1964 年经毛泽东同意，在《毛泽东著作选读》甲种本和乙种本首次公开发表了。

此文收入选读本时，田家英又作了一些文字修订。为了确定文章写作时间，他在 1964 年 3 月 25 日晚送请毛泽东最后审定这篇文章时，写信说：这篇文章的写作时间，希望主席再回忆一下，如果能记起在什么地方写的，或者写作前后有什么较大事件，我们便可以根据这些线索，考订出比较准确的写作时间。

毛泽东当晚将定稿退给了田家英，把文章的题目改为《反对本本主义》，并写了一个批语：此文是在 1929 年写的，地点记不清楚，先写了一篇短文，题名"反对本本主义"，是在江西寻乌县写的，后来觉得此文太短，不足以说服同志，又改写了这篇长文，内容基本一样，不过有所发挥罢了。当时两文都有油印本。同时，毛泽东在这个最后定稿上，还亲笔加写了一句话：马克思主义的本本是要学习的，但是必须同我国的实际情况相结合。我们需要"本本"，但是一定要纠正脱离实际情况的本本主义。这是毛泽东对这篇文章所作的惟一的一处涉及实质内容的改动。

把文章写作时间定为 1929 年，田家英表示怀疑，请中央政治研究室的一位同志将毛泽东 1929 年 1 月至 1930 年 8 月这段时间的活动搞了一个详细材料送给毛泽东。毛泽东看后将写作时间最后定为 1930 年 5 月。

调查研究蔚然成风

毛泽东关于在全党大兴调查研究之风的重要意见，很快在中央最高领导层成为共识。刘少奇、周恩来、朱德、邓小平、陈云、彭真等中央负责同志，在毛泽东提出加强调查研究工作之后，也分别在不同场合的讲话中强调了加强调查研究的重要意义，并对毛泽东的调查研究思想做了一些阐述和具体发挥。例如，在 1961 年 3 月 19 日的广州中央工作会议分组会议上，几位中央负责同志都着重谈了调查研究问题。刘少奇指出：调查研究是做好工作的最根本的方法。从 1958 年以来，在执行三面红旗的过程中，犯了不少的大大小小的错误，受了相当大的损失。如果作好调查研究，工作作风好，工作方法对，损失可能减少，时间可以缩短，不至于陷于现在这样的被动。搞调查，不能带有主观成见。我们决定的政策是否正确，是否需要补充，还得到群众中去考验。我本人也要下决心搞调查，搞一个工作组，这比看报纸、听汇报好得多。周恩来指出：进城以后，特别是这几年来，我们调查研究较少，实事求是也差，因而"五风"刮起来就不容易一下子得到纠正。进行调查研究，必须实事求是。我们下去调查，必须对事物进行分析、综合和比较。事物总存在内在的矛盾，要分别主次；总有几个侧面，要进行解剖。各人所处的环境总有局限性，要从多方面观察问题；一个人的认识总是有限的，要多听不同的意见，这样才利于综合。事实总是发展的，有进步和落后，有一般和特殊，有真和假，要进行比较，才能看透。邓小平指出：全国胜利后，要保证几亿人口吃、穿、用，我们的工作是比较细致、比较谨慎的。1958 年以来，事业兴旺起来了，我们也有一点经验了，就比较马虎了。所谓实事求是，就是要承认千差万别，大同小异。大同是大的方针政策，小异是重要问题。大同要调查，小异也要调查。过去大同不做调查吃了大亏，小异不做调查同样吃了亏。中央机关有相当多的干部，搞文字工作的时间要少一点，拿出一些干部到各个战线、各个方面去做调查研究。坐而言要少，起而行要多，这几年工作不深入，工作有些浮。彭真指出：几年来所以吃亏，就是因为没有很好地调查研究。越是困难，越是要加强调查研究，调查研究就可以找出办法。这几年来，实事求是的作风削弱了，热多冷少，这方面的问题是很多的，我也是有缺点的。根本的问题，在于调查研究。今后从上到下，全党要建立经常的调查研究。

根据毛泽东关于大兴调查研究之风的讲话精神和其他中央领导同志的意见，广州中央工作会议决议发一个在全党加强调查研究工作的文件。毛泽东主持了这个文件的起草工作，并亲自主持会议，对文件草案逐段逐字地进行讨论和修改。1961 年 3 月 23 日，会议通过了《中共中央关于认真进行调查工作问题给各中央局，各省、市、自治区党委的一封信》。信中深刻分析了大跃进以来所犯错误的原因和教训，尖锐地指出：最近几年在农业、工业等方面的具体工作之中所以发生缺点错误，根本上是由于许多领导人员放松了在抗日战争期间和解放战争期间进行得很有成效的调查研究工作，满足于看纸上的报告，听口头的汇报，下去的时候也是走马观花，不求甚解，并且在一段时间内，根据一些不符合实际的或者片面性的材料作出一些判断和决定。在这段时间内，夸夸其谈，以感想代政策的恶劣作风，又有了抬头。这是一个主要的教训，全党各级领导同志，决不能忽略和忘记这个付出了代价的教训。信中要求从现在起，县级以上党委的领导人员，首先是第一书记，要把深入基层亲身进行有系统的典型调查，当作领导工作的首要任务，并且定出制度，造成风气。信中特别指出：在调查的时候，不要怕实际检验推翻了已经作出的判断和决定。中央在发出这封指示信的同时，还下发了毛泽东1930年春写的《关于调查工作》一文。

毛泽东大力倡导调查研究，并且身体力行带头付诸实践，中央又专门发出了指示信，这就引起了全党各级干部对调查研究工作的高度重视。

广州会议一结束，刘少奇亲自带领调查组下到湖南农村，从4月1日到5月15日，先后在长沙县广福公社天华大队和宁乡县花明楼公社等地蹲点，作了长达四十四天的调查。刘少奇带领调查组广泛听取了社队干部对"六十条"的意见，同他们就供给制、公共食堂、粮食分配、房屋、家庭副业、自留地等问题进行座谈和讨论。他细心察看农民家庭。探望患病农民，听取群众的心里话，寻找能够反映真实情况的各种迹象。在湖南调查期间，刘少奇将调查中发现的问题和自己的意见，及时向毛泽东作了汇报。毛泽东对刘少奇的这次湖南调查评价很高。1961年6月12日，他在北京中央工作会议上谈到调查研究工作时曾说：我就想下个决心到我那个家乡去，学少奇同志的办法。

4月初，周恩来派出调查组到河北邯郸地区的几个公社进行调查研究。4月下旬到5月下旬，周恩来又亲自到邯郸地区的武安县和涉县做调查。他不仅多次听取省、地、县负责同志的汇报，而且深入基层公社，不辞辛苦，走村串户，就社员群众最关心的公共食堂、供给制、评工记分等问题，与公社、生产大队、生产队的干部及社员谈话，开座谈会。一位社员见国家的总理这样平易近人，便毫无顾忌地直言：这两年生活一年不如一年。如果再这样下去，连你也会没有吃的。周恩来认为这个社员说的是真话。他深切感到只有当群众把我们看作是自己的人时，才会说这样的话，这是一针见血的话。5月7日，周恩来将调查了解到的一些情况向毛泽东作了汇报。周恩来在汇报中说，我到邯郸已有五天了，五天中找一些公社、大队、小队干部和社员谈话，开了座谈会，有四个问题需要汇报。（一）食堂问题。绝大多数甚至于全体社员（包括妇女和单身汉）都愿意回家做饭。我正在一个食堂搞试点，解决如何把食堂解散和安排好社员回家吃饭的问题。（二）社员不赞成供给制，只赞成把五保户包下来和照顾困难户的办法。（三）社员群众迫切要求恢复高级社时的评工记分办法，并有所发展。具体做法是，包产到小队，以产定分，包活到组。这样才能够真正实现多劳多得的原则。这个办法势在必行。（四）邯郸专区旱灾严重，看来麦子产量很低，甚至有的颗粒无收，棉花和秋季作物还有希望。目前最主要的问题是恢复人力和畜力问题。毛泽东当天阅读了周恩来报告的电话记录，随即指示：此报发给各中央局，各省、市、自治区党委参考。

年逾古稀的朱德从3月26日到5月5日，到四川、陕西、河南进行调查。他不仅听取各地负责人的汇报，还重点在四川宜宾、自贡、内江等地考察了工厂、气井和盐井的情况，同时深入社队同社员群众进行座谈，听取他们对公共食堂等问题的意见。5月4日朱德写信给毛泽东，如实反映了干部群众对农村食堂、手工业和自由市场三个问题的看法，明确表示了自己对解决这些问题的意见。

4月到5月上旬，邓小平和彭真直接领导的五个调查组，到北京市的顺义和怀柔县搞农村调查。5月10日，邓小平和彭真致信毛泽东，报告了调查的情况和他们的意见。信中说：根据我们直接领导的五个调查组（在怀柔、顺义）和北京市委工作组在北京近郊及各县一个多月的调查情况来看，贯彻执行中央关于农村人民公社十二条、农业六十条指示后，农民群众的生产积极性已有很大提高，但要进一步全面调动农民的积极性，有许多措施还需要改进，有些政策要加以端正。一、关于调整社队规模问题。北京近郊和各县生产大队、生产队规模都已调整了，社也大部分调整完毕。多数是万把人一个社，大队一般以村为单位，生产队一般是五十户左右。实行责任制，使农民心里有了底，大大提高了社员的生产积极性。二、关于粮食征购和余粮分配问题。多数生产队赞成对包产部分购九留一，对超产部分购四留六。对包产指标高的队，超产粮的征购比例也可以低于百分之四十。征购后的余粮，应绝大部分按劳动工分分给社员，鼓励他们像经营自留地一样，在集体经营的土地上精耕细作、积极施肥。三、关于供给制问题。现在实行的三七开供给制，带有平均主义性质，害处很多。废除这种供给制，只对五保户生活和困难户补助部分实行供给。这样不仅可以更好地解决五保户和困难户的问题，而且可以大大提高劳动分值，更好地贯彻按劳分配原则，调动社员的生产积极性。四、关于"三包一奖"和评工记分问题。凡是几年来年年增产的单位，多是大体上坚持执行"三包一奖"和评工记分制度的，一些实行"死分死记"的单位，因没有执行按劳分配原则，一般都减了产。五、关于食堂问题。这个问题比较复杂，不能像供给制一样一刀两断地下决心，要走群众路线，完全根据群众自愿。今后要办食堂的，一般应把食堂的经济核算同生产队分开，即把生产队的分配和社员的生活消费分开。食堂不要大了，应办小型的或自愿结合的。六、关于耕畜和农具的所有制问题。普遍主张农具归生产队所有，多数主张牲畜折价归生产队所有。牲畜归生产队所有，可以加强社员对牲畜的爱护，减少死亡，同时繁殖也会较快。七、关于供销社和手工业、家庭副业问题。对于手工业和家庭副业，必须大力恢复和发展。为此，又必须迅速恢复和健全供销社的工作，供应原料、工具，推销产品，组织生产。5月13日，毛泽东阅信后批示：此信发给各中央局，各省、市、区党委，供参考。

陈云在6月下旬到7月上旬，也到上海市青浦县小蒸乡公社做农村调查。在十五天时间里，他召开了十次专题座谈会，听公社干部汇报，向社员群众调查，并且到农民家中察看养猪、种自留地、住房和吃饭等情况。8月，陈云将调查了解到的有关农业生产的许多问题和情况，连同自己的分析和意见，一并报告了中央。

在毛泽东和党中央的倡导和带动下，各中央局、省、市、区党委以及中央各部门的负责同志也纷纷深入农村社队进行重点调查，并到部门所属的基层单位做调查研究。全党上下主要围绕着农村政策的调整开展了一次规模空前的调查研究活动。

"绝对禁止党委少数人不作调查，不同群众商量，关在房子里，作出害死人的主观主义的所谓政策"

为了指导党的各级干部做好调查研究工作，并及时交流情况和经验，毛泽东认真阅读了大量中央和地方同志报送的调查材料，还连续写信给有关同志，并批转了一批有价值的调查报告。

1961年5月1日，时任农业机械部部长的陈正人写信给毛泽东，汇报了他到四川简阳县平泉公社蹲点调查的情况和对一些问题的意见。正渴望收到各地调查研究情况的毛泽东收到信后，"很高兴"。5月6日，他给陈正人复了一封信。在信中，毛泽东鼓励陈正人再去做一个星期，最好是两个星期的调查，极为有益。并要求各中央局，各省、市、区党委第一书记同志，请你们在这半个月内，下苦功去农村认真做一些调查研究工作，并和我随时通信。信随便写，不拘形式。这半个月希望得到你们一封信。如果你们发善心，给我写信，我准给你们回信。毛泽东渴望了解情况的心态由此而见。

1961 年 5 月 13 日，正在湖南浏阳县文家市公社大江大队做调查的湖南省委第一书记张平化给毛泽东写信，汇报调查了解的情况。信中说，从五月二日起，我同一个调查组在浏阳县文家市公社大江大队作调查，同时在文家市作恢复手工业合作社和供销社的试点。大江大队经过整风整社后，"五风"基本上纠正了，但遗留问题还不少。群众对农业六十条非常欢迎，对小自由表现非常积极，听到食堂可以不办，认为是"松了绑"；但对于具体生产能不能搞好还是信心不足。有人说："共产党是走群众路线的，现在两条群众路线，已经走了一条，食堂可以不办了，还有一条，就是分田到户，迟早也是要走群众路线的。"产生上述情况的原因，第一是近几年平均主义的错误和瞎指挥风给农民带来了严重的损失，使一部分人对集体生产丧失了信心；第二是一部分富裕中农原来就是勉强加入合作社的，平常不敢说出真心话，现在有了一定的市场，又敢说了；第三是按劳分配原则两三年没有贯彻执行，现在强调"多劳多得、多劳多吃"是大得人心的，但如何实现这个原则，还没有一套积极的措施。整风整社没有及时地把高级社时期行之有效的定额管理和评工分制度加以切实恢复和改进。为此，我们协同公社、大队干部采取了如下措施：一、大搞"一年早知道"运动，主要内容是四包落实。除包产、包工、包成本外，还加上一个包上交。二、春收作物超产全奖兑现。三、在具体贯彻按劳分配原则的同时，进行耐心的说服工作，用事实说明集体生产的好处和分田到户的坏处。我们调查组的同志，一面同群众商量办法，一面检讨实际工作中的错误，对基层干部和群众不乱扣"资本主义思想""自私自利""右倾保守"等帽子。我们认为，大江大队的问题有一定的普遍意义，在整风整社之中及其以后，一定要抓紧落实按劳分配的各项积极措施，这样才能纠正平均主义，坚持社会主义，从正面引导农民走集体生产、共同富裕的道路，而不走单干的老路。第二天，毛泽东将此信批转给各地参考，并在批语中写道：都要坚决走群众路线，一切问题都要和群众共同商量，然后共同决定，作为政策贯彻执行。各级党委，不许不做调查研究工作。绝对禁止党委少数人不作调查，不同群众商量，关在房子里，作出害死人的主观主义的所谓政策。

1961 年 5 月 27 日，田家英给毛泽东写信说：下放到长辛店机车车辆厂的中办秘书室工作人员戚本禹寄给他一份题名为《关于"调查研究"的调查》材料，这个材料提出了一些在大兴调查研究之风中值得注意的问题。这些年来，我们的队伍很大地扩大化了，人员复杂，作风不纯，有些很好的事，在某些地方，某种场合，往往办成不好的事。田家英还随信将《关于"调查研究"的调查》报送了毛泽东。

戚本禹的这篇材料写于 5 月 12 日。材料说，我们下放到长辛店机车车辆厂的几位同志，利用业余时间摸了一下各级领导机关来该厂做调查工作的情况，发现去冬来厂做调研的，简直是凤毛麟角，而今春来的却如雨后春笋。总的说来，这些调查组来厂后，一方面帮助领导上了解了一些情况，另一方面也帮助工厂做了一些事情，工作是有成绩的。但在调查工作中，也比较普遍地存在着"十多十少"的问题：（1）一般干部挂帅的多，领导干部挂帅的少。（2）漫无边际的多，充分准备的少。（3）浮在上面的多，深入下层的少。（4）昂首望天的多，当小生的少。（5）晃晃悠悠的多，参加劳动的少。（6）吃小食堂的多，吃大食堂的少。（7）住招待所的多，住工人宿舍的少。（8）干干净净的多，满身油腻的少。（9）带走的东西多，留下的东西少。（10）"十月怀胎"的多，"一朝分娩"的少。调查研究是一项艰苦的工作，也是一项严肃的工作，要真正做好，首先要有正确的态度和方法。调查研究是为了解决问题，而不是为了镀一层好看的金颜色，因此每一个做调查研究的同志，都必须严格按照毛主席的指示办事，脚踏实地、扎扎实实地深入下去，和群众打成一片，以求真正了解一些实际情况，解决一些实际问题。

5月28日，毛泽东看了田家英的信及报送的材料后，加写了"调查成灾的一例"的醒目标题，并批示：此件印发工作会议各同志。同时印发中央及国家机关各部门各党组。派调查组下去，无论城乡，无论人多人少，都应先有训练，讲明政策、态度和方法，不使调查达不到目的，引起基层同志反感，使调查这样一件好事，反而成了灾难。这个批语发出后，毛泽东觉得意犹未尽，又批示：此件，请中央及国家机关各部门各党组，各中央局，各省、市、区党委，一直发到县、社两级党委，城市工厂、矿山、交通运输基层党委，财贸基层党委，文教基层党委，军队团级党委，予以讨论，引起他们注意，帮助下去调查的人们，增强十少，避免十多。如果还是如同下去长辛店铁道机车车辆制造工厂做调查的那些人们，实行官僚主义的老爷式的使人厌恶得透顶的那种调查法，党委有权教育他们。死官僚不听话的，党委有权把他们轰走。同时，请将这个文件，作为训练调查组的教材之一。

据不完全统计，光是1961年5月，毛泽东亲笔起草的关于调查研究工作的书信、批语就不下20件。这些书信和批语对于进一步推动全党的调查研究工作向深度和广度发展无疑起到了相当大的作用。

在毛泽东的大力倡导下，调查研究之风在全党盛行。1961年，真正成了名副其实的调查研究之年。通过深入的调查研究，党的实事求是的优良传统逐步得到了恢复，这对于端正党的思想路线和党的作风，对于纠正"大跃进"以来的"左"的错误，扭转国民经济的困难局面起到了极为重要的作用。

毛泽东与《农业六十条》

人民公社化运动骤然兴起后不久，党中央和毛泽东便觉察到运动中发生的急于过渡、共产风等"左"的偏差，并从第一次郑州会议到庐山会议前期，开展了八个月纠"左"。然而，庐山会议后期及会后的"反右倾"，打断了纠"左"的进程，导致了"左"的错误重新泛滥，对农业生产和农民生活造成了极为严重的影响，加重了整个国民经济的困难局面。面对严峻的现实，党中央和毛泽东总结经验教训，接续前一时期的纠"左"努力，深入调查研究，认真纠正错误，调整农村政策，取得了显著的成就。《农业六十条》的制定就是其中最重要的成就之一。

"问题严重，不处理不行"

1960 年 1 月，中央在对浙江省委关于分配问题报告的批示中，要求各地认真检查一下是否存在"反右倾"运动中不容易被发现的错误偏向。广东省委第一书记陶铸和胡乔木按照中央批示的精神，深入到顺德县检查，广东省委农业办公室也对 19 个公社作了经济调查。经过认真分析和研究，广东省委于 2 月 25 日发出了《关于当前人民公社工作中几个问题的指示》。《指示》提出了"值得全党重视"的五个问题，其中最主要的是这样三个：一是关于过渡问题。认为从目前广东的情况看，从基本队有制过渡到基本社有制一般是不具备条件的，不应急于过渡，急于赶先。二是关于发展社有经济问题。认为必须在整个公社经济发展的基础上，逐步扩大公社一级经济的比重，决不能独立地发展社有经济，更不能削弱大队经济的比重，不能采用"割肉补疮"的办法。三是分配问题。认为高积累削弱了按劳分配的原则，"三包一奖"处理不好，甚至有些地方又把社员的自留地和家禽集中起来，限制了农民积极性的发挥。《指示》说："目前有些地方，在发展公社经济上，实际上在重复'一平二调'刮'共产风'的错误。"

广东省委的《指示》引起了毛泽东的重视。3月1日，毛泽东致信刘少奇、邓小平，谈了他对广东省委提出的五个方面问题的意见。中央讨论了毛泽东的信，并于3月5日将信的内容作为中央转发广东省委《指示》的批示发给各地，要求各省、市、自治区仿照广东的办法，发一个清楚通俗的指示，迅速地把缺点错误纠正过来。3月23日，毛泽东在看了同样反映农村工作中"左"倾错误的《山东六级干部大会情况简报》后，又亲自起草了《中共中央关于山东六级干部大会情况的批示》。批示指出：山东发现的问题，肯定各省、各市、各自治区都有，不过大同小异而已。问题严重，不处理不行。在一些县、社中，去年三月郑州会议忘记了，去年四月上海会议十八个问题的规定也忘记了，共产风、浮夸风、命令风又都刮起来了。一些公社工作人员很狂妄，毫无纪律观点，敢于不得上级批准，一平二调。另外还有三风：贪污、浪费、官僚主义，又大发作，危害人民。什么叫做价值法则，等价交换，他们全不理会。所有以上这些，都是公社一级干的。从这些材料看来，此时党中央和毛泽东虽然发现了农村工作中重新泛滥的"左"倾错误，并认为问题严重，必须迅速纠正，但还没有认识到产生这些错误的深层原因，而只看作是基层干部不能正确执行中央政策结果；没有认识到这些错误是全局性的倾向错误，而只看作是大好形势下局部性的错误。

1960 年 6 月 14 日至 18 日，中共中央政治局在上海召开会议。18日，毛泽东写了《十年总结》一文，结合他近期对社会主义建设问题的思考，对建国后的经济工作特别是"大跃进"以来的经验教训，作了初步的回顾和反思。他提到"大跃进"中指标过高、人民公社化运动中不认识公社内部三级所有制等教训，认为原因是一些领导同志在一段时间内，思想方法不对头，忘记了实事求是的原则。他承认几年来自己也犯了许多错误，例如几次会议上同意钢铁高指标和第二次郑州会议时主张"一平二调"的账可以不算，等等。在当时的主客观条件下，毛泽东能正视几年来发生的严重错误，作出自我批评，并重视倡导实事求是的原则，是难能可贵的。

1960 年 7 月 5 日至 8 月 10 日，中央在北戴河召开工作会议。毛泽东再次讲到人民公社的所有制和基本核算单位等问题。他说：农村以生产队为基本核算单位的三级所有制，至少五年不变，死死地规定下来，搞一个"机械论"，再不要讲三年五年从队基本所有制过渡到社基本所有制。在集体所有制占优势的前提下，要有部分的个人所有制，总要给每个社员留自留地，多少一定要给他们一点，使社员能够种菜，喂猪喂鸡喂鸭。这次会议通过了《关于全党动手，大办农业，大办粮食的指示》，要求各地进一步整顿巩固人民公社，加强队为基础的三级所有制，至少在五年内不要急于向基本社有制过渡；要继续肃清浮夸风、共产风和强迫命令，把广大群众和各级干部的积极性充分调动起来，保证农业生产，首先保证粮食生产。9 月 24 日，中央在《湖北省委关于调动群众积极性的十项措施的报告》中讲"要承认生产队的所有制是基本的"一段后加批注指出："贯彻执行基本队有制，必须反对'一平二调'和不向大队报实产量这两种倾向。"当时，除湖北省委报告外，还有福建省委的报告，也反映了不少"一平二调"的严重问题。10 月 10 日，毛泽东给李富春写信说，两省报来的文件很好。请你即令书记处某一位懂事、能文的同志日内即为中央起草一个有力的指示（要几百字，几句话太少，不足以引起省、地、县、社的注意）。李富春经与有关同志几次讨论，草拟了《中共中央转发湖北省委和福建省委两个文件的重要批示》，于 12 日送毛泽东审阅。当天，毛泽东即批示下发。中央批示一针见血地指出："纠正一平二调的'共产风'，纠正强迫命令、浮夸和某些干部特殊化的作风，坚持以生产队为基础的公社三级所有制，是彻底调整当前农村中社会主义生产关系的关键问题，是在公社中贯彻实现社会主义按劳分配原则的关键问题。"这时，党中央和毛泽东对农村工作中"左"倾错误的严重性有了进一步的认识，纠"左"的决心更大，措施也已经比较具体。

为了更快地纠正"左"倾错误，扭转农村的形势，中共中央又委托周恩来主持起草了《中共中央关于农村人民公社当前政策问题的紧急指示信》。11 月 3 日，毛泽东对《紧急指示信》草案亲自作了认真修改，其中重要的有如下三处：（一）将草案中所讲三级所有、队为基础"至少五年不变"，改为"至少七年不变"。（二）草案中说：以生产队为基础的公社三级所有制，在当前是有利于发展生产力的，必须在一定时期内稳定下来。毛泽东将其中"在一定时期内"改为"在一个长时期内"。（三）草案中说："在现阶段人民公社的分配原则还是按劳分配。"毛泽东将这句话修改为：在现阶段，在很长的时期内，至少在今后二十年内，人民公社的分配原则还是按劳分配。

《紧急指示信》提出，全党要以最大的努力来坚持纠正共产风，认为虽然党中央和毛泽东曾再三再四地指出过这一问题，但实际上大部分地方和社队纠正不彻底，1959 年以后又重新刮了起来，还有一部分地方和社队一直没有认真纠正，严重地破坏了农业生产力。允许社员经营少量自留地等十二条政策，对扭转当时的农村形势起了积极的作用，也表明党中央和毛泽东的认识向符合客观实际的方向跨出了一大步。

"看来人民公社需要有一个条例"

到 1960 年底，三年"大跃进"造成的国民经济严重困难和农村中出现的严重问题已经大量暴露。党中央和毛泽东在纠正"五风"的实践中，感到要使广大干部认识错误，纠正错误，还需要掌握正确的思想方法和工作方法。在 1960 年底至 1961 年初召开的中央工作会议和八届九中全会上，毛泽东提出要大兴调查研究之风，使 1961 年成为实事求是年。八届九中全会还正式通过了对国民经济"调整、巩固、充实、提高"的八字方针。

毛泽东在上述两个会议上的讲话中，谈到纠正共产风、急于过渡等错误，总是联系着思想方法、工作方法的问题。12 月 27 日，毛泽东在听取各中央局同志汇报时说：庐山会议后，有些事没有想到是刮共产风，去年几个大办，如大办水利，大办交通，大办养猪，大搞商品生产基地，这些都是中央提出的，谁也没有想到它要一平二调，如果想到了，就不会刮了。今后若干年内，要小办社有经济，大办队有经济。有大必有小，不能同时搞两个大办。12 月 30 日，毛泽东在中央工作汇报会上谈到退赔问题时说：在两三个月内把兑现问题解决了，农民积极性就来了。为了退赔，把县、社家业统统赔进去，破产也要赔。当汇报到有些省委已就庐山会议以来的失误作了检讨时，毛泽东说：刮共产风中央是有责任的，各省委把中央的责任担起来了。汇报到整风整社开始后，有人提出要讲大办等成绩，也从"一个九个指头"出发时，毛泽东说：先讲"一个九个指头"好不好？现在是八、二，也不是一个指头，要实事求是，有多少就讲多少，不要一个框框。1961 年 1 月 13 日，毛泽东在中央工作会议最后一天讲话中说：搞社会主义建设不能那么急，十分急搞不成，要波浪式前进。明后年搞几年慢腾腾，搞扎实一些，然后再上去，指标不要那么高，把质量搞上去。不要务虚名而受实祸。1月18日，毛泽东在八届九中全会上又说，我们讲情况要明，决心要大，办法要对。情况不明，决心就没有法子大。刮共产风的情况就不明，中间又夹了一个庐山会议反右（那个时候非反右不可），在全国一宣传，就把共产风没有反彻底的问题掩盖了，又刮起来了。你反右嘛，还加了一些别的，如急于过渡。所谓急于过渡，不是急于过渡到共产主义，也不是急于过渡到全民所有制，而是急于过渡到社有制。

党的八届九中全会后，毛泽东等中央领导人身体力行，亲自带领工作组赴基层进行调查研究活动。毛泽东带领三个调查组到浙江、湖南、广东农村调查。通过调查，毛泽东发现《紧急指示信》只解决了自上而下"调"的问题（即无偿调拨生产队的财产），还没有解决各生产队之间和社员之间的平均主义问题以及体制问题、社队规模问题，等等。为此，从1961年2月下旬，毛泽东领导的各调查组汇集于广州，同部分地方负责同志一起，在毛泽东亲自指导下着手起草农村人民公社工作条例。

3月5日，毛泽东在广州中央政治局常委扩大会上说，在庐山会议之前，我们对实际情况的了解还是比较清楚的，但是在庐山会议之后就不大清楚了。因为庐山会议一反右，有人讲实话、讲困难、讲存在的问题、讲客观实际等等，都被认为是右的东西，结果造成一种空气，不敢讲真实情况了。庐山会议反右这股风把我们原来的反"左"割断了。毛泽东还说，关于人民公社划小的问题，这个原则是肯定了的，今年不划小你明年也得划小，明年不划小后年一定得划小，横直是要划小就是了。3月7日，毛泽东在同王任重谈话时说，起草人民公社工作条例的目的就是把公社各级的职权搞清，把生产小队不叫生产小队，改作生产队。就是三级：公社、大队、队。十二条解决了一些问题，就是不具体。这些谈话表明，毛泽东在公社所有制规模的认识上更进了一步。明确提出要把公社、生产队划小，并要变生产小队为生产队，增加自主权，调动农民的生产积极性。实际上，他这时已经有把基本核算单位下放到生产小队的想法了。他对3月10日河北省委写的《关于调整社、队规模和分配体制的意见》非常重视，不但认真批阅，而且亲自加了醒目的副标题：主张生产小队为基本核算单位。这一点在毛泽东以后的讲话中也几次提到过。

1961年3月10日至13日，毛泽东在广州主持召开"三南"会议（即中南、华东、西南，三个大区的中央局书记和各省市自治区书记到会），讨论人民公社工作条例初稿和农业问题。与此同时，刘少奇等同志也在北京主持召开"三北"会议（即华北、西北、东北，三个大区的中央局书记和各省市自治区书记到会），讨论农业问题。13日，毛泽东在"三南"会议上说，这次会议要解决两个很重要的问题：一是生产队与生产队之间的平均主义；一是生产队内部人与人之间的平均主义。这两个问题不解决好，没有可能充分地调动群众的积极性。这两个问题下一次会议上作正式决定，文件可以在这一次会议后起草。看来人民公社需要有一个条例。同日，毛泽东写了一封给刘少奇等同志的信，信中也说队与队、人与人之间的平均主义问题是两个极端重大的问题，希望在北京会议上讨论一下，并指出领导干部不亲自调查是不懂得也不能解决这两个重大问题的。

3月15日至23日，"三南""三北"会议合并召开，这就是中共中央广州工作会议。会议讨论和制定《农村人民公社工作条例（草案）》（以下简称《六十条》草案）。讨论中有争论的一个问题就是究竟以生产大队为基本核算单位好，还是以生产小队为基本核算单位好。虽然毛泽东已有倾向后者的想法，但由于与会者多不同意，会议对此没有作出结论。经过几天认真的讨论和修改，会议通过了《六十条》草案。23日，毛泽东在会上作了主题为调查研究的长篇讲话。其中谈到《六十条》草案时，毛泽东说，我们把中央紧急指示信修改了，那些命令主义的口气都刮掉了。执行改为实行。我们作为君子协定，大体上讲一个月、半个月或一个半月，你们搞一下，搞出点经验再来修改。

这次广州会议是一次意义重大的会议，对于解决公社化以来农村工作中存在的一系列问题起了十分重要的作用。

《六十条》草案总结了过去三年多农村人民公社的教训和贯彻《紧急指示信》的经验，对于纠正社、队规模偏大、两个平均主义、公社对下级管得太多太死、民主制度和经营管理制度不健全等方面的问题，作了比较系统的规定，具有很大的意义。但是，草案中仍规定对社员的分配实行供给与工资三七开，除特殊情形外都要办常年或农忙的公共食堂，这反映出中央和毛泽东在一些问题的认识上与实际仍有一定的差距。3月22日，中共中央将这个草案发给全国农村党支部和人民公社全体社员讨论，征求他们对草案条文的修改意见。

"在群众中广泛征求意见"

《六十条》草案虽然通过，但它是不是符合农村的实际？能不能得到广大社员的拥护？还有什么问题需要进一步解决？广州会议后，毛泽东继续大抓调查研究工作，征询对草案的反映。3月31日，毛泽东在长沙同张平化谈话。张平化汇报说，湖南农村一些干部群众对关系到他们切身利益的食堂问题、供给制问题等仍有许多不同意见。毛泽东说：这个条例草案只是征求意见，是试行，就是说还要修改还要补充，还可以减少，还可以推翻某些条文。他还说：将来按各省征求群众的意见把条例草案加以修改，再拿到群众中试行，这个条例修改后还不能作为正式的文件，可以叫修正草案，再在群众中广泛征求意见。

1961 年 5 月 21 日至 6 月 12 日，中共中央在北京召开工作会议。根据中央、各中央局和各省、市、区党委对农村所作的进一步调查，和《六十条》草案试行的情况，会议对这一草案作了一些重要修改，形成了《农村人民公社工作条例（修正草案）》。修改的主要部分是供给制和食堂问题。修正草案规定"办不办食堂完全由社员讨论决定"，对不参加食堂的社员"不能有任何歧视"。修正草案取消了分配中的供给制，规定"按劳动工分进行分配"。此外，修正草案还增加了一些新的规定，如"党政干部三大纪律，八项注意"等。

6 月 12 日，毛泽东在会上讲话，谈了他的感想并代表中央承担了"大跃进"以来错误的责任。他说：我们错就错在不该把关于彭、黄、张、周的决议，传达到县以下。应该传达到县为止，县以下继续贯彻郑州会议纪要、上海会议十八条的精神，继续反"左"。一反右，就造成一种假象，可好了，生产大发展呀，其实不是那样。搞下去就整出了许多右倾机会主义分子。现在看是犯了错误，把好人、讲老实话的人，整成了右倾机会主义分子，甚至整成了反革命分子。毛泽东还说："一平二调"的彻底解决，是从发出十二条指示开始的。十二条指示，在执行中发生了一个错误，就是只搞了三类县、社、队，其他一、二类放过了，没去动。现在一查那些地方"五风"可厉害了。所以，这一次中央文件、中央指示上规定，不管一、二、三类县、社、队，都要普遍地整"五风"，在劫者难逃（少奇同志插话：坚决、彻底、全部退赔）。毛泽东接着说：现在干部中有一些人似乎摸到了一点"规律"，以为整"五风"大概整个年把时间，"风"就过去了，就没事了。我们可不能这样搞。毛泽东又一次强调：一定要搞好调查研究，一定要贯彻群众路线，要坚决退赔。还有一个，是平反和处罚。凡是冤枉的人都要平反，冤枉了也不好。他还谈到当时的形势，说：经过三月广州会议、五月北京会议，今年的形势跟过去大不相同了。现在同志们解放思想了，对于什么是社会主义，怎样建设社会主义的认识，大为深入。为什么有这个变化呢？一个客观原因，就是 1959 年、1960 年这两年碰了钉子。并说：社会主义经济建设的客观规律，你违反了它，就一定要受惩罚。我们就是受了惩罚，最近三年受了大惩罚，要检讨。

6 月 15 日，中共中央发出《关于讨论和试行农村人民公社工作条例（修正草案）的指示》，分别就调查研究、群众路线、退赔、甄别平反等问题作出了规定。6 月 19 日，中央又专门发出《关于坚决纠正平调错误、彻底退赔的规定》，对退赔问题作了进一步的具体规定，要求各级党组织必须下最大的决心，坚决纠正平调错误，彻底进行退赔。

《六十条》修正草案在试行过程中得到了广大农民群众的欢迎。到 8 月份，社队规模已普遍划小，平调财物的退赔已经部分兑现，用行政命令组织起来的食堂大部分解散，许多其他政策规定也基本得到了落实，社员的生产积极性有了相当的提高。

《六十条》修正草案是党中央和毛泽东重新倡导实事求是传统和大兴调查研究之风结出的一个重要成果。它集中了全党的智慧，体现了毛泽东当时的农业政策思想。它使得 1958 年公社化以来，农村政策中的许多弊端得到了相当程度的克服，对于稳定农村扭转农业局势以至整个国民经济的困难局面，起了积极作用。当然，这个修正草案也有它当时难以避免的局限性，其中一些条文规定还有待于进一步完善。

毛泽东与七千人大会

"开就开大会，干脆把县委书记都找来"

1960 年夏，中央感到了经济形势的严峻性，提出了进行调整的方针。由于历史的惯性，直到 1961 年才真正开始调整。面对三年"大跃进"带来的严重恶果，很多干部感到震惊，他们做梦也没有想到，几年苦干，换来的却是一片灾荒。由此产生了相当的畏难情绪，不论地方、军队，还是中央的高级干部均感觉气不够壮。反映在实际工作中间，便出现了首先为本地区、本部门着想，不顾大局的倾向。在中央看来，各地出现了分散主义状况，本位主义观点，不讲老实话的作风，缺乏朝气、缩手缩脚的畏难情绪，严重地阻碍着调整工作的顺利进行。当时，最叫中央着急的是粮食问题。

1961 年 9 月庐山会议，中央通过和各中央局协商，决定第四季度从各地上调粮食 32 亿斤。可是到了 11 月中旬，时间过半，但各地上交中央的粮食只完成 23.4%。京、津、沪三大城市面临着粮食脱销的危险，中央心急如焚。

此外，1962 年粮食征购任务还没有落实下来。1961 年国家用了 3 亿 5 千万美金（合人民币 14 亿元）进口粮食，几乎将所有外汇全部用来购买了粮食。按这种情况下去，就不能进口其他急需的工业物资。这么大的一个农业国家，靠进口粮食吃饭，就很难发展了。用邓小平的话说：永远也翻不了身。有鉴于此，中央一方面精简城镇人口，一方面想向全国征购 120 亿斤粮食，比 1961 年多征 100 亿斤。结果下边反映十分强烈。无论如何很难完成。为此，1961 年 11 月 11 日，中央召开了有各中央局第一书记参加的会议，专门落实粮食问题。

会上，中央领导同志的心情十分沉重。邓小平说，粮食就是两个问题：第一，今年上调的粮食主要是 30 天的工作，这 30 天抓住，就抓到了，这 30 天抓不到，就呜呼哀哉。第二，1962 年是个很大的政策问题。无非是 120 亿斤（指中央上调的数字，征购是 720 亿斤）、150 亿斤、180 亿斤三个方案，120 亿斤的方案，就得大量进口没有一点回旋余地，日子很难过，工业上不去，不能调整。如果是 150 亿斤，大体上日子勉强过得去，但也要进口不少粮食。180 亿斤就可以不进口，也有点调剂余地。

各中央局书记面面相觑，感到了问题的严重。最后认下了 150 亿斤的上调数字。但强调说，大家的屁股都坐在农民方面，现在的问题是讲征购就抵触，回去以后还要做工作。华北提出下边有困难，若把形势讲透，把方针搞明确，把思想搞透，还是可以的。中南局书记陶铸提出一个建议，把全国的地委书记找到北京来，开个地委书记会议，打通思想。

11 月 12 日晚上，邓小平等将会议情况和陶铸的提议，向毛泽东作了汇报，归纳起来大致有两点：第一，人们气不壮，很沉闷；收购不到东西，粮食状况不好，怎么办？毛泽东提出要鼓气，总结经验，鼓足干劲。第二，总结经验是讲清道理，好坏经验都要讲清楚。几年来中央在工作上犯了什么错误，要讲。中央的账要交代清楚。我们交了心，才能要求他们交心。错误的责任，第一是中央，第二是省。中央第一是改，第二是检讨。对地方只要求改，可以不做检讨。毛泽东提出，开就开大会，干脆把县委书记都找来，开个县委书记以上的五级干部会。这几年各省只讲自己错，不讲中央错，这不符合事实，要用这次大会讲清楚，不要怕鬼。会议搞十天，大会套小会。毛泽东还说，他准备在大会上讲话，中央各同志也讲一讲，会议当作小整风，把大家的思想统一起来。由此作出了1962年初召开县委书记以上全党干部会议的决定。

后来杨尚昆主持起草大会通知时，考虑在工业方面，人们对工业七十条也存在着不同的认识，提议把国有大中型企业的党委书记和厂长也找来一起参加，得到了毛泽东等的同意。这样大会就达到了七千人的规模。

"议论纷纷，莫衷一是"

大会最初的主题，是中央起草的一个报告，通过报告总结经验，讲清问题。然后大家在报告的基础上，统一思想，统一认识，达到反对分散主义、本位主义的目的。

11月13日，邓小平在中央书记处会议上，布置大会通知写些什么内容时，讲清了这个问题。他说：在通知里要出题目。通过讲经验来总结几年的工作。现在在困难情况下，小天地太多，全局与局部的关系有消极倾向，征购也拿不上来，全党主要领导同志，县委以上同志，对此必须有清醒认识。懂得发扬什么，克服什么，我们就是为此而开会。这样一来，他们就知道我们要搞什么，就是搞集中统一，推动征购。

11月16日下发的会议通知基本反映了邓小平的意思，通知说，"这次会议，主要是讨论近几年工作经验和端正工作作风问题；还要讨论我国经济建设的形势和规划。"

通知下发之后，毛泽东、刘少奇相继外出。邓小平按着毛泽东的意见，安排陈伯达牵头，组织吴冷西、胡绳、田家英等起草大会的报告。

一个月后，刘少奇由外地返抵北京。同邓小平一起主持报告的起草工作。刘少奇对原来的报告稿不甚满意，他认为错误没有讲透，对反对分散主义讲得还不到位。他对起草报告的同志说，报告的起草，还是1959年庐山会议讲的那两句话，一是成绩讲够，二是缺点讲透。过去四年的缺点、错误要摆开讲，有多少讲多少，放开手讲，不要吞吞吐吐，重病要用猛药，要使人出一身大汗，这才能接受教训。关于分散主义，要列举表现事实，每个省、每个部都要有例子，一个也不能缺，这种现象太多、太普遍了。到1962年1月9日，报告改出了第一、二部分，刘少奇委托毛泽东的秘书徐业夫送请毛泽东审阅。同一天杨尚昆遵邓小平嘱咐，报告毛泽东：稿子是由少奇同志主持修改，报告也即由少奇同志作。

　　报告送给毛泽东之后，从毛泽东的日程表来看：1月11日举行大会宣读报告，9日23时送到毛泽东的办公桌上，而且还不是报告的全部，第三部分要晚几个小时才能送来，对毛泽东来说，时间显然是太紧张了。

　　毛泽东于次日上午10时看完了报告的前两部分，他表示：看过一遍，觉得好，但还没有细想，提不出不同意见，须要看第二遍，才有可能想一下。第三部分还没有看。其他一百多同志，可能也是这样。因此建议：推迟三天做报告。经过慎重的考虑，就在这天晚上，毛泽东改变了想法，说报告的第三部分他不看了，整个报告不需交政治局讨论通过了，即刻发给大会讨论。

　　按着毛泽东的意见，报告稿连夜赶印出来，1月11日及时发到参加大会的同志手中。大会没有举行开幕式，就分组进行讨论。因为过去几年的经济困难使人们想了很多问题，所以当报告发给大家之后，立刻受到了相当的关注，就几年来出现困难的原因、成绩和错误、错误的责任、"三面红旗"、党的作风等问题提出了很多意见，有些意见比较一致，有些意见则尖锐地对立。换句话说，"议论纷纷，莫衷一是"。

比如：关于成绩和错误，有一些人提出缺点错误讲得过分了，成绩讲得不够，经验教训也说得不够透；也有人提出报告对缺点讲得还不够，实际工作中缺点比报告讲的还严重得多。还有人提出报告在最后应该讲一讲，不经过困难，不吃些苦头，不能把国家建设好。不然就只是工作搞坏了，站不起来。

还有人说三年"大跃进"，是一次大演习，类似这样的演习，历史上曾有过许多次。如"巴黎公社"、俄国 1905 年革命，广州、上海、南昌的起义。三年大演习，多数经验是成功的，不成功的只是少数。物质基础更强了，而不是更弱了；有些代价，大演习不付，将来也还要付。有些人只从局部出发，被吓破了胆。杞人忧天。

关于"三面红旗"：有人提出，报告中几个地方对"三面红旗"的提法不一致，如"站得住的""正确的""基本上正确的"等等，可以统一用"完全正确的"。也有人提出，"三面红旗"抽象地说是正确的，具体问题不好讲。还有人说："三面红旗"是正确的，自己也不怀疑，但是，为什么实际上出了这么多问题，而且这么严重，这么普遍，造成这么大的困难？人民公社的优越性表现在哪里？甚至有人说，这次会议，把"三面红旗"讲清楚，就算开好了。

关于反对分散主义：有人提出当前主要问题不是分散主义，而是对"三面红旗"的了解问题；也有人提出当前主要矛盾不是分散主义，是主观主义，如果说有分散主义，主要在中央各部，不在下边。要视各地具体情况决定，不要反到县以下去。

关于出现困难的原因：有人说要分别情况，不能一概而论。有的地方出了问题，主要是工作没有做好，有的主要是自然灾害造成的。另外，还有一些地区几年来工作发展比较健康，连年增产，也需指出。

关于产生缺点、错误的原因，有人说是对主席的思想体会不深，对主席的历次指示重视不够。也有人婉转地说，毛主席的正确思想和指示为何不能贯彻？为什么错误范围如此之广？还有人说，不是没有经验的问题，为什么单在这几年发生这么大的问题？说假话总不能说是没有经验，党的优良传统为什么短时间就丢掉了？"左"的错误时间这样长，这样严重，为什么这样难于纠正，原因何在？应该说清楚。

关于错误的责任，有人说，中央、地方的责任，是三七开，这种说法不能服人。责任主要不在下边，而是在上边。中央各部门负责人不在大会上作检讨，也应作书面检讨，中央书记处的检讨，是不深刻的。

关于天灾"人祸"问题，也是两种意见：一种认为"人祸"是主要的，另一种认为，就全局来说，灾害是主要的。

华东、华北还有不少人指出：十年指标太低了，比第一个五年计划还低，只有15%。信心怎么办？

毛泽东听了会议的各种反映之后，感到大家的意见很多，问题也很多，目前存在的分散主义仅是事物的表现形式，在分散主义的背后，事实上存在着更深层次的思想问题。思想问题不解决，反对分散主义就将大打折扣，就很难使全党干部同心、同德，共渡难关。1月13日上午，毛泽东又做出一个新决定：延长会期，对报告进行充分的讨论，报告经大会讨论定稿之后，直接发给大会，少奇同志在大会做报告时，不念报告稿，只是对报告稿涉及的一些问题，另作发挥和说明。不久，又提出，由中央政治局常委和各大区书记重新组成报告起草委员会，对报告进行充分的讨论和修改。会议的主题由此变为以总结经验为主。

自1月17日起，刘少奇每天下午主持报告起草委员会讨论和修改报告，与大会的讨论同步进行。凡大会涉及的问题，起草委员会都进行了讨论。在反对分散主义问题上，刘少奇的态度十分坚决，他说：满天飞商业，全国最少一百万人。是国营企业？社会主义商业？半个社会主义商业？还是南斯拉夫？什么叫全民所有，省、市、企业、部门的商业是什么性质，如何管？这里面有个南斯拉夫性质的问题。他甚至说，不反对分散主义会使干部变坏，会产生修正主义。在"三面红旗"问题上，当谈到"大跃进"这面红旗不好讲时，刘少奇说，"三面红旗"缺了一面不好，还是讲"三面红旗"。同时又说，比较难说的是"三面红旗"。陈云出主意说：有些问题，只能在原则上肯定，有些人认为不具体，还有怀疑，我说公开讲，过几年再说，如人民公社，有怀疑的人，容许他怀疑几年。刘少奇后来对"三面红旗"的说法，显然是接受了陈云的意见。对于十年计划指标，刘少奇毫不客气地指出，现在还有人不当事后诸葛亮。有这样一种观念，指标高就有干劲，这种干劲靠不住。现在的许多积极性，是解散公共食堂，实行农业六十条，基本核算单位下放调动起来的，并不是高指标调动起来的。对有些人认为指标低容易使人没有信心的说法，表现出深恶痛绝的情感。在谈到错误的责任时，彭真提出毛主席也应该作检讨，如果毛主席的百分之一、千分之一的错误不检讨，将给我们党留下恶劣影响，陈伯达向彭真发难，说彭真要把我们做的乱七八糟的事情叫毛主席负责。有的中央领导同志也提醒说，要从我们自己身上找原因，主观上的错误，要着重讲违反毛泽东思想，个别问题是我们供给材料、情况有问题，应由我们负责，不能叫毛主席负责。是我们犯错误，他一人无法挽住狂澜。刘少奇主持会议，没有就此事发表意见，其倾向也就可想而知了。经过一个星期的讨论，起草委员会对报告进行了较大的修改，会上一些意见有些采纳了，有些没有采纳。如十年计划指标问题，不但没有提高，有些指标比原来的报告还降低了。

　　修改后的报告，1月24日送毛泽东审阅通过，1月25日又经中央政治局扩大会议讨论通过。

各领风骚　相得益彰

1月27日，刘少奇一面将报告（书面报告）发给大会，一面就报告涉及的问题及大会提出的热点问题在大会上进行了解释和说明（即口头报告）。刘少奇的报告给人留下了深刻印象。其作出的比较实事求是的判断和说明，为统一人们的思想认识，起到了重大作用。

比如，他做的两个"三七开"的判断，即关于产生困难的原因，究竟是连续三年（1959—1961）自然灾害造成的，还是工作中的缺点错误造成的，哪一个是主要原因？成绩和缺点到底是多少，比重怎么样？会上议论纷纷，是大家普遍关心的问题之一。七千名干部期待着中央做出实事求是的回答，或者说希望中央讲真话，向同志们交心。在毛泽东对这两个问题没有做出判断的情况下，刘少奇根据他调查研究的情况，及对两个问题的反思，对具体情况进行了具体分析。他指出，应该根据各个地方具体情况，实事求是地向群众加以说明。有些地方的农业和工业减产，主要的原因是天灾。有些地方，减产的主要原因不是天灾，而是工作中的缺点和错误，有些地方则是"三分天灾，七分人祸"。就全国总的情况来说我在书面报告中是这样讲的：我们所以发生相当大的困难，一方面是连续三年的自然灾害的影响，另一方面，在很大程度上，是由于我们工作上和作风上的缺点和错误所引起的。至于某一个省、某一个地区、县究竟怎么样，你们可以根据情况，讨论一下，实事求是地作出判断。是不是可以三七开，七分成绩，三分缺点和错误。此外，各个地方的情况不一样，有些地方是"三分天灾，七分人祸"，缺点错误是主要的，成绩不是主要的。各个省委、地委、县委可以根据自己的情况作出判断，一年不行，二年、三年、四年、五年都可以再判断。刘少奇的讲话，为各地实事求是地总结经验，留下了很大的空间。实质上各地均可以把自己划在特殊地区，得出"人祸"是主要原因的结论。所以刘少奇提出的这个"三七开"，在与会同志当中引起极大的震动，不少同志反映说到了大家的心里，这正是我们想说而不敢说的话。大家被中央这种实事求是的精神所鼓舞，感觉跟着党走还是大有奔头的；另一方面对那些不愿意承认错误的人，无疑是敲了警钟。

第二，关于产生缺点错误的原因，会上的议论也是相当多的，大会十分关注中央的声音。刘少奇在回答这个问题时，除了谈到没有经验之外，重点强调了党在主观上的原因。我们不少领导同志又不够谦虚谨慎，有了骄傲自满情绪，违反了实事求是和群众路线的传统作风，在不同程度上削弱了党内生活、国家生活和群众组织生活中的民主集中制原则。因此，在第二个五年计划时期，我们在建设工作中的某些方面就犯了一些严重的错误。这些实事求是的讲话，深受与会同志的欢迎，他们认为回答了大家心中的疑问。

第三，关于"三面红旗"，刘少奇在口头报告中则说："三面红旗"，我们现在都不取消，都继续保持，继续为"三面红旗"而奋斗。现在，有些问题还看得不那么清楚，但是再经过五年、十年以后，我们来总结经验，那时候就可以更进一步地作出结论。刘少奇的讲话虽然谈到要继续为"三面红旗"奋斗，但对"三面红旗"没有做明确的定论，提出要过五年、十年再作结论，联系他在报告起草委员会上谈到的话，最难说的是"三面红旗"。显然对"三面红旗"是有看法的。

随着调整工作的深入，刘少奇逐渐冲破了人民公社的模式，转而支持农村包产到户，表现出这种探索的继续。也正由于刘少奇在大会上对"三面红旗"表现出来的保留态度，客观上为会后人们试行包产到户开了绿灯，也为日后人们对社会主义建设道路的继续探索提供了理论上的启发和实践上的经验。

在谈过了刘少奇对大会的贡献之后，考察整个大会的情况，我们可以发现毛泽东的贡献也是非常突出的，起到了相当关键的作用，表现了在复杂的局势下，能够驾驭全局，走向胜利的战略家气派。

首先，适时改变了大会的主题，将以反对分散主义为主，改为以总结经验为主。通过贯彻"三不主义"，放手总结经验，让大家充分发表意见，达到解决分散主义的目的。

这种会议的开法，在中共历史上是比较少见的。中共六届七中全会为了统一全党的思想，对党的若干历史问题的决议曾经进行了充分的讨论，中共七大时，毛泽东的政治报告《论联合政府》也是直接发给大会讨论的，毛泽东进行了口头的解答和说明。"七大"开成了一个团结的大会。总结历史经验，七千人大会毛泽东又采取了全党大讨论的办法来解决人们的思想问题，可以说这也是毛泽东在非常时期采取的非常措施。当然对毛泽东的这种做法也有不同的看法，我们暂且不去讨论。在当时人们疑问很多、怨气很大、思想很乱的情况下，作为党的第一号人物放手让人讲话，总是一个英明之举。

事实也说明，由于毛泽东在大会之前及会上表现出的民主作风，进一步解除了人们相当一段时期存在的思想顾虑，解放了中央领导同志及全党同志的思想。会后，刘少奇、周恩来、邓小平、陈云、邓子恢等都觉得放开了手脚，以前不敢说的话敢说了，以前不敢做的事敢做了。西楼会议、五月会议的决策，广州知识分子会议为知识分子的"脱帽加冕"，邓子恢等倡导的包产到户等，都是与毛泽东在大会上充分发扬民主分不开的。其次，在大会提出反对分散主义问题上，会上确实有不小的抵触情绪，比如彭真、王任重、柯庆施、陶铸等都有不同意见。王任重说：我个人赞成全党加强集中统一，尤其在目前困难时期是十分必要的。但经验教训是什么，好像和集中统一不大衔接。分散主义是不是工作不好的原因？是一个错误，是一个重要原因，但不是主要原因。有的县委书记说，这几年工作，想想真亏心，1958、1959 年心里憋着一口气，要人给人，要粮给粮，不晓得会出问题；1960年出了问题不敢讲，怕人说攻击"三面红旗"，又怕自己担责任；到揭盖子时做检讨，挨批评，这是应该的，但从此产生了种不正常的心理，好像给蛇咬了一口，见草也害怕。1961年就生怕出问题，做工作胆战心惊，关照群众多了一些，现在又要检讨本位主义，分散主义。所以人们普遍提意见，反分散主义不要反到县以下。后来刘少奇接受了这个意见。刘少奇在修改他的报告时说：反对分散主义问题，在各级讨论我那个报告的时候，就反映出来了，但是我们起草委员会没有接受这个意见。他们说分散主义不是主要问题，我们说分散主义是主要问题，和他们对起来了，而没有从另一方面考虑他们为什么提出这个问题。我们不是说，大会上反对分散主义是不对的，是应该反对的；但在思想问题没有解决以前，将它突出起来作为主要矛盾来反，地方的同志就不那么容易接受。所以毛泽东在大会上以总结经验为主，这着棋是很高明的，他不但反对了分散主义，而且调动了地方的积极性，也调动了中央领导同志的积极性。为后人处理复杂事务，树立了典范。

第二，毛泽东从健全民主集中制入手，来纠正调整国民经济中存在的问题。几年来由于缺乏健全的党内民主生活，各级党委的一些领导人听不得不同意见，自以为是，主观主义达到泛滥成灾的程度，对"大跃进"和人民公社化运动起了推波助澜的作用。即使在七千人大会上，这种现象依然存在。民主生活不健全，上下级干部之间的关系不理顺，将成为纠正过去错误的重要阻力之一。若不是从健全民主集中制开始，调整国民经济、纠正错误就缺乏起码的基础。毛泽东注意到了这一点，1月29日，他再一次作出了延长会期的决定，提议大家都在北京过春节，解决上下通气，即上下级关系的问题。他号召发扬民主，开"出气会"，让地县两级干部给省委、中央各部委提意见。1月30日毛泽东又在大会上讲话，中心讲民主集中制问题。他在论述坚持民主集中制的极端重要性，开展批评与自我批评的同时，讲了两个对于发扬民主非常关键的问题。第一，提出发扬民主，让人讲话的界限是：只要不是违反纪律的，只要不是搞秘密集团活动的，我们都允许他讲话，而且讲错也不要处罚。第二，对反右倾运动中处理错误的干部，不论是全部处理错了的，或者是部分处理错了的，都应当按照具体情况，加以甄别和平反。此外，对压制群众、不让群众讲话的专断作风进行了严肃的批评。这两个问题都是埋在同志们心中已久，十分关注的问题。毛泽东的讲话和 1 月 29 日的号召，因此受到了地县两级干部的热烈欢迎，使会议推向了一个新的高潮，即发扬民主，开展批评与自我批评的高潮。不少同志反映，他们出席大会是准备来检讨的，听了毛主席的话，如释重负，去掉了怕讲真话挨整的思想顾虑，表示要开好"出气会"，搞好上下通气工作。结果大会出现了从中央主席毛泽东，到中央各部门负责人、大区书记、省委书记纷纷检讨工作，开展批评与自我批评的动人景象，收到了很好的效果。这里应当指出的是，毛泽东在讲话时，重点批评了省委书记的专断作风，但没有能够反省自身存在的问题，以至他后来走向愈加专断的歧途，给党和人民的事业带来了严重的损失，也给后人留下了很多值得思考的问题。但他在会上强调民主集中制，确实起到了极好的作用。

第三，带头作自我批评，为过去几年出现的问题承担了责任，给全党干部树立了榜样。毛泽东说："去年 6 月 12 日，在中央北京工作会议的最后一天，我讲了自己的缺点和错误。我说，请同志们传达到各省、各地方去。事后知道，许多地方没有传达。似乎我的错误就可以隐瞒，而且应该隐瞒。同志们，不能隐瞒。凡是中央犯的错误，直接的归我负责，间接的我也有份，因为我是中央主席。我不是要别人推卸责任，其他一些同志也有责任，但第一个负责的应当是我。"也许有的同志会说，毛泽东的自我批评是比较空的，不彻底的。如果从"大跃进"带来的后果方面，从根本纠正"左"的指导思想方面来说，确实存在这样一种问题。但从当时的情况来说，处在毛泽东的地位（在绝大多数干部当中毛泽东总是正确的），在困难时刻在大会上向全党主要干部作自我批评，在人们看来是十分难能可贵的。不少人反映，中央一作自我批评，我们的心一下子都痛快了。像毛主席那么伟大的人物，都在作自我批评，都在揭自己的短处，我们还有什么不能批评的。觉得毛主席更伟大了。如湖南的一个县委书记说，林彪的讲话，在我们今天看来，是别有用心的，但当时相当的干部认为林彪讲的是对的。甚至有的高级干部对林彪的讲话，当时也没有觉得不对，觉得他讲得还是不错的。在那样一种氛围下，毛泽东讲这几年出现的困难他第一个有责任，甚至坦率地承认，拿我来说，经济建设工作中间的许多问题，还不懂得。工业、商业，我就不大懂。别人比我懂，少奇同志比我懂，恩来同志比我懂，小平同志比我懂。陈云同志，特别是他，懂得较多。所起的积极作用相当之大，使与会者很受鼓舞。据原吉林省委书记吴德的秘书说，会后的干劲是非常足的。我们回到吉林，大家年也不过，就投入到生产中去了。

第四，指出了对社会主义的不甚了了，及建设社会主义的长期性、艰巨性，为全党对社会主义建设的深入探索奠定了思想基础。关于建设社会主义问题，毛泽东的认识大体是以下情况：1956 年，中国顺利完成了对农民和工商业的社会主义改造，1957 年又超额完成第一个五年计划。这两项工作的巨大成功，曾使毛泽东信心百倍，不久便发动了"大跃进"运动，提出了"三面红旗"的口号，以为找到了适合中国情况的可以高速发展的社会主义建设道路。1960 年夏，毛泽东开始反思，认识到对社会主义建设还有很大的盲目性，还有一个很大的未被认识的必然王国。提出用 10 年的时间找出其固有的规律。到 1961 年夏毛泽东更进一步指出：我看还要碰三年，还要碰大钉子。会不会遭许多挫折和失败？一定会，现在遭了挫折和失败，碰了钉子，但还碰得不够，还要碰，再搞两三年看看能不能搞出一套来。对社会主义，我们现在有些了解，但不甚了了。对社会主义，不甚了了。社会主义究竟怎么搞，还需要深入探索。在这次大会上，毛泽东不仅指出，对于社会主义建设我们还缺乏知识，还有很大的盲目性。而且提出：在我国，要建设起强大的社会主义经济，五十年不行，会要一百年，或者更多的时间。我估计要花一百多年。要花一百多年的理论和事实根据是，中国人口多，底子薄，经济落后，再加上缺乏经验。毛泽东有了比较客观地对中国国情的认识，对经济建设的复杂性开始有了比较深刻的感受。这为全党干部克服盲目情绪、急躁心理起到了很大的指导作用，为全党对社会主义的深入探索奠定了思想基础。

毛泽东、刘少奇所起的作用用当时田家英的话说，是"相得益彰"。通过七千人大会，人们一起总结了经验，弄清了当前的形势，存在的问题，明确了1962年的工作任务，以及十年的计划指标，看到了从毛泽东到中央领导同志及省委领导积极承担责任的诚恳态度，有了和中央一起同心同德的意识，因此对克服困难，加快调整，起到了关键作用。七千人大会表现了毛泽东作为一个战略家的远见，也表现了刘少奇务实的精神风貌，他们相辅相成，唱出了一台好戏。

共识与分歧

自出现困难形势以来，毛泽东和刘少奇都在进行痛苦的反思，对社会主义建设的规律进行着认真的探索，他们都承认犯了高指标、高征购，实行供给制，办公共食堂，刮共产风，瞎指挥，未注意综合平衡等错误。具体调整的方针、政策也基本是一致的。如适当地开放集市贸易，给社员留出适量的自留地，允许搞家庭副业，大量地精简城镇人口，给被反右倾运动中搞错了的同志平反，清理错误的口号，中央向人民作自我批评，搞实事求是的经济计划等，均表现出相当的协调与一致。具体到他们在会上的分歧，考察起来则主要表现在对当时的经济形势、对过去 4 年的成绩和错误，以及对"三面红旗"的认识方面。

当人们谈到毛泽东与刘少奇在七千人大会的分歧时，都要引用 1967 年 2 月毛泽东同阿尔巴尼亚代表团巴卢库的谈话：七千人大会的时候，已经看出问题来了，修正主义要推翻我们。这个修正主义当然是指刘少奇。但上述谈话并不是毛泽东的原话。其原话是：1962 年 1 月，我们召开了七千人的县委书记以上干部大会，那个时候我讲了一篇话，我说，修正主义要推翻我们，如果我们现在不注意，不进行斗争，少则几年十几年，多则几十年，中国会要变成法西斯专政的。这篇讲演没有公开发表，在内部发表了。以后还要看一看，里面也许有些话还要修改。不过在那个时候已经看出问题来了。事实上，毛泽东当时在七千人大会上的讲话并没有他同巴卢库所谈到的内容。1967 年正处在"文化大革命"的癫狂阶段，毛泽东极有可能用 1967 年的感受来说明过去的事情。

1964 年 8 月 20 日，毛泽东在北戴河同李雪峰等谈话时，也谈到了七千人大会。他说：七千人大会有纲，也有目，把一些缺点错误讲得严重了一些，以后在四、五月更讲得严重。毛泽东在两年半后说的这番话，联系七千人大会的情况，应该说比 1967 年讲的更符合实际一些。分析七千人大会的整个情况，毛刘之间的分歧大体表现在两个方面：

首先，他们对大会的思路是一致的，都强调要把问题讲清楚，即成绩讲够，缺点讲透。但因为他们对形势的看法不一样，对过去的感受不一样，在总结经验教训时得出的结论自然也就不一样。在毛泽东看来，最困难的时期已经过去，刘少奇认为，还是有相当大的困难、严重的困难，所以在刘少奇主持起草的报告第一稿就没有把"最困难的时期已经过去"的话写进报告。通过讨论修改后的报告稿写进了这句话。从这一点来看毛刘之间对形势的看法是存在分歧的。

在讲成绩和错误方面,刘少奇主持起草的报告第一稿是将建国以来12年的成绩一起混着讲的,哪些成绩是"大跃进"以来取得的没有单独来讲,讲的缺点错误几乎都是"大跃进"以来的。所以在大会上有人抓住这一点说,缺点错误讲得过分了。从毛泽东将稿子直接发给大会讨论的情况来看,从他同李雪峰等谈话的情况来看,毛泽东也显然存在着这样的看法。修改后的稿子,重点总结"大跃进"以来的成绩是12条,缺点错误4条,基本经验教训16条。显然是在把成绩讲足、讲够方面下了功夫;基本经验教训是第二稿加写的,重点强调了进行社会主义建设应该注意的一些问题。大体说来,第二稿比第一稿较突出地讲了"大跃进"以来的成绩,缺点错误也讲得系统了一些,加上经验教训16条,显得丰满了许多。此外第一稿也存在这样的问题,在写作技巧方面不够系统,显得比较零碎;第二稿则讲得比较紧凑,成绩、缺点错误、经验教训讲得清清楚楚,使人一目了然,这在毛泽东看来,可能更容易接受一些。总的来看,毛泽东对刘少奇的报告,即认为缺点错误讲得严重了一些,又有对写作技巧不够满意的一面。

对过去错误的看法,一般说来,毛泽东强调因为没有经验而犯错误的成分多一些,并用一种比较乐观的态度描述说,我们现在的情况,就像红军长征到达陕北,由30万人只剩下3万人一样,因为有了正反两方面的经验,不是弱了,而是更强了。刘少奇的报告也谈到了类似的话,但没有给予较充分的论述和说明。相反,他在做口头报告时讲了两个"三七"开,尤其在讲天灾、"人祸"的问题上,又使人感觉他是比较倾向"人祸"的。关于天灾,"人祸"的话,毛泽东也曾讲过,但在毛泽东看来,所谓"人祸"更多的还是没有经验造成的,并在大会上从认识论的角度,重点阐述了对于社会主义建设还没有从必然王国,进入自由王国的问题，强调犯错误有着很大的必然性。刘少奇则比较倾向是这几年不少领导同志不够谦虚谨慎，有了骄傲自满情绪，违反了实事求是和群众路线的传统作风造成的。所以在毛泽东看来刘少奇是缺点错误讲得过于严重了。

对"三面红旗"的不同认识。毛泽东在"三面红旗"问题上始终没有让步，强调只是在一个相当时间内，我们还没有来得及、也没有可能规定一整套适合情况的具体的方针、政策和办法。刘少奇则认为"三面红旗"很难解释，并不完全是具体的方针、政策没有跟上的问题，所以在大会上对"三面红旗"公开采取了模棱两可的态度，并且还要不断地进行总结，甚至要总结十年。这在毛泽东看来恐怕是难于接受的。毛刘之间对"三面红旗"的不同态度，应该说是对社会主义建设再认识的比较深刻的分歧。

那么，毛泽东对"大跃进"、人民公社以来所产生的严重困难，为什么没有更深层的反思呢？以他的敏锐和洞察力为什么还坚持"三面红旗"是正确的呢？

首先毛泽东受中国大同思想的影响是相当深刻的，青年时期就曾幻想着过一种集体劳动、平均消费的生活。在整个战争年代，他所倡导的供给制、平均消费方式，为赢得战争的胜利，发挥了巨大的作用。客观地讲，这种思想在战争年代、在危难时刻往往是十分灵验的，但在和平建设年代又往往是行不通的。毛泽东显然忽视了这一因素。一个具有人生最辉煌经验的人，往往容易产生极端的自信，很容易陷入自己的人生经验和思维模式中。毛泽东的革命经验，在战争年代对他来讲是一笔夺取胜利的巨大财富，在经济建设时期，则成了他前进的包袱，使他抱着固有的观念不放，因而影响了他对新事物的探索。

其二，1961 年毛泽东主持制定了农业六十条、又将核算单位下放到生产队以后，农村形势确实开始出现了好转。据林克回忆："我们是

1961 年初下去的，当时到了农村，就像鬼子进村扫荡了一样。仅半年时间，情况就大不一样了。农民吃得饱了，又开始打院墙了。我们下去的时候，猪肉五六元一斤，回来时不到一元钱一斤。半年的情况就发生了这么大的变化。当然那时的整个经济还没有彻底恢复，但的确是好转了。我看毛主席的看法是有他的根据、他的估计、他的分析的，是有点来源的，是作了点调查的。"随着农村形势的好转，再让他去反思人民公社的方向是否正确，恐怕就很困难了。所以他在"三面红旗"的问题上没有突破。

第三，他深入实际相对少一些，他真正直接接触那些触目惊心的问题比较少，这些都妨碍了他对"三面红旗"的反思。

相比之下，刘少奇受中国传统文化的影响较毛泽东少一些，所谓大同思想在他的理念中至少不那么根深蒂固。从建国初始，刘少奇就以主要精力从事经济建设工作，并注意探索社会主义经济建设的规律，提出一系列有价值的经济建设思想，毛泽东也承认他在经济方面不如刘少奇懂，同时毛泽东也自我解剖说，我注意得较多的是制度方面的问题，生产关系方面的问题。刘少奇由于工作的特点则比较注重生产力的问题。所以当他们两人面对没有现成经验可以遵循的经济建设工作时，不知不觉渐渐地就产生了这样和那样的分歧。产生分歧应该说是一种非常自然的现象，但在党内民主生活不健全，毛泽东一个人说了算的情况下，就难免发生令人遗憾的事情了。

毛泽东和刘少奇的分歧是否起源于七千人大会？在毛泽东看来，刘少奇把缺点错误讲得严重了一些，对"三面红旗"肯定得不够。应该说，七千人大会在毛泽东那里，他感到了和刘少奇之间对过去的工作及"三面红旗"有着不同的看法，在一定意义上说，刘少奇在大会上并没有完全贯彻他的意图，因此在内心里对刘少奇产生了一些不满的情绪，但还没有把刘少奇看成修正主义，要推翻他。倒是会议结束以后，随着调整工作的深入，刘少奇等认为经济形势并没有走出谷底，因而改变了七千人大会关于最困难的时期已经过去的提法，提出最困难的时期还没有过去，现在是"非常时期"，"现在的主要危险还是对困难估计不够"。刘少奇还说：分明有困难，却说没有困难，这样的人，不能算勇敢的人。对困难估计不够，自己安慰自己，那不是马克思主义者。这年5月刘少奇主持下发的中央文件也说，不愿意承认困难，或者困难本来有十分只愿意承认几分，总怕把困难讲够了会使干部和群众丧失信心，以为回避困难，问题就容易解决，对于困难不是认真对待，而是掉以轻心，很明显，这决不是真正的勇敢，决不是革命家的气概，决不是马克思列宁主义者应该有的态度。可以肯定地说，刘少奇的讲话，和他主持下发的中央文件，绝不是针对毛泽东而说的。但是，毛泽东一直在强调最困难时期已经过去，他恰恰是持形势不那么困难的代表者。以毛泽东的精明和敏感，他听了刘少奇的话该是怎样的反映？再联想刘少奇在七千人大会对"三面红旗"暂不作结论，以后还要年年总结，要总结十年的说法，当时的毛泽东该是怎样的感受？

在当时的情况下，召开七千人大会是非常必要的；如前所述，毛泽东、刘少奇都对大会做出了重要的贡献。在他们的共同努力下，初步总结了经验，打破了人们的沉闷情绪，活跃了党内的民主生活，基本统一了人们的思想，为后来调整工作的顺利进行打通了道路。七千人大会无论是会议的开法，还是会议所解决的问题都是具有重大历史意义的。

毛泽东与中印边界自卫反击战

1962 年，印度政府置中印两国人民的传统友谊于不顾，悍然在中印边界向中国发动军事进攻，中国人民在一再忍让和警告无效的情况下，被迫对入侵的印军展开了一场短促而又有限的自卫反击作战。毛泽东始终关注事态的演变，并及时给以指导。他在作战结束后听取汇报时曾兴致勃勃地说：这一次我参加了。总理、少奇同志、小平同志、军委的同志，我们都参加了，我们是在北京，没有上前线就是了。

"朋友之间有时也有分歧，有时也吵架"

中国和印度都是历史悠久的文明古国，两国人民的传统友谊源远流长。中华人民共和国成立后，毛泽东和中国政府一直把建立和发展与印度的友好合作关系作为睦邻友好的重点。

1954 年 6 月，周恩来总理对印度进行了友好访问。同年 10 月，尼赫鲁总理对新中国进行了回访。对于尼赫鲁的这次访华，毛泽东非常重视，于 10 月 19、21、23、26 日四次会见了尼赫鲁。两人进行了十分友好和热情的谈话，涉及的内容十分广泛。关于中印关系，毛泽东在 10 月 19 日对尼赫鲁说：我们所有东方人，在历史上都受过西方帝国主义的欺侮。中国受西方帝国主义国家的欺侮有一百多年。你们的国家受欺侮的时间更长，有三百多年。因此，我们东方人有团结起来的感情，有保卫自己的感情。……尽管我们在思想上、社会制度上有所不同，但是我们有一个很大的共同点，那就是我们都要对付帝国主义。并说：应当把五项原则推广到所有国家的关系中去。

在 10 月 21 日同尼赫鲁会见时，毛泽东又说：我们在合作方面得到一条经验：无论是人与人之间、政党与政党之间、国与国之间的合作，都必须是互利的，而不能使任何一方受到损害，如果任何一方受到损害，合作就不能维持下去。正由于这个原因，我们的五项原则之一就是平等互利。

10 月 26 日毛泽东与尼赫鲁进行了最后一次会见。在这次会见中，毛泽东与尼赫鲁，进一步深入谈论了中印两国关系。毛泽东说：我曾经在一次宴会上对尼赫鲁总理谈起我们对印度的感觉，我说，我们同印度不需要互相防备着。我们没有感觉到印度要损害我们。

印度是一个有希望的民族，是一个伟大的民族。我听袁仲贤大使说，印度南部的人民在农业方面精耕细作，把一切可利用的土地都利用了，这有点像我们成都附近的情况。印度的每一个好消息都使我们高兴。印度好了，对世界是有利的。

我很高兴能有几次会谈，使我们相互交换了意见。同时尼赫鲁总理又同周恩来总理进行了会谈。我们两国的外交是很容易办的，不需要吵架。朋友之间有时也有分歧，有时也吵架，甚至吵到面红耳赤。但是这种吵架，和我们同杜勒斯的吵架，是有性质上的不同的。

尼赫鲁总理这次来访，一定会看出，中国是很需要朋友的。我们是一个新中国，虽然号称大国，但是力量还弱。在我们面前站着一个强大的对手，那就是美国。美国只要有机会，总是要整我们，因此我们需要朋友。这是尼赫鲁总理可以感觉到的。我想印度也是需要朋友的。这一点可以从我们这几次会谈，从过去几年我们的合作，从周总理访问印度时受到的欢迎和进行的恳谈看得出来。

尼赫鲁总理主张建立和扩大和平区域，并且表示希望赞成和平的国家日益增多。建立和扩大和平区域是一个很好的口号，我们赞成。为此目的，就需要除去一些足以引起怀疑、妨碍合作的因素。中印签订了关于西藏的协定，这是有利于消除引起怀疑，妨碍合作的因素的。我们共同宣布了五项原则，这也是很好的。华侨问题也应该适当地解决，免得有些国家说我们要利用华侨捣乱。如果华侨保持侨民身份，他们就不应该参加所在国的政治活动；如果取得了所在国的国籍，那么就应该按该国的法律办事。华侨也应该遵守所在国的法律。

凡是足以引起怀疑、妨碍合作的问题，我们都要来解决，这就能达到五项原则中的平等互利。合作不能对任何一方有害，否则就不能持久，一定会破裂。不论是朋友之间，国与国之间或是政党与政党之间的合作，都是如此。合作一定要有利，否则谁还干呢？

在会谈中，尼赫鲁也发表了许多很好的意见。他说：中国和印度都是大国，面对着类似的问题，并且都已经坚决地走上了前进的道路。这两个国家彼此了解愈深，那么，不但亚洲的福利，而且全世界的福利就愈有保证。今天世界上存在的紧张局势，要求我们共同为和平而努力。

在这次会见中，毛泽东同尼赫鲁谈到很晚。据当时担任译员的印度外交官白春辉回忆，当月亮已经升起时，尼赫鲁向毛泽东告别，毛泽东一直将他送到他的车旁。在握手时，毛泽东忽然吟出诗人屈原的两句诗，说：悲莫悲兮生别离，乐莫乐兮新相知。可见毛泽东对尼赫鲁这位"新相知"是多么重视与他的友谊。

尼赫鲁访华后，中印关系进入了一个新的阶段。两国间不仅在高层互访和各方面的交往更加频繁，双方在广泛的国际领域内也更加相互配合与合作。

不过，在中印关系友好的年月里，印度政府也有些不友好的举动。

早在 1951 年，印度政府乘中国抗美援朝、无暇西顾之机，抢占了中印边境东段"麦克马洪线"以南 9 万平方公里的中国领土。接着又占领了边境中段部分中国领土，并片面修改边界地图。对印度的寻衅滋事，毛泽东和中国政府从中印两国人民的传统友谊和根本利益出发，保持克制和忍让的态度，希望两国能友好协商解决边界问题。

但是，印度当局并没有以诚相待，相反一意孤行。1958 年 12 月 14 日，尼赫鲁给周恩来写了一封长信，正式提出了领土要求。尼赫鲁在信中先赞扬了一番中国取得的建设成就后，就转入边界问题。他在回顾 1954 年同周恩来讨论麦克马洪线的情况后说，周恩来曾经告诉他，中国已接受了同缅甸接壤的麦克马洪线边界，而且不管很久以前发生过什么事，鉴于中印之间存在着友好关系，中国打算承认同印度接壤的这条边界。印度的印象是在中印两国之间不存在边境争端，现在中国政府在照会中提到有必要进行勘测和谈判的说法，使他迷惑不解。接着，尼赫鲁以坚决的语调表明了印度的立场：印度的这些大片土地（中国地图标明是属于中国的）只能是属于印度的，这是毫无疑问的，而且对这些土地不存在争端。

1959 年 1 月 23 日，周恩来复信尼赫鲁。他在信中感谢尼赫鲁对中国建设成就的赞誉和印度政府为恢复中国在联合国的合法席位所作的努力。关于边界问题，周恩来在信中说：首先，我们想指出的，中印边界是从未经过正式划定的。在历史上，中国中央政府和印度政府之间从未订过有关中印边界的什么条约或协定。所以，中印两国出版的地图就有了出入，而且中印之间存在着边界争端，中国地图对边界的画法是几十年来（如果不是更久的话）中国地图的一贯画法，虽然"我们并不认为这种画法的每一部分都有充分的根据"，但是没有进行实地勘察，也没有同有关邻国商量就加以更改，也是不适当的。

针对尼赫鲁所说的，他在 1954 年曾讲过中国将承认麦克马洪线是中国同印度的边界，周恩来在信中向尼赫鲁详细地说明了中国政府的立场：如你所知，麦克马洪线是英国对中国西藏地方执行侵略政策的产物，曾经引起中国人民的很大愤慨，从法律上讲，它也不能认为是合法的。我曾经告诉过你，它从未为中国中央政府承认。当时中国西藏地方当局的代表虽然在有关文件上签了字，但是西藏地方当局对这条片面划定的界线实际上是不满的，他们的这种不满，我也正式告诉过你。当然，也不能不看到另一些令人鼓舞的重大变化：这条线所关系到的印度、缅甸已经相继独立，成为同中国友好相处的国家。由于以上种种复杂原因，中国政府一方面感到有必要对"麦克马洪线"采取比较现实的态度，另一方面也不能不审慎从事，并且需要一定的时间来处理这个问题，这都是我几次同你说过了的。但是我们相信，基于中印友好关系，对这段边界，总可以找到友好解决的办法。

为了维护中印友好关系，中国方面采取了宽宏大量的态度。

1959 年 3 月，西藏少数上层分子发动武装叛乱，印度又从中做了许多干涉中国内政的事，并公开向中国提出领土要求。就在中国平息西藏叛乱后没几天，印度总理尼赫鲁便写信给周恩来，再次向中国提出领土要求，不仅要中国承认所谓的"麦克马洪线"是中印之间的合法边界线，而且要中国将西段阿克赛钦地区 3 万多平方公里的中国领土划归印度。连同"麦克马洪线"以南的领土，总面积约为 12.5 万平方公里。这一无理要求理所当然遭到了中国政府的拒绝。

但中国政府顾全中印友好大局，对印度这些无理举动采取了十分克制的态度。1959 年 5 月 13 日，毛泽东在中国外交部关于印度外交部外事秘书谈话的答复稿上亲笔加写了一大段话，这段话非常诚恳而坦率地指出：印度不是中国的敌对者，而是中国的朋友。毛泽东推心置腹地说：中国人民的敌人是在东方，美帝国主义在台湾、在南朝鲜、在日本、在菲律宾，都有很多的军事基地，都是针对中国的。中国的主要注意力和斗争方针是在东方，在西太平洋地区，在凶恶的侵略的美帝国主义，而不在印度，不在东南亚及南亚的一切国家。西藏叛乱的平定和进行民主改革，丝毫也不会威胁印度。你们看吧，"路遥知马力，日久见人心"，今后三年、五年、十年、二十年、一百年……中国的西藏地方与印度的关系，究竟是友好的，还是敌对的，你们终究会明白。我们不能有两个重点，我们不能把友人当敌人，这是我们的国策。

毛泽东亲笔起草的这段话坚定、坦率而又友好地向印度表明了中国的立场，而印度对毛泽东的这些好言相劝却置若罔闻，甚至以为中国软弱可欺，在边境上一段时间的暂时沉寂后，印度变本加厉地开始了对中国领土的新一轮蚕食。

"决不退让，避免流血，武装共处，犬牙交错"

当印度尼赫鲁政府通过外交方式向中国提出领土的要求没有实现后，即决心以武力改变边境现状，将其单方面划定的边界线强加给中国。印度利用我国的暂时经济困难，乘台湾蒋介石集团在我国东南沿海不断进行军事骚扰之机，推行扩张主义政策，其办法就是后来印度政府宣扬的"前进政策"。这一政策的目标是，印军尽可能多地在中国控制的地区建立哨所，以此来逐步改变军事力量对比，并且在中国哨所之间建立印度哨所和巡逻队，遏制中国的补给线，在达到足够优势后赶走中国军队。尼赫鲁认为，"前进政策"是非常稳妥和有效的，它既可避免冒直接发动战争的危险，又可为发展边远地区提供最佳途径。

按照"前进政策"，印军开始了对中国边境的一系列蚕食行动。1959 年 8 月 25 日，在中印边界东段发生了新中国成立以来中印边界的第一次武装冲突。10 月，印度又在西段挑起了冲突。面对印度方面的不断寻衅滋事，毛泽东立足"先礼后兵"，"退避三舍"，提出了一系列边境斗争原则。

1960 年 5 月 10 日，总参谋部在《西南地区边防守则》的几点说明中，传达了毛泽东关于使西南边境地区成为和平稳定边境的总方针："就是要把我国西南边境地区迅速安定下来，既要使内部安定下来，又要使外部安定下来，使西南边境成为和平稳定的边境。"《守则》还具体规定："不主动惹事，不挑起争端，不越出国境"，"邻国武装人员向我进行或大或小的越境挑衅，在未超过我国三十公里时我概不开枪"，"停止边防部队在边界线附近巡逻"。

在印度的挑衅面前，为缓和边境紧张局势，中国边防部队还单方面作了后撤，并规定在双方实际控制线中国一侧 30 公里以内不开枪，不巡逻，不平叛，不打猎；在 20 公里以内不打靶，不演习，不爆破。

这些克制和忍让，倒让尼赫鲁政府越发觉得中国软弱可欺，蚕食的胆子越来越大，尼赫鲁政府认为："前进政策"的推行还没有给中国足够的压力，所以必须继续进行，直至中国承认它必须撤退时为止。

从 1961 年特别是 1962 年 4 月起，印度当局在中印边境推行更大规模的"前进政策"，步步向中国纵深进逼。在边境竟然出现了这样一种奇怪的现象：印军有的前哨据点甚至设在了中国边防哨所之间和侧后，三面或四面威胁中国哨所，同中国哨所形成了犬牙交错的态势。印军还不断拦截、袭击中国巡逻队、运输队，挑起一次又一次的流血事件。

在这种情况下，中国边防部队完全有理由，并且也有能力用武力将印军从中国领土上赶出去。但中国没有这样做，仍然保持了极大的克制态度，这点连印军军官也不得不承认：你们的态度友好、克制，这要在其他国家边境，早就打起来了。

当印度军队不断侵占中国领土，频繁挑起边界纠纷的时候，毛泽东及时地指示边防部队，要提高警惕，加强边防，防范印度军队的进攻。当印度军队大肆占地设点，步步向前推进时，毛泽东和中央军委又适时制定了新的反蚕食斗争方针。

1962年7月，印度军队在中印边界西段悍然侵入新疆奇普恰普河谷，设立新的军事据点，切断中国边防哨所的后路，并向中国巡逻队进行武装挑衅，制造事件。7月中旬，刘少奇、周恩来在书记处会议上汇报了中印边界西段反蚕食斗争情况后，提出了对入侵印军处置的两个方案：一是将印军新设的据点拔掉，以武力驱逐被中国边防部队反包围的印军；二是不使用武力，想办法逼退印军。

毛泽东听了汇报后说：印度在我境内设点，我们完全有理由打。但现在还要克制，不能急于打，为什么呢？第一，要进一步暴露尼赫鲁的真面目，现在尼赫鲁得意忘形，认为他的赖皮战术很有办法，前几天印度报纸有个消息说，尼赫鲁、梅农的战术是拿破仑战术。第二，争取国际上正确认识中印边境斗争的是非问题，争取大多数同情和支持我们，特别是要争取中间派；国际上有些国家对中印边界问题看得不十分清楚，弄不清谁是谁非；同时我们和印度的斗争，是复杂的国际问题，不仅仅是印度的问题，美帝国主义、苏联等都在支持印度，他们想利用我们存在暂时困难的机会，推我们上阵，整我们一下，但是我们不上他们的圈套；我们现在坚持不打第一枪，我们的方针是八个字："绝不退让，避免流血。"随后，毛泽东又在八字方针的基础上补充了"武装共处，犬牙交错"两句，形成"十六字方针"。

武装共处是在敌对势力进行军事挑衅，但尚未发展到战争时，毛泽东提出的以军事斗争配合政治外交斗争的方针。这种方针要求我方既不惹事，又不示弱，坚持有理有利有节，遏止和避免扩大冲突。

从"前进政策"中尝到甜头的尼赫鲁政府，觉得中国除了"虚声恫吓"外，不会有更大的反应，气焰更加嚣张。

1962年10月2日，刚从尼日利亚返国的尼赫鲁，顾不上旅途劳累，立即召见了参谋局长考尔将军，要他迅速执行把中国部队赶回塔格拉山脊另一边去的"来克亨"军事行动。

考尔 10 月 4 日带了一批军官抵达提斯浦尔，10 月 6 日给陆军总部发了电报，保证在 10 月 10 日实施"来克亨"作战行动。接着，他便于 10 月 8 日揭开了行动的序幕。考尔命令拉吉普特联队和廓尔喀联队从章多开下来，加入克节朗河的其他部队，计划先占领塔格拉山脊顶峰，在中国部队背后建立阵地，打击中国部队，从而将驻守在那里的中国军队"清除掉"。

10 月 9 日，考尔根据尼赫鲁的要求，向第七旅下达了"10 月 10 日前占领塔格拉山脊"的命令。于是由 100 余名旁遮普士兵组成的侦察队，不顾中国部队的一再警告，越过克节朗河，天黑时到达尺冬（印方称为僧崇）。对这一切，中国边防部队均看在眼里，但是没有开火，而是继续注意观察和分析敌人的意图。10 月 10 日一早，印军向驻守尺冬的解放军 157 团 2 连发起进攻；印军的后续部队也行动起来，约有一个营的兵力，向拥错山口移动。

自 9 月 21 日印军无端打死多名中国在择绕桥头的哨兵后，中国边防部队接到明确的命令：如果印军继续挑衅，可以进行自卫还击。这时，印军准备大举进攻，中国边防部队怎能坐以待毙？他们果断地进行了反击，打退了印度部队的第一次进攻。印军丢弃尸体 6 具，迫击炮 1 门，轻机枪 1 挺，英式步枪 10 支。这次小小的反击，粉碎了印方多日来狂妄叫嚣要赶走中国部队的计划；与此同时，它也是一次很实际的警告：中国不会容忍印度节节进逼和不断入侵，而不还击，印度政府应当理智地重新考虑和研究自己在处理整个边界问题上的态度和方针。

但是印度政府并没有改弦更张，相反加紧军事部署。

10 月 20 日，印军两万余人，在中印边界东、西两段，同时向中国发动大规模进攻，由此完全堵死了和平解决边界问题的道路。

"这一仗不打则已，打，就要打出威风"

鉴于中印边境出现的紧张局势和尼赫鲁公开对中国宣战，毛泽东和中国政府迫不得已，决定实行自卫反击作战。

1962年10月6日，总参谋部向有关部队传达了中共中央和毛泽东的指示：假如印军向我进攻，则要狠狠地打他一下，除东线西藏作准备外，西线也要配合。不仅要打退，还要打狠打痛。

10月中旬的一天，在北京香山双清别墅召开了一次中央军委会议，专门研究中印边界问题。

出席会议的除主持人毛泽东外，有周恩来，外交部长陈毅，国防部长林彪，中共中央军委副主席叶剑英和刘伯承两位元帅，总参谋长罗瑞卿，副总参谋长杨成武，总政治部主任萧华，西藏军区司令员张国华和新疆军区副司令员何家产等。

毛泽东首先说：我们和印度边界纠纷闹了好多年了，我们不想打仗，原来想通过谈判解决，可是尼赫鲁不愿谈，调集了不少军队，硬逼着要和我们打一仗。现在看来不打是不行了。可是，怎么个打法？打成什么样子，还请大家献计献策。接着毛泽东请外交部长陈毅发言，向会议介绍了中印边界争端的历史发展和最近外交斗争方面的情况。陈毅说：中国同印度的边界，虽然未正式划定，但是在长期和睦相处的过程中，按照双方行政管辖所及的范围，早已形成了一条传统的习惯边境线。全长约2000公里，可分为西段、中段和东段。西段北起喀喇昆仑山口，南至西藏阿里、克什米尔印度实际控制区的拉达克和喜马偕尔邦三地交界处；从这里到中国、印度、尼泊尔三国的交界处为中段；东段西起中国、印度、不丹三国交界处，东至中国、印度、缅甸三国交界处。

印度 1947 年独立后，开始一直遵守这条边界线，但是到了 1954 年，他们修改了官方地图，在东段把非法的"麦克马洪线"作为已定界，在中段又侵占了西藏阿里地区的巨哇、曲葱、什布奇山口等地。在西段，他们不仅侵占了阿里地区的巴里加斯，还企图把新疆的阿克赛钦地区也划入印度的版图。这样，他们侵占和要求中国领土面积约有 12.5 万平方公里，相当于我们一个福建省。

　　近几年来，他们多次侵占我国领土、领空，并不断制造流血事件。1959 年 8 月，他们在东段朗久地区，袭击我边防人员，酿成流血事件。10 月，印军又在西段的空喀山口，包围我边防部队，开枪打死打伤我边防官兵 13 人。上个月又向我驻择绕桥的边防部队开枪开炮。在不到一个月的时间里，就打死打伤我官兵 47 人。

　　我们外交部虽然做了多种努力，但是尼赫鲁就是不肯坐下来谈，他尝到"前进政策"的甜头，要硬着头皮走下去。看来，只好在战场上见了。

　　这时毛泽东插话说：中印两国打仗，实在是很不幸的事情……最近我看了些有关印度的书，印度的古代文明确实值得骄傲。唐僧西天取经嘛，675 部经文就是从印度取回来的。陈玄奘将其教义一条条破掉，从而赢得"大乘天"威名，还骑着大象巡逻观彩哩！今天我们打仗，我看有两条，一要打胜，把尼赫鲁打到谈判桌上来，二要有理、有利、有节。

　　在毛泽东插话完毕后，杨成武汇报了当前印军在边界地区的情况。他说，印度自 1954 年成立了东北边境特区后，不断增兵，修筑了边境公路、兵营和机场，现在西段之敌有一个旅部，6 个步兵营，1 个机枪营及若干配属部队，共计 5300 人。其中在侵入我国境内的 43 个据点上部署了 1300 余人。东段是印军准备向中国大举进攻的主要方向，计有印度第七旅的 4 个营，炮四旅的两个营，第五旅的 8 个营。东段的兵力合计 1 个军部，1 个师部、3 个旅部，15 个步兵营，约 16000 余人。另据情报，印方正将东巴边界的两个师调往东北特区。现在，他们在中国境内部署据点 100 多个，有的离中方哨所只有百米，有的揳入中方边防哨所之间，有的甚至插到了中方哨所的背后。另据情报，印军 10 月初制定了"来克亨"计划准备大举进攻，尼赫鲁公开授命前线总指挥官考尔中将，让他"将中国军队赶出去"。

五年前叶剑英元帅应邀访印时，见过考尔，那时考尔还是第四师少将师长，曾为中国军事代表团表演过进攻战术。应毛泽东的要求，叶剑英向大家介绍了对考尔的印象。

会议根据张国华和何家产的要求，决定加强西藏和新疆边防部队的作战力量，并根据罗瑞卿的建议，决定调以丁盛为军长的五十四军进藏。

在会议结束时，毛泽东又说：中印两国开战，美苏两大国不用说，许多不明真相的国家也会站到他们一边，蒋介石也可能要搞点动作。我们是有点孤立了，我看，不怕。只要前线打得好，我们就会处于主动地位。我还是那句话，与其跪着死，不如站着死。想要我们死，也不那么容易。这一仗，我们不打则已，打，就要打出威风，起码要保持 30 年的和平。

10 月 16 日，中央军委决定：为了打击印军疯狂气焰和侵略行动，决心歼灭越过"麦克马洪线"以北的印军，西线也要配合。10 月 17 日，中央军委下达了《歼灭入侵印军的作战命令》。

从 10 月 20 日起，即印军在中印边界东、西两段同时向中国发起新的大规模武装进攻之后，中国边防部队在中印边界东段、西段奋起自卫反击。在西段，痛快淋漓地清除了印军在中国境内设立的 43 个侵略据点；在东段，赶走了侵入克节朗、达旺等地的印军。24 日，中国政府发表声明，提出和平解决边界问题的建议，但遭到印度政府的拒绝。11

月中旬，印军再次在中印边境地区向中国发起新的军事进攻。中国边防部队从 11 月 16 日至 21 日，先后击退了侵入西山口、邦迪拉、瓦弄、班公洛、里米金地区的印军，并挺进到非法的"麦克马洪线"以南靠近传统习惯线地区，将印军精锐打得一败涂地。整个反击作战歼灭印军 8700 余人，俘虏 3900 余人。这一仗打得印度全国震惊，尼赫鲁慌忙宣布全国处于紧急状态。

这时，中国政府则点到为止，鸣金收兵，在全线主动停火后撤，并将缴获的人员、武器、装备，全部还给印方，这一招，大出印度和国际社会的意外，世界舆论普遍叫好。

中印边境之战，毛泽东小试牛刀，就叫印度政府既输了人，又输了理。外国舆论称中国这一仗，打得漂亮之极，又潇洒之极。毛泽东在不同场合也对这次作战给予了充分的肯定。

1963 年 2 月，毛泽东在中央工作会议上听取中印边境自卫反击作战汇报时作了多次指示。在谈到有的部队参战仓促时，毛泽东说：那个 55 师，从青海的西宁出发，用卡车送，就是在路上动员的，差不多一到就打。130 师在四川是个生产部队，放下锄头就上车，一到就打，就在汽车路上做动员工作，很仓促。毛泽东对西藏军区司令员张国华说：就是你这个将军也是临时派去的嘛。

汇报中毛泽东插话说：要注意军事，只搞文，不搞武，那个危险。他指出：要练兵，每年要有八个月。当前方指挥员汇报到这一次打近战多时，毛泽东插话说：要注意近战、夜战。对帝国主义我不相信近战、夜战我搞你不赢。在朝鲜战场上美国人怕近战、怕手榴弹、怕拼刺刀、怕几十公尺或者一百公尺这样的射击。听到汇报说参战部队情绪高时，毛泽东插话说：最基本的原因是，我们是工人、农民的军队，是共产党领导的军队。在汇报到作战中西藏人民表现很好时，毛泽东说：这是因为他们过去受压迫，现在得解放了，因为他们不是很有钱的，而是穷人、无产者、半无产者。在听到印度军队最怕侧后迂回时，毛泽东笑着说：这不仅印度，从古以来，哪一个军队都最怕这一手。

在另一个场合，毛泽东评价中印边境之战说：打了一个军事政治仗，或者叫政治军事仗。印度人说提了我们的俘虏，结果交不出一个人来。这一仗，至少可以保持中印边境 10 年的稳定。

历史完全证明了毛泽东的预见。事实上，从 1962 年至今，30 多年过去了，中印边境一直保持着相对稳定的局面。这个局面的取得，与这一仗有着密切的关系。和平是在有理有利有节的斗争中取得的。

毛泽东与农业学大寨

大寨原是山西省昔阳县的一个普通小山村，在成为先进典型前，不用说全国，就是山西省也没有多少人知道。在毛泽东 1955 年主持编辑的《中国农村的社会主义高潮》一书中，也不见大寨之名。这本书是毛泽东审阅了大批全国送来的典型材料，从中选出 184 篇，亲自动手编辑的，不少还改拟了标题、撰写了按语，其中有山西的 18 篇。

大寨成为家喻户晓的名字，成为"圣地"，成为全国农业战线上的一面旗帜，是 60 年代的事。

提出"农业学大寨"不是偶然的

毛泽东在此时提出"农业学大寨"不是偶然的，而是有其特定的背景的。

从当时全国的形势看，由于"左"倾思想的错误指导，1958 年的"大跃进"和人民公社化运动犯了瞎指挥、浮夸风、"共产风"的错误，再加上自然灾害和苏联政府废止合同、撤退专家，我国农业在 50 年代末和 60 年代初遭到了严重的挫折。毛泽东非常关心农业的恢复和发展，但国家又不能以更多资金支持农业。正在这时，他了解到山西省昔阳县大寨大队以自力更生精神将"七沟八梁一面坡"的穷山沟改造成为

"层层梯田米粮川"的事迹。把自力更生视为立国之本的毛泽东，很自然地认为大寨的事迹符合他的思想，符合党的优良传统，真实地反映了广大农民要求摆脱贫困的强烈愿望以及由此而产生的巨大力量，因此他决定在全国农村提倡大寨精神。

另外，大寨的另一个特点也很符合毛泽东的思路，那就是干部参加劳动。毛泽东认为干部参加劳动是使共产党人免除官僚主义，避免修正主义教条主义，永远立于不败之地的确实保证。而大寨及其所在的昔阳县，当时县、公社、生产大队、生产队这四级干部参加劳动的成绩尤为突出，据中共晋中地委农村工作部关于昔阳县干部参加劳动形成社会风尚的考察报告中说：1959 年以来，昔阳县大队和生产队干部参加劳动一年比一年多，补贴工分一年比一年少。县、社负责干部带头参加劳动。据统计，去年县级机关下乡干部在生产队所做劳动日，每人平均62 个，公社干部每人平均 82 个。干部带头参加劳动，使干群关系像鱼水一样密切，更有助于迅速改变农村的贫困面貌。报告还介绍了中共昔阳县委在干部参加劳动方面所采取的一系列有效措施：（1）加强思想教育，提高干部觉悟，经常注意检查。（2）把劳动态度作为选拔大队、生产队干部的首要条件。（3）县、社负责干部，带头参加劳动。（4）坚持实行定工劳动、定额补贴的制度，每年春天落实到人。（5）大队干部固定到一个生产队或作业组，按他们的劳动底分同社员一样分地、分活，评工记分。（6）评比竞赛，层层树立标兵。（7）自上而下改进领导作风与工作方法，严格控制会议、表报，为生产队干部参加劳动创造条件。

1963 年 3 月 23 日，中共中央就转发山西省昔阳县干部参加劳动的材料给各中央局，各省、市、自治区党委。指示说，干部参加劳动，是党的优良传统之一，是党在社会主义建设时期的一项极为重要的政策。认真贯彻执行这项政策，对于农村工作来说，其重要性是很明显的。人民公社工作条例修正草案对于人民公社各级干部参加劳动问题已经作出明确规定，可是直到现在，不少地方还没有认真贯彻执行。有的县委和公社党委对这一规定的重大意义认识不足，甚至认为大队和生产队干部补贴工分不得超过生产队工分总数百分之二的规定根本行不通。应该请他们好好读一读昔阳县的经验。昔阳县的经验证明了：这项政策能否得到正确执行的根本关键，恰恰在于县委和公社党委是否有决心，是否以身作则。这个县的县、社两级干部，1962 年在生产队作的劳动日，县级每人平均 62 个，公社级每人平均 82 个。他们到哪里下乡工作，就在哪里参加劳动，并且一直坚持不懈，经过几年的努力，干部参加劳动才逐步形成风气。应该说，昔阳县的同志们能够这样做，所有各县也可以这样做的。

毛泽东在审阅中央的这个指示稿时，加拟了标题："山西省昔阳县，县、社、大队、生产队四级干部参加生产劳动的伟大范例"。同年 5 月 9 日，毛泽东在转发《浙江省七个关于干部参加劳动的好材料》的批语中，建议各地领导同志利用适当机会，对于干部参加劳动这个极端重大的问题，在今年内进行几次讨论，并普遍宣传山西昔阳县那个文件。

这表明大寨已在毛泽东的脑海中留下了印象。当然，毛泽东提出"农业学大寨"也是有个过程的。

提出"农业学大寨"有个过程

1963 年 8 月，大寨遭到一场毁灭性的特大灾害，连续七天暴雨，山洪倾泻而下，经过 10 年辛劳垒石闸坝造成的沟坡地、"大寨田"毁于一旦，庄稼不是淹没就是倒伏，房屋十室九空，梁倒墙塌。谁知大寨从此却扶摇直上，变成了超过全省全国一切先进典型的政治红旗。

遭灾后，大寨党支部书记陈永贵领导社员自力更生，艰苦奋斗，迅速战胜了灾害，恢复了生产，而且响亮地提出了"三不要"（不要国家救济的钱、粮、物）、"三不少"（向国家交售粮食、社员口粮、留的种子饲料不少于上一年）的口号，后来总结出"自力更生十大好处"。大寨在大灾之年没有减产，反而每亩增产到 800 斤，按《农业发展纲要》的标准，已经"过长江"了，在当时是很了不起的，陈永贵跑到太原，通过一位昔阳老乡找到另一位昔阳老乡——省委副秘书长毛联珏，反映了灾后的变化，毛联珏高兴地说："真是坏事变成了好事"，紧接着他就报告了省委书记陶鲁笳，陶鲁笳又在全省电话会议上热情地加以表扬，省报作了长篇报道，还专门为此事发表了社论。

当年 11 月间，中南局候补书记李一清到北京参加全国计划工作会议，这位老共产党员是昔阳县南关人，距大寨只有 10 里路，小时候就熟悉这个穷得叮当响的山庄。他毕业于清华大学，抗战期间在山上打游击，曾任太行行署主任，听到大寨的事迹，会后赶回家乡去参观访问，看后深受感动，认为这是自力更生的典型，建设山区的榜样，值得大力推广。他到太原同陶鲁笳谈了观感，又到北京写专题报告向中央反映，后来回到广州，遇到国家计委副主任王光伟，他原来是准备去四川考察的，听到李一清的介绍也大受感动，竟改变行程，专程到昔阳大寨来住了好几天，回京向周恩来总理作了口头汇报，又向中共中央、国务院分别作了书面报告，邓小平、彭真阅后也连连称好。从此大寨的事迹便逐渐在中央决策层传开，陈永贵的名字也开始出现在中南海的某些会议上。

1964 年 1 月 19 日，陈永贵和另几位著名劳模，被邀请到北京人民大会堂作报告，一身庄稼人打扮的陈永贵，头上还扎着白毛巾，在主席台上一亮相就引起全场听众的惊讶。一个农民，第一次到国家级的讲台上讲话，一开始难免有一点拘谨，但他很快就适应了，滔滔不绝地讲开了：什么老少组与好汉组，什么三战狼窝掌，什么自力更生十大好处，他如数家珍，讲得头头是道，坏事变好事、精神变物质这些新学来的名词，他都能理解并用他讲的生动事例融会贯通起来，使这些听惯了大报告的听众完全被镇住了。

接着，新华社记者奉命到大寨采访，要写一篇向全国广播的长篇通讯。副社长穆青亲自到太原进行具体指导。同年 2 月 24 日，长篇通讯《大寨之路》向全国播发，《人民日报》专配了一篇社论：《用革命精神建设山区的好榜样》。社论指出：大寨贫困落后的过去，是我国农村过去的缩影，大寨的现在，土地变样、生产变样、技术变样，又是当前我国农村的现实的写照。社论要求每一个地方既要很好地学习大寨的经验，也要很好地总结推广自己的"大寨"的经验，在无数个"大寨"的光辉事迹鼓舞下，我国人民必须鼓起更大的革命干劲，积极开展科学实验，推动农业生产的新高潮，促进我国的农业生产和农业现代化更好地向前发展。

3 月 28 日，毛泽东南下观察，专车开进河北省邯郸车站，在此作短暂停留，听取河北省负责人林铁、刘子厚和山西省负责人陶鲁笳的情况汇报。陶鲁笳抗日战争初期曾任中共昔阳中心县委书记，几次去过大寨调查，情况很熟悉，汇报既详细又生动，毛泽东听得津津有味，便问：陈永贵是哪几个字？陶鲁笳在纸上写清后，毛泽东说：听说过，报纸上有篇文章，我还没有细看。随即让秘书把发表《大寨之路》的那张人民日报找来，继续听陶鲁笳汇报。他还插话说：山沟里出了好文章，陈永贵识字不多，做的事情可不少！据说毛泽东视察路过各省，都谈过大寨的事，说过大寨是一面旗帜，你们学不学？农业要过关，没有大寨那种精神不行哪！话从毛泽东的嘴里说出来，分量当然就不同了。

4 月，农业部部长廖鲁言亲率一个工作组到大寨调查了 20 多天后，高度肯定了大寨"藐视困难，敢于革命的英雄气概；自力更生，奋发图强的坚强意志；以国为怀，顾全大局的高尚风格"。他认为，大寨"最重要最根本的"是"自力更生、进行生产""苦干实干"。大寨"首先要生产更要发展，这样学起来才行，不发展，学你什么？"大寨"有好多好东西，特别是搞生产"。他还认为："学赶大寨的提法不够全面和确切，应该是比学赶帮"，"先进也不一定一切都先进，各部门都要求大寨来个第一，根本不可能，这样就会把大寨整垮。千万不要搞垮了，不要把自力更生的牌子砸了。"回到北京后，廖鲁言又专门给中央和毛泽东写了报告，对大寨苦干实干、自力更生的精神大加赞赏。廖鲁言的这个报告，更加深了毛泽东对大寨的印象。

5月10日，毛泽东在听取国家计委领导小组汇报关于第三个五年计划设想时，插话说：农业要自力更生，要像大寨那样。他们不借国家的钱，也不向国家要东西。

6月，毛泽东在中央工作会议上关于第三个五年计划的讲话中又说：农业主要靠大寨精神，自力更生。

12月，经过中央和毛泽东的同意，周恩来在三届人大一次会议上作的《政府工作报告》中，介绍了大寨这个依靠人民公社力量，自力更生进行农业建设、发展农业生产的典型。并对大寨精神做了概括："大寨大队所坚持的政治挂帅、思想领先的原则，自力更生、艰苦奋斗的精神，爱国家爱集体的共产主义风格，都是值得大大提倡的。"这是中央领导人对大寨的权威的评价，经常在各种场合和文件中被引用而为人所熟知。

1964年12月26日，是毛泽东71岁生日。毛泽东一生很少请人吃饭，这次生日小聚可说是特殊的例外，应邀出席的有大寨代表陈永贵、大庆代表王铁人、著名科学家钱学森、知青代表邢燕子、董家耕，地点在人民大会堂的一个小餐厅，品字型地摆了三张桌子。周恩来遵照毛泽东的嘱托，特意把四位劳模和钱学森安排在毛那一桌上，刘少奇、邓小平等党和国家领导人及各大区书记分别坐在另外两张桌子上。席间毛泽东谈笑风生，不断同几位劳模碰杯。他还亲切地问这几个人的年龄，问到陈永贵时，陈回答："50 岁。"

噢，五十而知天命，搞出一个大寨来，很好。据董家耕后来整理的这一次活动的记录看，便宴中没有谈到农业学大寨的事情。但是大寨成为毛泽东亲自树立的农业战线上的一面红旗，却因此而确定无疑了。

1965 年 6 月 16 日，毛泽东在听取第三个五年计划问题的汇报时又说：农业投资不要那么多。农业要靠大寨精神。你给他钱，他搞得不好；你不给他钱，反而搞得好一些。农业靠大寨，工业靠大庆。

同年 10 月 10 日，毛泽东在一次谈话中又说：农业还是靠大寨精神。

1966 年 8 月 9 日，中共中央《关于无产阶级文化大革命的决定》（即十六条）公布，"文化大革命"正式开始了，文件强调完全同意毛主席的决策，号召工业学大庆，农业学大寨，全国学人民解放军。大寨这 80 多户偏僻的山庄从此代表了未来农村的理想世界，成了"农业学大寨"运动的圣地，此后十几年中，全国有 700 多万人次各级农村领导和基层干部及农民代表，不远千里、万里来此朝圣。还有 134 个国家和地区 2288 批国际友人，25478 位不同肤色、不同国籍和不同信仰的外宾登临大寨的虎头山。最多的一天竟接待过 50 批外国客人。其中不少是国家元首级的大人物。在史无前例的"文化大革命"中，大寨红旗高高飘扬，陈永贵由农村基层党支部书记变为公社、县、地区和省级领导干部，数年之中升为党的中央委员和中央政治局委员，国务院主管农业的副总理。他仍然是一身农民打扮，头上还扎着白毛巾，频频出现在电视镜头上，这也可以说是史无前例的。

应当指出，毛泽东提出"农业学大寨"，是经过深思熟虑，并经中央同意的，其原意是要在农村开展一场发扬自力更生精神的教育运动。毛泽东很重视精神与物质的辩证关系，认为在一定条件下，精神可以变物质，物质可以变精神。农民群众发扬自力更生精神，可以大大提高农业生产力。事实上，在早期的学赶大寨运动中，大寨人的所作所为，赢得了全国人民的尊敬，他们的事迹，有如一支悲怆激昂的英雄交响曲，深沉地唤起中华民族自强不息的进取精神，为改变贫穷和落后而努力。而当中国政局日渐滑入十年动乱的深渊时，大寨典型便同"社教""四清"等不断升温的政治运动挂上了钩。人们曾经从大寨人身上感受到的奋斗精神，开始被狂热的政治热潮所扭曲，大寨也因此给历史留下了一段苦涩的记忆。

毛泽东与大比武

"叶帅找到了一个好方法"

1963年秋，当时任中央军委常务委员、主管全军训练工作的叶剑英，从总参谋部编辑的《军训简报》上，看到了关于南京军区推广郭兴福教学方法的报道，引起了很大兴趣。

事实上，这期简报早在两年前就出了。当时，由于受1958年开展的军队中反教条主义斗争的影响，军事训练和部队建设遭到挫折，部队的训练成绩甚至出现了下降。这一形势使部队各级领导十分着急。1961年初，时任南京军区第12军军长的李德生带着军、师、团联合工作组，来到该军军训先进连100团2连，准备以抓典型、以点带面的方法，把本军的训练搞上去，搞出成效来。

李德生在100团2连住下后，立即召开会议研究传帮带的步骤。大家认为，从部队的战术、技术训练来看，技术训练用的时间太多，需要改革，而战术训练中的模式化、走过场的现象较严重，必须对此进行改革。因此确定从单兵、小组和班战术训练开始进行试验，对训练内容、训练方法作一番突破性尝试。大家分别下到各班排，抓实验分队。然后对三个战术课题展开研究，献计献策。经过反复演练，大家一致认为2连副连长郭兴福教的小组战术吸收了其他两个示范分队单兵战术和班战术的优点，教得细、教得活，把敌情观念、思想工作体现在小组战术教学中，显示出了新特色。工作组决心继续抓下去，抓出样板来。

经过军、师、团领导亲自现场指导，他们将几十年来的实战经验和带兵经验向郭兴福传授，讲打仗的亲身体会，郭兴福深受启发，把战术和技术结合得很好。

经过半年多的努力，郭兴福教学越来越活，他带的这个班战术、技术练得很精。

转眼间到了8月，一天，总参军训部处长兼《军训通讯》杂志副总编带工作组到12军了解军事训练情况，他听说12军抓出了一个搞战术的典型，很感兴趣，要求看一看这个班的表演。

在一个小高地设置的战术场上，郭兴福作了战术教学表演。

在炮火显示的硝烟中，身材魁梧的郭兴福向战士们做示范。他端着上了刺刀的步枪，高喊杀声，勇猛冲上"敌人"堑壕，左右开枪，打"死"了堑壕内的"敌人"，接着端着刺刀对向正面扑上来的"敌人"。

他的动作突然定了型，大声问后面跟上来的战士："对敌人要不要狠！"

"要狠！"

"怎么狠？"

"坚决消灭！"

"对！"

说着他的刺刀对准"敌人"的前胸，刺穿了草靶。

"刺刀断了怎么办？"他又问战士。

"枪托打！"战士齐声回答。

"枪断了！"

"用石头砸——手掐！——牙咬！……"战士们坚决地回答。

郭兴福边教学，边向战士穿插宣讲革命战士在作战中应有的战斗作风，只有平时多流汗，战时才能少流血的道理和实例，讲解在战斗中遇到各种情况的处置方法。在气温高达 37℃ 的烈日下，郭兴福带领战士们练得汗水湿透了衣服，人像从水里捞出来的一样，但战士始终情绪饱满，动作认真。

回到北京，该工作组迅速写成《彻底革新训练方法使少而精落实——2 连单兵训练经验》《郭兴福单兵小组教学实施笔记——进攻中的战士》两篇文章，并配上《既严又活》的评论文章，专门为此出了增刊，扩大发行至全军连以上单位。

《军训通讯》的报告，引起了南京军区的注意。主抓军事训练的副司令员王必成将军命 12 军派郭兴福和表演分队到南京来向军区首长汇报。一向表情严肃的王必成将军看了汇报后，笑容可掬地连连称赞："教得好，教得好！"他当即指示军区立即推广郭兴福教学法，并要求组织郭兴福在全区部队做巡回表演。

1962 年 11 月，南京军区首先在全区推广了郭兴福教学法。接着，郭兴福教学法在广州、武汉、沈阳军区表演了数十场，受到普遍好评。

叶剑英通过《军训简报》得知郭兴福教学法后，即派秘书、办公室主任兼军事训练、军事学术研究委员会办公室主任莫阳率工作组到南京军区进行实地考察。随后，叶剑英于 12 月 23 日，赶到南京，实地观看郭兴福教学法的汇报表演。

对郭兴福教学法的表演，叶剑英大加赞赏："大开眼界，大开脑筋"。在随后召开的座谈会上，叶剑英再次高度评价了郭兴福教学法。他说：我们解放军最近几年来，从 1960 年开始，4 年当中，我们部队里头，特别是陆军中，从低到高，从小到大地开展了一个叫郭兴福教学法的运动。这个教学法，不是从 1963 年开始的，是 1960 年郭兴福所在的 12 军就开始研究、开始创造，经过军师团营各级干部的鼓励，军党委的支持帮助，使郭兴福这个教学法，在 12 军树立起一个标兵、模范。

郭兴福教学法在 12 军的连队里生根发芽，军的各级党委首长加肥，南京军区党委和首长又追肥，现在到 1963 年，全军公认了。现在全军公认郭兴福教学方法是个好方法，不管哪个军种、兵种的基层连队，全国的民兵，都认真按郭兴福教学法来训练部队，我们部队的战斗力就会大大地提高。

在座谈会结束的当天，叶剑英发电报给中央军委和毛泽东，提出《建议军委推广郭兴福教学法》的报告，总结了郭兴福教学法的特点，认为它在发扬我军的练兵方法上有一些创见，其中既有政治工作，也有群众路线，提出要带着阶级仇恨练兵，把阶级仇恨集中在刺刀尖上，要练得思想红、作风硬，并且实行毛泽东一贯倡导的官教兵、兵教兵、兵教官、官兵互教，谁的意见正确服从谁等等。

叶剑英向毛泽东汇报了所见所闻，谈了自己的感受，说：看了郭兴福以及南京军区推广郭兴福教学法以后，所涌现出的许多优秀教员和先进分队的表演，总的印象，方法对头，功夫过硬，大开脑筋，大开眼界，充分说明群众是真正的英雄，群众的创造力量是无穷无尽的。郭兴福的教学法，是我军传统练兵的继承和发扬，是领导培养、群众支持和他个人努力的结果。这一教学法不仅适合于部队，而且适合于学校，不仅适合于步兵，而且适合于各军种、兵种。

叶剑英把郭兴福教学法概括为五大特征：

第一，善于在教学中抓现实思想，充分调动练兵的积极性，并能够发扬教学民主，集中群众的智慧，实行官兵互教，评教评学；

第二，把练技术、练战术、练思想、练作风紧密地结合在一起，把兵练得思想红，作风硬，战术活，而且身强力壮，一个个都像小老虎一样；

第三，采取由简到繁，由分到合，情况诱导，正误对比的方法，逐步加深认识，掌握要领；

第四，把言教与身教、苦练与巧练结合起来，使战士百听不厌，百练不倦；

第五，严格要求，一丝不苟，循循善诱，耐心说服。

叶剑英还在报告中写道：郭兴福教学方法已为广大群众所公认，自动要求学习郭兴福教学方法已自下而上地酝酿了很久，有几个军区已经正式作出了决定，条件已经成熟。建议军委发一个指示，在全军加以推广，号召各军区，各军种、兵种，部队和学校乃至民兵，结合本身的特点，学习郭兴福的教学法，发扬我军传统的练兵方法，培养郭兴福式的教练员，借以掀起一个军事训练的高潮。

时任军委秘书长、总参谋长的罗瑞卿在收到叶剑英的报告后，立即将叶剑英的报告送呈毛泽东、林彪和主持军委工作的军委副主席贺龙，并当面汇报了情况。

毛泽东对叶剑英的报告十分重视，看得很仔细。当看到报告中讲到郭兴福教学法的第二个特点，即"把兵练得思想红、作风硬、技术精、战术活，而且身强力壮，一个个都像小老虎一样"时，他用红铅笔在下面重重地画了一条杠，很高兴地说：

这一条我最感兴趣。

当看到报告中"郭兴福教学法继承了我军传统的练兵方法"一句时，又说：郭兴福教学法，不仅是我军传统练兵方法的继承，主要是在新条件下的发扬。最后，毛泽东肯定和赞扬了郭兴福的教学方法，他对罗瑞卿说：叶帅找到了一个好方法。毛泽东批准了叶剑英的报告。

贺龙也完全赞同叶剑英的报告，林彪也对报告表示赞许。

中央军委于1964年1月3日转发了叶剑英的报告，号召全军立即行动起来，掀起一个学习"郭兴福教学法"的广泛深入的群众运动。

这份由贺龙签发的指示指出：郭兴福教学法不单是包括一个军事训练问题，还包括政治思想工作问题，还包括作风问题，也还包括群众路线问题。这是我军传统练兵方法的继承和发扬。我们应当抓住这个典型在全军推广，以使军委关于军事训练的方针、原则、方法进一步落到实处，使我们的军事训练工作练出更过硬的真本事来，做出更大更扎实的成绩来。指示要求，全军立即行动起来，掀起一个学习郭兴福教学法的热潮，并强调对郭兴福教学法要反复宣传，使之深入人心，引起全军广泛的、密切的关注。深入地学习和推广郭兴福教学法，全军就一定会出现更多更好的"郭兴福"，一定会出现一批各军区、各军种、各院校、各行各业自己的"郭兴福"，一定能够把我军的训练工作提高到一个新水平。

为了落实军委指示精神，1964年1月下旬，军委总参谋部在南京主持召开了全军推广郭兴福式的教学方法现场会议，会期六天。这次会议实际上是全军开展大练兵、大比武的动员会议。从此，全军以推广"郭兴福教学法"为内容的群众性大练兵、大比武运动，蓬蓬勃勃地开展起来了。

"此等好事，能不能让我也看看"

对于推广郭兴福教学法，毛泽东十分重视。南京会议不久，他就明确指示：到的多是"后排议员"（指机关部门的领导和抓军事训练工作的副职），难以推广，必须让"前排议员"（指主管）到会，一把手亲自抓。遵照毛泽东的这一指示精神，元帅和军委领导们纷纷下到练兵场，言传身教，对群众性的练兵运动起到了很大的推动作用，全军迅速掀起了一个学习郭兴福、赶上郭兴福、超过郭兴福的练兵热潮。

1964年2月8日，叶剑英、贺龙、徐向前、聂荣臻及罗瑞卿等军委领导，在广州军区观看了该军区推广郭兴福教学法的表演，并召开了座谈会。叶剑英亲自主持座谈会，并吸收各方面的经验，整理出了《连队基础训练方法二十条》，经中央军委批准，下发全军实行，作为军事训练的标准。从 5 月份开始，全军各军区、各军种、兵种部队，举行各自的比武大会，以推动部队的群众性练兵运动，并选拔尖子选手，准备参加全军比武。

5 月 12 日至 21 日，周恩来、彭真、陈毅、贺龙、罗瑞卿等分别观看了北京军区在天津杨村召开的训练现场会比武表演。周恩来说：三五年内把兵都练成这个样子，再把民兵也搞起来，我们就天下无敌了。陈毅看了某部炮班 5 发炮弹击中 4 个运动目标，赞扬说：打得准，有成绩，这是军事历史上破天荒的，世界训练史上也是破天荒的。贺龙对军区领导说：好好总结一下，首先在你们军区推广，运用典型推动工作，这就是个窍门。一方面推广郭兴福，一方面找了你们自己的郭兴福。罗瑞卿看到这些表演，不住地称赞：过硬！真过硬！再过硬！要不断发展提高。在观看参谋标图作业表演后，叶剑英当即归纳提出，参谋人员应做到"六会"（即会画、会写、会传、会读、会记、会算），这"六会"标准，在今天仍是参谋人员中业务基本功。

6 月 10 日，叶剑英还观看了海军郭兴福式尖子分队的汇报表演，他向海军指出：尖子是重要的，但光靠尖子不能战胜敌人，要使所有的舰船都提高到尖子的水平。要求海军应结合自己的特点和经验，创造性地学习。

总参为了推广郭兴福教学法，还先后召开了镇江现场会（罗瑞卿主持）；信阳比武会（张宗逊主持），并组织八一电影制片厂拍摄了"郭兴福教学法"的专题片。

在军委领导的指导和促动下，全军大练兵大比武运动，进入空前未有的高潮。

6 月初的一天，毛泽东看到了全军的比武情况简报。他了解到短短几个月，全军学习郭兴福教学法，掀起了群众性的大练兵热潮，军事训练取得了这样大的成效，又从简报上得知老师们下到了训练场上，许多中央领导都分别观看了几场军区比武表演，他对全军这场大练兵大比武产生了浓厚的兴趣。便拿起笔来，在简报上批语：

此等好事，能不能让我也看看。

批示很快到了贺龙的手中。贺龙毫不怠慢，拿起电话，要通了正在济南的罗瑞卿。

罗瑞卿和张宗逊听说毛泽东要看比武，紧急进行商议：此时毛泽东正在主持中央工作会议，会议定于 6 月 13 日结束，14 日是星期天，决定 15 日、16 日安排这场重要的军事训练汇报表演。经过考虑，决定抽调济南军区和北京军区的尖子分队和个人，到北京作汇报表演。并确定，济南军区由杨得志司令员带队，北京军区由杨勇司令员带队，表演分队空运到北京。罗瑞卿部署完毕，迅速先期飞回北京。

"我也来打你几拳"

1964 年 6 月 15 日，北京西郊射击场上，彩旗招展，表演分队战士们全副武装，精神抖擞。毛泽东坐在主席台中央，陪同毛泽东观看比武的还有刘少奇、董必武、朱德、周恩来、邓小平、彭真、陈毅、贺龙、聂荣臻、李先念、李井泉、谭震林、乌兰夫、陆定一、康生、薄一波、李雪峰、刘澜涛、杨尚昆、萧劲光、许光达等党和国家、军队领导人，参加中央工作会议的各中央局、各省、市、自治区的领导也前来观看比武汇报。

按照毛泽东的吩咐，中共中央办公厅还通知了蔡畅、邓颖超、康克清等几位大姐和郝治平、王光美来观看表演。

汇报表演课目包括：步兵轻武器射击，3000 米武装越野，"夜老虎"连夜间训练，侦察兵捕俘攀登技术，汽车通过障碍与自救，坦克表演，济南地区祖孙三代和女民兵对陆地和水上目标的射击等。

射击表演开始了。毛泽东手拿望远镜聚精会神地观察着，当看到两名射手弹无虚发，枪响靶落时，高兴地放下望远镜连连鼓掌。济南军区的射手宋世哲表演跪姿快速射击，随着枪响，100 米外的钢靶应声而倒，40 秒钟内发射 40 发子弹命中 40 块钢靶，其间还进行 4 次压弹。

毛泽东连连称赞说："好！好！"边说边热烈鼓掌。

射击完毕，毛泽东交代工作人员，把神枪手的枪拿来看看。宋世哲跑上观礼台，恭敬地用双手递过半自动步枪，罗瑞卿接过枪递给毛泽东，并介绍说：这是国产的，1963 年装备部队，我们打了几十年仗还没有用过这样好的枪。

毛泽东接过枪，仔细端详着各个部位，然后举起来瞄了又瞄，问：这枪准吗？

"报告主席，非常准。"宋世哲回答道。

毛泽东微笑着点头，问：训练苦吗？

宋世哲十分干脆地回答："报告主席，不苦。"

毛泽东笑着说：是的，训练就要不怕苦。不怕苦，枪才能准，才能打败一切反动派。说着把枪递给了罗瑞卿。这支枪后来作为珍贵文物，陈列在中国人民革命军事博物馆里。

当济南军区的部队表演轻机枪速射时，毛泽东问杨勇司令员：枪要夜间打，有夜间打的吗？

杨勇回答说："有，今天请主席看看，夜间打枪、打迫击炮。"

要注意多搞夜战，搞近战。在很黑的夜里搞，什么也看不见。毛泽东又嘱咐道。

"我们正在突击搞夜间训练。夜晚，15 公尺，我们根本什么也看不到，经过训练的战士能看到。"杨勇汇报说。

毛泽东说：夜晚训练不容易看到。

"我们现在每个团都有搞夜间训练的连队，大家白天训练，他白天睡觉，晚上训练，练技术也练战术。夜间训练还要有白天的基础。"杨勇答道。

毛泽东赞同地说：是要有个白天的基础。

看完这个项目，毛泽东满面笑容地对贺龙说：不错么！

贺龙答道：因为主席来，有的战士太紧张了。我看的时候，半自动步枪、冲锋枪好多都是百发百中。

紧张了还是不错。要注意多搞夜战，搞近战。毛泽东也这样叮嘱贺龙说。

今天晚上主席可以看看他们的"夜老虎"连表演。贺龙回答。

毛泽东忙问：什么叫"夜老虎"？

贺龙解释说：就是专搞夜间训练的连队，现在他们每个团都有这样的连队。

毛泽东听了非常高兴，赞赏地说：好，就是要搞夜战，搞近战，训练部队晚上行军，晚上打仗。

接着，毛泽东回过头对杨勇说：敌人越凶越不怕它！蒋介石过去不凶？美国不凶？具体到每个战斗的打法就不同了，就要重视它。军队无非是要学会两个东西，一个要会打，一个是会走。会打、会走，军队都要学会，打就吃他一口，吃不了大的就吃小的，吃了一口再吃一口。

毛泽东还讲到对困难的看法问题。他说：要从困难着想，什么问题从困难着想就不怕，不妨把它想多一点，想尽。1945年七大，我讲了17条困难，其中一条是"赤地千里"，不知是否讲够了。不要只看到好的方面，要两分法。

毛泽东等来到侦察分队比武场地，杨勇向毛泽东介绍了侦察分队的几项主要训练项目。毛泽东问：

部队是不是可以大规模地搞游泳训练？

"还没有。"杨勇如实回答。

游泳训练夏天完全可以搞，部队要学游泳。单靠游泳池不行，要学会在江海里游，不经过大风大浪不行。毛泽东的话语重心长。

毛泽东等中央领导又兴奋地观看了侦察分队的捕俘技术、搜索表演，以及攀登高大建筑物和夜间课目的表演。

侦察兵们在一座高楼上攀上滑下，如履平地。当看到侦察兵押着"俘虏"机灵地利用绳索从楼顶滑下的时候，毛泽东、刘少奇都高兴地笑起来。随后，毛泽东等领导同比武的战士一一握手，鼓励他们要勇攀军事训练新高峰。

看完擒拿格斗，毛泽东兴致更高，他与参加汇报表演的分队合影后，在一个画着蒋介石头像的沙袋前停住了脚步，说：

老朋友，久违了。我也来打你几拳。

边说边对着这个沙袋连打了三拳，给紧张的比武场带来了一阵笑声。

晚上，毛泽东看了夜间课目的表演。当头戴识别信号灯的一连战士们在山间奔袭时，毛泽东望着夜幕中跳动着的亮点说：看到了，看到了。不一会儿，一队全副武装、负重20多公斤的战士，完成3000米武装越野来到了主席台前。毛泽东看着这些被汗水湿透的可爱的战士们，对身边的军委和军区领导说：训练部队晚上行军，晚上打仗，要多练习，要注意普及，战士的身体要很好，体力要好。过去土地革命战争时期、抗日战争时期、解放战争时期，白天是敌人的，晚上是我们的，抗美援朝战争也是这样。今后战争，我们还是要在晚上和敌人打。"夜老虎连"要普及，现在可以一个营先搞一个连，将来要使全军都成为"夜老虎"，这样，打起仗来，天下就是我们的了。军区的领导向毛泽东汇报说："每一个战士都要有自己的一套过硬的本领。"毛泽东接过话说：练武还要练文，注意学文化。

第二天下午，毛泽东等中央领导同志又冒着炎热的天气检阅了济南军区部队工程兵的反空降和设置陆地障碍技术表演及炮兵和坦克部队的表演。他对部队的训练成果非常满意。

军事表演结束后，毛泽东在十三陵军事演练地召开会议，他对前来观看军事表演的各中央局和各省、市、自治区的主要领导人说：

光看表演不行，要抓兵。各级党委都要抓军事工作，只知搞文，不知搞武，只要人，不要枪是不行的。你们不能光议政，不议军啊！

"部队中的大多数人都可以试验学游泳"

通过两天一夜的军事汇报表演，毛泽东看到部队通过大练兵、大比武，指战员技术练得这样精，军事训练取得了这样大的成果，十分满意。在参观军事汇报表演中，毛泽东一面高度称赞了北京军区、济南军区"尖子"分队的汇报表演，一面即兴讲话，作了很多重要指示。毛泽东感到，这样的比武，对部队的训练是一个很大的推动。

毛泽东在看过北京和济南军区部队的军事汇报表演后，心情依然兴奋，尤其是对部队的训练"尖子"十分欣赏，为此，又亲自找贺龙连续谈了几次，指示要在全军推广"尖子"的经验。他说：看了北京、济南军区尖子部队表演，很好，要在全军中普及，光有"尖子"是不够的。他问贺龙：普及要多久？贺龙回答说：要两年。毛泽东接着说：要很好布置，要抓紧这项工作。

在谈话中，毛泽东还特别提到游泳一事。他说：部队要学游泳，所有部队都要学会。学游泳有个规律，摸到了规律就容易学会。整营、整团要学会全副武装泅渡。每师先搞 1 个团，每个团先搞 1 个营，每营先搞 1 个连，然后再普及，做到大家都会。

为了落实毛泽东的指示，贺龙立即召开军委常委会，将毛泽东的指示向驻京机关和高级干部作了传达。他又向主管全军军事训练的张宗逊副总参谋长布置：我已向毛主席说了，两三年可以把"尖子"经验在全军普遍推广，一定要很快搞出成绩来。与此同时，总参、总政联合下发了《关于开展"三手"活动的情况报告》，要求全军把群众性练兵和争创神枪手、神炮手、技术能手活动结合起来，掀起一个更大规模的比、学、赶、帮、超的群众性大练兵活动。毫无疑问，游泳训练自然包括在内。

根据毛泽东和中央军委的指示，昆明军区第 14 军第 126 团从自身实际出发，苦练泅渡金沙江的本领，并取得了很好的效果。为了进一步促进全军的练兵运动，14 军司令部将 126 团泅渡金沙江的经验向全军作了通报。通报中归纳的 126 团泅渡金沙江的主要经验是：一、树立敢于战胜江河、勇于锻炼的雄心壮志，充分掌握在不同情况下的思想规律及其变化，发动群众，做好思想工作。二、针对部队实际基础，贯彻循序渐进的方法。三、狠抓先行，拿出样板，以点带面。四、运用骨干，普遍开展高带低活动，调动大家水上练武的积极性。五、组织严密，措施落实，尤其是干部要有高度的政治责任心。1964 年 7 月 27 日，昆明军区司令部将这一通报转报给了总参谋部。

毛泽东酷爱游泳，很强调我军游泳素质的训练，因此，当他 8 月 6 日看到这份通报时，心情异常兴奋，当即给罗瑞卿写了一个批语：

瑞卿同志：

此件看了，很好。是否在一切有条件的地方，部队中的大多数人都可以试验学游泳？军委是否已发出了指示？

毛泽东

八月六日

写完了这个批语后，毛泽东又觉得并不是每个地方和每个人都适合于游泳的，为了避免不顾一切的强迫命令发生，必须作些说明。因此，他在批语后又加写了一段话：

> 条件不好，主要是：（一）有血吸虫及其他毒害的河流、池塘；（二）有大旋涡的地段；（三）有鲨鱼的海中。此外，部队中总有一部分有不适宜于游水的，不要强迫人人都下水。

根据毛泽东的这一批示，中国人民解放军总参谋部先后发出了《全军迅速开展游泳训练》和《坚决贯彻毛主席的指示，把游泳训练开展得更好》两个文件，从而将群众性的练兵运动进一步向纵深推进。

毛泽东与核弹研制

　　毛泽东是一个伟大的战略家，他认为，原子弹是反动派用来吓人的一只纸老虎，看样子可怕，实际上并不可怕。但这并不意味着毛泽东不重视中国原子弹事业的发展。事实上，早在建国之初，毛泽东在宣称原子弹是纸老虎的同时，就提出我国要搞原子弹。

　　1954 年，我国地质部门首次发现了铀矿资源。这一情况，引起毛泽东和周恩来等中央领导的高度重视。1955 年 1 月 14 日，周恩来找来国务院第三办公室主任薄一波、著名科学家李四光、钱三强和地质部负责人刘杰，详细询问了我国核科学研究情况。核反应堆和原子弹的原理、发展核能技术所需要的条件以及我国的铀矿资源等等。周恩来告知：中央要讨论发展原子能问题，你们作好汇报准备，届时带着铀矿石和简单探测仪器，做些操作表演。

　　1 月 15 日，毛泽东在中南海主持召开中共中央书记处扩大会议，专门讨论中国发展原子能事业问题。出席会议的有刘少奇、周恩来、朱德、陈云、彭真、邓小平、彭德怀、李富春、薄一波等。会议听取了李四光、钱三强和刘杰关于核反应堆和原子弹的原理以及我国核科学研究情况的汇报。根据周恩来会前的嘱咐，他们向中央领导人作了用仪器探测铀矿石的操作表演。大多数中央领导人还是头一次接触到原子核反应原理，产生了极大的兴趣。接着，毛泽东又询问了发展原子能事业的有关问题，周恩来帮助李四光等人补充情况，并提醒科学家用最通俗易懂的语言把这一问题讲清楚，以利中央决策。

毛泽东听完汇报后，高兴地说：我们国家现在已经找到铀矿，进一步勘探一定会找出更多的矿床。解放以来，我们训练了一些人，科学研究有了一定基础，创造了一定的条件，过去几年你们也经常反映，但其他事情很多，来不及抓这件事。这件事总是要抓的。现在到时候了，该抓了。只要排上日程，认真抓一下，一定可以搞起来。毛泽东还强调：现在苏联对我们援助，我们一定要搞好！我们自己干，也一定能干好！我们只要有人，又有资源，什么奇迹都可以创造出来！周恩来在会上强调，对人才的培养需要大力加强。

这次会议，正式作出了发展原子能事业的战略决策，揭开了发展中国核科学技术研究和核工业的帷幕。

为了加强对原子能事业的领导，1955 年 7 月，中共中央决定由陈云、聂荣臻、薄一波组成三人领导小组。1956 年 7 月 28 日，周恩来向中共中央提出报告，建议国务院成立原子能工业部，并对我国原子能事业如何解决建设速度、投资、技术干部等问题提出了具体的意见。同年 11 月，原子能工业部——第三机械工业部（1958 年以后改名为第二机械工业部）正式成立，由宋任穷任部长，刘杰、袁成隆、刘伟、钱三强、雷荣天任副部长，具体负责我国原子能事业的建设和发展工作。同时，在中国科学院系统，为加快发展核技术，还成立了分别以李四光和吴有训为主任的原子能科学委员会和原子科学委员会同位素应用委员会。根据中央关于要"迅速地建立和加强必要的研究机构"的指示，到 1958 年夏，原子能研究所需的反应堆和回旋加速器等设备建成，原物理研究所改名为中国科学院原子能研究所。9 月，原子能研究所建立了我国第一个比较完整的综合性核科学技术研究基地。随后，又相继建立了铀矿地质、铀矿选址、核武器等专业性研究机构。从此，我国原子能事业进入蓬勃发展的阶段。

应当指出的是，在我国原子能发展之初，苏联政府给我们提供了不少帮助。比如，在西北的一个铀235厂，就是在他们的援助下初具规模的。但在建设这个厂的过程中，一开始就必须面对一个根本性的问题，即在学习苏联技术、接受苏联援助方面，是完全按照他们那一套程序和方法，按部就班地去做，还是把他们的援助纳入我们自力更生的轨道，争取时间，加快速度，使我国的核工业建设搞得更快更好。在处理这个问题的过程中，曾有过争论，出现了两股劲，但经过双方努力，最终实现了两股劲拧成一股劲。1958年5月14日，第二机械工业部党组将这一经验给毛泽东、中共中央写了一个报告。报告说，我部担负的是一项新的建设任务，很多技术问题我们不懂或者不完全懂，因而苏联专家就成了我们当前的重要技术力量。苏联专家受苏联党和政府的委托，积极热情地来帮助我们建设，他们把能够帮助我国建设最新技术、最高标准、规模大的、内容齐全的厂矿，看作是自己最大的荣誉，这种心情是完全可以理解的。前一时期，由于我们对多快好省地建设社会主义总路线和大中小相结合的方针强调不明确，在共同设计的时候，有时我们从中国的实际情况出发，提出一些不同意见，彼此之间有些争论，因此在一些技术问题上扭来扭去，各执一词，形成了两股劲。直到成都会议后，我们学习了毛主席指示，进一步明确了总路线，才有所转变。这个转变经过一个过程。开始是一种完全被动的教条主义态度，不敢想，不敢问，认为自己不懂，只能照搬。成都会议之后，进一步总结了对苏联专家工作的经验，发现对苏联专家的工作也必须政治挂帅，强调务虚，以虚带实，虚实结合。近一个多月来，我们运用各种方式反复向苏联专家介绍我国鼓足干劲，力争上游，多快好省的建设总路线，介绍整风运动和其他有关的中国实际情况，使苏联专家自觉地掌握中国的方针路线，按照中国的实际情况进行工作，效果很好。现在苏联专家能够和中国同志一起主动地讨论怎样结合中国实际情况，怎样贯彻多快好省路线，许多设计修改了，想了很多窍门，制出新的更合理的设计。这就使过去的两股劲拧成一股劲。

此时中共八大二次会议正在举行。5月16日，毛泽东看了这个文件后，随即作了批语：

> 这是一个好文件，值得一读。请小平同志立即印发大会同志们。凡有苏联专家的地方，均应照此办理，不许有任何例外。苏联专家都是好同志，有理总是讲得通的。不讲理，或者讲得不高明，因而双方隔阂不通，责任在我们方面。就共产主义者队伍来说，四海之内皆兄弟，一定要把苏联同志，看作自己人。大会之后，根据总路线同他们多谈，政治挂帅，尊重苏联同志，刻苦虚心地学习。但又一定要破除迷信，打倒贾桂！贾桂（即奴才）是谁也看不起的。

毛泽东

一九五八年五月十六日

"四海之内皆兄弟，一定要把苏联同志看作自己人。"毛泽东的这一批示给帮助我国建设铀235厂的苏联专家以极大的鼓舞。他们在中方职工的影响下，一起鼓足干劲加油干，积极地向他们的政府催要设备材料，到苏联政府撤退专家时，该厂的主要设备、材料已基本到齐，只要再解决一点零配件，就可以开工生产，为我们赢得了时间。

在建设这个铀235厂的过程中，有些同志就提出要对苏联提供的设计和设备进行革新改造，而且态度十分坚决。当时的二机部部长宋任穷不同意，并向毛泽东作了汇报。毛泽东听了汇报后说，你们的意见是对的。这个原子堆、铀235工厂，你们还没有掌握好，怎么就动手改呢？只有首先掌握好了，然后才能去改。比如，写字，先得学会写正楷，再学写行书，然后再练草书。小孩子连走路都不会，就想跑，怎么行？不要跌跤吗?! 毛泽东的这一指示精神,不但使该厂没有受到大跃进中歪风的影响,也使我国的原子能事业没有受到大跃进的干扰,一直严格按照客观科学规律前进。

原子能是一门尖端科学,它所需要的是新技术原料和材料。因此,随着原子能工业的发展,研制这种新型材料的任务就提出来了。1959年7月4日,中共中央军委就军事工业原材料问题给毛泽东并中央写了一个报告。报告中说,最近一个时期,国防工业的发展遇到很多困难,其中最突出的是原材料的数量、品种、规格的保证问题,这已成为国防工业能否继续迅速发展的关键。造成原材料紧张的原因,主要是金属和非金属材料及其品种与数量在发展上的不平衡,反映在材料供应上必然是品种不全,规格不符。因此,我们建议国家的原材料工业在继续提高产量的同时,挪出一部分力量,积极发展金属和非金属材料的品种和规格,提高质量,弥补空白。

7月21日,毛泽东看了报告后批示:印发各同志。是一个重要的建议,应当予以处理。随后,中共中央批转了这个报告,并指出,国防工业和尖端技术的发展一定要立足于本国原料、材料的基础上,必须下决心不失时机地解决这一问题。

正当我国科技工作者信心十足地创建中国的原子能事业时,1959年6月,苏联政府单方面撕毁了关于援助中国和平利用原子能的协定;1960年8月,苏方撤走全部专家,并带走了重要的图纸资料,停止供应设备材料,给正在建设的中国核工业造成了巨大的损失和严重的困难。有些外国人认为这是一个"毁灭性的打击",断言中国"20年也搞不出原子弹来"。

在困难面前,毛泽东和党中央果断作出国防尖端不是下马而是继续上马的决策。我国尖端科技界在党中央的领导下,更加发奋、努力地工作。到1962年上半年,我国的核工业建设和核武器的研制取得了很大的进展。

1962 年 8 月，第二机械工业部党组提出了争取 1964 年至迟 1965 年进行第一颗原子弹试验的规划。10 月 30 日，中国人民解放军总参谋长罗瑞卿专门就这一规划向毛泽东、中共中央呈送了一份报告，建议中共中央成立专门委员会，以便从更高的层次加强对尖端事业的领导。罗瑞卿在报告中说，最近二机部在分析各方面的条件以后提出，力争在 1964 年爆炸第一颗原子弹。实现原子弹爆炸，是全国科学技术和工业生产水平的集中表现，绝非哪一个部门所能单独办到的。因此，除了二机部本身要做艰苦努力外，还必须取得各工业部门、科学研究单位的密切配合，以及全国在人力、物力上的大力支援。现在，离预定的日期只有两年的时间，建议在中央直接领导下成立一个专门委员会，加强对原子能工业的领导，随时检查、督促计划执行情况，并在必需的人力、物力上进行具体调度，及时解决在研究、设计和生产建设中所遇到的问题。这个建议在 10 月 19 日国防工业办公室向中央常委汇报时，刘少奇同志已原则同意。我们考虑最好由周恩来总理抓总的，贺龙、李富春、李先念等同志参加，组成这个委员会。

报告送上后，11 月 2 日，邓小平在报告上批示：拟同意，送主席、刘、周、朱、彭核阅。11 月 3 日，毛泽东批示：很好，照办。要大力协同做好这件工作。

此后，在一次中央政治局会议上讨论这项工作时，刘少奇提出：这件事要请总理出面才行。这一意见，得到大家的一致赞同。

1962 年 11 月 17 日，在中共中央的直接领导下中央专门委员会正式成立，由 15 人组成。主任周恩来，成员有贺龙、李富春、李先念、薄一波、陆定一、聂荣臻、罗瑞卿、赵尔陆、张爱萍、王鹤寿、刘杰、孙志远、段君毅、高扬。一位总理、七位副总理、七位部长，组成了中国原子能事业的领导核心。

从 1962 年 11 月中央专门委员会成立，到 1964 年 10 月 16 日我国第一颗原子弹爆炸试验，中央专门委员会共召开了九次会议。另外，还召开了若干次专委小会，及时地解决了原子能工业生产、科研和建设中的 100 多个重大问题。

1963 年 12 月 5 日，当我国第一颗原子弹的研制工作接近过关时，周恩来主持召开了第七次专委会议，讨论第一颗原子弹试验的工作安排。周恩来提出：关于试验工作的安排，地面试验放在第一位，并继续完成空投试验的准备工作，同时把地下试验作为科研设计项目立即着手安排。会议据此作了相应的决定。此后，我国核试验一直是沿着这一方向前进的。

在科研实验人员进行的上千次爆轰试验的基础上，1963 年 12 月 24 日，在西北的核武器研制基地成功地进行了聚合爆轰出中子试验。不久，铀浓缩厂在攻克了一个又一个技术难关后，也于 1964 年 1 月 14 日拿到了可以作为原子弹装料的合格的高浓铀产品。毛泽东和周恩来接到报告后，非常高兴。毛泽东充分肯定了科研、生产战线同志们的成绩；周恩来批示："请转告刘杰同志，庆贺他们提前完成关键性生产和解决了关键性的技术试验，仍望他们积极谨慎，坚持不懈地继续完成今后各项任务。"此后，核燃料的生产和核武器的研制进展更加顺利。到 9 月，除气象、爆炸时间等问题外，爆炸试验的技术问题已基本解决。

1964 年 9 月 16 日、17 日，周恩来主持召开了第九次专委会议。会上，他详细询问了试验前的准备工作。会议讨论了燃料保存、点火控制、气象、地形、运输、组织等问题。一开始，对 1964 年 10 月还是 1965 年四五月间进行爆炸试验，有不同意见。经过详细的讨论研究后，周恩来综合大家的意见提出：争取 1964 年试验；由专委会起草有关报告，报请中共中央政治局常委会议决定；同时，二机部等单位要积极、充分地做好准备。他还提醒大家注意：对核试验的利弊要充分地估计足，不能有丝毫的松懈；并要严格保密制度。

会后，罗瑞卿就会议讨论情况给中央和毛泽东写了一个报告，建议在1964年10月正式进行核试验。

9月21日，周恩来就核爆炸时间等问题致信正在外地的毛泽东：

主席：

瑞卿同志送给主席的这个报告，想已阅及。

中央十五人专门委员会于本月十六、十七两日开了两次会，讨论了关于核爆炸及其有关问题，急需待主席回后，当面报告，以便中央早作决定，时间以不迟于二十四日为好。因为如决定今年爆炸，以十月中旬到十一月上旬为最好，而事前准备时间至少需二十天；如决定明年四五月与空投航弹连续试炸，也需要在十月作过冬准备；如需从战略上进行考虑，推迟爆炸，使之与第二套新的基地的建设和导弹及核弹头生产相衔接，也需要有方针上的决定。

同时，瑞卿同志拟于明（二十二日）出外视察，国庆节前回来，如主席能于明日约谈，可令他晚走一天；如明天分不出时间，他出去后，还有张爱萍、刘西尧、刘杰等同志可以报告。开会时，除常委外，还请约彭真、贺、陈三同志参加。

究如何，请告林克或徐业夫以电话告瑞卿和我。

周恩来

九月二十一日下午七时

当日，毛泽东即作了批示：已阅，拟即办。

1964年10月16日，周恩来、贺龙、聂荣臻等人坐镇北京，亲自守候在连接试验现场的电话机旁，听着现场的指挥口令和倒计时的声音。毛泽东和刘少奇等人也各自在办公室密切关注着这次试验。15时，中国西部一声巨响，光球光芒四射，随即向空中升腾翻滚，变成一片巨大的蘑菇云。第一颗原子弹爆炸成功了！

当晚 22 时，周恩来在人民大会堂向音乐舞蹈史诗《东方红》的3000 名演职人员宣布了这个喜讯，随后，中央人民广播电台正式向国内外播出了我国首次核试验成功的新闻公报和中国政府对于核武器问题的立场。

毛泽东与李宗仁归国

　　1949 年 1 月 21 日，基于内外压力，蒋介石宣布下野，并发布文告："由副总统（李宗仁）代行其职权。"这样，李宗仁就成为大势已去的国民党政府名义上的首脑。随着国民党政府的土崩瓦解，李宗仁自知不能去台湾，遂借口就医去了美国。1954 年，他被蒋介石免去副总统职务，成为流落异乡的一介平民。

"注意之点在美国，不在李宗仁"

　　李宗仁在美国的日子寂寞而无聊，他具有强烈的爱国心，留居异国更加增添了他那强烈的思乡恋国之情，希望看到祖国的统一和富强。

　　1954 年，周恩来在万隆会议上发表声明。

　　他的声明，表达了中国人民热爱和平的强烈愿望和中国政府维护国家尊严和主权的严正立场，立即引起全世界舆论的强烈反响。消息传到美国后，李宗仁高兴异常，立即通知他出国前担任过自己的政治秘书正寓居香港的程思远，嘱其同海外爱国人士交换意见，并替他准备一个文件，这就是他于 1955 年 8 月发表的《关于台湾问题的建议》。这一文件集中地表现了李宗仁主张祖国统一的爱国思想，他在建议中公开表示：

台湾是中国领土的一部分。

在中国人之间，如假以时日，没有不能解决的事。经过一段和平共处的时间，就可以召开一次全国会议，由自由中国人士与中国共产党试行解决他们之间的一切问题。

所谓联合国托管、中立化和两个中国的问题，作用是使台湾和中国分离。这正与一般的统一倾向……背道而驰。

正是李宗仁的这一建议，引起了国内的注意，进而引发争取李宗仁归国的话题。

李宗仁归来事宜的最早提出，是在1955年5月。当时，程思远随港澳代表团来京访问，其间，程受到了李克农（时任外交部副部长）的接待。会晤时，程思远谈到李宗仁在国外的处境及其想回国的念头。5月7日，李克农向周恩来当面作了汇报，建议中央积极争取李宗仁回国。与此同时，民革中央主席李济深也曾向中共中央建议过此事。

然而争取李宗仁归国，是一件复杂而又颇费周折的事情。其主要原因是：日内瓦会议和万隆会议之后，中国在国际舞台上崭露头角，但是，依然面临着西方国家的封锁和禁运。特别是中美关系处在谈谈停停的微妙阶段。李宗仁又曾是美国某些势力企图扶持取代蒋介石的政治人物，同时李又一度对美国的对华政策存有幻想，因此，不得不提防李在美国授意下回来进行游说，离间台湾海峡两岸关系的可能。在对台政策上，当时中共中央一贯以蒋介石为对手，如贸然与李接触可能会引起对方的误解。为此，本着慎重行事的原则，中共中央在一开始采取静观的政策。到1958年，中央得知李宗仁决意归来，毛泽东在一份文件中批示：恩来同志，此事似可告知台湾方面，指出美国毁蒋阴谋，叫蒋注意。注意之点在美国，不在李宗仁。

"这明明是一笔政治账嘛!"

从李宗仁方面来说,他同样也有一个试探中国共产党的态度的过程。

1959 年,中华人民共和国建立十周年。海外组织了一个庞大的代表团回国参加庆祝活动,在香港居住的程思远应邀参加,他又一次来到了北京。

10 月 25 日,周恩来又一次在中南海接见了程思远。程思远向周恩来认真汇报了李宗仁几年来的思想动态。

随后,周恩来说:你转来李德邻先生的信,说他自愿将他收藏的历史名画献给国家,这是他爱国精神的表现,政府考虑接受。

接着,周恩来讲到:德邻另外有信写给李济深先生,表示他愿意回国定居,我认为他回国的机会还不成熟。我请你到欧洲去同他谈谈再说。

事后,程思远立即着手进行与李宗仁在欧洲见面的准备工作。同时,他将周恩来代表政府决定接受李宗仁收藏的一部分书画作品的答复,告诉了李宗仁。接着,又设法帮助李宗仁将存放在美国的十二箱字画运到了香港。李宗仁在给程思远的信中曾声称当年自己是花了 11 万美金购买的。

这批字画运到了香港之后,程思远立即报告了周恩来。周恩来马上安排有关部门派人去香港,将这批字画从香港接回了北京。

但是,经过故宫博物院的专家鉴定,却发现这批字画不少是赝品,按当时的价格,顶多值三千美元,这与李宗仁说的十一万美元,差距可太大了。

周恩来得知这个消息,实感意外,应该怎样处理这件事情呢?经过反复思考，他决定给李宗仁三万美元，并将这一意见当面向毛泽东作了报告。

毛泽东听后，哈哈大笑了起来，他爽快地说：恩来呀，我们的统战工作要讲策略，他说十一万多，就给他十二万。"投石问路"，这明明是一笔政治账嘛！于是，毛泽东亲自批示财政部长李先念，给李宗仁十二万美元。

事后，周恩来将这一决定告诉了程思远。同时说明，这些字画，有些是真的，有些是假的。但是，政府体念李先生的爱国热情，决定照价收下。

李宗仁得知后，连声称赞：共产党是识货的。

"似以第二方案为好"

毛泽东对李宗仁归国一直很关心。有一次，周恩来向毛泽东报告说到李宗仁要回来，而他担心李宗仁回来以后，生活可能不习惯，想要李以后再作归国的安排。毛泽东说：他愿意回来，我们就欢迎他回来。住不习惯，可以再回去，来去自由嘛！

毛泽东对李宗仁关于来去自由的政策，照顾到了李宗仁的独特经历和处境，很有策略性。正是根据毛泽东的这一指示，周恩来提出了对李宗仁归国的"四可""四不可"的政策。

"四可"政策，即：第一，可以回来祖国定居；第二，可以回来，也可以再去美国；第三，可以在欧洲暂住一个时期再定行止；第四，回来以后可以再出去，如果还愿意回来，可以再回来。总之，来去自由，不加拘束。

"四不可"政策，即：摆脱美国关系，不插手台湾问题，不和第三势力搅在一起，不介入中美关系。

1963 年 11 月，中央经过认真分析研究，认为使李宗仁回到祖国大陆的时机已经成熟。同时，周恩来还当面向即将赴苏黎世的程思远交代任务和有关政策。

1963 年圣诞节前，经过周密的安排，李宗仁赴苏黎世，如约与程思远会晤。程思远向李宗仁转达了中共中央关于他回国的"四可""四不可"政策。李宗仁听后当即表态说：我只要一可，回到祖国定居，安度晚年。

然而，正当国内为李宗仁回国积极筹划之际，李又于 1964 年 2 月在美国的一家报纸发表了一篇误解中国外交政策的文章，在国际社会引起了不良反响。这显然与我们所要求的要其摆脱四种关系的原则相违背，为此，李宗仁归来的安排不得不予以延迟考虑，待这一风波平静后再做打算。

1964 年，有两件事对李宗仁影响甚大。一是法国戴高乐政府承认中华人民共和国，中法两国正式建立外交关系，这标志着新中国与西方国家的外交打开了一个新的局面；二是这年 10 月间，我国爆炸了第一颗原子弹，这证明我国科学的技术水平已经总体上得到了飞跃发展，国力进一步增强。至此，长期寄人篱下的李宗仁归心愈烈。他甚至直接投书劝告美国当局效法戴高乐政府同中华人民共和国调整关系，再次遭到海内外亲蒋报纸的诘难。

1965 年 2 月 3 日，毛泽东收到了中共中央调查部给他的一份报告，报告中反映了李宗仁的桂林同乡好友廖行健在香港谈李宗仁的动态。报告说，程思远 1 月 25 日报告，廖行健在香港对他说，李宗仁准备从美国经香港回到祖国。李为表示离美决心，已登广告出卖其新泽西州的房产，预定四五月间赴欧洲。他对去年在《纽约先驱论坛报》投函事，非常追悔，惜已补救无及。报告最后说，现在回国是李唯一可行之路。可否先指示方针，俾李有所遵循。毛泽东看后当即作了批示：

总理：

　　似应欢迎李宗仁回国。去年向美报投书问题，无关大局，不加批评，因他已自己认错了。

毛泽东

二月三日上午

1965 年 6 月 13 日，李宗仁再度离美赴欧，揭开了他取道回国的序幕。6 月 18 日，程思远第五次来到北京。在与中央统战部部长徐冰、国务院秘书长周荣鑫、国务院总理办公室主任童小鹏和全国政协秘书长平杰三等人会晤时，当面领受了由周恩来亲自安排的、护送李宗仁顺利归国的光荣任务。次日，程思远登上飞机，前往瑞士，迎接李宗仁归来。

6 月 28 日，程思远抵达瑞士，并立即同李宗仁夫妇会面。在谈话中，李宗仁对程思远说：树高千丈，叶落归根。老了！人到晚年，更思念祖国。帝国主义者讽刺中国是一个地理上的名词，一直到中华人民共和国成立以后，中国才成为一个真正统一的国家。如今民族团结，边陲归心，国际地位与日俱增，这样一个祖国，是值得我们衷心拥护的。想想在我们政权下的糜烂和孱弱，我是服输了。

7 月 9 日，中央调查部鉴于程思远已经抵达瑞士，遂拟定了关于李宗仁回国问题的意见。

这份意见说，程思远于 6 月 28 日抵达瑞士，向李宗仁转达了在京所谈各节。国内建议，为了李的安全，回国前不要在欧洲举行记者招待会。发表书面声明，可在回国后再考虑。李同意这个意见，并表示将在 7 月 20 日偕其妻郭德洁同程思远一起经巴基斯坦回国。但程思远建议李一进国门就在机场发表书面声明并接见记者，说明回国原因和反帝爱国立场。我们意见，对此可考虑两个方案。第一个方案，李不必一进国门就发表声明，待回国商量后再发表声明；第二个方案，同意李一进国门就在机场发表书面声明并接见记者，但声明稿应事先同国内商妥，我们倾向采取这一方案。

7月12日，毛泽东在这个报告上批语：

总理：

　　似以第二方案为好，稿子事前商量好，并无坏处。请再酌。

毛泽东

七月十二日

也就在这一天，周恩来在北京人民大会堂，将原国民党参加1949年国共和谈的在京的代表，原国民党桂系在京的主要人物及其他一些在京的国民党部队起义的高级将领召集在一起，向他们通报了李宗仁就要回国的消息。前来参加会议的有：张治中、邵力子、章士钊、刘斐、傅作义、黄琪翔、朱蕴山、刘仲容、陈劭先、陈此生、梅龚彬、杨东莼、覃异之等。周恩来在讲话中特别指出：李德邻先生这次回来是自愿的。过去李就提出要回来，我们怕他回来生活过不惯，劝他以后回来，主席高瞻远瞩，欢迎他回来，来去自由。

7月13日下午2时，李宗仁一行按照计划由瑞士起飞前往巴基斯坦的卡拉奇机场，于14日凌晨4时顺利到达。中国驻巴基斯坦大使丁国钰将李宗仁一行接到大使馆住下。

7月14日，丁国钰大使就李宗仁至北京后发表声明问题致电中央调查部。电报中说，我已告李宗仁先生国内将派专机到上海接他，同意他抵达北京机场时发表声明，声明稿请他自己拟好先告北京。李说，他现在是一平民，抵北京机场时只准备发表极简短的声明。因他离开祖国已十几年，对祖国情况不了解。待抵达北京两三天后，和各方面接触，了解情况后将举行中外记者招待会，并拟以他个人的名义，邀请香港方面中文报纸记者参加。在记者招待会上，他将作详细谈话。抵达北京机场时，只作简短声明，其目的，在于使记者招待会上的详细声明与简短声明不至于重复。同时他一再推辞他自己不能拟写这一简短声明，请我代拟。因此，请国内拟稿电我。对李提出的记者招待会有何指示亦请速示。

7月15日，中央调查部复电丁国钰：李回国后的简短声明稿，仍请李拟定告国内。如李认为需要抵沪商量后才好拟稿，也请李决定。同意李回国后举行记者招待会，范围如何待抵京后面商。

发报之前，此电报稿送呈毛泽东审阅。毛泽东看后，当即在电报稿上批示：

总理：

你去上海是否多留几天，同李面商声明稿，并同机回北京。李回国，你似应到机场欢迎。

毛泽东

十五日早

同时在电报稿中"李回国后的简短声明稿，仍请李拟定告国内。如李认为需要抵沪商量后才好拟稿，也请李决定。"一句之后，毛泽东还加写了，可在上海住几天，商量好简短声明后再来北京。

按照毛泽东的指示，周恩来来到上海迎接李宗仁一行。7月18日，李宗仁一行到达上海。19日，周恩来在上海文化俱乐部与李宗仁进行了一次长谈，当面向李交代了中央在他回国问题上的政策要求。

7月20日，李宗仁先生和夫人郭德洁女士，在程思远的陪同下，回到北京。在机场，周恩来安排了非常隆重而热烈的欢迎仪式。党和国家领导人、各民主党派负责人、无党派人士及国民党起义将领、当年国民党政府和平谈判代表团成员等100多人到机场欢迎李宗仁夫妇。

机场大厅里，李宗仁庄严地宣读了他的声明。

他说：16年来，我以海外戴罪之身，感于全国人民在中国共产党和毛主席的英明领导之下，高举社会主义建设总路线的红旗，坚决奋斗，使国家蒸蒸日上，并且在最近已经连续爆炸成功的两颗原子弹。这都是我国自力更生、艰苦奋斗的结果。凡是在海外的中国人，除少数顽固派外，都深深为此感到荣幸。我本人尤为兴奋，毅然从海外回到国内，期望追随我全国人民之后，参加社会主义建设，并欲对一切反帝爱国事业，今后自誓有生之日，即是报效祖国之年，耿耿此心，天日可表……

他说：我深望海外侨胞和各方面人士也应该坚决走反帝爱国的道路。1949 年我未能接受和谈协议，至今犹感歉疚，此后一度在海外参加推动所谓"第三势力"运动，一误再误。经此教训，自感作为中国人，目前只有两条道路可循：一就是与中国广大人民站在一起，参加社会主义革命与建设；一就是与反动派沆瀣一气，同为时代所背弃，另外没有别的出路。

最后，他殷切希望留在台湾的国民党人，凛于民族大义，毅然回归祖国怀抱，为完成国家最后统一作出有用的贡献。

李宗仁的这个声明，是合于民族大义，也是符合中央对他的政策和要求的。

"你们回来了，很好，欢迎你们"

1965 年 7 月 26 日，毛泽东在中南海游泳池接见了李宗仁夫妇和程思远先生，进行了亲切友好的交谈。谈话从上午一直进行到下午，精彩话语不断。

毛泽东说：你们回来了，很好，欢迎你们。

李宗仁说：我回到祖国感到很高兴。

毛泽东说：德邻先生，现在台湾、香港都在骂你们。这不要紧，他们骂我们"共匪"，已经几十年了。你这一次归国，也来当"匪"，是误上"贼船"了。台湾当局口口声声将我们叫做"匪",还将祖国大陆叫做"匪区",你不是误上"贼船"是什么呢?

毛泽东的幽默,竟然使李宗仁一时语塞。还是程思远反应得快,他赶忙替李宗仁答道:我们搭上这条船,已登彼岸。

毛泽东又说:现在连白崇禧也在骂你。我看他骂你,一是没办法,二是无可奈何,三是表示遗憾。他是留有后路的,你回来也给他们开了一条路。

听了这番话,李宗仁的心情立即显得有些沉重,他慢吞吞地说:"他有难言之隐。"

见此情景,毛泽东平和地说:台湾通过美国阻止你回来,但是没有搞清楚你是怎么回来的。

李宗仁说:"在海外的许多人士都怀念祖国。他们渴望回到祖国来。他们的心是向着祖国的。"

毛泽东说:跑到海外的,凡是愿意回来,我们都欢迎,他们回来,我们都以礼相待。……蒋介石比你高一级,你是他的部下,他回来我们更欢迎。

李宗仁说:"在美国有许多的中国科学家,感到凄凉、苦闷,怀念祖国。但他们有幻想,想等待美国改变对中国的态度以后再回来。"

毛泽东说:那不可能吧。

李宗仁说:"我们这一次回到祖国怀抱,受到政府和人民的热烈欢迎,首先应对主席表示由衷的感谢。几天来我们在北京地区参观访问,亲眼看到祖国社会主义建设的伟大成果,感触颇深。我们为祖国日益强大而感到十分高兴。"

毛泽东说:祖国比过去强大了一些,但还不很强大,我们至少还得再建设二三十年,才能真正强大起来。我建议你到祖国的各地看一看。……我们还是搞孙中山先生的那一套。孙中山先生说中国能够搞好，能富强。孙中山先生的抱负很大，他不是讲过中国可以迎头赶上世界"列强"嘛，现在我们国内还有些人不相信，说赶不上。

李宗仁说："我看是可以赶上的，原子弹都爆炸了嘛！"

毛泽东又接着说：是呀，我们去年开人民代表大会时，把孙中山先生的一篇讲话印出来给代表们参考，我们今天就是要实现孙中山的抱负。

李宗仁说："我回国后非常高兴，我们国家在毛主席的领导下，真正统一了（除台湾以外）。历史上从来没有统一过。"

毛泽东说：是统一了，但要一分为二。在经济建设上，现在还有问题，1958 年搞一千七百多个项目，后来调整压缩到六百多个项目。现在又搞经济计划，提出了一千二百多个项目，我看是多了。我正在想办法往下砍，事情不能齐头并进，要打歼灭战。过去我们犯错误主要有三条：一是洋框框，苏联撕毁协定，就打乱了我们的计划。二是我们工作中的错误，贪多、贪大、贪全、贪洋、贪尖。这是因为没有经验，人民受了一些损失。以后几年，就一年比一年好。1962 年比 1961 年好，1963 年比 1962 年好，1964 年比 1963 年好。今年不错。第三是天灾，这我们没办法。头两条是我们自己的责任。

听到毛泽东对祖国的经济建设阐述着自己的想法，李宗仁禁不住说："主席领导中国革命，已经成熟到了'炉火纯青'的地步。"

毛泽东说：我这个人又纯又不纯。你说我纯吧，有时还有点儿火。

李宗仁知道，毛泽东所说的发火，是指对苏联的修正主义的斗争而言。于是，他说："对修正主义要反到底，应该发火。"

毛泽东说：我同意你的意见。现在有些民主人士，在反帝方面问题不大，但在反修方面决心不大，民主党派很少发表一篇反修文章。听说你的声明原稿，提到了反修问题，为什么又去掉了？这个问题，你可以带头讲讲嘛，我赞成你。我们要坚决反对帝国主义，反对修正主义，要彻底地反。

李宗仁表示赞同后转换了个话题。他说："我同美国国务院中国科科长克拉伯经常接触，我曾经向他说，美国同台湾签订《共同安全防御条约》，中国人民怎么能接受呢？如果有一个国家同你们的夏威夷也签订这样的条约，你们美国能接受吗？克拉伯不能回答我。我说，如果台湾当局要废除这个条约你们怎么办？难道你们能派兵去打台湾吗？克拉伯说，不能打，要打一定会遭到全世界反对的。我说，台湾不是个碟子、花瓶，你又拿不去，你们还不如撤走。"

毛泽东说：关键是台湾啊。

见到李宗仁深以台湾问题为虑，毛泽东便说：李德邻先生，不要急，台湾总有一天要回到祖国来的，这是不可逆转的历史潮流。

李宗仁诚恳地表示说："主席讲得对！"

"这一条路是走对了的"

根据毛泽东的建议，归国不久的李宗仁即偕夫人郭德洁、程思远等到东北参观访问，同时也是为了认真准备他在记者招待会上的讲话稿。他到了哈尔滨、齐齐哈尔和大庆油田，游览了景色秀丽的松花江，又到了长春第一汽车制造厂和抚顺、鞍山、旅大等城市的工厂、矿山、学校。对于祖国建设的大好形势，李宗仁由衷称赞："百闻不如一见，新中国所取得的成就，远远超过了我的想象。事实证明，社会主义制度比资本主义制度优越得多。"

1965年9月26日下午3时，李宗仁在全国政协礼堂三楼举行盛大中外记者招待会。来自世界50多个国家和地区的300多名中外记者出席了招待会。到会的新闻界人士之多，招待会规模之大，为建国以来所未有。

招待会开始，李宗仁首先作简短发言，他说：今天承蒙各位参加这个招待会，乃出自我个人的意见，并得到政府的同意和支持。我当初所以有此建议，是因为我在海外时，曾看到了许多反动报刊对我国发表了许多污蔑和歪曲的报道。……等我回国以后，看到了许多情况，真是百闻不如一见，深感我国现状有向各界说明的必要，所以特请各位来到这里，听听我回国两个多月的亲身感受和此次东北之行所得的观感……

接着，会议散发了李宗仁事先准备好的谈话稿，并由程思远代他宣读。这个谈话稿很长，其中在一些重要问题上，李宗仁都表示了明确的态度。比如：

他说，经过两个月来的观察，最感兴奋的是祖国的现状与旧社会出现了非常明显的对比。"目前我国民族团结和国家统一，不仅为百年来所未有，且为中国史无前例的新气象。"

他说：孙中山所创立的革命的三民主义理想已完全实现。现在在建设社会主义的大道上向前迈进。事实上已超过孙先生当年的理想。

他还列举了在东北地区参观时他的所见所闻，并作结论说：新中国在经济方面所取得的伟大成就，超过了他在美国时所想象的百数十倍。16年便有此巨大成就，是世界罕见的奇迹。

他说：一百多年以来，中国受尽了帝国主义的压迫和欺侮。帝国主义者说，中国人是"东亚病夫"，一盘散沙。但是现在在中国共产党和毛主席的领导下，我六亿五千万人民已经完全觉醒，团结得像一家人，显示出空前无比的威力。现在我们不是"病夫"了，而是巨人了！我也感到很自豪！

他表示，今后"深愿在党领导之下，与全国人民一道，为爱国反帝和祖国社会主义建设而奋斗"。

李宗仁最后说："宗仁在海外住了16年以后，终于回到祖国怀抱，走上了一条爱国反帝的道路，并认为这是吾辈国民党人今后唯一可能抉择的光荣的道路。"他并表示："深望台湾国民党同志和海外各方人士认清民族大义和大势所趋，不要一误再误，毅然奋起，相率来归，为祖国最后统一作出贡献。"

随后，李宗仁答记者提问。

面对众多记者当面提出的各种问题和递交的书面问题。李宗仁综合答复说："我很尊重蒋先生，应该加'先生'两个字。台湾问题是中国的内政问题，对于台湾问题如何解决，中国早已宣布中外。我觉得目前蒋先生的处境很尴尬，很难过，我深望蒋先生同台湾的国民党同志好自为之。"

"另一位朋友问我，你感觉16年最突出的变化是什么？所谓突出变化是指哪一类呢？我很不客气，并且很大胆地奉告各位先生，突出的特点不是一桩，太多了，不胜枚举。我在'谈话'中已有详细报告，不过我还觉得太简略了，因为感想太多了！各位先生如有兴趣，如不相信，可以效法我到各地考察，各位的发现可能比我更深刻更多，这也难说。"

"另一位刚果（布）朋友要我答复他关于我回国的动机，我可以奉告各位，关于这个问题我在7月20日的声明和今天的'谈话'已讲得比较详细，恕不答复了。他还问我，你是什么主义呢？你在'谈话'中说到赫鲁晓夫修正主义，那你李某是什么主义啊？我没有其他的主义，我是爱国主义者。"

"香港一位记者问到关于《香港夜报》刊载我派人赴香港活动的事，这件事连我也不知道。我觉得很滑稽。不过，这家报纸问得很聪明，因为现在香港民众的确注意李某人的言论，它捏造这些消息，可以多卖几份报纸。"

其后，李宗仁说："另一位记者提到我在美国有多少钱给儿子的问题，我觉得这位朋友的记者水准恐怕有点问题。我的事情太多了，不仅钱的问题，连我的起居饮食，这位朋友恐怕都要问到，恕我不答复。"

"另一位朋友关心我回国怎样打算的问题，我回国已两个多月了，到东北参观，深感 16 年来祖国变化很大，需要多看一看，多了解了解，然后根据祖国的需要来报效祖国，有一分力量就作出一分贡献，至于个人出处，无所萦怀。我此次参观旅行，体重增加。深感多参观地方建设，顺便游山玩水，是颐养天年的最好办法。"

"有的记者问我是否愿意赴台湾的问题。当然，台湾问题是个内政问题。我们政府已屡次声明台湾是中国的一个省，是中国不可分割的一部分。我同蒋先生尽管在几十年中意见相左（意见不同是很寻常的），但并无个人仇怨。如果蒋先生的确出于诚意，要解决我们中国的内政问题，我一定赴汤蹈火，在所不辞。"

……

这次记者招待会记者们提问踊跃，兴致很高。可谓盛况空前。李宗仁特别兴奋，答话也妙语连珠，诙谐横生，被港澳记者称赞为"对付记者的能手"。

1965 年 12 月 2 日中午，李宗仁在北京饭店举行宴会，对他从海外归来所受到的热烈欢迎和亲切关怀，向党和国家领导人以及各民主党派的负责人表示谢忱。

周恩来、朱德、彭真、贺龙、程潜、叶剑英、徐冰、蔡廷锴、李四光、傅作义、许德珩等和中共中央、国务院有关部门负责人应邀出席了宴会。

李宗仁在宴会上发表讲话，说：宗仁回国以来，得到党和国家领导人热烈欢迎和接待，认为是我前所未有的光荣。另外又承民主党派负责人盛情款待，也使我深深感到荣幸。

他还说，在过去四个多月中，宗仁深感我国上下一心，在党的周围团结起来，政治上出现了一种兴旺蓬勃的气象。同时我看到祖国经济建设飞跃发展，前途一片光明。犹忆孙中山先生1905年在东京一个欢迎会上讲过我国必能赶上西方的预言，深信我国可在不久的将来建成一个现代化的社会主义强国。

答谢宴会举行得极为成功，李宗仁归国的历史事件画上了圆满的句号。

1969年1月30日，李宗仁因病在北京逝世。李宗仁在弥留之际，为表达他对归国后国家对他生活照顾的谢意，表达自己对新中国的热爱以及希望为祖国统一做出贡献的心情，口授别人代笔给毛泽东和周恩来写了一封信，信中说：

> 我在1965年毅然从海外回到祖国所走的这一条路是走对了的。
> 我们祖国的潜力是举世无双的，我们祖国的前途是无限光明的。
> 在这个伟大时代，我深深地感到能成为中国人民的一分子是一个无比的光荣。
> 在我快要离开人世的最后一刻，我还深以留在台湾和海外的国民党人和一切爱国的知识分子的前途为念。他们目前只有一条路，就是同我一样回到祖国的怀抱……

周恩来曾说过，李宗仁临终前写的这封信，是一个"历史文件"。

毛泽东与珍宝岛事件

1969 年中苏边界出现的武装冲突及由此引起的中苏两国的紧张对峙，是现代国际关系史上的一项重大事件。尽管当时中国在"造反有理"的鼓噪声中闹成了一个全面内战、天下大乱的局面。但是，毛泽东仍以相当精力关注事态的演变，并作出相应的决策。

"那个账是算不清的"

中苏两国之间的边界问题及出现武装冲突有其深刻的历史原因。两国边界的领土争议，是沙皇俄国侵略中国造成的历史遗留问题。中华人民共和国成立后，尽管中苏两国都属于社会主义阵营，并且有一段兄弟般的友谊关系，但历史遗留的边界问题并没有得到妥善解决。赫鲁晓夫刚上台时，出于换取中国支持的需要，一度以谦恭的态度对待毛泽东，在中国东北和新疆的一些经济项目中废除中苏之间不合乎平等互利原则的协议，并增加对华援助项目，这曾使毛泽东过去对苏联和斯大林大国沙文主义的不满心情一时得到舒展。1957 年赫鲁晓夫的地位得到巩固，苏联又试验成功洲际导弹，在对华关系上很快又表现出大国沙文主义的态度。

1964 年，为解决两国边界争端，中苏开始进行边界谈判。此前，赫鲁晓夫于1963年12月31日有意向世界各国首脑散发了一份公开信，名义上是呼吁用和平方法而不是用武力方法解决边界问题，实际上暗含着指责中国的外交政策。对此，《人民日报》首先于1964年4月26日发表评论文章，尖锐抨击赫鲁晓夫"放弃使用武力解决领土争端和边界问题"的呼吁是"为帝国主义利益效劳的新骗局"。毛泽东在7月10日与日本社会党人谈论反帝反修时，更进一步批评说：苏联占的地方太多了，外蒙古、千岛群岛、罗马尼亚的比萨拉比亚、德国、波兰、芬兰的一部分，凡是能够划过去，他都要划。有人说，他们还要把中国新疆、黑龙江划过去。……苏联领土已经够大了，有两千多万平方公里。一百多年前，已经把贝加尔湖以东，包括伯力、海参崴、堪察加半岛都划过去了。那个账是算不清的，我们还没有跟他们算这个账呢。

毛泽东真的是想和苏联清算历史疆域的旧账，索要那150万平方公里的土地吗？当然不是。海阔天空、广征博引，是毛泽东特有的一种谈话方式。注意到这样谈论领土问题，可能引起误解后，9月10日，毛泽东借着与法国客人谈话的机会，专门解释了自己的意图，强调旧事重提，其实"只是采取攻势，说些空话"，使赫鲁晓夫紧张一下，并没有改变边界现状的意思，目的还是想要以目前边界现状为基础达到一个合理的边界状态、边界条约。但苏联军方正想加强自身的地位，于是借机大做文章，不仅公开扬言要保卫神圣的苏联边界，而且推动政治局批准大规模向中苏边界地区调兵遣将，甚至与蒙古签订新的互助条约，重新派军队进入蒙古，帮助没有常备军的蒙古镇守中蒙边界。这样一来，过去那些在旧的边界条约中本来就含糊不清的地段，很快就成了双方军队摩擦和冲突的导火线。两国边界纠纷迅速增加。以至于在一个短时期内出现了毛泽东对苏联进攻中国的强烈担心，他两度问兄弟党领导人：你们看，赫鲁晓夫会不会找我们？苏联派兵占领新疆、黑龙江甚至内蒙古，有没有可能？

中苏边界谈判开始后，中国方面提出，应该分清历史是非，肯定清政府和沙皇俄国签订的条约是不平等条约，但是中方仍以中苏两国人民的友谊为重，并考虑到苏联人民已长期在旧俄时代占据的土地上居住过的现实情况，愿意以那些条约为基础，全面解决中苏边界问题。苏联代表却拒不承认中俄过去的边界条约是不平等条约，而且要求中国承认沙俄时代和苏维埃时代超越中俄不平等条约侵占和企图占领的中国领土也归苏联。

在双方争执不下的情况下，赫鲁晓夫等人决定苏方代表提出一项不分是非的岛屿交换方案，即"我们表示愿意平等交换，就是说，这里加上一块地方，那里减去一块地方，加加减减——这就是我们提出的建议。至于争议地区，就干脆把它一分为二。"但是对于中国方面当时坚持的原则，即承认过去的中俄条约是不平等条约，苏联方面坚决不肯让步，认为这无异于承认自己是在享受过去的侵略成果。由于双方在边界问题上的立场对立，谈判无果而终，边界纠纷依旧。

进入"文革"期间，中苏边界纠纷主要集中到东段乌苏里江主航道中心线靠中国一侧的两个小岛，即按照国际法惯例本应属于中国的珍宝岛和七里沁岛的归属问题上。大部分冲突都发生在这里。冲突几乎都由苏方挑起。据苏联驻华外交官叶利扎维金回忆，1966—1967年仅苏联驻华使馆就不止一次地主张在这个地区"对中国人上岛给予回击"。一方宣称这是自己的领土，坚持上岛，一方必欲将对方赶走，并想方设法"给予回击"，冲突的发生愈演愈烈。

最严重的一次冲突发生在1968年1月5日。那一次苏军出动装甲车冲撞上七里沁岛从事正常生产活动的中国边民，当场撞死、轧死中国边民4人，造成了中苏边界纠纷中第一起严重的流血事件。

"不斗则已，斗则必胜"

七里沁岛流血事件发生后，1968 年 1 月 24 日，经毛泽东圈阅同意，中央军委以电报指示沈阳军区、北京军区等单位，要求加强中苏边界东段的边防警戒，并提出应做好军事上配合外交斗争的必要准备。中央军委还规定了边防斗争的具体措施，强调：如遭到苏方殴打，我可以还手，不要开枪；如苏方使用装甲车等向我冲撞时，我可采取必要的防护措施，并向苏方提出强烈抗议。苏方用装甲车继续向我冲撞，并轧死轧伤我方人员时，我边防人员可以开枪予以自卫还击；采取上述任何一种自卫措施，都要掌握"先礼后兵"的精神，并把还击行动控制在我境内。中央军委还要求边防部队注意选择政治上有利的时间、地点和情况，事先做好准备，多设想几种可能，拟定行动方案，有重点、有计划地打击苏军的挑衅，力争做到"不斗则已，斗则必胜"。根据中央军委的建议，沈阳军区曾专门从值班部队中抽调了部分精干人员，进入七里沁岛附近，秘密做好了反击准备。可是，恰值东欧国家形势不稳，苏军一时收敛了在东部边界的越界行动，结果中方准备好了这次反击行动未能实施。两国边界一时相对平静。

1968 年 8 月，苏联大规模地侵入捷克的成功更助长了其霸权主义，两国的边界纠纷又加剧起来，珍宝岛成为双方斗争的焦点。

1968 年 12 月 27 日，苏军出动装甲车登上珍宝岛，拦截中国边防巡逻队，并以棍棒殴打中国巡逻队员。1969 年 1 月 23 日，双方再度在珍宝岛上发生斗殴，中方 28 人被打伤，部分武器被抢。从 2 月 6 日到 25 日，双方在珍宝岛上连续发生了 5 起类似事件。7 日，苏军人员甚至用冲锋枪向中国巡逻队方向发射了 6 个点射。

针对苏军在珍宝岛上一再使用武力，中国方面开始考虑采取自卫反击措施。1969年1月25日，黑龙江军区提出了在珍宝岛地区反干涉斗争的方案，设想以3个连兵力参加，以一部分兵力上岛潜伏，如苏方用武力强行干涉我巡逻分队执行任务，潜伏分队视情况给予支援。沈阳军区基本同意这一方案，但认为岛上气候寒冷，不宜潜伏。

进入2月份以后，珍宝岛上形势更加紧张，2月7日出现了苏军鸣枪的严重事件后，中央军委、毛泽东批准了黑龙江军区的方案，作了进一步的指示，总的精神是进行以政治斗争为主的边防斗争，又要准备好以重点进行自卫还击斗争为后盾，还同意选择珍宝岛作为还击的重点。

根据中央军委和毛泽东的指示精神，总参和沈阳军区都下达了指示，并抽调了精干的小分队，准备对付苏军的入侵和挑衅。黑龙江省军区决定，在靠近珍宝岛的公司边防站（因当地的公司亮子村而得名）成立"公司临时指挥所"。遵照中央军委、总参指示的斗争原则，沈阳军区确定了在珍宝岛地区进行边防斗争的新方式。中央军委、沈阳军区还规定，自卫还击严格限制在主航道中心线我方一侧，要行动迅速，不纠缠、不恋战，取得胜利后立即撤至有利地区。沈阳军区还决定，由萧全夫副司令率领工作组前往虎（林）饶（河）方向指导战备工作，并成立虎饶前指，由萧全夫、李少元统一指挥。这样，珍宝岛地区抗击苏军入侵的斗争有了中央军委和沈阳军区的指挥，并有比较充分的准备。

3月2日，虎饶前指决定再次派出部队登上珍宝岛巡逻，并向珍宝岛地区中国一侧岸上派出2个步兵连、4个侦察排、1个无后坐力炮排和1个重机枪排，秘密掩护巡逻分队，遇到情况时即准备采取行动。

根据虎饶前指的部署，3月2日上午8时40分，公司边防站派出30人分两组登珍宝岛巡逻。由公司边防站站长孙玉国带领的第一巡逻组上岛之后，很快被对面的苏军发现，仅10分钟后，苏军即派出70余人，分乘2辆装甲车、1辆敞篷卡车、1辆指挥车向珍宝岛驶来。苏军上岛后以两路向中国第一巡逻组进逼，并形成合围态势。

过去苏军上岛干涉中国边防人员巡逻时，一般是大背枪，手持棍棒，大都不戴钢盔。而 3 月 2 日上岛的苏军人员都头戴钢盔，手持冲锋枪，保持着随时可以投入战斗的姿态。据后来得到消息，远东苏军指挥机构这时已下令，指示驱赶中国越境人员在必要时可以开枪。

苏军上岛并排成战斗队形后，即阻止中国边防人员巡逻，要中国边防人员退回。中国巡逻人员则根据上级精神，要求苏军退出珍宝岛，苏联边防军毫不理睬，继续进逼，双方处于荷枪实弹对峙的严峻气氛之下。

在这一关头，原先未被苏军发现的中国边防分队第二巡逻队从侧翼穿插出现，挡住苏军迂回分队。苏军突然发现中国军队预有准备，便表现慌乱，并在仓促间首先开枪，于是珍宝岛战斗于 9 时 17 分打响。

苏军向中国边防第一巡逻组开枪时，中国边防人员还未展开，当即伤亡 6 人，其余人员马上予以还击。此时第二巡逻组正与苏军伊万上尉率领的 7 人相遇，听到枪声后，班长周登国下令开火，击毙了当面苏军 7 人。在珍宝岛中国一侧江岸上隐蔽待命的部队，也奉命投入战斗。中国军人经顽强奋战和连续出击，终于消灭了在岛上丛林中的大部苏军。当时苏军 2 辆装甲车不断向中国边防军开火，虎饶前指命令岸上的炮火向苏联装甲车还击，当即击毁苏装甲车一辆、指挥车一辆和卡车一辆。在中国边防部队的打击下，岛上其余的 10 余名苏军人员退到江面上，撤到另一辆装甲车上退回苏境。战斗到 10 时 30 分结束。

在 3 月 2 日的战斗中，中方参战人员估计苏联边防军死伤共 60 余人（据苏联官方公布的数字苏军死亡 31 人）。中国军人阵亡 17 人，负伤 35 人，并有 1 名通讯员失踪，中国边防人员在战斗结束时，即带着伤亡人员从岛撤回，苏联边防军随后派人登岛，将苏方伤亡人员运走。

3 月 2 日的珍宝岛战斗，是中苏两国之间的第一次边境战斗。

"到此为止，不要打了"

3月2日珍宝岛战斗结束后，苏联军队在远东方向进入了戒备状态。苏军多次派出配备有装甲车的武装部队越过乌苏里江上封冻的冰面，于3月4日、5日、7日、10日、11日、12日和14日登上珍宝岛。中央军委在珍宝岛战斗结束后要求当地部队以不示弱的态度继续上岛巡逻，中方部队几次上岛都未与苏军遭遇，所以没有发生冲突。

鉴于苏军装甲车辆不断进入珍宝岛地区活动，3月14日深夜中国军队派出一个步兵班进入珍宝岛警戒，掩护工兵在乌苏里江的江汊上埋设反坦克地雷。3月15日4时，苏军6辆装甲车趁天亮前的黑暗掩护步兵60余人进入珍宝岛北端，潜伏在丛林中，有偷袭中国登岛部队的迹象。这一情况被中国部队发现后，经上级决定，中国边防军再次进行了自卫还击，双方于3月15日进行了一次更为激烈的战斗。

3月15日早晨，虎饶前指命令第23军第73师217团1营营长冷鹏飞率领一个排、公司边防站站长孙玉国率领一个班于7时40分登上珍宝岛。部队上岛后，即于8时2分与岛上的苏军潜伏人员发生火力接触。激战一个多小时后，苏军的装甲车和步兵撤回对岸，第一次战斗结束。

当天9时46分，苏联空军以3架飞机向珍宝岛地区俯冲，进行威胁，随即苏军又以坦克6辆、装甲车5辆分两路向珍宝岛上的中国军队实施攻击，并以4辆坦克沿着冰面向珍宝岛南侧江汊运动，企图从后方迂回攻击岛上的中国军队。这时中国军队的一个无后坐力炮班刚刚登岛，迅即在江边架炮向苏军坦克射击。苏军坦克队形混乱，1辆坦克驶入雷区被炸毁，其余3辆慌忙逃回对岸。11时以后，中国守岛分队在岸上掩护分队的火力支援下，顽强抗击苏军的冲击。然而中国军队使用的 75 毫米无后坐力炮和 40 毫米火箭筒都系 40 年代设计，破甲能力低，只击毁了装甲车 2 辆，未能击毁坦克。战斗中营长冷鹏飞负伤，孙玉国接替指挥。苏军遭到顽强抵抗后，于中午 12 时以后撤回己岸。第二次战斗就此结束。

当天下午 12 时 50 分，苏军又以大口径火炮、坦克炮向珍宝岛及江岸中国一侧的防御阵地、公司边防站和后方桥梁猛烈射击，火力正面达 10 公里，纵深达 7 公里。在持续 2 小时的炮击后，15 时 13 分，苏军又出动坦克 10 辆、装甲车 14 辆和步兵 100 人，向珍宝岛发起第三次攻击。岛上的中国边防分队以近战开火的方式，用无后坐力炮、火箭筒在几十米、十几米的距离上开火，一再打退了苏军的冲击。15 时 30 分以后，在中国江岸一侧的中国炮兵群加入战斗，以火力急袭给岛上苏军和苏方岸上的指挥机构以突然打击，击毙了苏军指挥官上校边防总队长列昂诺夫。下午 17 时以后，天色转黑，苏军从珍宝岛上全部撤出。第三次战斗也就此结束。

1969 年 3 月 15 日珍宝岛上的战斗，是中苏边界冲突中最激烈的一次战斗。当天苏军共出动坦克、装甲车 50 辆以上，向中国领土发炮 1 万多发，并出动飞机 36 架次（未投弹）。中国方面仅以步兵和炮兵协同，以顽强的战斗精神，打退了苏军三次攻击，共击毁坦克 2 辆、装甲车 7 辆，估计苏军死伤在 140 人左右（其中死亡约 60 人）。中国方面在当天的战斗中表现出较高的战斗技巧，伤亡仅有 39 人（亡 12 人，伤 27 人）。

关于 3 月 15 日的战斗，还有一鲜为人知的细节，那就是这场战斗并不是由北京直接指挥的。当时正准备开九大，大军区首长都已来京，因此中央军委专门在京西宾馆开设了一个房间，架设了专线，由沈阳军区司令员陈锡联负责直接与前线联系，外交部副部长乔冠华负责掌握国际方面的情报，随时向周恩来汇报，并由周恩来下最后决心。陈锡联后来回忆说：我们知道他们要来，就在江汊口大量埋了地雷。他们首先从西边来了辆坦克，我们给炸了，他们不敢走了，从正面来了30多人，炮火掩护。我们当时在岛上也没有什么人，但炮火都准备好了。在一个不到一平方公里的岛上，几十辆坦克、装甲车，我请示总理：现在是开炮的时候了，得到总理的同意，我就让开炮。打了有半个小时，珍宝岛变成一片火海，把他们的车辆都给打了。他们没有再增援部队，也用炮向我们射击，我们也用炮回敬了他们，打了一会儿，那天的战斗就结束了。

3月15日战斗结束，毛泽东听取汇报时，很高兴。一再讲，让他打进来，就使我们动员起来了。大敌当前，动员准备一下有利。但为了不使事态扩大，他同时也明确提出：到此为止，不要打了。

作为一场自卫还击战，尽管中国方面火力及装备都处于劣势，但珍宝岛这一仗无论战斗组织还是战斗结果，都是比较成功的。在这场较量中，解放军指战员们的勇敢牺牲精神产生了巨大的力量。

珍宝岛战斗结束后，公司边防站站长孙玉国临时被增补为中共九大代表，并在大会上作为解放军代表作了发言。4月14日，毛泽东在九大的发言中，也专门讲了珍宝岛一仗。他说：

珍宝岛战斗已经证明了，没有打过仗的也可以打仗，没有优势装备照样可以打胜仗。说我们一没有用飞机，二没有用坦克、装甲车，三没有用指挥车，打了9个小时，敌人3次冲锋，还不是都被我们打垮了。说我们不是不要飞机、坦克、装甲车，但主要是靠勇敢，要破除迷信。这次珍宝岛就破除了迷信。什么飞机、坦克、装甲车之类，现在到处的经验都证明，可以对付。

毛泽东与林彪事件

1971 年 9 月 13 日零时，一架标有"中国民航 256"字样的三叉戟飞机在外蒙古的温都尔汗草原坠毁，机上八男一女全部死亡。

1971 年 9 月 18 日，中共中央正式发出林彪叛逃，自取灭亡的通知。

"我是被他们逼上梁山的"

应该说，毛泽东对林彪是十分赏识的。林彪在抗日战争和解放战争立下显赫功勋，建国后却自觉收藏起自己的锋芒，常常以生病为由，休息在家，但在关键时刻，特别是在毛与彭德怀、与刘少奇出现严重分歧时，他又毫不犹豫地站在毛泽东一边。如果仅仅如此，林彪绝不会落个可悲的下场。

其实林彪是不甘寂寞的。"文革"伊始，林彪看到机会来临，一面为打倒刘少奇和一大批老干部不遗余力，为他到达权力顶峰扫清障碍，一方面曲意逢迎毛泽东，大搞个人崇拜，把毛泽东神化，使自己在达到了权力的顶峰的同时，走向了灭亡。

在"文革"前一段时间，毛泽东曾对斯诺说：那个时候的党权、宣传工作的权、各个省的党权、各个地方的权，比如北京市委的权，我也管不了了。所以那个时候我说无所谓个人崇拜，倒是需要一点个人崇拜。林彪正是摸准了毛泽东此时需要一点个人崇拜的心理，极力推行对毛泽东的个人崇拜，说毛主席的话一句顶一万句，句句是真理，手捧红宝书，口不离万岁。

但事实上，"文革"伊始，毛泽东的头脑还是比较清醒的，他在培养和使用林彪的同时，也一直对林彪存有戒心，从林彪在"文革"初期的多次讲话中，从叶群等人的地下活动中，毛泽东已预感到不祥。

毛泽东对林彪的反感是从林彪大谈特谈"政变"开始的。林彪曾组织人为他搜集了古今中外大量的有关政变问题的资料，进行潜心研究。

1966年5月18日，林彪在政治局扩大会议上大谈特谈政变问题。

林彪的讲话，明确表明了两层意思：一是表明党内有人想搞政变，为进一步迫害和打击党内高级干部大造舆论，挑拨毛泽东与老干部的关系；另一层意思是大树特树毛泽东思想，推行对毛泽东的个人崇拜，以表明自己对毛泽东的忠心耿耿。

但令林彪没有想到的是，聪明反被聪明误，毛泽东却从他的这番话中闻出了特殊的味道，引起了他对林彪警惕和反感。1966年7月8日，毛泽东在给江青的信中说：我的朋友（指林彪——作者注）的讲话，中央催着要发，我准备同意发下去，他是专讲政变问题的。这个问题，像他这样讲法过去还没有过。他的一些提法，我总感觉不安。我历来不相信，我那几本小书，有那样大的神通。现在经他一吹，全党全国都吹起来了，真是王婆卖瓜，自卖自夸。我是被他们逼上梁山的，看来不同意他们不行了。在重大问题上，违心地同意别人，在我一生还是第一次。叫做不以人的意志为转移吧。其实，这时，文化革命才刚刚开始！

火烧"林副主席指示一号命令"

"文化大革命"之初，林彪也好，江青为代表的中央文革也好，都有一个共同的目标，就是打倒刘少奇。八届十二中全会将刘少奇开除出党，并强加了"叛徒""内奸""工贼"的罪名。

林彪与中央文革之间，特别是林彪、叶群与江青之间，在"文革"之初是互相利用、互相勾结，而刘少奇一倒，林彪与中央文革的矛盾就变得更加直接。中央文革的主要人物就是陈伯达、康生、江青、张春桥、姚文元。

林彪一直以"高举""紧跟"的形象出现，但在观念上他有自己的想法。1967年3月，他在军以上干部会议上的讲话中讲到"文化大革命"损失最小最小最小，成绩最大最大最大的同时，就军队支左说：支援地方，总的还是抓革命，促生产。不要只抓革命，不促生产了，把生产停顿下来。也不要只搞生产，把革命停顿下来。我们应该以革命来带头，来挂帅，来促生产。生产是不能放松的，生产放松了，会发生非常大的危险，会转过来破坏革命。因此，我的看法，在这个问题上就重要性来说，要把革命摆在第一位，可是就时间上来说，生产时间应该占得多。

九大政治报告起草过程中，进一步说明林彪在一些问题上与毛泽东的看法的不一致。

1971年9月18日中央发出的关于林彪叛国出逃的通知和12月11日中共中央文件《粉碎林陈反党集团反革命政变的斗争》中两次提到林彪伙同陈伯达妄图破坏毛泽东亲自主持的九大政治报告的准备工作。

1973年10月，周恩来在中共十大的政治报告中有这样一段话：大家知道，"九大"政治报告是毛主席亲自主持起草的。"九大"以前，林彪伙同陈伯达起草了一个政治报告。他们反对无产阶级专政下的继续革命，认为"九大"以后的主要任务是发展生产力。这是刘少奇、陈伯达塞进八大决议中的国内的主要矛盾不是无产阶级同资产阶级的矛盾，而是"先进的社会主义制度同落后的社会生产力之间的矛盾"这一修正主义谬论在新形势下的翻版，林彪、陈伯达的这个政治报告，理所当然地被中央否定了。对毛主席主持起草的政治报告，林彪暗地支持陈伯达公开反对，被挫败以后，才勉强接受了中央的政治路线，在大会上读了中央的政治报告。

周恩来的上述这段话道出了九大政治报告的实情。据有关人士回忆，九大的政治报告最早由林彪主持康生、陈伯达、张春桥、姚文元共同起草，康生装病没有参与，初稿由陈伯达起草，但陈伯达的观点被江青和张春桥等视为唯生产力论，后来，张春桥和姚文元另行起草，张姚稿子的主要观点得到了毛泽东的肯定，但陈伯达仍坚持起草出来送呈给毛泽东，据陈伯达本人说，毛泽东连信封都没有拆就退还给了陈伯达，陈伯达为此失声痛哭。林彪是赞同陈伯达稿子的基本观点，对张姚起草的稿子根本不予理睬。据林彪的秘书张云生同志回忆，在九大报告的整个起草过程中，林彪作为报告人一直置身于外，直到登上九大讲台去念这个政治报告之前，他对报告一次都没看过，只是让秘书念过毛泽东修改过的部分，自然林彪对张姚起草的稿子一字未改过。这主要是由政治原因决定的。林彪对毛泽东越是过分的吹捧也越来越令毛泽东反感，因为这时形势已发生了变化，毛泽东已不再如"文革"开始时那样需要树立个人崇拜了，正如1970年，毛泽东同斯诺的谈话中讲到，文革初期，许多方面毛泽东控制不了，那时需要一些个人崇拜，但现在不同了，崇拜得过分了，搞许多形式主义，比如什么"四个伟大"，伟大导师，伟大领袖，伟大统帅，伟大舵手，讨嫌！总有一天要统统去掉，只剩下一个 Teacher，就是教员，因我历来是当教员的，现在还是当教员，其他一概辞去。

但是即使林彪在某些方面已令毛泽东反感，或者有戒心，但是直到九大前，总的来说，毛泽东的天平还是倾向于林彪的。否则不能理解1969年4月召开的中共九大，把林彪的接班人的地位堂而皇之地写入党章。中共九大，使林彪的权势达到鼎盛，但对最高权力的渴望，使一向小心谨慎的林彪变得有些迫不及待了。

1969年10月，林彪背着毛泽东和党中央，以"加强战备，防止敌人突然袭击"为由，通过总参谋部向全国发出"林副主席指示第一号令"，顷刻间，中国全面进入紧急状态。

"林副主席指示第一号令"的内容有这样几点，一是抓紧反坦克武器的生产；二是组织战时指挥部，进入临战状态；三是各级领导加强战备值班；四是严密注视中苏边境的形势及时掌握情况，随时报告。

10月19日，林彪采用电话记录方式，以急件传阅报告毛泽东。他先由办公室交给周恩来阅，主持中央日常工作的周恩来阅后当即批示：请主席阅。

毛泽东对此作何反应？据汪东兴回忆：我拿此急件送到主席住处，给主席看。毛主席看后，一脸不高兴的样子，对我说：烧掉。我以为主席是让我拿去烧了，还没等我反应过来，主席自己拿起火柴一划，把传阅件点着，给烧了。

林彪和黄永胜等人很快就知道了毛泽东的态度，慌了手脚，下令撤销了这个命令。同一天，空军司令吴法宪任命林彪的儿子林立果为空军办公室副主任兼作战部副部长。

"我不能再做此事，此议不妥"

九大开过后，毛泽东要着手解决政府工作、修改宪法等方面的问题。提出准备召开四届人大。林彪认为这是夺取更多权力的好机会，在讨论修改宪法时，林彪抓住"天才"问题和设国家主席问题大做文章。

修改宪法时，序言中必然要提到毛泽东，必然要对毛泽东在中国革命中的地位和贡献有一个评价。1966 年 12 月，林彪在《毛主席语录》再版前言中肉麻地吹捧毛泽东说：毛泽东同志是当代最伟大的马克思列宁主义者。毛泽东同志天才地、创造性地、全面地继承、捍卫和发展了马克思列宁主义，把马克思列宁主义提高到一个崭新的阶段。

在九大的政治报告和党章初稿中，都写上了"天才地、创造性地、全面地"三个副词，送给毛泽东审阅时，他把这些副词全划掉了。这个情况，陈伯达和吴法宪等人都是了解的，林彪本人也清楚。可是在讨论宪法序言时，他们却坚持要把这三个副词再写上。

在讨论宪法第二章第二节"中华人民共和国国家主席"时，林彪、陈伯达等一而再、再而三地坚持要在宪法上写上设国家主席这一节。这显然是为他们自己打算的。

1970 年 3 月，毛泽东正在武汉，周恩来去信并附上一份宪法修改草案提要，并征求毛泽东的意见，原宪法中的国家主席这一节是否还写上。毛泽东立即要汪东兴回北京传达他的意见，即：在宪法中不再设立国家主席一节，坚决表示他不再当国家主席。

3 月 8 日，周恩来还让汪东兴在政治局会议上正式传达毛泽东不设国家主席的意见。政治局会议进行了讨论，并同意了毛泽东的意见。周恩来说：照毛主席的意见办，我们开始进行修改宪法的工作。林彪因病在外地休养没有出席，叶群出席了，周恩来还特意叮嘱叶群向林彪转告政治局会议的情况。

3 月 9 日，林彪却让叶群对在京的黄永胜和吴法宪说：林副主席赞成设国家主席。并一语道破天机：如果不设国家主席，林彪怎么办？往哪里摆?

3月16日,经过政治局讨论,向毛泽东写了请示报告,毛泽东阅批了这个报告,再次明确不再设立国家主席。

3月17日,召开中央工作会议,讨论四届人大的问题,大多数人同意毛泽东关于改变国家体制,不再设立国家主席的建议。

在此期间,林彪让秘书给毛泽东的秘书打电话,说:林副主席建议,毛主席当国家主席。毛泽东让秘书回电话:问候林彪同志好!

林彪却还不知趣,4月11日夜间,林彪在苏州让秘书给中央政治局值班室打电话传达他的三条意见:

一、关于这次人大国家主席的问题,林彪同志仍然建议由毛主席兼任。这样做对党内、党外、国内、国外人民的心理状态适应。否则不适合人民的心理状态。

二、关于副主席问题,林彪同志认为可设可不设,可多设可少设,关系都不大。

三、林彪同志认为,他自己不宜担任副主席的职位。

第二天,毛泽东看到林彪的意见后立即批示:我不能再做此事,此议不妥。

4月下旬,毛泽东在政治局会议上第三次提出他不当国家主席,也不设国家主席,他给大家讲《三国演义》中的故事:孙权劝曹操当皇帝,曹操说孙权是要把他放在火上烤,我劝你们不要把我当曹操,你们也不要做孙权。7月中旬,在修改宪法起草委员会开会期间,毛泽东又一次说明:设国家主席,那是形式,不要因人设事。

这一年的八一建军节到了,因起草建军节社论,在一个提法上,政治局会议发生了争论。陈伯达主张恢复过去的一贯的提法,即"伟大领袖毛主席亲手缔造和领导的、林副主席直接指挥的中国人民解放军"的提法,张春桥主张用"伟大领袖毛主席亲手缔造和领导的、毛主席和林副主席直接指挥的中国人民解放军"，双方争论不休。

当时毛泽东在杭州治疗白内障，当周恩来把争论情况写信过来后，由汪东兴读给毛泽东听，毛泽东要汪东兴代画圈后退回，汪东兴想这么大的事，没有画圈，后来他问毛泽东：主席，您到底赞成哪种意见？毛泽东表情平淡地说：这两种意见我都不赞成。缔造者不能指挥，能行吗？缔造者也不光是我，还有许多人。后来，毛泽东还是让汪东兴删去了"毛主席和"四个字。但毛泽东对这个提法是不满的。

八一建军节前夜，林立果在空军司令部作了一个讲用报告，林彪听了后得意地说：不仅思想像我，语言也像我。吴法宪吹捧说这是放了一颗政治卫星，是天才。

毛泽东得知后，对身边的人说：二十几岁的人吹捧为超天才，这没有什么好处。

8月初，叶群打电话给吴法宪说，林彪的意思还是坚持要设国家主席，你们应在宪法工作小组里提议写上这一章。

8月13日下午，在宪法工作小组会议上，吴法宪同张春桥发生争吵。因为张春桥提出要把宪法序言里"天才地、创造性地、全面地"三个副词去掉。吴法宪当场尖锐地提出：要防止有人利用毛主席的伟大谦虚贬低毛泽东思想。在会议中间，吴法宪又秘密打电话给黄永胜，通报会议上的情况，进行密商。会后，陈伯达又邀吴法宪到他家中，进行商议。当他们打电话给在北戴河的林彪和叶群时，叶群说：林彪很高兴，说吴胖子放炮放得好。

8月13日和14日，叶群分别打电话给陈伯达和黄永胜，要他们准备关于"天才"和"四个伟大"的材料。8月20日，林彪、陈伯达和叶群，带着他们准备好的材料，上庐山参加党的九届二中全会。

谁都不曾想到，此时的庐山正面临着一场暴风雨。

"谁坚持，谁去当！"

8月22日下午2时，在庐山三所毛泽东的办公室召开政治局常委会。主要讨论确定九届二中全会议程，原定的议程有两项：一是讨论和修改将要向四届人大提出的宪法草案；二是讨论国民经济年度计划。毛泽东建议增加一项议程，即讨论形势问题，他认为宪法草案可以发给大家看，大家感兴趣的还是形势问题。

然后大家讨论起工农业生产的情况和国家的形势，林彪仍保持少言寡语，只说了一句：主要是调动全国亿万人民的积极性。大家谈论的气氛很不错，这时，陈伯达有些忘乎所以，禁不住又提到毛泽东十分反感的设立国家主席的问题。他巧妙地说：主席做国家主席那个时候，咱们这个国家搞得很好，后来叛徒刘少奇做主席，这个国家弄得有修正主义。

毛泽东大怒：你们愿意要主席你们要好了，反正我不做。

第二天下午3时，中共九届二中全会在庐山礼堂开幕。

开幕前，政治局常委在礼堂的小会议室集合，毛泽东问周恩来和康生：你们谁先讲啊？

沉默寡言的林彪一反常态，抢先说：我要讲点意见。

周恩来和康生只好让他先讲。

毛泽东看了看林彪，也不知道他要讲什么，就说：你们三人讲吧！

这时开会的铃声响了，常委们没有时间多说，就进入了会场，登上主席台，周恩来宣布全会的议程，林彪首先讲话。

林彪在讲完开场白后，很快进入正题，大谈起毛泽东：

毛泽东同志是当代最伟大的马克思列宁主义者，毛泽东同志天才地、创造性地、全面地继承、捍卫和发展了马克思列宁主义，把马克思列宁主义提高到一个崭新的阶段，毛泽东同志是代表广大劳动人民的根本利益的，毛主席是我们党、政府、国家、军队的缔造者。……我们有今天的胜利，决定的因素就是毛主席。

林彪越说声音越高，越说越激动：这次我研究了这个宪法草案，表现出这样一个特点，就是肯定毛主席的伟大领袖、国家元首、最高统帅的地位，肯定毛泽东思想作为全国人民的指导思想。这一点非常重要，非常重要。毛主席的这种领导可以说是我们胜利的各种因素中间的决定因素。我们说毛主席是天才的，我还是坚持这个观点。……这次宪法里面规定毛主席的政治地位，规定毛泽东思想是领导思想。我感兴趣的、认为最重要的就是这一点。

林彪反复地讲他的这些观点，一口气竟讲了一个半小时。他显然是有准备的，讲话时，只不过不时看了几眼讲稿，说明他已将内容熟记于心。毛泽东早就坐不住了，对台下的掌声无动于衷，明显地表现出不耐烦。

林彪走下讲台，已经四点多了，毛泽东对周恩来和康生说："你们讲吧！"

周恩来和康生都敏锐地感到毛泽东的不耐烦了，都表示不讲了，毛泽东便宣布散会。

在毛泽东看来，林彪在这时大捧特捧他，没有真诚，只是别有用心。但毛泽东的高明之处在于，在庐山会议上他始终都没有点透这一点。

林彪却没有充分地估计到这一点，他依照他的惯性思想，即在利用捧毛泽东达到权力顶峰的思维中滑行。这天晚上，周恩来召集政治局和各大区召集人会议，安排小组讨论宪法和计划问题。这时，吴法宪又跳出来说：林副主席的讲话很重要，要好好地学习，建议播放林彪讲话的录音带，不少人附和。周恩来只好让汪东兴报告毛泽东。毛泽东听后不悦，他问政治局的意见怎么样，表示：大家同意我就同意。于是决定24日上午会议代表听林彪的录音，下午讨论林彪的讲话。

8月24日上午，除了毛泽东和林彪外，周恩来、陈伯达、康生等全体代表都到庐山大礼堂听林彪的讲话录音。会议由汪东兴主持，录音一连放了两遍，其间，又有人提议将林彪的讲话稿印发给大家，周恩来要汪东兴去向毛泽东请示，毛泽东淡淡地说：他们都同意印发，我没有意见，你就印发吧！毛泽东还叮嘱汪东兴，讲话稿要由林彪审定后发。

24日下午小组讨论，陈伯达、吴法宪、叶群、李作鹏、邱会作引用同样的语录，按照事先商量好的统一口径，在各小组纷纷带头发言。

在华北组，陈伯达引经据典，头头是道：我完全拥护林副主席昨天发表的非常好、非常重要、语重心长的讲话。林副主席说，这次宪法中肯定毛主席的伟大领袖、国家元首、最高统帅的地位，肯定毛泽东思想作为全国人民的指导思想，这一点非常重要，非常重要。写上这一条是经过很多斗争的，可以说是斗争的结果。……现在竟然有人胡说"毛泽东同志天才地、创造性地、全面地继承捍卫和发展了马克思列宁主义，把马克思列宁主义提高到一个崭新阶段"这些话是一种讽刺。……有人利用毛主席的伟大谦虚，妄图贬低毛泽东思想。……有的人说世界上根本没有天才，但是他认为他自己是天才。我们知道，恩格斯多次称马克思是伟大的天才。他的著作是天才的著作。列宁多次称赞马克思是天才。斯大林也称马克思、列宁是天才。我们也称过斯大林是天才。否认天才，是不是要把马克思、列宁全盘否定呢？更不用说把当代最伟大的天才一笔勾销。我看这种否认天才的人无非是历史的蠢材。他还说：有的反革命分子听说毛主席不当国家主席，高兴得跳起来了。

在中南组，叶群说：林彪同志在很多会议上都讲了毛主席是最伟大的天才。说毛主席比马克思、列宁知道得多、懂得多。难道这些都要收回吗？坚决不收回，刀搁在脖子上也不收回！

在西南组，吴法宪嘟嘟囔囔：这次讨论修改宪法中有人对毛主席天才地、创造性地、全面地继承、捍卫和发展了马列主义的说法，说是个讽刺，我听了气得发抖。如果这样，这是推翻八届十一中全会，是推翻了林副主席写的再版前言。……关于天才的说法，马克思、恩格斯、列宁、斯大林都有过这样的论述。毛主席对马克思和列宁也有过这样的论述。林副主席关于毛主席是天才的论述，并不是一次，而是多次（接着，他念了毛、林彪以及马、恩、列、斯关于天才的语录）。大家听听这些语录，怎么说没有天才呢？……要警惕和防止有人利用毛主席的伟大谦虚来贬低伟大的毛泽东思想。

在中南组，李作鹏说：本来林副主席一贯宣传毛泽东思想是有伟大功绩的，党章也肯定了的，可是有人在宪法上反对提林副主席。所以党内有股风，是什么风？是反马列主义的风，是反毛主席的风，是反林副主席的风。这股风不能往下吹，有的人想往下吹。

在西北组，邱会作说：对毛主席思想的态度问题，林副主席说"毛主席是天才，毛泽东思想是全面继承、捍卫和发展马克思列宁主义"。这次他仍然坚持这个观点。为什么在文化革命胜利、二中全会上还讲这个问题？一定有人反对这一说法，有人说天才地、创造性地、全面地继承、捍卫和发展马克思列宁主义是一种讽刺，就是把矛头指向毛主席、林副主席。

比起几员武将来，陈伯达毕竟是宣传老手，他迅速地改定自己的发言记录稿，作为华北组的第二号简报（总号为六号）付印。这样，他在华北组的一席话，变成铅字，很快送到所有出席会议的中央委员手中。

庐山震动了，政治气温骤然上升。林彪听秘书念完这份简报后，笑着说：听了那么多简报就数这份有分量，讲到了实质问题。比较起来，陈伯达讲得更好些。吴法宪、李作鹏一看，又忙于加温，急于出简报，并加了一些更加尖端性的词，诸如"篡党夺权的野心家、阴谋家""定时炸弹""全国共讨之、全党共诛之"等等。

林彪的将相们急于加温，冷静的林彪的头脑也发热，可是毛泽东却说自己的手都凉了！此时，毛泽东把许世友找去，毛泽东把自己的手放在许世友的手上，对他说：你摸摸，我的手是凉的。我只能当导演，不能当演员。你回去做做工作，不要选我做国家主席。

按原定日程，25 日下午仍是分组讨论。但毛泽东临时通知，召开中共中央政治局常委及各组组长会议。

林彪、周恩来、康生、陈伯达来后，毛泽东分别同他们谈了话。

在同常委进行交谈后，会议正式开始，毛泽东宣布：刚才，政治局常委商量，认为小组讨论的问题不符合全会原定的三项议程，决定立即休会，停止讨论林彪同志在开幕式上的讲话；收回六号简报；不要揪人，要按九大精神团结起来，陈伯达在华北组的发言是违背九大方针的。

还有人对形势的这种发展不理解，发出小声的议论。

毛泽东发火了，目光射向陈伯达，十分严厉地说：你们继续这样，我就下山，让你们闹。设国家主席问题不要再提了，谁坚持设国家主席，谁就去当，反正我不当。

"我的一点意见"

1970 年 8 月 25 日晚，周恩来主持召开各大组会议，传达中央政治局常委会的决定。

这时，叶群、李作鹏、吴法宪、邱会作都开始收回撕毁他们的发言记录稿，已经写成的简报稿也不让送了。汪东兴报告了毛泽东和周恩来后，毛泽东显得十分轻松：何必当初呢！当初那么积极，那么勇敢，争着发言，今天何必着急往回收呢！

8月27、28日，周恩来和康生找吴法宪、李作鹏、邱会作谈话，并要求吴法宪作检讨，吴法宪很紧张，于28日晚报告了林彪。林彪不仅没让吴法宪收敛，反而说：你没有错，不要作检讨。叶群还几次打电话给吴法宪：你犯错误不要紧张，还有林彪、黄永胜在嘛！只要不涉及他们二人就好办，大锅里有饭，小锅里好办。

8月31日，"沉寂"几日的毛泽东对陈伯达来了个总清算、总攻击。这一天，他针对陈伯达编的《恩格斯、列宁、毛主席关于称天才的几段语录》，写下了《我的一点意见》一文。

这个材料是陈伯达同志搞的，欺骗了不少同志。第一，这里没有马克思的话。第二，只找了恩格斯的一句话，而《路易·波拿巴特政变记》这部书不是马克思的主要著作。第三，找了列宁的有五条。其中第五条说，要有经过考验、受过专门训练和长期教育，并且彼此能够很好地相互配合的领袖，这里列举了四个条件。别人且不论，就我们中央委员会的同志来说，够条件的不很多。例如，我跟陈伯达这位天才理论家之间，共事三十多年，在一些重大问题上就从来没有配合过，更不去说很好的配合。……这一次，他可配合得很好了，采取突然袭击，煽风点火，唯恐天下不乱，大有炸平庐山，停止地球转动之势。我这些话，无非是形容我们的天才理论家的心（是什么心我不知道，大概是良心吧，可决不是野心）的广大而已。至于无产阶级的天下是否会乱，庐山能否炸平，地球是否停转，我看大概不会吧。上过庐山的一位古人说："杞国无事忧天倾"，我们不要学那位杞国人。最后关于我的话，肯定帮不了他的多少忙。我是说，主要不是由于人们的天才，而是由于人们的社会实践。我同林彪同志交换过意见，我们两人一致认为，这个历史家和哲学史家争论不休的问题，即通常所说的，是英雄创造历史，还是奴隶们创造历史，人的知识（才能也属于知识范畴）是先天就有的，还是后天才有的，是唯心论的先验论，还是唯物论的反映论，我们只能站在马、列主义的立场上，而决不能跟陈伯达的谣言和诡辩混在一起。同时我们两人还认为，这个马克思主义的认识论问题，我们自己还要继续研究，并不认为事情已经研究完结。希望同志们同我们一道采取这种态度，团结起来，争取更大的胜利，不要上号称懂得马克思，而实际上根本不懂马克思那样一些人的当。

《我的一点意见》名为严厉批判陈伯达，实是对林彪致命的一击。

9月1日，中央政治局和各大组召集人开会，毛泽东在会上指出：凡是这次在庐山会议上犯了错误的人，可以做自我批评、检查。毛泽东还要林彪召集吴法宪、叶群、李作鹏、邱会作这些人开会，听他们的检查。

9月2日后，各小组集中批判陈伯达。

9月6日，全会通过《中华人民共和国宪法修改草案》；通过向全国人大常委会提出适时召开四届人大的建议；批准国民经济年度计划。

9月6日，毛泽东在闭幕会就党的路线教育问题、高级干部的学习问题、党内外团结问题发表了讲话，要求高级干部多读几本马列的书。在讲到庐山的这场斗争时，他意味深长地说：庐山是炸不平的，地球还是照样转，极而言之，无非是有那个味道。你说你把庐山炸平了，我也不听你的。你就代表人民？我是十几年以前就不代表人民了，因为他们认为，代表人民的标志就是当国家主席。我在十几年以前就不当了嘛，岂不是十几年以来都不代表人民了吗？我说，谁想代表人民，你去当嘛，我是不干。你把庐山炸平了，我也不干。你有啥办法呀？

在强调搞好党内外团结时，毛泽东又说：不讲团结不好，不讲团结得不到全党的同意，群众也不高兴。……所谓讲团结是什么呢？当然是马克思列宁主义基础之上的团结，不是无原则的团结。提出团结的口号，总是好一些嘛，人多一点嘛。包括我们在座的有一些同志，历来历史上闹别扭的，现在还要闹，我说还可以允许。此种人不可少。你晓得，世界上有这种人，你有啥办法？一定要搞得那么干干净净，就舒服了，就睡得着觉了？我看也不一定。到那时候又是一分为二。党内党外都团结大多数，事情才干得好。

九届二中全会以林彪的失败而告终。

"你们已经到了悬崖的边缘了"

庐山会议后，中央责令吴法宪等人写书面检讨。

1970年9月29日，吴法宪向毛泽东写出了第一次书面检查，承认自己犯了严重错误，干扰了主席，干扰了主席亲自主持的九届二中全会，并表示带着沉痛的心情向主席检讨认错。但他又把自己所犯的错误表述为上了陈伯达这个大坏蛋的当，是自己政治上极端幼稚的表现。

毛泽东对吴法宪的检讨是不满意的。10月14日，他在吴法宪的检讨书上批示：此件已阅，我愿意看见其他宣讲员的意见。并在吴法宪的检讨书上写下许多批语。

吴法宪的检讨书写到，他在关系全局性的重大原则问题上，事先没有请示政治局的其他同志，更没有向主席和林副主席报告，毛泽东在这段话的下面划了一杠，又在旁边写道：作为一个共产党人，为什么这样缺乏正大光明的气概。由几个人发难，企图欺骗二百多个中央委员，有党以来没有见过。

在吴讲到他自己的发言"不从全局考虑，不顾影响，不考虑后果，这是极不严肃、极不谨慎的不负责的态度"这段话的下面，毛泽东画了一杠，在旁边写道：这些话似乎不真实。

在吴法宪谈到陈伯达是个大野心家、大阴谋家、反党分子时，毛泽东又在边上写道：陈伯达是个可疑分子。我在政治局会议上揭发过，又同个别同志打过招呼。

吴法宪谈到陈伯达、李作鹏、邱会作同他谈到过天才方面的问题。毛泽东画了一杠，在旁边写道：办事组各同志（除个别同志如李德生外）忘记了九大通过的党章，林彪同志的报告，又找什么天才问题，不过是一个借口。

吴法宪的检讨书写到陈伯达问讲没讲过"有人利用伟大领袖毛主席的伟大谦虚，贬低毛泽东思想这句话"时，毛泽东又画了一杠，在旁批注：什么伟大谦虚，在原则性问题上，从来没有客气过。要敢于反潮流，反潮流是马列主义的一个原则。在庐山我的态度就是一次反潮流。

吴法宪提到陈伯达的发言稿上有"中央委员会也有斗争"一句话，吴认为是陈伯达在造谣。毛泽东在旁批注：这句话并没有错，中央委员会有严重的斗争，有斗争是正常生活。

10 月 12 日，叶群也向毛泽东交出了第一次书面检讨。承认自己犯了严重错误，干扰了主席，干扰了中央和到会同志，心情是沉重的。说国庆节毛主席在天安门城楼上对她的谆谆教导，使她受到极大的启发和教育，但叶群在检讨书中把她的问题说成是上了陈伯达的当，自己在九届二中全会上发言的动机是出于对主席和主席思想的热爱，但效果是很不好的。

10 月 15 日，毛泽东看了叶群的检讨书，并作了批示：此件已阅。并在装检讨书的信封上批示：林、周、康及其他有关同志阅后退中办存。

叶群在检讨书中说，她这次所犯的错误是严重的，是路线性的。毛泽东在"路线性"的三个字下面画了一条杠，写道：思想上政治上的路线正确与否是决定一切的。

叶群在检讨书中谈到她在北戴河时，连续接了几个这方面反映情况的电话，而她没有注意核实情况时，毛泽东在旁边写道：爱吹不爱批，爱听小道消息，经不起风浪。

叶群在检讨书中引用毛泽东讲过的话"一切结论产生于调查情况的末尾，而不是在它的先头"。毛泽东在旁批道：这是马克思的话，我只不过是复述一遍而已。

叶群讲到林彪要写信给毛主席，她出来劝阻，结果帮了倒忙时，引了毛泽东讲过的"矛盾，以揭露为好。经揭露矛盾，解决矛盾。"毛泽东从旁写了一段话：一个倾向掩盖着另一个倾向。"九大"胜利了，当上了中央委员不得了了，要上天了，把"九大"路线抛到九霄云外，反"九大"的陈伯达路线在一些同志中占了上风，请同志们研究一下是不是这样呢？

叶群在检讨书上写道，九届二中全会上她接到军委办事组寄给她一份论天才的语录。毛泽东在旁边写道：多年来不赞成读马列的同志为何这时又向马列求教，题目又是所谓论天才，不是在"九大"论过了吗？为何健忘若此？

叶群说自己不加分析地部分引用了论天才的语录，这就间接地上了陈伯达的当。毛泽东在"不加分析"旁批道：直接地利用材料，所以不必加以分析。材料是一种，无论谁搞的都是一样，难道别人搞的就不算上当吗？

叶群还说她对陈伯达的反动本质认识不足，警惕不够，因而过去对他的斗争不够有力。毛泽东在旁写道：斗争过吗？在思想上政治上听他的话，怎么会去同他斗争？

叶群在检讨书上还对陈伯达提出了一些疑问。毛泽东在旁写道：不上当是不会转过来的，所以上当是好事。陈伯达是一个十分可疑的人。

叶群表示要按毛主席的教导认真读几本马列的著作，联系实际，改造世界观，毛泽东画杠写道：这是十分重要的，一个共产党人不读点马列怎么行呢？我指的主要是担负高级职务的人。

在叶群检讨书的末尾，毛泽东写道：不提"九大"，不提党章。也不听我的话，陈伯达一吹就上劲了，军委办事组好些同志都是如此。党的政策是惩前毖后，治病救人，除陈待审查外，凡上当者都适用。

应该说，此时毛泽东对林彪、叶群、吴法宪等人还是采用了批评教育和挽救的态度。但毛泽东已经不再信任林彪，并作了一系列的部署，即他后来在南巡中所说的"掷石头、掺沙子、挖墙脚"。

11月中，中央作出《关于陈伯达反党问题的指示》，号召全党全军立即开展"批陈整风"运动。

12月16日，毛泽东对38军党委检举揭发陈伯达反党罪行的报告作了批示，建议北京军区党委开会讨论一次，各师要有人到会，时间要多一些，讨论为何听任陈伯达乱跑乱说，他在北京军区没有职务，中央也没有委任他解决北京军区所属的军政问题，是何原因陈伯达成了北京军区及华北地区的太上皇？

12月18日，中央政治局会议传达讨论毛泽东对38军报告的批示，华北到会的有北京军区司令郑维山、北京军区政委兼河北省革委会主任李雪峰等九人，北京卫戍区到会的有吴德、吴忠等三人。大家一致拥护毛泽东的意见，决定先开北京军区党委常委会，后开北京军区党委扩大会。

19日，周恩来和林彪就18日会议情况向毛泽东写了报告。同日，毛泽东批示：照办。要有认真的批评，从批评达到团结的目的。建议李德生、纪登奎二同志参加会议。永胜、作鹏应同德生、登奎一道参加华北会议。这次会议在全军应起重大作用，使我军作风某些不正之处转为正规化。同时对两个包袱和骄傲自满的歪风邪气有所改正。

12月22日，华北会议召开。会议开了一个多月，进一步揭发陈伯达问题。

1971年1月8日，毛泽东在济南军区政治部《关于学习贯彻毛主席"军队要谨慎"指示的报告》上批示：林、周、康同志：此件很好，从理论和实践的结合上讲清了问题。请你们看一下，是否可以转发全军。如同意，请总理在一次政治局会议上宣读、讨论、通过，并加上中共中央、中央军委和军委总政治部的几句指示，即可发出。除军队外，中央机关和地方党、政机关也要发出。我军和地方多年没有从这一方面的错误思想整风，现在是一场自我教育的极好时机了。

1月9日，中央军委召开143人参加的批陈整风座谈会。黄永胜等人既不真正批判陈伯达，又不作自我批评，引起了毛泽东的进一步不满。

1月24日，毛泽东采取了他后来称为"挖墙脚"的一个重要措施。中共中央决定：李德生任北京军区司令员，谢富治任北京军区第一政委，纪登奎任第二政委；谢富治任北京军区党委第一书记，李德生任第二书记，纪登奎任第三书记。

2月19日，毛泽东严厉地批评了军委座谈会和华北会议，他在关于开始批陈整风运动的指示中说：请告各地同志，开展批陈整风运动时，重点在批陈，其次才是整风。不要学军委座谈会，开了一个月，还根本不批陈。更不要学华北会议前期，批陈不痛不痒。

2月20日，军委办事组根据毛泽东19日的批示，马上写了一个检查报告。毛泽东在这个报告上又批示说：你们几个同志，在批陈问题上为什么老是被动，不推一下，就动不起来。这个问题应该好好想一想，采取步骤，变被动为主动。为什么老是认识不足？38军的精神面貌与你们大不相同。原因何在？应当研究。

与此同时，毛泽东又一次强调各级干部特别是高级干部，要认真学好马列著作。3月15日，他对《无产阶级专政胜利万岁》一文批示：看了一遍，觉得可用。只在18页上去掉一个词，以便突出马、列。17页上已有了这个词，也就够了。我党多年来不读马、列，不突出马、列，竟让一些骗子骗了多年，使很多人甚至不知道什么是唯物论，什么是唯心论，在庐山闹出大笑话。这个教训非常严重，这几年应当特别注意宣传马、列。

华北会议后，中央准备召开批陈整风汇报会。周恩来带着李德生和黄、吴、李、邱到北戴河看林彪。周告诉李德生，此行的目的，是毛泽东要林彪出来讲几句话，给他一个台阶下。

到北戴河见了林彪以后，林彪只是表面要求黄、吴、李、邱作检讨，而他自己却不表态认错，也不愿出席会议。

从北戴河回来后，周恩来又带着这一拨人去见毛泽东，汇报北戴河之行的情况。听了汇报后，毛泽东十分严厉地批评黄、吴、李、邱道：你们已经到了悬崖的边沿了！是跳下去，还是推下去，还是拉回来的问题。能不能拉回来，全看你们自己了！

1971年3月，黄、李、邱交出了书面检讨。

3月24日，毛泽东在黄永胜的书面检讨上批示：黄永胜、邱会作、李作鹏三同志的检讨都看了，我认为写得都好。以后是实践这些申明的问题。只在黄的第二页上有一个注语，请各同志注意。

黄永胜检讨书的第二页上有一段话"过去我对反党分子陈伯达这个人有迷信，被他所谓'天才理论家'、文化革命'有功'、'小小老百姓'等假象所迷惑。"毛泽东在旁批注：陈伯达早期就是一个国民党反共分子。混入党内以后，又在1931年被捕叛变，成了特务，一贯跟随王明反共。他的根本问题在此。所以他反党乱军，挑动武斗，挑动军委办事组干部及华北军区干部，都是由此而来。

3月30日，毛泽东又对刘子厚在河北省批陈整风会议上的检查作了批示，指出：上了陈伯达贼船，年深日久，虽有庐山以来半年的时间，经过各种批判会议，到 3 月 19 日才讲出几句真话，真是上贼船容易下贼船难，人一输了理（就是走错了路线），就怕揭，庐山会议上那种猖狂进攻的勇气，不知跑到哪里去了。毛泽东还在刘的检查最后一页上批示：这还只是申明。下文如何，要看行动。

4 月 15 日至 29 日，根据毛泽东指示，中央召开了批陈整风汇报会，到会的有中央、地方和军队的负责人共 99 人。29 日周恩来代表中央在汇报会上作总结。他明确指出：黄、吴、叶、李、邱在政治上犯了方向路线错误，组织上犯了宗派主义错误，站到反九大的陈伯达的分裂路线上去了。希望他们按照毛泽东的教导，实践自己的申明，认真改正错误。

批判是严厉的，毛泽东把九届三中全会上斗争定性为路线问题，这是党内斗争中性质最严重的，历史的经验证明，在路线斗争问题上他从来都是抓住不放的，并且一定要斗争到底。

"为首的，改也难"

经过批陈整风，毛泽东从大量的揭发材料中，越发怀疑林彪的可疑。于是于 1971 年 8 月 14 日至 9 月 12 日作了一次异乎寻常的南巡，线路是：北京——武汉——长沙——南昌——杭州——上海——南京——北京。在南巡过程中，毛泽东与当地有关的党政军负责人进行了多次谈话。这些谈话主要内容是谈庐山的斗争，指名批评了林彪和黄、吴、叶、李、邱等在庐山搞突然袭击，是"有计划、有目的、有纲领的"路线斗争。

毛泽东指出，林彪一伙的纲领就是设国家主席，就是"天才"论，就是反对"九大"路线，推翻九届二中全会的三项议程。有人急于想当国家主席，要分裂党，急于夺权。

毛泽东向地方党政军负责人亮底：

庐山这一次的斗争，同前九次（指党的历次路线斗争——作者注）不同。前九次都作了结论，这次保护林副主席，没有作个人结论，他当然要负一些责任。对这些人怎么办？还是教育的方针，就是"惩前毖后，治病救人"。对林还是要保，不管谁犯了错误，不讲团结，不讲路线，总是不太好吧。回北京以后，还要再找他们谈谈。他们不找我，我去找他们。有的可能救过来，有的可能救不过来，要看实践。前途有两个，一个是可能改，一个是可能不改。犯了大的原则错误，犯了路线、方向错误，为首的，改也难。历史上，陈独秀改了没有？瞿秋白、李立三、罗章龙、王明、张国焘、高岗、饶漱石、彭德怀、刘少奇改了没有？没有改。有人急于想当国家主席，急于想夺权，林彪同志那个讲话，没有同我商量，也没有给我看，庐山这次斗争，他当然要负一些责任，什么大树特树，名曰树我，不知树谁人，说穿了是树他自己。

毛泽东还说：我一向不赞成自己的老婆当自己工作单位办公室的主任。在林彪那里，是叶群当办公室主任，他们四人（指黄、吴、李、邱——作者注）向林彪请示问题都要经过她。做工作要靠自己动手，亲自看，亲自批。不要靠秘书，不要把秘书搞那么大的权。我的秘书只搞收收发发，文件拿来自己选，自己看，要办的自己写，免得误事。

毛泽东在南巡讲话中重复讲党内的历次路线斗争，明确把庐山的斗争定性为党内的第十次路线斗争，明确林彪是这次路线斗争中为首的，同以前历次路线斗争的代表人物一样，"改也难"。

在讲到军队问题时，毛泽东信心十足地说：我就不相信我们军队会造反，我就不相信你黄永胜能够指挥解放军造反！军下面还有师、团，还有司、政、后勤机关，你调动军队来搞坏事，听你的？同时，他还不指名地点了林立果：二十几岁的人被捧为超天才，这有什么好处？

对于这些谈话内容，毛泽东还作了特别交代，大家先不要传达。

就在毛泽东到达武汉的同一天，周恩来根据毛泽东的指示，去北戴河向林彪汇报工作，他说：根据毛泽东的提议，党中央决定在"十一"前后召开九届三中全会，然后召开四届人大，现在各项准备工作正逐步就绪。

周恩来的汇报令林彪惶惶不安。他害怕九届三中全会要揭开他的问题，担心四届人大当不成副总理和国防部长。8月26日，毛泽东刚刚结束对南巡第一站武汉的视察，林彪就召集林立果等人开会，决定由明争转入暗斗，并千方百计地了解毛泽东的动向和言行。

9月3日，毛泽东从南昌到杭州，对陈励耘表示出明确的厌恶。

9月5日深夜，北京军区于新野（空军司令部副处长）在电话里向广州军区空军参谋长顾同舟探听毛泽东在武汉的讲话内容，并随即密报了叶群、林立果，顾还让妻子以到北京治病为名，把毛泽东谈话的记录稿送去。

9月6日凌晨，武汉军区副政委刘丰向专程从北京陪同外宾来武汉的李作鹏密报毛泽东在武汉的谈话内容。李听后，急得团团转。消息很快就到了叶群那里。

林彪和叶群接到密报后，心慌意乱，特别是林彪，整日忧心忡忡。

叶群和林立果决心破釜沉舟，谋杀毛泽东。

9月7日，处于漩涡之中却显得沉寂的林彪终于急了。他指挥林立果向联合舰队下达了"一级战备"的命令。9月8日，林彪用红铅笔在一张16开的白纸上写下手令：盼照立果、宇驰同志传达的命令办。这一手令后来被人们视为林彪发动反革命武装政变的罪证。

当晚9时，林立果带着林彪的手令，乘机飞回北京。11时30分，林立果、周宇驰（空军司令部办公室副主任）来到北京西郊机场的秘密据点，同江腾蛟、李伟信（空军政治部副处长）一起，筹划武装政变，即他们所说的《五七一工程纪要》（武装起义的谐音——作者注），决定在毛泽东返京途中杀害毛泽东。林立果说：我们已决定在上海动手，研究了三条办法，一是用火焰喷射器、四〇火箭筒打 B—52（他们使用的毛泽东的代号——作者注）的火车；二是用 100 毫米口径的改装高炮，平射火车；三是让王维国（空四军政委）乘 B—52 接见时，带上手枪，在车上动手。

林立果向江腾蛟发出命令：你到上海统一指挥，只有你才能胜任。等上海打响后，北京由王飞（空军司令部副参谋长）率部队攻打钓鱼台。

江腾蛟表示"坚决干"。

林立果又说：这次要论功行赏。首长（指林彪）讲过，谁能完成这个任务，谁就是开国元勋。

此时的毛泽东虽然不可能预料北京正在策划一场谋杀他的计划，但他一定是敏感地意识到了什么。据当事人回忆，毛泽东料事如神。

9 月 8 日，他给陈励耘等摆了一个小小的迷魂阵，故意把专列调到宁波方向的绍兴柯桥，使人产生了一种他暂时不会离开杭州的错觉。

次日下午 3 时，他又突然命令把火车调回杭州，要求马上就往北走，并通知不要让陈励耘来送行。

三个小时后，专列驶进了上海，停在虹桥机场的吴家花园。这时林立果在北京已知道了毛泽东的行踪。他们估计毛泽东会在上海停几天。

但林立果错了。

9 月 10 日晚，毛泽东没有下专列，他身边的工作人员往南京打电话，要求许世友马上来上海。在关键时刻，毛泽东想到了忠心耿耿的老将。

许世友当时正在大别山区视察，当南京军区好不容易找到他后，他日夜兼程，于次日上午来到毛泽东的专列上。

而王维国根本就没有被允许上车。

中午，毛泽东让许世友和其他被召的几个人一起下车吃饭，王维国也被一起拉走去吃饭。

等许世友吃完饭，才知道毛泽东已离开了上海。

毛泽东的专列在江南的原野上飞驰。此时林立果等人还在密谋加害毛泽东的方案。林立果一副临战状态：先搞南线（指谋害毛泽东——作者注），再搞北线。

所谓南线的预谋，是指在上海杀害毛泽东，或在苏州附近的硕放桥放炸药炸毁毛泽东的专列。所谓北线的预谋行动，是指要把在京的周恩来总理，朱德、叶剑英、聂荣臻、徐向前等老帅害死，把他们的对立派江青、张春桥、姚文元干掉。他们打算用坦克冲中南海。

正当林立果等人在北京密谋时，王维国从上海来电话，说毛泽东的火车已离开了上海，也已过了苏州。

专列日夜兼程，直驶北京。

快到丰台了，毛泽东突然下令停车。在车上，毛泽东召见了李德生、吴德、吴忠，询问了北京的情况，并明确说，黑手后面还有黑手。

到北京后，汪东兴给周恩来打电话，周恩来不知出了什么问题，感到诧异：你们怎么不声不响地就回来了，连我都不知道。路上怎么没有停，原来的计划不是这样的呀。

"天要下雨，娘要改嫁，由他去吧"

在北戴河的联峰山松树丛中，有一栋两层的小楼，这是当时林彪和叶群疗养的62号楼。

1971年9月12日，林彪和叶群正在慌乱之中。叶群从北京来的电话中得知林立果谋杀毛泽东的行动流产后，他们想执行第二套方案，即逃往广州，另立中央。

为了掩盖真相，叶群宣称晚上要给女儿林立衡和张清霖举行婚礼。晚9点钟，林立果从北京飞回北戴河。然后三人就在房间里商议。由于毛泽东找广州军区的丁盛、刘兴元谈话后，两人回广州召开了师以上2000多人的干部会议，传达了毛泽东讲话的主要精神。这样林彪就不敢去广州了。

林彪对苏联的情况比较熟悉，当时中苏之间激烈对抗，他们选择了去苏联。

林立衡平时就与叶群不和，这时她听到房间里三人的声音，她已预感到不妙，心里十分紧张，马上向保卫林彪的8341部队副团长张宏和二大队长姜作寿报告，说叶群和林立果要挟持林彪逃跑。

张、姜顿感情况严峻，晚上9时20分左右，他们把情况报告了在京的中央警卫局副局长张耀祠和汪东兴。张、汪又立即报告了周恩来。

周恩来当时正在人民大会堂讨论修改政府工作报告。他只能全力处理北戴河问题。他让汪东兴不要离开电话机。

然后给吴法宪打电话，追问下午去秦皇岛的飞机是谁批准的。吴法宪支支吾吾，经查是空军司令部副参谋长胡萍。

周恩来命令吴法宪：飞机必须马上回来，不准带任何人。

吴法宪欺骗周恩来说：那架飞机是夜航试飞，出了故障。

飞机就停在那里不准动，修好就回来。周恩来补充道：秦皇岛这架飞机起飞，必须由周恩来、黄永胜、吴法宪、李作鹏四个人一起下命令，才准起飞，要李作鹏马上打电话通知秦皇岛机场负责人。

李作鹏通知时，说成四个人中有一个人的命令，飞机就可以起飞。

晚上11时多，张宏打来电话，说林立衡报告，林立果、叶群正在商量今晚逃跑，还要派飞机轰炸中南海。

这时叶群主动给周恩来打来电话，叶群说：林副主席想动一动。

周恩来的语气仍像往日一样平和：是空中动还是地上动？

空中动。

有飞机吗？

叶群开始说没有，但马上改口说：有一架专机，是我儿子坐着来的。林副主席说，如果天气好，明天要上天转一转。

是不是要去别的地方？

原来想去大连，这里的天气有些凉了。

晚上飞行不安全。

我们晚上不飞，等明天早上或上午天气好了，再飞。

别飞了，不安全，一定要把气象情况掌握好，需要的话，我去北戴河看一看林彪同志。

听到总理要去，叶群有些慌乱，她语无伦次：你到北戴河来，林彪就紧张，更不安，总之，总理不要来。

9月13日零时32分。北戴河警卫部队报告：林彪、叶群、林立果不顾警卫部队阻拦，在副驾驶没有到位的情况下，乘三叉戟飞机强行起飞。山海关机场曾三次请示李作鹏，李都不下令停止起飞。

周恩来一听这一消息，马上打电话报告了毛泽东并请示了一些问题。回来后，他告诉李德生，林彪乘飞机逃跑了！他命令李德生，立即赶到空军司令部，代替他坐镇指挥。周恩来同时派杨德中随吴法宪去西郊机场掌握情况，派纪登奎去北京军区空军司令部。

周恩来向全国发出禁飞令：关闭全国机场，所有飞机停飞，开动全部雷达监视天空。

周恩来命令指挥所调度员：用无线电向256飞机发出呼号，希望他们飞回来，不论在北京东郊机场或西郊机场降落，我周恩来都到机场去接……

调度员报告周恩来对方不回答。

事到如此，周恩来只得向毛泽东汇报。

周恩来到中南海游泳池向毛泽东汇报，这时，吴法宪从西郊机场打来电话，说林彪的专机已起飞 30 分钟了，飞机向北飞行，即将从张家口一带飞出河北，进入内蒙古。吴法宪请示，要不要派歼击机拦截？

周恩来请示毛泽东：怎么办？打不打？还在射程之内。

毛泽东眼望空处，自言自语：不要打，天要下雨，娘要改嫁，都是没法子的事，由他去吧。

凌晨 1 时 50 分，256 号飞机飞出国境，进入蒙古人民共和国境内。

这时，又出现了新的情况。林立果死党周宇驰在接到林立果要他北逃的命令后，伙同于新野、李伟信以执行任务为借口，到沙河机场劫持了一架直升机，携带大量秘密文件和美元向北飞去，沙河方面向中央汇报。

毛泽东问：又是哪个？

周恩来说：有周宇驰、于新野……

毛泽东大为震怒：拦截回来，迫降，不听就打下来！

直升机在怀柔境内降落，驾驶员陈修文同周宇驰等进行殊死搏斗，英勇牺牲。周宇驰和于新野开枪自杀，李信伟被当地居民捕获。

深夜 3 时左右，根据毛泽东的指示，周恩来在人民大会堂召开中央政治局会议，宣布林彪叛逃事件，紧急布置了应变措施。

9 月 14 日中午，外交部把一份报告送到周恩来案头。报告说：中国 256 号三叉戟飞机于 13 日凌晨在蒙古温都尔汗附近坠毁，机上八男一女全部死亡。

周恩来长长地舒了一口气。他要汪东兴立即报告毛泽东。

听完汪东兴的报告后，毛泽东还有些疑惑：这个消息可靠不可靠？为什么一定要在空地坠下来？是不是没有油了，还是把飞机看错了？

就如何处理同林彪关系密切的黄永胜、吴法宪、李作鹏、邱会作等人，毛泽东对周恩来说：看他们 10 天，叫他们坦白交代，争取从宽处理。老同志，允许犯错误，允许改正错误，交代好了就行。

但是黄永胜等在 10 天内，既不揭露林彪的错误，也不交代自己的问题，什么都不说。

10 天后，周恩来在人民大会堂福建厅向黄永胜等人宣布：限你们 10 天坦白交代，争取从宽处理，你们不听。这个事还小呀，还有什么事比这个事更大！你们对党对人民是犯了罪的，现在宣布对你们实行隔离审查！

毛泽东与乒乓外交

　　1972年2月21日中午11时半，一架蓝白色的美国总统座机徐徐降落在北京机场。周恩来总理走向停机坪，站在舷梯下迎接前来访问的尼克松总统。当两位领导人的手握在一起时，无数个照相机和摄像机镜头对准他们，记录下了这一震撼世界的外交事件：一位美国总统专程到长期敌对的社会主义中国进行友好访问。这标志着一个时代的结束，另一个时代的开始。耐人寻味的是，是"小球转动了大球"，是"乒乓外交"打开了中美两国人民友好交往的大门，揭开中美关系新的一页。

"我队应去"

　　中国乒乓球队在世界乒坛享有盛誉，但是"文化大革命"的开展，中国乒乓球队也难逃厄运，在国际大赛上已经是有几年没有中国乒乓球队的身影了。

　　第三十一届世界乒乓球锦标赛将于1971年3月底在日本举行，是否派队参赛又提上了议事日程。国家体委军管会召集会议，研究是否派队参赛问题。

　　在这次会上，当时的军管会负责同志说：世界舆论认为中国队应该参加，要是没有中国队参赛，就不能称之为世界性的比赛。因为中国乒乒球队水平高，参加比赛才能反映当今世界乒乓球运动的技术水平。经过研究，军管会议决定，向中央写报告，请示毛主席、周总理批准派队参赛。

这时，外界的推动力越来越大了。1971 年 1 月 25 日下午，日本乒乓球协会会长后藤一行 4 人来到北京，邀请中国派乒乓球代表团参加第三十一届世界乒乓球赛。后藤先生认为没有高水平的中国队参加，就不能算"世界级"比赛，当晚就向我有关方面递交了一份纪要。在商谈中日乒乓球协会会谈纪要时，由于中立人员坚持要将台湾问题写入纪要，把遵守"中日关系政治三原则"的文字放在纪要的第一条，会议一时陷入僵局。

1 月 29 日，周恩来约见了参加会谈的中方人员，对他们的上述做法提出了批评，指出：后藤的会谈纪要草案已经很好了嘛！后藤先生很早就想来中国，你们对这样的朋友要求太过分了！你们不要那么"左"嘛！又说：会谈要看具体对象，台湾问题对后藤没有必要提，你们不要给他出难题。"三原则"还是按日方原来提出的，放在第二条，而不必改为第一条。并指出要把纪要中"所有吹嘘的话通通去掉"。由于周恩来的介入，中日双方会谈中的几个技术性问题很快解决了。1971 年 2 月 1 日，中日双方在北京签署了会议纪要。

中日双方会谈纪要的要点是：

一、日本乒乓球协会遵守国际乒乓球联合会章程，谋求国际乒乓球活动的发展，特别要根据国际乒乓球联合会章程，整顿亚洲乒乓球联合会。

二、日本乒乓球协会表示，根据中日关系政治三原则（略）发展中日两国乒乓球界的友好交流。中国乒乓球协会对此表示赞赏和支持。

三、日本乒乓球协会根据以上原则，邀请中国乒乓球队参加今年 3 月 28 日至 4 月 7 日在日本名古屋举行的第三十一届世界乒乓球锦标赛。

中国乒乓球协会接受邀请，将派乒乓球队前往参加。

四、在第三十一届世界乒乓球锦标赛之后，随即在日本举行中日乒乓球友谊赛。

五、中国乒乓球协会和中国人民对外友好协会感谢日本中国文化交流协会、日本乒乓球界和其他友好人士为增进和发展中日乒乓球界和两国人民之间的友好团结所作的努力。

其中第五点，是根据周恩来的意见写进纪要的。

对于中国乒乓球队的参赛和集训，毛泽东表现出了少有的关注。有关后藤来华会谈的简报，国家体委会同对外友协上报周恩来，周恩来又将简报送毛泽东阅示。读过之后，毛泽东并没有把简报很快退回，而是留在了自己的办公室里。这个举动显然是意味深长的。

此时，距比赛日期还剩不到两个月，距参赛报名截止日期更只是剩下十来天。日期紧迫，参赛准备工作在加速进行。但是，当时国际形势可谓风云变幻。中苏对峙，苏联大军压境；美国虽然开始与我国进行某种接触，但两国关系仍很严峻；中日也无外交关系。我国参赛的消息传出后，蒋介石集团的特务、日本右翼势力纷纷活动。另外，朝鲜、柬埔寨等也来电表达他们在参赛问题上的不同看法。在这样的形势下，原本已经决定了的派队参赛又成了个问题。3月14日晚，国家体委有关领导、代表团成员又聚在一起开会，研究去不去的问题。会上展开了争论，基本上分成两种意见。一种意见认为，我们应去，理由是我们已经报了名，如果不去，有损我国信誉。另一种意见是，在国际上有几股敌对势力千方百计想破坏我队参赛，我队不应该去。讨论的结果是多数不同意去。

大家讨论完，已是下半夜了。一直关注此事的周恩来打电话要听汇报。于是有关领导又立即去人民大会堂向周恩来当面汇报。

周恩来听了讨论的汇报，又问了在座的几位领导的个人意见之后，他拿起中日乒协签订的会谈纪要，说：在我们派代表参加三十一届比赛的问题上，后藤是实现他的诺言的，我们怎么能不守信用呢？沉思了片刻后，周恩来明确表态：左右权衡，我们还是参加第三十一届世乒赛。说着，他走到办公桌前，拿起一支铅笔，说，只有下这个决心了，我现在就写报告请示主席。

周恩来亲笔写完报告，马上要秘书立即送往中南海，请毛泽东作最后的决定。

当天上午，毛泽东亲笔批示：

> 照办。我队应去，并准备死几个人。不死更好。要一不怕苦，二不怕死。

至此，中国乒乓球队参加第三十一届世界乒乓球锦标赛成为定局。

3月16日晚10时，周恩来在人民大会堂接见代表团全体人员，为代表团送行。周恩来作了长篇讲话，分析了当时复杂的国际形势和日本的形势，分析了我国与朝鲜、柬埔寨的关系，讲哲学，讲辩证法，讲"友谊第一，比赛第二"……

周恩来说，你们要把困难估计够，会碰到困难的，但有了风险也不一定死。应该勇敢时就勇敢，应该沉着时就沉着。要争取安全回来，胜利回来。

庄则栋念写给毛主席的《决心书》。刚念了个开头，"最最敬爱的伟大领袖毛主席……"周恩来就打断了他的朗读说：不要这样提，毛主席反对这样做，为什么要加两个"最"呀？那么多"最最最"，主席一看就火了。我看你们就没有打破这个框框。形式主义多，实际的东西少，反而把自己搞得水平不高。这不是毛主席要求的作风。

庄则栋接着往下念，"一球一板都和祖国的荣誉相联，坚决做到'友谊第一，比赛第二'，从我们身上看到经历无产阶级文化大革命的锻炼的一代人的崭新精神面貌。……独有英雄驱虎豹，更无豪杰怕熊黑，明知山有虎，偏向虎山行。为了世界革命事业，我们豁出命来干。

下定决心，不怕牺牲，排除万难，去争取胜利。

中国乒乓球队，1971 年 3 月 16 日"

听完这份《决心书》，周恩来说，你们的心是诚的，信心也是坚定的，但信的水平不高，信用的是文化大革命初期的语言。信由我来给你们改一改好不好？你们的心情我了解，但要用朴素的语言写。

从这封决心书，又说到代表团出国前的准备工作。周恩来说，运动员带不带《毛主席语录》和毛主席像章，研究了没有？下飞机时，《毛主席语录》就不要拿了。毛主席像章，太大的也不要戴，小的可以戴，人家热情就要给，不要强加于人。

"这件事事关重大，非同一般呀"

在第三十一届世锦赛上，中国乒乓球队赛出了风格，赛出了水平，成绩优异。但是中国乒乓球代表团的成员们万万没有想到，对乒乓选手们的一举一动，毛泽东都非常关心，关切程度是前所未有的。

3 月 21 日，中国乒乓球代表团刚刚赴日本参赛，毛泽东就对护士长吴旭君说：你每天要把各通讯社对于我们代表团的反应逐条地对我讲。70 年代以后，因白内障的困扰，毛泽东视力渐衰，越来越仰仗身边的工作人员为他朗读文件。

吴旭君回忆说，3 月 22 日这一天，毛泽东像是着了魔似的躺在床上三四个小时睡不着。平时他起床总有一套事要做，比如穿衣服、擦脸、漱口、喝水等等，但是这天毛泽东觉得做这些事是多余的，浪费时间，马马虎虎地做完就看文件。

这天清晨，毛泽东久久不能入睡，干脆下决心不睡了。他要吴旭君来到他的卧室，当吴旭君打开屋里的台灯时，毛泽东只简单地说了一个字："讲。"

讲什么,是要吴旭君给他讲刚刚看过并已有所归纳的新华社《参考资料》。

在毛泽东大床对面的椅子上坐下,吴旭君把刚刚看过的《参考资料》的一些内容说给毛泽东听。其实,她看过的是前一天的下午版《参考资料》,而此时大约是早晨 6 时,人们还没有上班,上午版的《参考资料》还没有来呢。

毛泽东马上就察觉了,对吴旭君说:告诉徐秘书,催催新华社的《参考》清样,一出来就立即给送来,我等着看。

吴旭君出去给徐业夫打电话,催他快把《参考资料》的清样拿来。

吴旭君好奇地问毛泽东,怎么这么关心对乒乓球的反映。

毛泽东说,这件事事关重大,非同一般呀!这是在火力侦察以后,我要采取主动,选择有利时机,让人们看看中国人是不是铁板一块。

在第三十一届世界乒乓球锦标赛间,毛泽东要吴旭君多看《参考资料》和有关的情况反映,并为他读讲有关内容,讲得吴旭君口干舌燥。

就在吴旭君讲得口干舌燥之时,3 月 30 日上午,在国际乒联大会上,中国代表团官员也在为柬埔寨朗诺集团球队的代表权问题展开唇枪舌剑。由于争论激烈,大会暂时休会。

中国代表团官员宋中和王家栋一前一后走进休息厅。入座之后,他们才发现同桌对面坐着的竟是美国乒乓球代表团团长雷厄姆·B. 斯廷霍文。

既然已经坐了下来,就不好回避了。想到刚才还在会上口口声声地声讨美国扶植走狗,现在却和美国代表坐到了一起,宋中感慨地,又带着些习惯性礼仪地向斯廷霍文点点头。

"您好,宋先生",斯廷霍文开了腔。

"您好!"宋中的回答略显拘谨，这至少是 60 年代以来中美双方的体育官员首次接触。

斯廷霍文说，中国队打得很不错，水平之高真令人羡慕。中国队来参加比赛，使国际乒联的成员都十分高兴。

斯廷霍文，59 岁，是美国底特律克莱斯勒汽车公司的人事部负责人，此时担任着有 3000 名会员的美国乒乓球协会主席。他想了想，调转话题说，中国是一个文明古国，中国人民是伟大的。我们美国呢，也有着灿烂的文化，我真希望我们两国人民友好相处。

"您说得很好，斯廷霍文先生。"翻译转述了宋中的话。

斯廷霍文告诉宋中，在 15 天之前的 3 月 15 日，美国国务院发言人查尔斯·布雷发表声明，宣布取消对持美国护照者访问中华人民共和国的限制。声明说："取消禁止持美国护照访问中华人民共和国的决定，与总统在公开场合表示的同大陆中国改善交往的意愿是一致的。"布雷的声明还回顾了自 1969 年以来，美国政府为改善与中国的关系而采取的若干措施。

美国国务院宣布决定时，尼克松正在比斯坎岛短暂休息，白宫新闻发言人出面回答了记者的提问。他说：总统的政策是要仔细研究我们可能采取的下一个步骤，使红色中国人和美国人更加广泛地接触。他的意图是，无论如何要扫除实现这些可能性的不必要的障碍。

他又补充说：我们希望双方会有互惠的行动，但我们不会因为无此行动而裹足不前。

对美国政府 3 月 15 日的决定，宋中已经知道了，他对斯廷霍文说："这意味着我们有可能，在将来的一天，在北京会面。"

斯廷霍文笑了。

会议将继续进行。

由于代表权的问题争论不决，大会转入其他具体问题的讨论，一直开到中午 12 时才告结束。

散会了，耐人寻味的事情又发生在休息大厅里。宋中走出会场，和斯廷霍文再次走到了一起，他身边，还有国际乒联理事，美国乒协国际部主任罗福德·哈里森。

斯廷霍文很有礼貌地问起，中国方面邀请南斯拉夫乒乓球队，参加完第三十一届乒乓球锦标赛以后，去中国访问一周。

确实如此。这项邀请是昨天（3 月 29 日）由中国方面正式发出的。这也是遵照周恩来的意见拟定的计划，为加强与各国乒乓球界的交往，赛后邀请几个国家的球队访华。周恩来特意关照过：不是说匈牙利队打得好吗，你们到了日本，务必向匈牙利队发出邀请，请他们到中国来访问，相互交流。所以，匈牙利队也名列中国的邀请名单。

两位美国代表随意询问，还准备邀请哪些队？他们谈起了一桩往事。1961 年 4 月第二十六届世界乒乓球锦标赛在北京举行的时候，美国乒协是准备派队参加的，但是受到政府禁令的阻挠。结果，与美国毗邻的加拿大乒协派队参赛了，美国队却不能如愿。现在好了，禁令已经不复存在，如果有机会，美国队可以到中国参加比赛了。

斯廷霍文说，中国乒乓球运动水平很高，如果美国选手去一次中国，一定能学到许多有益的技术，也希望中国的乒乓球选手到美国去。

"外事无小事"。当晚，宋中就向代表团临时党委作了汇报。

很显然，这是美国代表团在放风，他们想要访问中国。大家都感到事关重大，当即决定报告北京，听候指示。

在北京，名古屋传来的信息每天被整理成简报。其中有两份，一份送周恩来，一份送毛泽东。

有关中美关系的信息从名古屋传来后，毛泽东主席办公室迅速传来指示，毛泽东认为，原定的和名古屋每天通话 3 次还不够，要增加到 5 次！

"这个庄则栋，不但球打得好，还会办外交"

从 3 月下旬起，中国乒乓球代表团一日数次的汇报，都及时送到外交部，由专门人员进行缜密的研究。

"名古屋电话（3 月 30 日晚 9 时 20 分）：美国队表示想访问中国。"

"名古屋电话（3 月 31 日下午 2 时 50 分）：美国队想访问中国，美国记者想采访我代表团成员。在名古屋，美国队首席代表、代表和记者 6 次同我接触，表示友好，并希望和我经常来往。"

……

中美关系，堪称 20 世纪中叶最引人注目的国际关系焦点。扑朔迷离，深不可测。大家带着沉思聚集在一起，综合、分析，提出一个又一个设想和解释。时光无声地流逝，在最后的决定作出之前，他们急切地盼望着，名古屋还会传来什么新的信息。虽说毛泽东要求一日之内应互通 5 次电话，但是因为当时通话完全依靠国际电话局人工接转，很不方便，最后还是一天 3 次与名古屋通话。

要不要邀请美国乒乓球队来华访问？外交部出现了意见分歧。

多数人认为，现在还不宜邀请美国乒乓球队访华。他们觉得，根据毛泽东和埃德加·斯诺谈话的精神，首先应考虑的是让有影响的新闻记者来，或者是先让有影响的政治人物来，让美国乒乓球队打头阵来华访问未必有利。

少数人则持相反的意见。他们认为，现在"未必"不是时候。不妨邀请美国队访华，这样做有利于出现中美两国人民友好交往的势头。

讨论的结果，前一种意见占了优势。

4 月 3 日，外交部和国家体委就名古屋传来的请求提出了报告："……可以告诉美国队现在访华的时机还不成熟，相信今后会有机会。"

报告送请周恩来批示。

这个指示还没有传到名古屋，又发生了一件事。

4月4日，中国乒乓球队从训练馆坐车去比赛馆时，突然上来了一个美国运动员科恩。科恩因多练了一会儿球耽误了自己的座车，无意中搭乘上中国队的座车。

见一位美国运动员上了车，满车的中国运动员都不禁有些好奇，但谁也没有说话。科恩见大家沉默不语，有些不安，就脸冲外站在车门口，他的运动衣背后印有"U.S.A"的显眼英文字样。庄则栋觉得不应淡漠了人家，就主动从后座站起身向科恩走了过去。

同伴急忙轻声劝阻他。

庄则栋一边说："我和他打个招呼，问声好。"一边照直走向科恩。

"你好！欢迎你乘我们的车去体育馆。"庄则栋客气地说。

科恩转过身，说："谢谢！"

"你叫什么名字？"庄则栋问。

"科恩。"留着长发的美国青年回答。

"虽然美国政府对中国不友好，但美国人民是中国人民的朋友，为了表示中国运动员对美国运动员的友谊，我送你一幅中国杭州的织锦留念。"庄则栋将织锦送给了科恩。

翻译向科恩介绍道："送你礼物的是世界冠军庄则栋先生。"

"我知道。"科恩接过礼物，兴奋地说，"谢谢！"还竖起大拇指说，"中国乒乓球队，是世界上最好的球队，祝你们继续取得好成绩！"

车到了体育馆，许多记者看见科恩和庄则栋一起下车，急忙举起相机拍下中美两位选手握手的照片。有的记者还从他们身后拍下印有"U.S.A"和"中国"字样的背影。科恩和庄则栋成了新闻焦点。

第二天，为了回赠礼品，科恩又在比赛场寻找庄则栋。见到庄则栋往场子里走，就跑过去一把拉住他，边走边挥着昨天庄则栋送给他的那幅织锦。他把庄则栋拉到场边，拿出一件别着美国乒协纪念章的短袖运动衫送给庄则栋作纪念。早就盯着科恩的记者们蜂拥而上，又是拍照又是采访。庄则栋和科恩又一次成了报纸、电视的热点新闻。

吴旭君看到 4 月 6 日《参考资料》上关于庄则栋和科恩奇遇的报道，觉得挺有意思，就对毛泽东说了。"就这么一条花絮，毛泽东听后眼睛一亮，立刻让我原原本本把这则消息念了两遍。"

△ 共同社报道《"一起乘车吧"——世乒赛上的"中美友好"》

共同社 4 月 4 日电：名古屋消息：从专门接送中国选手代表团的汽车里招手的中国选手说："我们一起坐车到体育馆去吧！"于是，美国选手科恩就蹒蹒跚跚地上了汽车。4 日早晨，在名古屋举行的世界乒乓球锦标赛上发生了这样一件事：美国选手和中国选手同乘一辆汽车，通过体育互相了解"美中人民"的友好。

上午 10 点左右，在体育馆附近体育会馆前结束了练习的中国选手正要上车的时候，穿着印有 U.S.A 字样运动服的美国选手科恩，正急急忙忙经过汽车旁边步行到体育馆去。中国选手看见了他，就打着手势对他说："要去体育馆，就坐车去吧。"

对于这种出乎意料的邀请，科恩开始有些诧异，但后来却被面带微笑招手的中国运动员吸引过去，和同行的英国选手泰勒一起上了汽车，向距那里数百米左右的比赛地点爱知县体育馆驰去。

在汽车里，中国选手面带微笑，向与他们并肩坐着的两位选手搭话说："中国将同美国友好，让我们共同努力吧！"虽然要把中国话翻成日语，再由日语翻成英语，经过这样繁琐的两重翻译，但是对方的意思似乎都可以明白。庄则栋送给两人织有黄山图案的长 10 厘米、宽 15 厘米的杭州织锦，两个人非常高兴。

到了体育馆之后，穿着流行服装的科恩和穿着鲜红色运动服的中国选手在体育馆前一起拍照留念。因门票卖光而进不了体育馆的观众，看见了这种情景，都热烈欢呼，鼓掌。

中国代表团自从来到日本以后就说："友谊比胜负更重要。"积极地掀起了人民之间的友好热潮。这一天的"美中友好"使人更强烈地感受到这一点，是一个给人以深刻印象的场面。

科恩选手在这天参加了男子双打，与日本的今野、阿部两选手对垒，虽然比赛最后失败，但当问到他对中国选手的感想时，他高兴地莞尔微笑说："诚恳，友好！"

这则新闻在细节的准确性上有欠缺。实际情况是，科恩上车以后使用的全部是英语，没有用日语讲话。而且上车的是科恩一个人。

△ 同一天的《参考资料》下午版上还有美联社4月5日一则报道。（略）。

……

据吴旭君的回忆，这几则报道，都给毛泽东反复读了两遍。听完了，毛泽东带着满意的笑容说：这个庄则栋，不但球打得好，还会办外交。此人有点政治头脑。

不过，中国外交部的反应还是冷静的。4月3日的最初决定不变，不准备邀请美国队近日访华。

"赶快办，要来不及了"

1971年4月6日，第三十一届世界乒乓球锦标赛接近了尾声。这天下午4时30分，中国代表团接到了来自外交部的指示："……可以告诉美国队现在访华的时机还不成熟，相信今后会有机会。可留下他们的通信地址。但对其首席代表在直接接触中应表明，我们中国人民坚决反对'两个中国'、'一中一台'的阴谋活动。"

指示还说，由于同样的原因，加拿大队领队沃尔登的美国籍女友不宜在此次来华。

接到国内指示，团长赵正洪和宋中商量了一下，决定立即通知沃尔登和纽伯格女士。至于美国队访华的事，因为他们从来没有正式提出过要求，所以不必专程前去告知了，等到在某个场合恰好碰见的时候说一声就行了。

他们很快就把全副精力投入组织亚非拉乒乓球邀请赛了。如果组织成功，参加国将超过 50 个，组织事务十分繁重。

与此同时，一直关注赛事发展的毛泽东又度过了一个不眠之夜。

4 月 6 日这天，毛泽东给吴旭君一份文件，要她看一看，这就是外交部和国家体委联合起草的关于不邀请美国乒乓球队访华的报告。

对于这份报告，周恩来持非常慎重的态度。4 月 3 日，他在外交部起草的这份报告中加进了一段话："可留下他们的通信地址。但对其首席代表在直接接触中应表明，我们中国人民坚决反对'两个中国'、'一中一台'的阴谋活动。"在文件上端，周恩来写道：即呈毛、林：拟同意。此件的发送范围极小，他本人不作最后决定，没有把报告批下去，而是于 4 月 4 日将它呈送毛泽东和林彪。对这份报告，毛泽东在自己的办公桌上压了一下，没有立即批下去。直到不宜再等的 4 月 6 日，乃大致同意周恩来的意见。毛泽东在自己的名字上画了个圈，圈完之后，毛泽东要吴旭君将这份文件退外交部。

将外交部文件退走后的当天晚上，毛泽东提前吃了安眠药打算睡觉。

晚上 11 时多，吴旭君陪同毛泽东吃饭，吃完饭后，吴旭君发现毛泽东已经困倦，趴在桌子上似乎昏昏欲睡。

突然，毛泽东说起话来，嘟嘟囔囔，听不清楚。吴旭君听了一会儿才听出，毛泽东的意思是要她打电话给王海容。毛泽东用低沉而含糊的声音说："邀请美国队访华。"吴旭君事后回忆说："如果是平常跟他不熟悉的人，是根本听不懂他说的这句话的。"

　　然而吴旭君听懂了这句话，而且愣住了，不由得想到，这跟白天退走的那份文件的意思正相反呀！再说，再有十几分钟就到 4 月 7 日了，第三十一届世界乒乓球锦标赛该结束了，说不定外交部早已把批示的意思传给了美国人，人家已经回国了。假如按照毛泽东现在说的办，显然与已经批过的文件精神不符合，完全可能把事情办错。

　　吴旭君想到了毛泽东平时的交代：吃过安眠药以后讲的话不算数。

　　她想：现在他说的算不算数呢？看着毛泽东沉沉欲睡的样子，她感到十分为难，去打电话不是，不去也不是。要是把毛泽东的意思弄错了，人家美国队真的来了，怎么办？更糟糕的是怕第二天毛泽东醒来以后说，我没有说过要这么办。如果真是这样，要犯大错误的。但是想到这几天来毛泽东苦苦思索中美关系的问题，关注世界上对中国乒乓球代表团的反映，吴旭君又觉得很有可能是毛泽东在最后一刻改变了主意，作出了新的决定。

　　想了又想，吴旭君只有一个念头了：必须证实现在毛泽东是不是清醒。怎么证实呢，只有让毛泽东主动讲话。

　　吴旭君决心冒一次险，故意装做若无其事的样子继续吃饭，同时观察毛泽东到底清醒不清醒。

　　过了一小会儿，毛泽东抬起了头，使劲睁开眼睛说：小吴，你还在那里吃呀，我让你办的事你怎么不去办？

　　毛泽东平时都称呼吴旭君为"护士长"，只有在特别严肃的时候才叫她"小吴"。

　　吴旭君故意大声说：主席，你刚才和我说什么呀？我尽顾吃饭了，没听清楚，你再说一遍。

　　于是，毛泽东又一字一句把刚才说的话又说了一遍。

　　这回吴旭君听清楚了，真的是要邀请美国乒乓球队访问中国。但是她还不走，反问了一句：主席，白天退给外交部的文件不是已经办完了吗？你亲自圈阅的，不邀请美国乒乓球队访华了，怎么现在又提出邀请呢？你都吃过安眠药了，你说的话算数吗？

这回，毛泽东果断地一挥手，说：算！赶快办，要来不及了。事实表明，此时毛泽东的头脑非常清醒。

听到这句话，吴旭君立刻直起身往值班室跑。她在值班室给王海容打电话，把毛泽东的最新决定告诉她。

这时，时间马上就要到午夜12时了。

王海容意识到，说不定有些国家的代表团已经提前走了。美国队走了没有还不知道呢，得赶快想办法抓住他们。

打完电话，吴旭君赶紧跑回毛泽东的身边。只见毛泽东还坐在桌子前，硬撑着身体。

吴旭君立即将刚才与王海容通话的事向毛泽东说了。

毛泽东听罢点头说道：好，就这样。说完，他上床躺下，很快就睡着了。

一个行将震动世界的决定就这样作出并付诸实施了。

"小球转动了大球"

4月7日上午，中国乒乓球代表团在驻地藤又观光旅馆的庭院里举行亚、非、拉乒乓球运动员的游园联欢会。突然，一位工作人员匆匆走到代表团团长赵正洪的跟前，通知他北京来电话，请赵立即回房去。赵正洪回到房间，接过工作人员递给的电话记录本，电话记录上写着："关于美国乒乓球队要求访华一事，考虑该队已多次提出要求，表现热情友好，现决定同意邀请美国乒乓球队包括负责人在内来我国进行访问。可在香港办理入境手续，旅费不足可补助。请将办理情况，该队来华人数，动身时间等情况及时报回。"

只隔一天，情况就发生了根本的变化。昨日还是"时机还不成熟"，今日却已同意立即邀请。团长赵正洪看了两遍电话指示记录，马上派人把宋中找回，要求他马上去找美国队。

宋中不敢耽误，找上翻译王家栋，就急匆匆地奔美国队下榻的旅馆。

当宋中的座车在美国队下榻的旅馆前停下来时，美国乒协国际部主任哈里森正举手招呼出租车。

宋中提着的心总算落了下来，他急忙过去与哈里森打招呼，问："斯廷霍文先生在吗？"

哈里森说："他不在。"

宋中马上说："我是来找你的。"

哈里森感到有些突然，说："找我？"

在旅馆的休息厅里，宋中开门见山向哈里森发出邀请：我代表中国乒乓球代表团正式邀请美国乒乓球队访问中国。

美国队已预定第二天（4月8日）离日返美，但听到这个消息，哈里森很惊喜，不过此事毕竟来得太突然，他当即从下榻的皇宫饭店往东京美国驻日使馆打电话，汇报此事，并询问有关护照问题。美国驻日大使阿明·迈耶不在，接电话的使馆官员威廉·坎宁听说后当场表示，建议哈里森接受邀请。因为大使馆已经接到通知，国务院已经宣布总统决定取消了对持美国护照到中华人民共和国旅行的一切限制。坎宁根据自己的理解，美国政府希望和中国改善关系，当然可以建议美国球队接受中国方面的邀请。

坎宁打罢电话迅速找到了迈耶大使汇报。迈耶觉得事关重大，应该告诉华盛顿，这样可以给华盛顿一个机会，对建议中的访华旅行可以给予鼓励或者加以阻止。大使馆给美国国务院发了一份加急电报。

此时，东京正午刚过，华盛顿已是午夜。接到电报的罗杰斯国务卿不敢怠慢，署上了意见当即送往白宫。意见写道：虽然我们还无法断定到底是怎么回事，这个邀请的用意起码有一部分是作为回答美国最近采取的主动行动的一种姿态。

尼克松看了电报，喜出望外，马上批准美国乒乓球队接受邀请。

他事后写道：

4月6日（北京时间为4月7日——引者注），以完全没有料到的方式出现了一个突破：美国驻东京大使馆报告说，在日本参加世界锦标赛的美国乒乓球队接到了去中华人民共和国访问、以便进行几场表演赛的邀请。

这个消息使我又惊又喜，我从未料到对中国的主动行动会以乒乓球队访问的形式获得实现。我们立即批准接受邀请，中国方面的响应是发给几名西方记者签证以采访球队的访问。

中国人邀请美国乒乓球队访华，把世界轰动了。成了举世瞩目的重大事件。消息宣布后，日本各大报纸都在头版头条登出消息，报道中美之间的"乒乓外交"。周恩来兴奋地在转给毛泽东的一份报告上写道：电话传过去后，名古屋盛传这一震动世界的消息，超过三十一届国际比赛的消息。当晚，周恩来向出席全国旅游和援外工作会议的代表宣布：从今天起，我们展开了新的外交攻势，首先从中国乒乓球队开始。

一个星期后，周恩来在北京接见了刚刚来到中国的美国乒乓球代表团全体成员。他说：中美两国人民过去来往是很频繁的，以后中断了一个很长的时间。你们这次应邀来访，打开了两国人民友好往来的大门。会见中，美国队员格伦·科恩向周恩来询问他对美国青年中流行的"嬉皮士"的看法。周恩来回答说：现在世界青年对现状有点不满，想寻求真理。青年思想波动时会表现为各种形式，但各种表现形式不一定都是成熟的或固定的。按照人类发展来看，一个普遍真理最后总要被人们去认识的，和自然界的规律一样，我们赞成任何青年都有这种探讨的要求，这是好事。要通过自己的实践认识。但是有一点，总要找到大多数人的共同性，这就可以使人类大多数得到发展，得到进步，得到幸福。最后，周恩来请美国客人回去后，把中国人民的问候转告美国人民。

"乒乓外交"将中美关系的突破性进展展现在世人面前。送走了美国乒乓球队、迎回了从日本归来的中国乒乓球队，周恩来在许多场合提到了"乒乓外交"。

1971年5月30日，周恩来在外事工作会议上，第一次在有着众多参加者的情况下颇有诗意地说：4月7日，我们伟大领袖毛主席把乒乓球一弹过去，就转动了世界，小球转动地球，震动世界嘛！

"乒乓外交"从此有了别称："小球转动大球"。

在那以后的日子里，基辛格于1971年7月实现了秘密访华，尼克松总统于1972年2月访问了中国，通过与毛泽东、周恩来的会谈，结束了中美两国相互隔绝的时代。

毛泽东与"解放"老干部

在"文化大革命"这场史无前例的动乱中，大批党政军领导干部受到残酷斗争和无情打击。

高级领导干部首当其冲

"文化大革命"开始后，大批党政军领导干部一开始就陷入了"运动"的旋涡。许多人被当作"黑帮分子""资产阶级代表人物""反革命修正主义分子"，遭到批斗、抄家，受尽凌辱、迫害，其中有许多人最终因此而罹难。

"文革"之初，毛泽东虽然一开始就从政策上强调：对于犯有严重错误的人们，在指出他们的错误之后，也要给以工作和改正错误重新做人的出路，但对于这种无政府主义的局面，他并没有予以足够的重视，在某种意义上甚至是采取了肯定、支持和鼓励的态度。1966 年 7 月 8 日，他在给江青的一封信中写到，这是乱了敌人，锻炼了群众，认为只有通过天下大乱才能达到天下大治。

这年 8 月 10 日，毛泽东收到武汉大学校长李达的一封来信。李达与毛泽东同为中共一大代表，相互之间曾有过较多的交往。"文革"爆发之后，他被错误地打成所谓武汉大学"三家村黑头目"，戴上"叛徒""地主分子"的帽子，并被开除党籍。由于不堪凌辱，便向毛泽东写信求救。毛泽东阅信后当即批示有关领导人，要求酌情予以处理。但是由于当时混乱的局面已经无法控制，李达不久即含冤逝世。对此，毛泽东深感痛心。他没有想到，短短几个月的时间，"文化大革命"已经发展到了失控的地步，连他的亲笔批示都起不了作用。8月29日，他在中央政治局会议上提出：文化大革命，发展到社会上斗批改，要文斗，不要武斗。翌日，他又收到全国人大常委会委员、中央文史研究馆馆长章士钊的来信，反映被红卫兵抄家的情况。章士钊是毛泽东的老师、岳父杨昌济的挚友，早年曾支持过毛泽东等人的实践活动，他与毛泽东的友谊介乎师友之间。对于他受冲击的情况，毛泽东当然不能坐视不管，当日即批告周恩来总理：应当予以保护。正在忧心如焚的周恩来接到批示后，迅速办理。他严厉要求有关人员把抄走的东西全部归还，并把章士钊秘密转送301医院加以保护，另派两名解放军战士负责章家的保卫工作，以防红卫兵再次抄家。考虑到相同的情况，周恩来还亲笔写了一份应当予以保护的领导干部和著名民主人士名单，其中包括国家副主席，全国人大常委会副委员长、常委会委员，全国政协副主席，国务院副总理、部长、副部长，最高人民法院院长，最高人民检察院检察长，各民主党派负责人以及无党派民主人士等，力保他们免被批斗。9月3日，毛泽东又在全国政协常委、卫生部副部长傅连暲的一封来信上批示：此人非当权派，又无大罪，似应予以保护。

从毛泽东这一时期的讲话和批示中不难看出，即使是在"文化大革命"初期，他也并不主张对广大干部实行武斗和人身迫害，对一些著名人士和非当权派，甚至还明确主张应当予以保护。但是，在当时极端混乱的局势下，要想从一切当权派手中夺权，残酷斗争、无情打击等等武斗现象就根本无法避免。这一点是毛泽东所始料不及的，也是他本人一度无法控制的。因此，虽然其后的报刊不断发表社论、文章，反复宣传毛泽东关于夺权问题应该注意的具体方针，一再要求"实现无产阶级革命派大联合"，实行"革命群众组织的负责人、人民解放军当地驻军的代表、革命领导干部"的"三结合"，要求正确地对待干部，反对"怀疑一切、打倒一切"的无政府主义思潮，但实际上都是收效甚微。

本来，按照毛泽东的估计，"全面夺权"的斗争在1967年初就应该看出眉目来，但事情的发展却远不如他想象的那么简单。这是因为许多地方形成的互相对立的造反组织都从维护本派的利益出发，对毛泽东的指示和有关社论、通知，各取所需，为我所用。他们在"左"倾方针和极左思潮的影响下，各行其是，对权力的争夺寸步不让，由此引发了大量的纠纷和冲突，甚至酿成了残酷的派仗。在这场史无前例的夺权斗争中，许多老干部成为矛盾冲突的焦点。他们中间有的人刚刚被某一造反组织所"结合"，马上又被另一派组织所打倒。如此反复批斗，几个回合下来，许多人已是心力交瘁，九死一生，再也无法站出来工作。

1967年1月29日，中南局第一书记、湖北省委第一书记王任重的妻子萧蕙纳给毛泽东写信。反映王任重在夺权斗争中屡遭批斗，病重垂危，已不知去向的情况，请求予以保护，并允许住院治病。毛泽东阅信后批示：我意应说服红卫兵，让他就医。红卫兵有事，视情况许可，随叫随到。王任重曾任中央文革小组副组长，深得毛泽东的器重，但由于与江青、康生一伙意见相左，短短半年之后，已经自身难保。他的情况，突出地反映了大批老干部在"文革"初期的命运，也真实地说明了毛泽东关于"大联合""三结合"的夺权方针，在当时的历史情况下根本无法得到有效的贯彻执行，其他的一系列有关规定和要求，也很少能够收到实效。事实证明，既要在整体上坚持错误的"全面夺权"的方针，又要在局部上纠正某些过火的做法，真正做到像毛泽东所期望的那样"正确地对待干部"，是根本不可能的。

"绝大多数的干部都是好的"

就在这种局势日趋混乱的情况下，一些老一辈无产阶级革命家挺身而出，进行抗争。1967 年 2 月前后，谭震林、陈毅、叶剑英、李先念、李富春、徐向前、聂荣臻等中央政治局委员和中央军委负责人，在北京京西宾馆和中南海怀仁堂召开的一系列会议上，代表广大党员和人民群众的意志，对"文化大革命"的错误做法提出强烈的批评和抗议，同林彪、江青一伙进行了一场大义凛然的斗争。他们提出的问题集中到一点，就是"文化大革命"究竟还要不要党的领导。他们认为，在大批党和国家领导干部被揪斗、迫害，党的各级领导机关普遍陷于瘫痪的形势下，所谓"革命的三结合""群众的大联合"是根本实现不了的。由于这种抗争实际上是力图从根本上纠正"文化大革命"的"左"倾错误，反对"全面夺权"的荒谬做法，因而遭到了毛泽东的严厉批评。江青一伙借机将这场抗争诬指为"二月逆流"，由此引发出更大规模的揪斗、打击、迫害各级领导干部，冲击领导机关的局面。一小撮别有用心的人甚至将斗争的矛头指向忍辱负重、苦撑危局的周恩来总理，鼓噪"炮打周恩来是夺权运动的大方向"。形势的发展，几乎到了失去控制的地步。

面对着这种严重的动乱局势，毛泽东不得不采取一系列紧急措施。他首先在一份反映炮打周恩来的情况材料上批示：极左派的观点是错误的，请文革同志向他们做说服工作。紧接着又批准了周恩来送审的对国务院一些部委实行军事管制的决定试行草案。此前的 3 月份，他还接连批转了中央关于停止全国大串联的通知、关于大庆油田实行军管的决定、给全国厂矿企业干部职工的信以及转发北京卫戍区布告的指示等文件，对维护局势的稳定，起到了一定的作用。其中特别是关于军队的介入，更是起到了极为关键的作用。

这年 7 月至 9 月，毛泽东在视察华北、中南和华东地区的"文革"情况时，明确提出来对红卫兵要进行教育，加强学习，现在正是他们有可能犯错误的时候。针对大批老干部已经被打倒的情况，他强调：绝大多数的干部都是好的，不好的只是极少数；要扩大教育面，缩小打击面；在进行批判斗争时，要用文斗，不要搞武斗，也不要搞变相的武斗；要允许干部犯错误，允许干部改正错误；要释放一批干部，让干部站出来。他再次重申：正确地对待干部，是实行革命三结合，巩固革命大联合，搞好本单位斗、批、改的关键问题，一定要解决好。在此期间，他还批准对积极主张"揪军内一小撮"的中央文革小组成员王力、关锋、戚本禹等人实行隔离审查。所有这样一些指示和措施，使得当时甚嚣尘上的派性和无政府主义受到了一定的遏制，一批受审查的干部得以暂时解脱。虽然还不能从根本上解决问题，但对于避免局势的进一步恶化，还是起到了一定的作用的。此后，整个社会的动乱局势相对地趋于缓和。

经过 20 来个月社会大动乱的几次反复，到 1968 年初，全国除台湾之外的 29 个省、市、自治区革委会相继成立。此间，在对一些省市区革委会要求成立的请求报告的批示中，毛泽东主张对这些地方过去的领导干部均不要点名批判，留有余地，将来要点也不迟，他告诫中央文革碰头会成员：要相信百分之九十以上的干部是好的和比较好的。犯了错误的人，大多数是可以改的。至 1969 年初，他又进一步提出：所有与"二月逆流"有关的老同志及其家属，都不要批判，要把关系搞好。中共九大召开前夕，他还批示董必武、刘伯承、朱德、陈云等一大批老同志应在开幕式的主席台上就座。上述这样一些情况表明，毛泽东对党内各级领导干部的看法，较"文化大革命"初期，已经有了较大的改变。他虽然并不认为这些老干部的思想、路线问题已经得到了根本的改变，但从对干部的总体评价来看，他认为绝大多数都是好的，或者是比较好的；从对那些已经犯了所谓错误的干部的评价来看，他认为大多数是已经改正的，或者是能够改正的。正因为如此，他不同意林彪、江青一伙及其所依赖的造反派对广大干部实行"残酷斗争、无情打击"的做法，这就为林彪事件后进一步"解放"老干部作好了思想认识上的准备。

"我看都可以同意"

林彪事件的发生，使毛泽东陷入了极大的痛苦和失望之中。他开始重新考虑过去所认定的某些问题，尤其是对老干部的认识和评价问题，逐渐改变对一些老干部的看法和态度，并在周恩来等人的大力协助之下，重点抓了干部政策的调整和落实工作，"解放"了一大批党政军领导干部。

1971年11月14日，林彪事件发生之后刚刚两个月，毛泽东在接见参加成都军区座谈会的人员时，当着叶剑英的面对大家说：你们以后再不要讲他"二月逆流"了。"二月逆流"是什么性质？是他们对付林彪、陈伯达、王、关、戚。如前所述，所谓"二月逆流"是叶剑英、陈云、谭震林等老一辈无产阶级革命家在"文革"初期对林彪、江青及其一伙倒行逆施所进行的正面抗争，现在毛泽东对它的正义性质作出了肯定的评价，无疑是解除了几年来一直压在这些老干部心头的一块大石头，其影响远远超出了这一事件本身。

1972年1月10日，毛泽东参加了陈毅元帅的追悼会。他在同张茜等人的谈话中，肯定了陈毅是个好人，是个好同志。在"文化大革命"期间，仗义执言的陈毅屡遭批评和冲击，是大批被打倒的老干部的典型代表。现在毛泽东出席他的追悼会，本身就是一件极不平常的事情，它给了所有在"文革"中受到各种打击和迫害的老干部一个清晰而又明确的信号。就在参加这次追悼会时，毛泽东还说到，邓小平的问题，属于人民内部矛盾，从而为邓小平日后的复出，奠定了基调。

林彪事件以后，许多老干部及其家属纷纷给毛泽东写信，揭发林彪一伙的罪行，申诉自己受迫害的情况。他们有的要求解除监禁，出狱治病；有的要求落实政策，恢复工作；更多的则是要求弄清问题，作出结论。对于这些来信，毛泽东大多作出了明确的批示。据粗略估计，仅在1972年一年间，他批阅的这类来信就不下30件。其中对一般高级领导干部的情况，他明确指示中央有关部门及其负责人处理；而对过去担任过党和国家重要领导职务的干部，他则批交周恩来直接处理。周恩来根据毛泽东的这些批示，反复督促有关部门尽快结束一些专案的审查工作，恢复一些担任过重要领导职务的同志的名誉，并把一大批下放劳动或"靠边站"的各级负责干部重新安置到领导岗位上。突出的如1972年底，他根据毛泽东对刘建章一案的批示精神，指示公安部会同北京卫戍区，对北京监狱的待遇问题作一次彻底的清查，凡属毛泽东所说的"法西斯式审查方式"，都需列举出来，宣布废除，如有再犯者，当依法惩治。此后，在不到四个月的时间里，仅中央交办北京市负责审理的100多人中，就有一半以上获得了"解放"。

如果对毛泽东在这一时期的有关批示作些分析，不难发现其中有这样几个特点：

第一，这些批示直接揭露了林彪集团迫害老干部的罪行。如他在杨成武女儿的来信上批示指出：此案处理可能有错，当时听了林彪一面之词。在廖汉生子女的来信上批示：我看廖汉生和杨勇一样是无罪的，都是未经中央讨论，被林彪指使个别人整下去的。

第二，批示的范围不仅涉及个人，而且涉及与此相关的案件，触发了广大干部对这些冤假错案的进一步思考。其中影响较大的如对罗瑞卿问题的批示涉及"彭罗陆杨"一案；对谭震林问题的批示涉及"二月逆流"事件；对杨成武问题的批示涉及"杨余傅事件"。

第三，批示的矛头不仅指向林彪集团，而且指向了被他们搞乱了的司法制度。例如他在林枫问题的批示中指出：林枫问题过去没有弄清楚，有些证据不足，办案人员似有逼供信。在对刘建章问题的批示中写道：这种法西斯式的审查方式，是谁人规定的？应一律废除。

第四，对有的案件反复批示，直到问题解决为止。如对柴沫的问题，毛泽东先是于1972年11月批示纪登奎、汪东兴酌处，一个月后又再次作出批示，并直接提出不应党内除名的明确意见；对于贺诚的问题，他也曾两度批示，中间相隔达3年之久，直到贺诚最后获得"解放"为止。

毛泽东这一时期解放老干部的批示，影响最大的莫过于对陈云、邓小平等人的批语。陈云在"文革"中被解除了除中央委员和国务院副总理之外的一切职务。1972年7月21日，他给毛泽东写信，要求分配力所能及的工作，参加老同志学习班，并在春秋季节到外地做些调查研究工作。毛泽东次日阅信后即批示：我看都可以同意，请中央商定。8月3日，邓小平也给毛泽东写了信，揭发林彪的罪行，同时提出愿意出来做一点工作。毛泽东阅后批示印发中央各同志，并写了一个较长的批语，亮明了自己的态度：（一）他在中央苏区是挨整的；（二）他没有历史问题；（三）他协助刘伯承同志打仗是得力的，有战功。并强调指出：这些事我过去讲过多次，现在再说一遍。根据毛泽东的这一指示，周恩来召集中央政治局会议几次讨论，作出了关于恢复邓小平党组织生活和国务院副总理职务的决定。1973年12月，毛泽东又先后3次同中央政治局等方面的同志谈到邓小平的复出问题。至12月22日，中共中央正式下发了关于邓小平担任中央政治局委员、中央军委委员，参加中央和军委领导工作决定的通知，使邓小平又重新出现在中国的政治舞台上。

邓小平的复出，充分说明了毛泽东在"文革"初期对整个干部队伍的判断是站不住脚的，同时也表明要结束长期以来不正常的混乱局面，实现安定团结，使国民经济得到恢复和发展，还必须依靠以周恩来、邓小平为代表的老一辈无产阶级革命家。因此在1973年召开的中共十大上，虽然江青集团的骨干分子更多地挤进了中央委员会，但一些在"文革"中备受打击、被排挤在九届中央委员会之外的老干部如邓小平、谭震林等人，也众望所归地得以入选，说明在激烈的党内斗争中，健康的领导力量也正在逐步得到增强。

1975年1月5日，中共中央发出一号文件，任命邓小平为军委副主席兼总参谋长；1月8日至10日召开的十届二中全会选举邓小平为中央副主席、政治局常委；1月13日至17日，第四届全国人民代表大会在北京举行，会议选举朱德继续担任人大常委会委员长，决定周恩来继续担任国务院总理，邓小平为第一副总理。四届人大重提把我国建设成为社会主义现代化强国的宏伟目标，确认周恩来、邓小平为领导核心的国务院人选，意味着在毛泽东的支持下，"四人帮"的组阁阴谋已遭破产。不久，邓小平即受毛泽东的委托，主持中央日常工作，开始对各方面工作进行全面整顿。

邓小平的复出和领导全面整顿工作，使广大党员、干部感到无比振奋，也使更多的人看到了自己获得平反、"解放"的希望，开始不断地向毛泽东、邓小平和党中央写信，形成了继林彪事件之后又一轮较为集中的申诉。从毛泽东当时的有关批示来看，这一时期"解放"干部的层面更加广泛。这主要表现在以下几个方面：

第一，毛泽东在这一时期所作的批示，要求解决的既有过去几经申诉而未解决的案件，又有林彪事件之后发生的新的案件，其中包括康生、江青一伙蓄意制造的冤假错案。突出的如1975年11月10日，国防科委资料所干部张伯恒给毛泽东写信，对康生长期以来的打击、报复提出质疑，认为"绝对地肯定或否定都不是马列主义的态度，尤其在肃反问题上更不能先入为主地下结论"，康生"说我'肯定与苏修是有关系的'，我认为这样结论式的文字，倘无充分根据，最好不要这样写"。毛泽东阅信后将它批交给汪东兴，要求进行处理。后来，汪东兴又将张伯恒的信和毛泽东的批示一起转给叶剑英，叶剑英立即指示总政复查处理。

第二，毛泽东这一时期批示应予"解决"和任用的人物除一些党政军高级干部外，还包括像华罗庚、姚雪垠、乐天宇等这样一些知识分子，甚至还包括涉及林彪一案的工作人员。1975 年 6 月 24 日，一位原在林彪处做保健工作的医生给毛泽东写信，反映他自"九一三"事件后参加学习班，至今已近 4 年，尚未作出正式结论的情况。对此，毛泽东明确批示：林办各下级人员，责任较轻，不宜久在学习班。似宜早作结论，分配工作。对涉嫌其他一些案件的有关人员，他也批示：如无确证，只是嫌疑，则应释放，免予追究，以观后效。从实践中证明。

第三，毛泽东这一时期批示所涉及的领域不仅有党政军各大系统，而且延伸到文艺、教育等部门。其中影响最大的是对"周扬一案"提出了似可以从宽处理，分配工作，有病的养起来并治病的处理意见。周扬在"文化大革命"初期被错误地打成所谓"文艺黑线代表人物"，一大批文学艺术家和文艺工作者因此而受到牵连。自毛泽东 1975 年 7 月 2 日作出上述批示后，不出半月，专案办公室即递交了处理情况报告。报告中讲到，此案被关押、监护的人员，均已释放，其中林默涵等 5 人已分配工作，萧望东等 26 人正在分配工作，夏衍等 20 人被"养起来并治病"，政治结论属人民内部矛盾，原工资照发并补发审查期间停发的工资，党员恢复组织生活。

第四，与林彪事件后对一些人物或案件的批示内容相比，毛泽东这一时期批示的态度较为明确，内容更加具体。如对贺诚问题的批语，

1972 年写的是我意应给予工作；1975 年则进一步指出：贺诚无罪，当然应予分配工作。过去一切诬蔑不实之词，应予推倒。由此他还联想到军队卫生部门的另一位负责人傅连暲的冤逝，感慨万千地写道：傅连暲被逼死，亟应予以昭雪。贺诚幸存，傅已入土。呜呼哀哉！

解放老干部，其目的是为了任用老干部。因此 1975 年前后，有许多久经考验的老一辈无产阶级革命家重新走上了重要的工作岗位。突出的有叶剑英担任了国防部长，余秋里担任了计委主任、谷牧担任了基建委主任，周荣鑫任教育部长，万里任铁道部长，张劲夫任财政部长，李先念、余秋里、谷牧等人还同邓小平一起担任了国务院副总理职务，他们共同协助邓小平开展整顿工作，不仅使全国工农业生产和交通运输形势有了较为明显的好转，而且为后来粉碎"四人帮"、结束"文化大革命"积蓄了干部力量，作好了组织准备。

应该说明的是，在肯定"文化大革命"是"七分成绩、三分错误"的大前提下，要想彻底"解放"和任用老干部，真正全面落实党内的干部政策，是不可能的。毛泽东后来错误地发动"批邓、反击右倾翻案风"运动，已经充分地说明了这一点。

毛泽东与文艺政策调整

以新编历史剧《海瑞罢官》引燃的"文化大革命"对当代中国的文艺事业来说，是一场空前的浩劫，巨大的灾难。与《二月提纲》相对立的《部队文艺工作座谈会纪要》，把建国以来的文艺工作全盘否定，断定文艺界被一条"反党反社会主义的黑线专了我们的政。这条黑线就是资产阶级的文艺思想、现代修正主义的文艺思想和所谓30年代文艺的结合"。既然如此，就"要坚决进行一场文化战线上的社会主义大革命，彻底搞掉这条黑线"。江青自封为"文化革命的旗手"，疯狂地打倒一切，横扫一切。几乎所有的革命文艺作品都被批判、被封禁，几乎所有的文艺工作者都被批判、受迫害。

但是物极必反。经过事实的教训，毛泽东对"文化大革命"以来的文艺现状，对江青的一些做法不满起来。

"有些意见是好的，要允许批评"

1972年7月30日，毛泽东在对《龙江颂》主演李炳淑的谈话中就流露出了这种不满。他说：现在剧目太少，只有几个京剧，话剧也没有，歌剧也没有。看来还是要说话。

就是这种不满，预示着中国当代文艺史上非常特殊的一页，就要到来了。

最早公开发出这个信号的，是周恩来。

1973 年元旦，周恩来和中央政治局的成员，和一些电影、戏剧、音乐工作者们坐在了一起。

周恩来在讲话中说：

> 群众提意见，说电影太少，接到很多群众来信。这是对的，不仅电影，出版也是这样。导演、摄影搞成功的要推广。要解决电影少的问题，首先得有剧本。……电影的教育作用很大，男女老少都需要它，这是大有作为的。刚才说的七个厂（指北京、八一、长春、上海、珠江、西安、峨嵋七个电影制片厂——引者注），要帮助你们，你们有什么要求，可以通过文化组提出，中央讨论批准，党和国家就帮助。经过三年努力，把这个空白填上，群众要求很迫切。……青年人喜欢新的东西，我们要拿革命的新的东西给他们。总结七年来这方面的工作，还是薄弱的，文化组要把电影工作大抓一下。

工作"薄弱"，文艺"空白"，群众有"意见"。话虽婉转，但对"文革"以来被江青、姚文元把持的文艺领域的批评，已是再明显不过了。

1973 年 11 月，有一封署名"一个普通共产党员"的群众来信，批评江青民主作风差，把文艺强调得过分，在文艺工作中不执行"百花齐放，百家争鸣"的方针。信中还说，"一切为样板戏让路"的口号，以及吹捧江青是"文化大革命的英勇旗手"等，是不恰当的。

11 月 25 日，毛泽东看了这封信，并在信上写了批语：

> 印发政治局各同志。
>
> 有些意见是好的，要容许批评。
>
> 毛泽东
> 1973．11．25

但是，毛泽东和周恩来先后放出的信号并没有立即引起明显的响应。相反，在随后开展的批林批孔运动中，文艺界又开始大批晋剧《三上桃峰》，批已经拍成电影并受到毛泽东肯定的湘剧《园丁之歌》，批所谓的"黑画展"……而这些，恰恰是"文革"以来新创作的作品，因有悖于"一切为样板戏让路"，于是被说成是"文艺黑线回潮"。此外，一些刚从"牛棚"里出来的作家，在"立新功"的号召下重新拿起笔，结果是作品刚写出来，甚至还没有发表，就遭到第二次批判。

批判者的意图，自然是"醉翁之意不在酒"。

1974年，江青亲自审定在中国美术馆搞了一个"黑画展"，共有二百多幅画，每幅画下面都有一句批判文字。譬如黄永玉画的一幅睁一只眼闭一只眼的猫头鹰，批判文字说是对社会主义的刻骨仇恨；李苦禅画的一幅池塘荷花，有的怒放，有的凋谢，有的含苞，刚好八朵，被说成是对八个样板戏的攻击；还有一幅题为"虎虎有生气"的画，刚好画了三只老虎，被说成是为林彪翻案，因为"彪"字正好是三只老虎。这些画，多数是周恩来在一次视察中，发现一些对外饭店布置的美术作品，不适应接待外宾，指示换上一些有民族风格体现国家绘画艺术水平的作品，有关部门才集中一些画家画了这些画，结果被当成了"克己复礼"的黑画。

1975年，复出后被毛泽东委以重任的邓小平主持中央常务工作，开始了全面整顿。在整顿工作进入高潮的时候，一向关注文艺工作的毛泽东，把整顿工作，推向了文艺领域。

1975年7月，毛泽东找邓小平谈了一次话，专门说到文艺现状：样板戏太少，而且稍微有点差错就挨批。百花齐放都没有了。别人不能提意见，不好。怕写文章，怕写戏。没有小说，没有诗歌。

话虽不多，但却已把问题提了出来。

要改变文艺界的这种现状，必须得有一支活跃的文艺队伍，甚至要重新估价一下"文革"之初对17年来文艺界的一些人的处理。

恰在这时，毛泽东读到了被称为17年"文艺黑线"的骨干人物，曾长期担任中宣部文艺处处长、后任中宣部副部长的林默涵写来的一封信。

"周扬一案，似可从宽处理"

林默涵的信写于1975年6月17日。"文革"期间他被赶到了江西。这年5月，中央宣布对他解除监护，恢复自由，把他安排在就近的一个钢铁厂工作，以等待结论。在给毛泽东的信中，林默涵对中央的处理表示感谢，希望能"留在党内"，并表示"决心好好学习马列和毛主席著作，虚心当群众的小学生，把自己的一切献给党和人民的事业，直到最后一息"。

林默涵的信言词恳切，表达了一个老共产党员对党的忠贞和深情。此时，毛泽东双目几近失明，他听秘书读罢此信，默然良久，拿起铅笔，摸索着亲笔写了一段批示：

中央：

　　周扬一案，似可从宽处理，分配工作，有病的养起来并治病。久关不是办法，请讨论酌处。

　　附林默涵来信。

毛泽东

一九七五年七月二日

显然，这个批示已经不是关于林默涵一个人的处理方式了。

那么，这里所说的"周扬一案"又是怎么回事呢？

周扬从30年代中期起，就参与领导党的文艺工作。从延安到晋察冀，到北京，一直是中共宣传部门的重要领导干部之一。新中国成立后，他就任中宣部副部长。但是，从 60 年代起，周扬的地位开始动摇。1963 年和 1964 年，毛泽东的两个批示，严厉批评文化部是"帝王将相、才子佳人部"，文艺界的"许多部门至今还是'死人'统治着"，指责"许多共产党人热心提倡封建主义和资本主义的艺术，却不热心提倡社会主义的艺术"；甚至说文艺界各协会和它们所掌握的刊物的大多数，15 年来，基本上不执行党的政策，"最近几年，竟然跌到了修正主义的边缘。"周扬当然是被批评的主要对象。此后，周扬即带队到天津东站搞"四清"。1966 年春，江青得到林彪支持，抛出所谓"文艺黑线专政"论，在那个《部队文艺工作座谈会纪要》中，诬蔑建国以来文艺界"被一条与毛主席思想相对立的反党反社会主义的黑线专了我们的政"，声称"要坚决进行一场文化战线上的社会主义大革命，彻底揭掉这条黑线"。毛泽东于 3 月下旬在杭州、上海同康生、江青等人三次谈话，严词指斥北京市委和中宣部包庇坏人，不支持左派。说中宣部是"阎王殿"，要"打倒阎王，解放小鬼"。这时周扬实际上已在"打倒"之列。

"文化大革命"祸起，周扬首当其冲，戴上"阎王殿里的二阎王"（"大阎王"是中宣部部长陆定一）和"文艺黑线代表人物"两顶帽子，还有"四条汉子"的绰号，被打翻在地。1966 年 7 月 1 日的《红旗》杂志编辑部按语说："24 年来，周扬等人始终拒绝执行毛泽东同志的文艺路线，顽固地坚持资产阶级、修正主义的文艺黑线。"其时，周扬刚动过左肺切除一叶的大手术，身体十分虚弱，在天津养病。他对"文化大革命"毫无思想准备。1966 年 11 月 28 日，江青在首都文艺界大会上号召彻底揭发清算"三旧"（北京市委、中宣部、文化部）。12 月 1 日，一个寒冷漆黑的雨夜，周扬被从天津转移到北京，送到北京卫戍区的一个师部驻地关押。

1967 年新年伊始，《红旗》杂志第一期发表姚文元长文《评反革命两面派周扬》。1月3日《人民日报》从第一版到第五版转载。姚文元不厌其烦地历数1951年到1965年间一次又一次所谓思想斗争中周扬的表现，诬蔑"周扬是一个典型的反革命两面派"，是反党反社会主义的"文艺黑线"的"总头目"。姚文元在文中将周扬奉为"当代语言艺术的大师"的五位作家（指茅盾、巴金、老舍、赵树理、曹禺），说成"资产阶级'权威'"，文中点了不少人的名，胡风、冯雪峰、丁玲、艾青、秦兆阳、林默涵、田汉、夏衍、阳翰笙、齐燕铭、陈荒煤、邵荃麟等等，都被说成是"这条黑线之内的人物"。于是，重病未愈的周扬被连续揪斗。黑线之内的人物也无一幸免。1967年5月，周扬被关进秦城监狱。此后，正式列入"周扬一案"的七八十人，或被关押，或被监护，或被立案审查。他们基本上都是30年代成长起来的文艺骨干。

其实，在批示林默涵的信之前，毛泽东已经批准了一个《关于专案审查对象处理意见》的请示报告，对大多数关押、监护或在原单位立案审查的人予以释放。正是在这样的背景下，属于周扬一案的大多数人在5月份先后被释放和解除监护。林默涵即是其中的一个。但周扬、夏衍、阳翰笙（"四条汉子"中的田汉已于1968年去世）仍被关押审查。毛泽东在批示中说"久关不是办法"，大体是针对他们三个人的。同时提出对该案的人可以分配工作，多少是重新起用的意思，至少表明对过去文艺界的人物要放宽政策。

在毛泽东作出这个批示后，周扬等三人很快就被释放了出来。7月中旬，专案办公室给毛泽东和中央提交了一个关于周扬一案的处理情况的报告，说除十二人已故外，周扬一案的人都释放或解除了监护，有的已经分配或正在分配工作，有的因有病而养了起来。但在解放周扬等人的问题上，政治局内仍有不同的意见，因而这个报告仍说他"问题性质严重"，只是"拟分配适当工作"。

7月底，毛泽东在审批这个报告时，提出把周扬问题的性质改为

"人民内部矛盾"。邓小平立即让中央办公厅把这个批示送给政治局传阅。后来，周扬本来已经列上这年出席国庆招待会的名单（这是被"解放"的信号），由于江青、张春桥等人的阻挠，又被圈掉了。事后，毛泽东曾专门就此批示：打破金要足赤，人要完人的形而上学错误思想。可惜未请周扬、梁漱溟。

毛泽东的这个批语写在中国科学院哲学社会科学部政工组 1975 年 10 月 9 日编印的《政工简报》第 31 期上。这期简报登载了学部老知识分子出席国庆招待会的反映材料。材料说，学部有 21 人出席了邓小平副总理主持的以周恩来总理名义举行的盛大招待会，庆祝国庆 26 周年。他们在招待会上听了邓副总理的祝酒词，看到一片朝气蓬勃、团结胜利的景象，非常兴奋。外国文学所原所长冯至说："宴会充分体现了我国安定团结的大好形势。"宗教所原副所长任继愈说："宴会是一个团结的大会，出席的有老年的、中年的，也有青少年，是我们党和国家兴旺发达的表现。"大家谈到，宴会充分体现了落实党的知识分子政策的精神。经济所原副所长严中平说："参加这次招待会，说明党认真贯彻对待知识分子的政策"。文学所原所长何其芳："出席这次盛会，深切感到党对于犯过错误，承认错误并有所改正的党员干部的关怀和鼓励。"大家听邓副总理讲要实现"在本世纪内把我国建设成为一个社会主义强国"这一宏伟目标，极为振奋，都表示要为完成这一历史任务贡献自己的力量。有的同志还认为，一些与国民党上层有过联系的人物出席这次招待会，对于党的统战工作有积极的影响。10 月 13 日，胡乔木将这个材料报送邓小平。10 月 15 日邓小平转报毛泽东。10 月 16 日，毛泽东写了上述批语，并嘱送政治局各同志。

解放周扬一案的人，主要是从政治上放宽被迫害的文艺界人士，一时还不可能在创作上对改变文艺界的现状发生影响。同时，毛泽东也多少注意到，要打破"万马齐喑"，求得"百花齐放"，不做通江青的工作是不行的。

于是，就在批示林默涵来信不到半月，即 7 月 14 日，毛泽东又找江青当面谈了调整文艺政策的事情。谈话内容由江青作了记录。到 11 月 15 日，毛泽东又对记录作了几处修改。

这篇谈话全文如下：

党的文艺政策应该调整一下，一年、两年、三年，逐步逐步扩大文艺节目。缺少诗歌，缺少小说，缺少散文，缺少文艺评论。

对于作家，要惩前毖后、治病救人，如果不是暗藏的有严重反革命行为的反革命分子，就要帮助。

鲁迅那时被攻击，有胡适、创造社、太阳社、新月社、国民党。鲁迅在的话，不会赞成把周扬这些人长期关起来，脱离群众。

已经有了《红楼梦》、《水浒》，发行了。不能急，一两年之内逐步活跃起来，三年、四年、五年也好嘛。

我们怕什么？一九五七年右派猖狂进攻，我们把他们骂我们的话登在报上，最后还是被我们打退了。

以前的《万水千山》没有二、四方面军，这不好。现在听说改好了。

文艺问题是思想问题，但是不能急，人民不看到材料，就无法评论。

《反杜林论》，柏林大学撤了杜林的职，恩格斯不高兴了，争论是争论嘛，为什么撤职？杜林这个人活了八十多岁，名誉不好。处分人要注意，动不动就要撤职，动不动就要关起来，表现是神经衰弱症。林彪不跑，我们也不会杀他，批是要批的。

蒋介石的时候，报纸、广播、学校、电影都是他们的，他们蒙蔽人民。我们都是从那儿来的。我学孔夫子、资本家十三年，就是不知道马列，十月革命后才学马列，过去不知道。反动派没有多少威力，靠剥削过生活，他的兵都是靠抓壮丁，所以我们不怕他们。怕死的是林彪，叫他打锦州，他不打，最后两天他去了，俘虏十万人，又消灭了廖耀湘。长春沈阳解放。

释放俘虏放得好，国民党怕得很。

在这篇谈话中，毛泽东开宗明义第一次明确提出，"党的文艺政策应该调整一下"，以"逐步地扩大文艺节目"，并提出"文艺问题是思想问题"。至于调整文艺政策的步骤，毛泽东的意思是"不能急"，大概他深知文艺界的问题是积重难返，从调整、恢复到活跃，需要一个并不轻快的过程。所以，他提出的近期目标既不急，也不高，"一年、两年之内逐步活跃起来，三年、四年、五年也好嘛"。

指望按正常渠道来调整文艺政策是不可能的。张春桥、江青、姚文元等人把持着文化意识形态工作。此外，这年1月四届人大组成的文化部领导班子中，部长是参与和负责过《智取威虎山》《海霞》《杜鹃山》等走红作品的音乐创作及修改的于会泳，副部长是在《红色娘子军》里跳洪常青的刘庆棠。他们被突击提上来，当然不会违逆江青等人的意志。

要活跃文艺工作，只能另辟蹊径，另找依托。高举整顿大旗的邓小平，7月9日召集胡乔木、邓力群等人开会，传达了毛泽东关于文艺问题的谈话。由此拉开了文艺整顿的序幕。

"此片无大错，建议通过发行"

在邓小平传达毛泽东的谈话后不几天，胡乔木就收到贺龙的女儿贺捷生送来的几位文艺界人士写的反映情况的材料。

事情的经过是这样的。当时，贺捷生在中国革命历史博物馆工作。那里离胡乔木的寓所很近，只要穿过天安门广场就到了。贺捷生是胡乔木家中的常客，她的独生女有时还寄居胡家。贺捷生对"四人帮"早就恨之入骨，听说毛泽东7月初同邓小平谈话，批评"百花齐放都没有了"，又得知邓小平等正要了解情况，很愿意为此出力。胡乔木即委托她收集材料。

贺捷生遂约了当时在中国历史博物馆工作的画家范曾，正在八一电影制片帮修改剧本的部队作家白桦，正在北京电影制片厂修改剧本的安徽省蚌埠市文化局的作家张锲和外文局《人民中国》杂志社的记者、诗人韩瀚等一起商量，怎样向上级反映文艺界的情况。他们先写了近三万字的全面揭发材料，通篇直呼江青其名，尖锐、辛辣地揭批了江青。胡乔木看后指出，要抓住《创业》和《海霞》两个问题集中写，并转告中央领导的指示：要站在全党的角度，检查一下我们的文艺工作，文艺要百花齐放，不要一花独放，材料要注意写事实，为了斗争的需要，现在不要急着点那个人的名。那个人的情况，政治局的同志都知道。

经过胡乔木这一点拨，贺捷生等商量后决定以《创业》为突破口，并由张锲执笔写了《〈创业〉问题的前前后后》的材料。

《创业》是长春电影制片厂摄制的一部以60年代初创建大庆油田为背景，展现石油工人艰苦创业精神为主题的故事影片。影片摄制完成后，即送国务院文化组审查。"文革"后期，有一种不成文的规定，凡是准备公演的戏剧或上映的电影，必须先经国务院文化组审查，而这个所谓的"文化组"，实际上是直接受控于江青、张春桥的，为"样板戏"立下了汗马功劳的于会泳、浩亮、刘庆棠，都是文化组的领导成员，于会泳还担任了副组长。

审查的结果是，《创业》获得了文化组一致的好评，就连于会泳也说：《创业》是部好影片，我在看的时候，不止一次地掉泪了。他还说：这是文化革命又一个巨大的成果。我初步地归纳了一下，《创业》有十个好：剧本好，故事好，人物好，对话好，画面好，音乐好……思想也好。尽管还有些小缺点，但总的来说，是近年来少见的一部好影片。随后，文化组正式呈文上报中央，请示将这部影片于 1975 年春节在全国上映。当时主持中央日常工作的王洪文和掌管宣传舆论大权的张春桥、姚文元，虽然还没来得及审看这部影片，却都批示了同意，江青也在报告上画了圈。

这样，1975 年春节《创业》按预定计划在全国正式上映了。

大年初二，一个紧急电话把于会泳等人召集到钓鱼台 17 号楼。

江青见到他们劈头就问：《创业》这片子这么糟，你为什么批准发行？

于会泳一下子摸不着头脑，只好回答说：我们向中央打了请示报告的。您也画了圈的……

江青的火气更大了：画圈又怎么啦？画圈不等于同意！她接着就对《创业》一通数落，在场的于会泳等人这才明白，江青对《创业》不满的关键，是其中有党中央给石油工人送毛泽东的著作《矛盾论》《实践论》的情节。江青说：你们知道吗，当年这"两论"是谁叫送的，是刘少奇！把这个情节搬上银幕，是美化刘少奇！还有，当年主持油田会战的总指挥是谁？是余秋里、康世恩，全是走资派！这不是明目张胆地为刘少奇涂脂抹粉、替执行修正主义路线的老家伙评功摆好吗！还是文元同志的眼光敏锐，一下子看出了《创业》的要害！

最后，江青命令道：回去你们先讨论一下，这片子还有什么问题，然后叫长影修改，你们对此要作出检查！

挨了江青批评的于会泳等人，回到文化部立即召开了文化部核心组的紧急会议，并以文化部的名义，当日向全国各省、市、自治区发出对《创业》不再印制拷贝、报纸上不发表评论文章、电视广播停止播放的通知。同时，由于会泳亲自执笔写检查。这份检查，于会泳一连写了三稿，直到根据江青、姚文元的意见，形成了文化部对《创业》的"十条意见"之后，才获得了点头通过。这"十条意见"指责《创业》是给刘少奇"涂脂抹粉"；写了"真人真事"就是为某领导同志"树碑立传"（指余秋里、康世恩等领导打石油翻身仗的老干部）就将"后患无穷"；主人公周挺杉"不典型"，表现了一个鲁莽汉子的形象；主要人物的语言概念化等等。江青还要于会泳召集文化部系统各部门负责人的会议，并由他当众宣读这份检查，以吸取教训。关于《创业》的风波，由此沸沸扬扬地传播开来。

《〈创业〉问题的前前后后》的材料将《创业》在 1975 年春节公映后如何备受群众欢迎，江青一伙又怎样竭力压制，下令禁演，横加指责等情况，详尽写出。胡乔木读后，认为这份材料反映的情况很充分，很有代表性，能够成为揭露"四人帮"文化专制主义的突破口，但从效果出发，不适于拿它送毛泽东。胡乔木对贺捷生说，最好由剧本执笔者张天民自己向中央上书。他希望贺捷生同张天民联系。其时张天民正好来京。

贺捷生不便直接出面去找张天民，便托白桦去和张天民联系，请张天民到她母亲蹇先任家里，一起商量。张天民的信稿写出后，贺捷生请胡乔木过目，并立即向张天民转达了修改意见。大致是：信的笔调不要太冷，一点就透的地方不宜说得过满；要冷静，客观，字字有据，不让人感到偏激，才能立于不败之地；一定要建议让影片重新公演。为了增加送信的成功率，贺捷生还建议可写两封信，一封送毛泽东，一封送邓小平。

7 月 18 日，张天民对信稿又作了一番修改，用普通稿纸抄清，装进带红框的两个牛皮纸大信封里，分别给毛泽东和邓小平。信封上只写上收信人的称谓，没有落款。第三天，按照预先的约定，由他的妻子赵亮送给贺捷生。

张天民的信一开头就把故事影片《创业》的问题尖锐地摆了出来：这部影片上映后，广大石油工作者和其他战线的工农兵观众，反映强烈，感到受到鼓舞，但在同时，也受到了领导上的严肃批评，指出影片存在着严重问题。直至今日，问题没有解决，认识没有统一。叙述了《创业》的创作过程，具体地说明影片是实践毛泽东《在延安文艺座谈会上的讲话》的产物：《创业》是由有大庆工人参加的三结合创作组创作的。为了在银幕上塑造我国石油工人的英雄形象，我和其他同志遵照《讲话》指引的方向，深入到石油工人中间去，与他们同吃同住同劳动，接受工人阶级的再教育，用了7个多月的时间，进行调查研究，走访了4个油田和铁人王进喜同志的家乡，阅读了几百万字的材料，先后与100多位石油工人和干部进行了长时间的谈话，了解石油工人成长的历史，中国石油工业发展史，石油战线两条路线斗争史。在此以前，我还在一个石油钻井队搞过7个月的"四清"，石油工人的英雄事迹，使我们受到很深刻的教育，鼓励着我们充满激情去写作。摄制组的同志们，在党支部的领导下，以石油工人为榜样，顶严寒、抗酷暑，用比较快的速度拍成了影片。这样的影片，理所当然地深受广大干部、群众的欢迎。张天民接着写道：影片经过大庆各条战线模范人物代表的审查，给了我们许多支持和鼓励，又经文化组负责同志多次审查，也给了肯定的评价。吴德同志、于会泳同志以及其他有关领导同志都认为是一部比较好的影片。中共吉林省委负责同志也表示满意。

经过批准，《创业》在1975年春节上映。可是风波突起：就在上映的第二天，有关领导做出几项决定：不继续印制拷贝；报纸上不发表评介文章；不出国；电视电台停止广播。并通知了全国各地。不久，北影负责人传达了中央负责同志（按：即江青等人）的指示，指出影片在政治上、艺术上都有严重错误，政治上美化刘少奇，艺术上写真人真事，公式化概念化。要求查一查背景，并写批评性的评论文章。这使文艺界受到了极大的震动，思想上比较混乱，我本人也感到压力很大。直到四月八日，文化部核心组"经过仔细认真地讨论"，提出了十条批评意见。（见附件）并建议吉林省委，长影党委和创作人员做了检查，指示我们写一篇自我批评文章准备在报上发表。调查了创作过程，指出"不论涉及任何人和事都没有关系"。

针对江青等人强加的十条罪名，张天民在信中阐述了五条意见，说明无论从实践还是从效果来看，《创业》都是部好影片，而不是毒草：一、毛主席教导我们判断一个作品要看实践，要看效果。这部影片受到工农兵的欢迎，文化部、报社、制片厂都接到许多观众来信，在许多工矿企业中出现了学习剧中英雄人物的动人事例，这说明它在一定程度上起到了团结人民、教育人民的作用，对工业学大庆的群众运动是有好处的。（这首先是石油工人的英雄业绩感染着人们，而不是作者的功劳。）我反复考虑，认为它有利于巩固党的领导，有利于社会主义事业，按六条标准衡量，它不是毒草。二、影片多次写到毛主席、党中央对石油会战和石油工人的关怀，其中有的地方写到党中央给石油工人送主席著作，中央给工人调来帐篷，中央首长和全国人民期望着我们等等。目的是想体现党在政治上、生活上、生产上都关心着石油工人，这个党中央指的是毛主席为首的党中央，是指无产阶级司令部，限于所写的年代是1960年，不便使用无产阶级司令部这个词，在我们的心目中，刘少奇是不能代表党中央的。这种写法如有不妥，我们愿意改正，也是不难改正的。怎么能说凡这样提党中央就是指刘少奇呢？从我们主观意图到广大观众的客观感受，它都未起到"给刘少奇、薄一波之流涂脂抹粉的作用"。三、我们根据大量的生活素材，经过艺术概括塑造了党的干部华程这个形象。其主要的故事情节是虚构的。这个形象的塑造有这样那样的缺点，但绝不是真人的传记，不是要为某领导同志树碑立传，十条意见认为我们"着力地宣扬了活着的人"，"明显地写活着的真人真事"，主要根据有二，一是语言，二是某些情节。剧中是使用了一些某领导同志讲过的语言，但这些话有的是从群众中来的，又是直至今天还为广大石油工人所共同使用着的，这些话我们用在了华程身上，也用在了周挺杉身上，甚至阶级敌人冯超也讲了。怎么能认为用这些话就是要宣扬某领导同志呢？剧中有的情节可以看出生活原型，就是十条意见本身也承认那不是一个人的原型，也承认这些情节与生活中的真事只是"类似"或"相似"。这就证明是经过了概括，经过了加工的，问题是加工提炼得好不好，够不够，而不是写真人真事。十条意见批评影片写真人真事，又处处以写真人真事的报告文学要求影片，要求"按报告文学来搞"（刘庆棠同志讲话），也是不好理解的。这个问题已经在创作人员中造成混乱，有人总结《创业》的教训就认为不能写重大题材，不能写重大历史事件，不能写出名的人和事，只有写小题材、小人物、小故事才保险。四、周挺杉形象塑造得还不够高大完美，但认为他对苏修卡我们脖子表示愤怒的动作是莽汉子似乎不妥。五、不能因为使用了主席语录、国际歌歌词而说影片语言概念化。

最后，张天民要求：如果这部影片的错误还没有到十条意见指出的那样严重程度，我建议应该重新上演。

7月22日，贺捷生把致邓小平的一封信交给胡乔木，把致毛泽东的一封信交给王海容。胡乔木很快把信送给了邓小平。邓小平在这之前就听胡乔木谈过有关《创业》被扼杀的情况，所以读了张天民的来信以后，就及时把这封信送给毛泽东。

7月23日晚，毛泽东做眼睛手术。25日，在听了身边工作人员读了张天民的信和所附江青等人的十条批评意见后，凭手的感觉写了下面这个著名的批示：

> 此片无大错，建议通过发行。不要求全责备。而且罪名有十条之多，太过分了，不利调整党的文艺政策。
>
> 毛泽东
>
> 一九七五年七月二十五日

此信增发文化部及来信人所在单位。

不算日期和附注，指示一共 43 个字，可保留下来的手迹却有 6 张纸，最多的一页写 12 个字，最少的写了 5 个字，其中有一张纸是因为漏了字而重写的。字迹很不整齐，标点与字距离较大。可知毛泽东是在怎样艰难的情况下写这个批示的，也可知他对调整文艺政策是下了多么大的决心。

在批语后，毛泽东还写了个附注。这个注显然是有深意的，即把此事公开，防止有人封锁他的意见。随后，中共中央办公厅即将这封信和毛泽东的批语作为 1975 年第 181 号文件印发。

毛泽东的这个批示，支持了《创业》的作者，批评了江青及其控制的文化部，实际上对近半年来围绕《创业》展开的争论作了结论，为受指责的《创业》翻了案。

江青、张春桥、姚文元在得知毛泽东的这个批示后，立即召集了于会泳等人，在钓鱼台 17 号楼的会议室商量对策。

江青说：张天民写了两封信，一封呈主席，主席没批。另一封由邓小平转给主席，是邓小平逼着主席批的。张天民告我的刁状，说我不让《创业》发行。不让发行是文化部的事，怎么弄到我身上？对这个片子我是有点意见，但那"十条"可不是我的。要说有，也只是一条里有我的一点内容。

张春桥说，主席的这个批示很重要。不过你们要注意，主席用词向来很严格。你们要去仔细理解。主席说此片无大错，那还是有中错和小错误嘛！并没有说是优秀影片嘛！主席讲的是调整文艺政策，并没有说别的。

姚文元说：每当党内要调整政策时，总有人利用，借机闹事。

在谈到如何落实毛泽东这一批示时，张春桥说：电影自然要重新发行。还有，你们得给主席写个书面检讨，这份呈交主席的检查，依我看有两点很重要。首先是文化部对《创业》提出意见的目的，是为了尽量减少错误，使它成为一部优秀影片，现在看来是要求过高了。其次，也是最重要的一点，你们在检查中不要涉及面太广，不要推卸自己的责任。该负的责任就应主动承担起来。找其他原因为自己搪塞，既不符合党性原则，主席也不喜欢。

于是，于会泳不得不以文化部的名义写了份检查交给了毛泽东。这样，以《创业》的批示为突破口，毛泽东从7月上旬开始关于调整文艺政策的意见，便在文艺界公开和实施了。

"印发政治局各同志"

《创业》的风波未平，《海霞》的风波又起。

1973年元旦，周恩来在人民大会堂接见文艺界代表时说，群众提意见，说电影太少，这是对的，这是我们的大缺陷。他还对谢铁骊和钱江说：群众不只是看"样板戏"，也需要看故事片。受此鼓舞，谢铁骊、钱江等决定将长篇小说《海岛女民兵》改编拍摄成电影《海霞》。几经周折，《海霞》于1975年初制作完成。春节期间，周恩来调看了片子，给予了肯定，建议放映招待国际友人。但文化部审查时却不予通过，大大小小提了几十条意见。创作人员不得不修改了一百多个镜头，完成了影片第二版。6月15日再报文化部，仍然不予通过，理由是有几处没有按文化部的意见修改。这样，编导只好向江青写信反映，希望她能出来主持公道，结果无异于自投罗网。在江青、张春桥的授意下，文化部决定封存第二版，按原来的第一版放映，以作为"黑线回潮的典型作品"供批判用。不得已，在邓力群的帮助下，谢铁骊、钱江等只好写信向毛泽东反映，时间为7月25日，即毛泽东批示《创业》的那一天。这封信也是经邓小平转到毛泽东手里的。

在信的开头，谢铁骊、钱江向毛泽东申诉了写信的由衷：最近我们被文化部于会泳、刘庆棠等同志整得实在没有办法，才向您写这封信。接着，他们在信中指名道姓揭露"四人帮"在文化部的亲信于会泳、刘庆棠等对《海霞》及其创作人员的批判、打击、围攻，尖锐泼辣，为上书中所少见，信中写道：

《海霞》确实存在不少缺点，但用六条标准衡量，它不是毒草。文化部领导口头上也说它不是毒草。可是于会泳等同志的审查意见和多次批评都是无限上纲，把艺术处理问题夸大到政治问题，给《海霞》扣上了"贬低英雄人物"、"丑化人民解放军"、"拿穷人开心"、"文艺黑线回潮的典型"等大帽子。

《海霞》修改后，全厂普遍认为比原来有改进。谁知就因为我们保留两点意见，文化部便决定："完全按原来（即第一次审查之前）的上演，新改的镜头一概不用。"理由是修改了就不好批判了。我们不能理解这是什么用意，这是与人为善吗？这是对广大工农兵观众负责吗？这明显是与我们怄气，是因为我们提出了保留意见而对我们进行打击报复。6月26日夜突然查封了《海霞》的底片、正片，并宣布不经文化部领导亲自批准，不得启封。这种粗暴的做法是罕见的。他们组织了一个班子，不让《海霞》摄制组主要创作人员参加，不管底片缺损，不顾影片质量，强行恢复第一次审查之前的样子。这样做势必影响影片的质量，责任还要让我们来负，这不是有意在我们鼻子上抹黑，拿出去让观众笑话吗？在发行上，文化部规定不得用好胶片印，不在节日上演，不发行国外，不印十六毫米和八点七五毫米拷贝，不印发宣传品，拷贝数以能收回成本为限。这实质上是把《海霞》当作毒草对待。

我们的保留意见和越级申诉触怒了部领导。刘庆棠等同志亲自出马，组织和指挥对我们的围攻，说："这是一场两个阶级，两条路线的斗争。"把我们对艺术处理上的不同意见，说成是"不要党的领导"，说我们是"行帮性的导演中心，专家治厂，艺术私有和技术私有。"刘庆棠同志还说："北影十年不出故事片也没有什么了不起，文艺革命的形势照样是大好的。""我们要赶快培养自己的人"。刘把我们硬划到资产阶级的一边。他们召开数十次大小会议，反复动员群众对我们进行揭发批判。把《海霞》摄制组说成是"土围子"，作为"主攻方向"，并选了"薄弱环节"作为"突破口"。他们对在工作中跟我们联系较多的同志，进行层层围攻，施加种种压力，逼着他们一定要揭出"干货"来。刘庆棠同志多次召开所谓座谈会，迫使每人表态，谁发表一点不同意见，就指责、申斥，或从中打断不让说下去了。……有些同志气愤地说："在首都北京，在党中央身边，竟然发生这样践踏党章的事情，使人不能容忍。"

目前北影厂气氛很紧张，在高压手段下，很多同志不敢说话，不能发表不同意见。他们组织各单位写揭发我们的大字报，不写就是立场问题，就是划不清界限。一些同志来看望我们，也要受到监视和查问，简直是把我们当成敌人对待。

在信的最后，谢铁骊、钱江严正地指出：我们认为于会泳、刘庆棠等同志的做法是背离毛主席革命路线的，是违背百花齐放方针的。他们这样搞的结果，冲击了无产阶级专政理论的学习，扩大了矛盾，影响安定团结，同时也束缚了创作人员的手脚，使之无所适从，谨小慎微，对党的电影事业有害无益。想到这些，我们心情十分沉重。我们急切盼望您老人家在百忙中过问这件事，给予我们指示。

7月29日，毛泽东即对谢铁骊、钱江的信作了批示：印发政治局各同志。

根据毛泽东的批示，7月30日晚，邓小平、李先念等八位政治局委员审看了《海霞》的两个版本，决定按创作者修改过的片子上映。

"此件有用"

《创业》的解禁，《海霞》的上映，使"四人帮"及其控制的文化部在文艺调整的势头面前两番折戟沉沙。封冻多年的思想开始融化，压抑多年的心灵开始显露，沉默多年的激情开始迸发。

1975 年 8 月，广大文艺工作者开始学习讨论毛泽东对《创业》的批示。8 月 2 日和 4 日，在中央五七艺术大学音乐学院的学习讨论会上，作曲理论系青年教师李春光先后三次发言，并得到好评。会后，他将发言整理成文，于 8 月 8 日以《在学习会上的发言》为题贴出大字报。

在这张大字报中，李春光尖锐批判了"四人帮"一伙对毛泽东 7 月 25 日批示的消极抵制和炮制"十条"、扼杀《创业》的罪行，大字报写道：主席的《七二五批示》惊天动地。我和许多同志一样，心里很激动。《批示》说出了我们的心里话。主席批示是一把火。伟大马克思主义真理之火。谁想扑灭是办不到的。文化部对待《批示》的态度如何？从今天的传达会来看，我很不满意。部核心组最后有个表态。我对这个表态的评论是四个字：言之无物。你们犯那样的错误，为什么连发动文化部全体党员、干部、职工、学生给你们提意见，帮助你们认错、改错这样的话都说不出来？为什么不发动群众帮助你们分析、批判《十条》？《十条》说，对于《创业》"不可等闲对待"，这句话很好，完全适用于《十条》本身。《十条》是个带原则性、带政策性的大问题，决"不可等闲对待"。应当让群众研究、分析、批判。不批判《十条》，不利于领会主席《批示》。正如《创业》是一部政治上、艺术上都不可多得的好作品一样，《十条》也是一篇内容上，乃至语言上都不可多得的奇文。应该发动群众严肃批判。我认为《十条》在理论上是荒谬的，逻辑是混乱的，作风是霸道的，政治上是有害的，不利于安定团结，是和安定团结唱反调、唱对台戏的，是反对安定团结的。如果贯彻《十条》，还有什么安定团结？《十条》的产生非常奇怪。工农兵表示热烈欢迎的作品，中央批准了的事情，文化部竟然可以推翻。这是怎么回事？你们搞这个《十条》，一不要马克思主义，二不要民主集中制，三不要群众路线，四不要无产阶级纪律，你们是无产阶级文化大革命后建立起来的文化部，是无产阶级专政的机关。可是你们却不爱工农兵所爱，你们的心不是贴着工农兵的心。你们这个《十条》给工农兵头上一棒，打得他们不知所向，你们这个《十条》向中央示威，表示中央决定了的，你们也敢于推翻。这岂非咄咄怪事？！

在大字报中，李春光还对"十条"进行了有力的驳斥。他写道：主席接着就指出"而且罪名有十条之多，太过分了"。这个话是很愤慨的。十条大罪，哪一条站得住脚？哪一条有根据？无非是鸡蛋里挑骨头，不是骨头，也硬要说成骨头。颠倒黑白，罗织罪名，必欲置之死地而后快。不就是这么一回事吗？这是为什么啊！不知道哪里出来这么大的仇恨，什么提到党中央就是美化刘少奇，哪一个不带偏见的人会发生这样怪诞的联想，得出这样荒谬的结论？我实在不能理解，这种意见是怎么想出来的。实在是太过分了吧！太过分了！

所谓"树碑立传"。请问，给谁树了碑？给谁立了传？我们在座的同志都去过大港油田，有的去过大庆，到那里的人谁能不受感动？千千万万石油工人，连同他们的领导，例如当年大庆工委那样的马克思主义的领导，他们忠于毛主席，忠于党中央，忠于马克思主义，忠于人民，他们的巨大功绩永世不可磨灭。他们是中国工人阶级的光荣代表。要说"树碑立传"，这部影片是给中国无产阶级树了碑，立了传。不应当吗？不允许吗？做了这样一件完全正义的事情就有罪？！就该死？！就叫什么"后患无穷"？！真是岂有此理！真是欺人太甚！未免太过分了吧！

大字报还把批判的锋芒直接指向忠实执行江青旨意的"文化部的几个头头"。大字报指出：对有的文艺干部及作品我们敬爱的周总理多次过问，可是文化部的几个头头就是不听。总理的话，你们可以置若罔闻。你们是国务院的下属机构，你们竟可以不服从国务院总理！总理指示，对你们不过是耳边风，耳边风也不顶。对于全国人民、世界人民深深敬爱的总理，在毛主席、党中央领导下，几十年如一日，对党、对人民一片忠心赤胆，不避艰危，不辞辛劳，呕心沥血，鞠躬尽瘁，这样一个伟大的无产阶级革命家，党的好干部，你们采取这种态度，为亿万人民所不容！对于这件事，人民有权要求你们沉痛检讨，低头认罪！

　　李春光指出"文化部头头"就有"行帮"。他直截了当地质问：你们文化部头头有没有行帮？有同志发言尖锐地提出这个问题，而且指出你们有行帮，而且指出你们是文艺界危害最大的行帮。我对这个意见表示支持。他还举例说明，在"四人帮"批"行帮"中受打击的同志，都在某些革命文艺作品的创作中尽过心力，至少是一个愿意进步、愿意革命的共产党员，一个并无阴谋诡计、并无暗算之心的磊落正派之人。批行帮就批此类人，名曰反宗派，不知要干什么。

　　大字报还相当深刻地谈到解放干部、落实政策的问题，例如干部政策。毛主席说，我们不能一朝天子一朝臣。说要团结干部的百分之九十五。说共产党只能搞任人唯贤，不要搞任人唯亲。文化部执行了多少？文化部的老干部解放了几个？使用了几个。难道真是洪洞县里没有好人，都该打翻在地，永世不许翻身？别人不了解，我讲一个马可，审查了六、七、八、九年，没有发现敌、特、叛之类问题，大体上是犯了路线错误。我和马可不熟，他根本不认识我。但据我看，马可这样一个同志，当年满怀激情，响应毛主席《在延安文艺座谈会上的讲话》的伟大号召，参加过歌剧《白毛女》的创作，还有另外一些好歌。这些作品鼓舞过千百万革命战士冲锋陷阵，杀敌立功，总算是做过一点小小的好事吧？功劳不敢和你们比，比你们小一万倍，总还是有一点吧。我听说他向群众做检讨，末尾一句话是：如果允许的话，愿以有限之余生，为党和人民做一点力所能及的小小的工作。这句话你们听见没有？犯了点错，认了，下决心改，请求给一点小小的工作，以期将功补过。这个要求你们不能给予一点点小小的考虑吗？九年时间不算短，一个干部一生能有几个九年？这类事情群众早有意见，不能讲，讲了就犯罪。

除此之外，大字报还尖锐地批评文化部头头在理论研究上"不讲马克思，不讲列宁，不讲主席，不讲鲁迅，专讲一些伟大发现"；在办刊物、抓创作上"事情没有办好"，责怪别人，以及没有自我批评、压制不同意见等问题。

邓力群得知这张大字报后，设法要来了一份抄件。他看后即写了一个二三百字的简报，连同大字报抄件一起交胡乔木转邓小平。邓小平看后很重视，很快转报了毛泽东。毛泽东阅后批示：此件有用，暂存你处。

"作出决定，立即实行"

随着毛泽东对《创业》《海霞》和李春光大字报的批示，对文艺政策的调整也渐入高潮。此后，给毛泽东写信、送材料成为一时风尚，毛泽东对来信或材料作出批示，成为解决具体问题，推动文艺调整的主要方式。

1975年9月6日，中国科学院古人类和古脊椎动物研究所《化石》杂志编辑部张锋给毛泽东写信，反映办刊困难和科学院的一些情况。9月16日，毛泽东阅后，为这封信加了标题《一封诉苦的信》，并给邓小平、姚文元写了批示：请考虑，可否将此信印发在京各中央同志。

1975年10月，是音乐家冼星海逝世30周年。这年的9月27日，冼星海的夫人钱韵玲就举办聂耳、冼星海音乐会致信毛泽东。同时又向毛泽东反映"文化大革命"以来对待星海歌曲的情况，提出在星海逝世 30 周年之际开展纪念活动的希望。

10 月 3 日，毛泽东读到信后，立即批示：印发在京中央各同志。这个批示，表示他同意钱韵玲的信，赞成演出，进行纪念。

10 月 25 日，首都音乐界在民族文化宫举办了纪念聂耳、冼星海音乐会，在"文化大革命"中被打倒的音乐界人士几乎全部出席，听众爆满。连演两天后又改在首都体育馆再演三天，盛况空前。

纪念聂耳、冼星海音乐会的问题刚解决，小说《李自成》的出版问题就随即反映到了毛泽东那里。

毛泽东一向重视明末李自成领导农民起义这段历史，因此，对于《李自成》，他并不陌生。1963 年，《李自成》第一卷由中国青年出版社出版后，作者姚雪垠即给毛泽东寄赠一部。但是，毛泽东看到这部书时，已是"文革"初期。这部书给毛泽东留下了很深的印象，以至于他要王任重告诉武汉市委，对姚雪垠要予以保护。并说他写的《李自成》第一卷，写得不错，让他继续写下去。在那个年代，毛泽东的这番话无疑是给了姚雪垠一块"免斗牌"，也就使得姚雪垠能继续写作。1973 年，他完成了《李自成》第二卷的书稿，并于 1974 年抄出一份清稿征求意见。但是由于种种原因，姚雪垠的写作条件很差，书写成后又无处出版，万般无奈下，他接受了《李自成》一书责任编辑江晓天的建议：上书毛泽东。

1975 年 10 月 19 日，姚雪垠将给毛泽东的信寄给了曾长期担任武汉市委书记、当时调任中科院哲学社会科学部临时领导小组成员的宋一平，请他设法转呈。

在信中，姚雪垠向毛泽东汇报了自己写作的计划、进度和存在的困难，恳切地提出希望得到支持、帮助的请求。

宋一平收到姚雪垠给毛泽东的信后，即转交给了胡乔木。10 月 23 日，胡乔木将信转送毛泽东，并写了一个报告。这个报告是这样写的：

　　　　送上长篇小说《李自成》作者姚雪垠由武汉写给您的一封信。姚在信里说，这部小说他拟写五卷约三百万字，第一卷已改写，第二卷已写成近两年，但还没有地方出版，请求您能给予帮助。

　　　　姚的信是宋一平同志托我转送的。宋现在哲学社会科学部工作，以前长期在武汉，所以姚把信寄给他。宋还把姚给他的两封信也给我看了。因为这两信可以帮助了解姚目前的具体困难，所以现在也一起附上，供您在需要时参阅。

　　11 月 2 日，毛泽东看到姚雪垠的来信，并在胡乔木的报告上批示：

　　　　印发政治局各同志，我同意他写《李自成》小说二卷、三卷至五卷。

　　　　　　　　　　　　　　　　　　　　　　　　　　毛泽东
　　　　　　　　　　　　　　　　　　　　　　　　　　十一月二日

　　毛泽东的这一批示，使姚雪垠的处境得到了改善。1975 年冬，姚雪垠调进北京，《李自成》第二卷也得以发排。

　　就在毛泽东对姚雪垠来信作出批示的前一天，毛泽东又收到了鲁迅之子周海婴给他的信，请求他支持和帮助解决鲁迅著作和书信的出版问题。

　　毛泽东非常尊崇鲁迅，赞扬鲁迅"不但是伟大的文学家，而且是伟大的思想家和伟大的革命家"。说"他是党外的布尔什维克"，"鲁迅的方向，就是中华民族新文化的方向"。他还称赞鲁迅的骨头是最硬的，并说："我和鲁迅的心是相通的"。

　　1971 年夏，全国出版工作座谈会召开，会上提出了全国出版工作的全面规划。这个规划把重新整理出版鲁迅全集、鲁迅书信、鲁迅日记、鲁迅译文集、鲁迅整理的古籍作品等，作为全国重点出版项目之一，并要求集中力量，争取两三年内完成。这个规划得到了毛泽东的批准。但在这个规划的实施过程中，遭到"四人帮"的阻挠和破坏。他们制造种种借口，阻挠鲁迅著作的出版工作，不让出版书信集，不让出版选本，反对进行注释，使得鲁迅书信和著作的出版迟迟不能落实。于是，周海婴只得求助于毛泽东。

周海婴的这封信写于 1975 年 10 月 28 日，由胡乔木经邓小平呈毛泽东。

在信中，周海婴请求毛泽东指示出版局组织人力"编辑出版一部比较完善的新的注释本鲁迅全集（包括书信和日记）"，并对开展鲁迅研究方面也提出了看法和建议。

11 月 1 日，毛泽东在来信上批示：

> 我赞成周海婴同志的意见。请将周信印发政治局，并讨论一次，作出决定，立即实行。

毛泽东

十一月一日

不久，国家出版局即作出规划：立即着手出版包括现存全部鲁迅书信的《鲁迅书信集》；新注鲁迅著作单行本 26 种，1977 年底前出齐；新注《鲁迅全集》15 卷（正式出版时为 16 卷）1980 年底前出齐。12 月 15 日，毛泽东、党中央批准了国家文物局、国家出版局关于贯彻毛泽东批示的报告。

毛泽东调整文艺政策的这些举措，冲破了样板戏一花独放的局面，证明了 17 年文艺的创作成果，借机为一大批文艺家及其作品平了反，从政治角度上讲，还配合了一大批老干部的复出。

毛泽东与评《水浒》

毛泽东一生酷爱读书。在博览群书中，尤其熟悉和喜欢中国古典文学作品。"文化大革命"后期，毛泽东对古典小说《红楼梦》《水浒》有所评论。在他的提倡下，1973 年秋冬，全国上下掀起了一个"评红"的热潮。毛泽东还指示重新印行《红楼梦》《水浒》。可见，在当时缺乏小说的情况下，毛泽东特别提倡大家都来读《红楼梦》《水浒》等古典小说。

"《水浒》这部书，好就好在投降"

1975 年春以后，毛泽东的双目患白内障，视力受到极大影响，连报纸也需要由秘书念给他听。但他对中国古典文学的兴趣依然不减，要人读给他听。张玉凤的学识水平难以胜任这项任务，就向毛泽东提议找一个懂得文学和历史的人来给他念古典文学。经毛泽东同意后，张玉凤将这一提议报告了汪东兴。后决定在北京大学中文系教员中物色适当人选，后选定芦荻来试试。

从 5 月开始，芦荻就按照约好的时间念书给毛泽东听，毛泽东让念什么，她就念什么。也许是拘谨的缘故，开始一段时期，芦荻显得有些紧张。随着给毛泽东读书的次数多了，也就比较熟悉了，芦荻在读书的过程中也就自然而然地提出了一些有关古典文学的学术性问题求教于毛泽东。每次她给毛泽东念古典文学作品时，张玉凤和谢静宜也都在场，毛泽东也很自然地、随和地就问题谈自己的看法。对一些问题，毛泽东还很坦率地说他也不大清楚。就这样，一个大学的教员在为毛泽东读古典文学的时候，无拘无束地进行一些学术上的求教，而毛泽东就她提出的关于《三国演义》《红楼梦》等古典小说的评价讲了自己的看法。1975 年 8 月 13 日，芦荻又向毛泽东求教如何评价中国著名的几部古典小说。毛泽东先谈论了《三国演义》《红楼梦》等几部书，然后谈到了《水浒》。

关于《水浒》的评论，芦荻听到过一些传闻。1974 年《北京日报》到北大中文系约写一篇评论《水浒》的文章，透露说《水浒》是只反贪官，不反皇帝的。由于不是正式消息，对精神实质理解不一，学术界在讨论时分歧又很大，这篇文章没有发表。后来，又传毛泽东在一个讲话中讲到《水浒》，只反贪官不反皇帝的评论可能就是毛泽东在这次讲话中说的。所以，芦荻就乘毛泽东谈《水浒》时，请教这件事。

毛泽东回答说：那两句话是在一次政治局扩大会议上讲的。毛泽东回答有偏差，话是他说的，但不是他所说的在中央政治局扩大会议，而是 1973 年 12 月 21 日他在接见参加中央军委会议同志时的谈话中。在那次谈话中，他特别提倡读《红楼梦》，同时说到：《水浒》不反皇帝，专门反贪官。后来接受了招安。接着，芦荻又请教毛泽东：既然如此，那么《水浒》这部书的好处在哪里？应当怎样读它？于是，毛泽东又对《水浒》作了一番评论。他就这部小说的主导的政治倾向问题反复举例，作了细致的分析。当芦荻谈及北大中文系在修改小说史稿时，毛泽东便说，鲁迅评小说评得好，要好好学习鲁迅的思想观点。他称道鲁迅在《流氓的变迁》中对《水浒》的评论，赞赏鲁迅对金圣叹腰斩

《水浒》的批评，并对在《水浒》评论中长时间没有贯彻鲁迅评论的精神，表示不满。同时他还指示《水浒》主要的三种版本都要出，要把鲁迅的话印在前面。

谈话后，芦荻立即作了整理。8月14日，经毛泽东本人审定，即成为关于评论《水浒》的指示。全文如下：

《水浒》这部书，好就好在投降。做反面教材，使人民都知道投降派。

《水浒》只反贪官，不反皇帝。屏晁盖于一百〇八人之外。宋江投降，搞修正主义，把晁的聚义厅改为忠义堂，让人招安了。宋江同高俅的斗争，是地主阶级内部这一派反对那一派的斗争。宋江投降了，就去打方腊。

这支农民起义队伍的领袖不好，投降。李逵、吴用、阮小二、阮小五、阮小七是好的，不愿意投降。

鲁迅评《水浒》评得好，他说："一部《水浒》，说得很分明：因为不反对天子，所以大军一到，便受招安，替国家打别的强盗——不'替天行道'的强盗去了。终于是奴才。"（《三闲集·流氓的变迁》）

金圣叹把《水浒》砍掉了二十多回。砍掉了，不真实。鲁迅非常不满意金圣叹，专写了一篇评论金圣叹的文章《谈金圣叹》（见《南腔北调集》）。

《水浒》百回本、百二十回本和七十一回本，三种都要出。把鲁迅的那段评语印在前面。

毛泽东评论《水浒》的缘起及经过情况不过如此，简单而又简单，事情若止于此，那么，在"文化大革命"中不会有毛泽东评《水浒》事件及随后掀起的轩然大波了。但是，历史不容假设。

"这样，可以不发内部指示了"

1975 年 8 月 14 日，芦荻把整理成文的关于《水浒》的谈话交毛泽东审阅定稿。毛泽东审定以后，机要秘书张玉凤即按通常的做法，把内容属文艺的这个批示发给了宣传口。当时分管宣传工作的是姚文元。这样毛泽东的批示就最先到了姚文元的手里。

姚义元接到指示不到三个小时，便给毛泽东写信，引申、发挥以至篡改毛泽东的谈话，提出贯彻办法。

姚文元竭力夸大毛泽东关于《水浒》的评论的重要性，说这个问题很重要，对于中国共产党人、中国无产阶级、贫下中农和一切革命群众在现在和将来、在本世纪和下世纪坚持马克思主义、反对修正主义，把毛主席的革命路线坚持下去，都有重大的深刻的意义。应当充分发挥这部反面教材的作用。还说，从发展马克思主义文艺评论的需要看，开展对《水浒》的讨论和评论，批判《水浒》研究中的阶级斗争调和论的观点，也是很需要的，对于反修防修，是有积极意义的。姚文元还偷梁换柱，故意歪曲，提出一个"宋江排斥晁盖是为了投降的需要"的命题。他又竭力将事情扩大，把毛泽东关于一部小说的谈话，引导到进行全国范围的学习讨论以至政治斗争。他提出，把毛泽东的批示和自己的这一封信印发政治局在京同志，增发出版局、《人民日报》、《红旗》、《光明日报》，以及北京大学批判组谢静宜同志和上海市委写作组；找出版局、人民文学出版社同志传达落实主席指示，做好三种版本印上鲁迅评论的工作；由《红旗》杂志发表鲁迅论《水浒》的段落，并组织或转载评论文章，并要《人民日报》和《光明日报》就此事订一个规划。

不能不说，姚文元的信对毛泽东产生了影响。毛泽东对姚信提出的意见批示"同意"。显然,这时毛泽东对评《水浒》问题的思考,同跟芦荻谈话时已经有所不同了。

8月18日,姚文元又给毛泽东送上《人民日报》《光明日报》讨论情况及初步规划各一份,并在送审函中说拟同意他们这样办,毛泽东又指示"同意"。

这样,姚文元完成了把对一部古典小说《水浒》的评论引导到开展一场政治运动的"合法手续"。

按照"四人帮"的部署,北京两报一刊接连发表评《水浒》批投降主义的文章。8月23日,《光明日报》发表《〈水浒〉是一部宣扬投降主义的反面教材》;28日,《红旗》杂志登出短评《重视对〈水浒〉的评论》;接着,30日,《光明日报》发表了梁效的《鲁迅评〈水浒〉评得好》;31日,《人民日报》发表《开展对〈水浒〉的评论》。发表前,姚文元将这篇社论稿送毛泽东审阅。毛泽东阅后批语:

> 送小平、春桥阅。这样,可以不发内部指示了。
>
> 毛泽东
> 九月二日
>
> 退姚文元同志。

与此同时,重新出版的《水浒传》七十一、一百、一百二十回本均在首页印着毛泽东评《水浒》的指示,并附了一篇赶写出来的"前言"。"前言"用尽当时"大批判"惯用的术语,不厌其烦地分析数百年前著者及小说中的主人公宋江的政治思想,说:宋江在组织上招降纳叛,网罗和重用了一批大地主、大恶霸和反动军官,改变了梁山泊头领中的阶级成分,使投降派占了上风。说宋江改掉了晁盖的"革命理论、革命路线",篡改了晁盖的政治纲领。说宋江是"站在人民对立面,搞倒退、搞投降的反动派。"要人们从这部反面教材中吸取教训,总结历史经验,识别正确路线和错误路线,并危言耸听地把评论《水浒》提到一书兴国、一书亡国那样的"历史高度",说这是对于中国共产党人和中国人民,在现在和将来贯彻执行毛主席的革命路线,坚持马列主义,反对修正主义都具有深远意义。

就这样,毛泽东关于《水浒》的谈话,经过"四人帮"的引申、拔高,扭曲、变性,组织、策划,就由泛论变成了实指,由文艺评论变成了政治斗争。于是,一场评《水浒》、批宋江的运动紧锣密鼓地发动起来。

"放屁!文不对题"

江青自从 1975 年 4 月反"经验主义"阴谋失败,遭到毛泽东和中央政治局批评以来,情绪一度低落。但是毛泽东关于《水浒》的谈话,使她觉得有了可乘之机,于是又开始活跃起来。8 月下旬,江青召集文化部的亲信秘密开会,肆意歪曲毛泽东的批示,强调"批示有现实意义",提出《水浒》的要害是架空晁盖,现在政治局有些人要架空主席。

从 8 月下旬到 9 月上旬,"四人帮"控制的北京、上海两地报纸连续发表评《水浒》的文章。这些文章主要从三个方面恶意歪曲,制造声势。

一是要把评《水浒》纳入学习无产阶级专政理论、反修防修中去,搞成一场政治运动。他们在一篇社论中说,评《水浒》是我国政治思想战线上的又一次重大斗争,是贯彻执行毛主席关于学习理论、反修防修重要指示的组织部分,将有力地促进无产阶级专政理论学习的深入。

二是强调评论《水浒》要联系现实,批"现代投降派"。他们在一篇社论中影射、比附说:宋江的反革命道路证明:搞修正主义,必然要当投降派,出卖革命,充当反动派的走狗。这是一切修正主义者的特点。刘少奇、林彪推行修正主义路线，就是对内搞阶级投降主义，对外搞民族投降主义。从古代投降派宋江的身上，可以看到现代投降派的丑恶面目。他们妄图以此来诬陷周恩来、邓小平等党、政、军领导人，把他们打成"现代投降派"。

三是鼓吹《水浒》的要害是"架空晁盖"。北大、清华两校大批判组的文章中说，宋江上山之后，他却处处排挤晁盖，扩大自己的势力。每当有重大军事行动时，他总是假惺惺地说什么"哥哥是山寨之主，如何使得轻动"，实际上是架空晁盖。到后来，连口头上的谦让之词也没有了。像分派山寨各种任务这样的大事，也由他擅自决定。北京此说一出，上海立即呼应。《文汇报》以选评方式，对《水浒》第六十回晁盖不听宋江苦谏，要亲自打曾头市一段情节评道：宋江这样做，并非尊重晁盖，甘受劳苦，而是想以此排斥晁盖，架空晁盖，窃取实权。宋江用两面派手法夺取革命队伍中的领导权，今天的修正主义者也是这样做的。他们的阴险目的，是要挑拨周恩来、邓小平和毛泽东的关系，诬陷周恩来、邓小平架空毛主席，夺取领导权。

之后，江青又乘召开全国农业学大寨会议之机，于9月中旬在大寨接连发表讲话，对毛泽东的《水浒》批示进行歪曲和篡改，妄图进一步制造混乱，为他们篡夺党和国家最高权力的阴谋服务。

9月12日，江青在大寨群众大会上讲话。她说：不要以为评《水浒》只是一个文艺评论，同志们不能那么讲，不是，不单纯是文艺评论，也不纯是历史评论。是对当代有意义的大事，因为我们党内有十次路线错误，今后还会有的，敌人会改头换面藏在我们党内。又说：宋江上了梁山，篡夺了领导权。他怎么篡夺的领导权呢？他是上山以后，马上就把晁盖架空了。怎样架空的呢？他把像河北大地主卢俊义——那是反梁山泊的，千方百计地弄了去，把一些大官、大的将军、武官、文史，统统弄到梁山上去，都占据了领导的岗位。9月17日晚，江青在和文艺界、新闻界部分人员谈话时又说：评《水浒》要联系实际，评《水浒》是有所指的。宋江架空晁盖，现在有没有人架空毛主席呀？我看是有。并说：《水浒》的要害是排斥晁盖，架空晁盖，搞投降。宋江收罗了一帮子土豪劣绅，贪官污吏，占据了各重要岗位，架空晁盖。她诬蔑国务院"弄了一些土豪劣绅进了政府！"还说：批《水浒》就是要大家都知道我们党内就是有投降派。这哪里是什么评《水浒》？分明是要把周恩来、邓小平、叶剑英等无产阶级革命家打成"党内投降派"，"架空"毛主席、阴谋夺权的修正主义者。

对江青一伙利用评《水浒》搞阴谋的险恶用心，邓小平自然清楚，并与他们展开了针锋相对的斗争。

1975 年 8 月 21 日，邓小平与国务院政治研究室负责人开会。胡乔木就评《水浒》请教邓小平：毛主席的指示是针对什么的？是不是有特别所指？邓小平明确回答：就是文艺评论，没有别的意思。他后来又同意政研室也要写评论《水浒》的文章，并指示不要光讲现成话，要讲几句新话；又说，不要影射，要讲道理。

9 月 5 日，邓小平接见新西兰记者，这时"四人帮"已经就评《水浒》大造舆论，他在回答记者提问时，又作了同样的答复。从而向国内外舆论发出了跟"四人帮"不同的声音。

9 月 12 日江青在大寨讲了《水浒》的要害是架空晁盖等话后，在大寨的新华社记者立即把她的讲话要点发回北京。新华社负责人穆青收到后，觉得事关重大，立即向吴冷西报告。吴随即驱车前往新华社，取回江青讲话要点，向邓小平作了当面汇报。

邓小平一看便知，江青大寨讲话，显然是对他的影射、攻击。便说，这个讲话要立即送给主席看。邓小平还说：现在高喊反复辟的人就是真正复辟资本主义的人。

吴冷西同胡乔木商量决定，新华社记者发回来的这份江青讲话，请另一位新华社的记者李琴交给唐闻生，由唐在毛泽东接见外宾时面交毛泽东。就这样，这份材料很快送到了毛泽东的面前，让毛泽东及时了解了江青在大寨讲话公开鼓吹"架空"说的情况。

此后，邓小平又抓住机会向毛泽东当面揭露江青一伙的阴谋。

9月24日，邓小平陪同毛泽东会见越南劳动党第一书记黎笋。在当时，这是向毛泽东反映问题的机会。在会见以后，邓小平即提出要向主席汇报一些问题。邓小平把江青9月中旬在大寨所作的关于《水浒》的要害是"架空晁盖"等讲话向毛泽东作了汇报。

毛泽东事先已经读到江青讲话材料，听了邓小平当面汇报后，立即气愤地说：放屁！文不对题。那是学农业，她搞评《水浒》。这个人不懂事，没有多少人信她的，上边（指政治局）没有多少人信她的。

江青要求在全国农业学大寨会议上放她的讲话录音，印发她的讲话稿。华国锋请示毛泽东，毛泽东指示：稿子不要发，录音不要放，讲话不要印。

邓小平等及时的汇报，使毛泽东了解了江青等人借评《水浒》进行的活动。毛泽东同意把评《水浒》作为学习理论、反修防修的组成部分，但无意借此来搞一场新的政治运动。他不赞成"架空"说，不同意在党内批所谓"现代投降派"，把矛头指向周恩来、邓小平等老同志。这就使得"四人帮"利用评《水浒》搞宗派、搞分裂、夺取最高权力的阴谋破产。

再版后记

为纪念建党 80 周年,《毛泽东与共和国重大历史事件》于 2001 年 7 月在人民出版社出版。近二十年来,本书受到广大读者的普遍关注和好评。

2019 年 5 月 13 日,中央决定从 6 月开始,在全党自上而下分两批开展"不忘初心、牢记使命"主题教育。近日,中央"不忘初心、牢记使命"主题教育领导小组印发《关于在"不忘初心、牢记使命"主题教育中认真学习党史、新中国史的通知》,要求把学习党史、新中国史作为主题教育重要内容,不断增强守初心、担使命的思想和行动自觉。

习近平总书记在纪念毛泽东同志诞辰 120 周年座谈会上的讲话中指出,毛泽东思想教育了几代中国共产党人,它培养的大批骨干,不仅在新民主主义革命、社会主义革命、社会主义建设时期发挥了重要作用,也为新的历史时期开创和建设中国特色社会主义发挥了重要作用。今年是中华人民共和国成立 70 周年,人民出版社推出《毛泽东与共和国重大历史事件》纪念版。这次再版,重新设计了封面和版式,内容未作大的改动。

2019 年 8 月 2 日